陽明後學文獻叢書

錢明　主編

徐愛集　錢德洪集

重編本

錢明　編校

上海古籍出版社

本書爲
“浙江省越文化傳承與創新中心”研究成果
國家社會科學基金重大項目“陽明後學文獻整理與研究”
（15ZDB009）最終成果

徐愛像

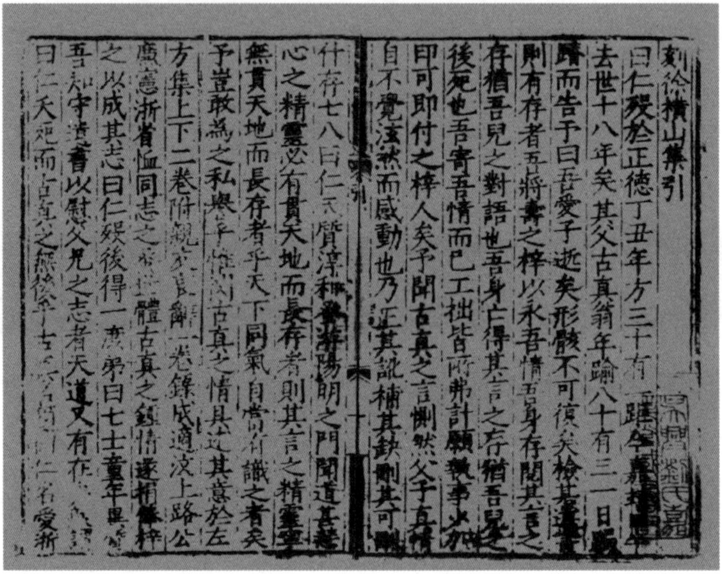
刻徐横山集引
曰仁歿於正德丁丑年方三十有一距今嘉[illegible]
去世十八年矣其父古真翁年踰八十有三一日戚
蹙而告予曰吾愛子逝矣形骸不可復見矣檢其遺[illegible]
則有存者吾將壽之梓以永吾情吾身存聞其言之
存猶吾兒之對語也吾身亡得其言之存猶吾兒之
後死也吾書吾情而已工拙皆所弗計願執事必爲
即可即付之梓人矣予聞古真之言惻然父子真情
自不覺泫然而感動也乃正其訛補其缺刪其可刪
什存七八曰仁天質淳和[illegible]陽明之門聞道甚[illegible]
心之精靈必有貫天地而長存者則其言之精靈寧
無貫天地而長存者乎天下同氣自當有識之者矣
予豈敢爲之私與[illegible]古真之情其亦近其意於左
方集上下二卷附[illegible]一卷錄成遺汶上路公
廣憲浙省恤同志之[illegible]體古真之餘情遂捐俸梓
之以成其志曰仁歿後得一[illegible]弟曰七士[illegible]
吾[illegible]守遺書以慰父兄之志者天道又有在[illegible]
曰仁夭死而古真之無後[illegible]愛浙

中國臺北“中央圖書館”藏嘉靖十三年路氏刻本《横山遺集》書影一

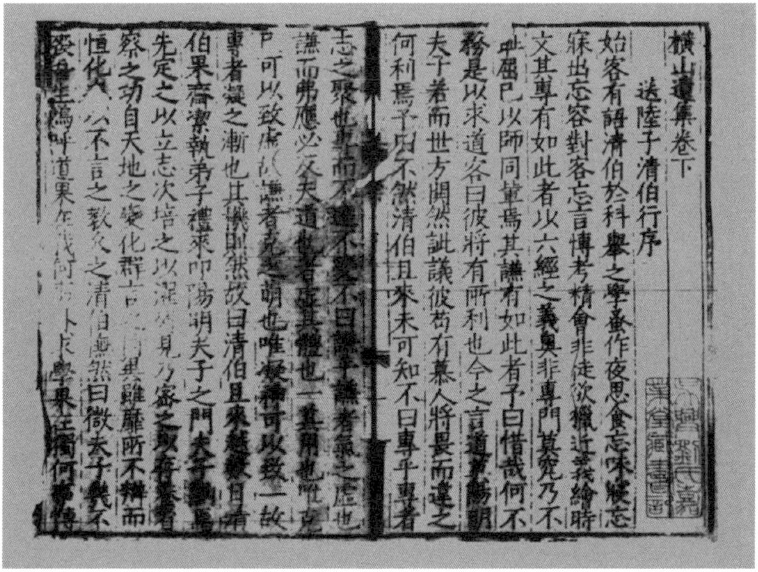

横山遺集卷下

送陸子清伯行序

始客有語清伯於科舉之學蚤作夜思忘食忘味疑忘寐出忘容對客忘言博考精會非徒欲獵近者録繪時文其專有如此者以六經之義與非專門莫究乃不甞屈巳以師同輩焉其謙有如此者予曰惜哉何不務是以求道客曰彼將有所利也今之言道者陽明夫子着而世方閧然訕議彼苟有慕人將畏而違之何利焉予曰不然清伯且來未可知不曰專乎專者志之聚也專而不雜不[illegible]不曰謙乎謙者氣之虛也謙而弗應必反夫道者[illegible]其體也一者用也性者可以致虛故謙者[illegible]萌也唯凝神可以致一故專者凝之漸也其機則然故曰清伯且來[illegible]伯果齋潔執弟子禮來叩陽明夫子之門夫子[illegible]先定之以立志次培之以[illegible]見乃審之取舍[illegible]察之功自天地之變化群言[illegible]其雖靡所不辨而恒化[illegible]不言之教[illegible]之清伯[illegible]然曰微夫子[illegible]不[illegible]嗚呼道果在我何[illegible]學[illegible]獨何[illegible]

中國臺北“中央圖書館”藏嘉靖十三年路氏刻本《横山遺集》書影二

錢德洪像

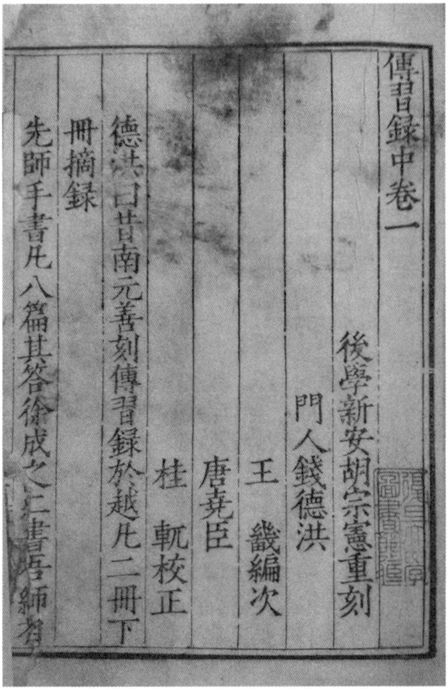

傳習録中卷一
後學新安胡宗憲重刻
門人錢德洪
王　畿編次
唐堯臣
桂　軏校正
德洪曰昔南元善刻傳習録於越凡二册下
册摘録
先師手書凡八篇其答徐成之二書吾師者

復旦大學圖書館藏嘉靖間胡宗憲重刻本《傳習録》書影

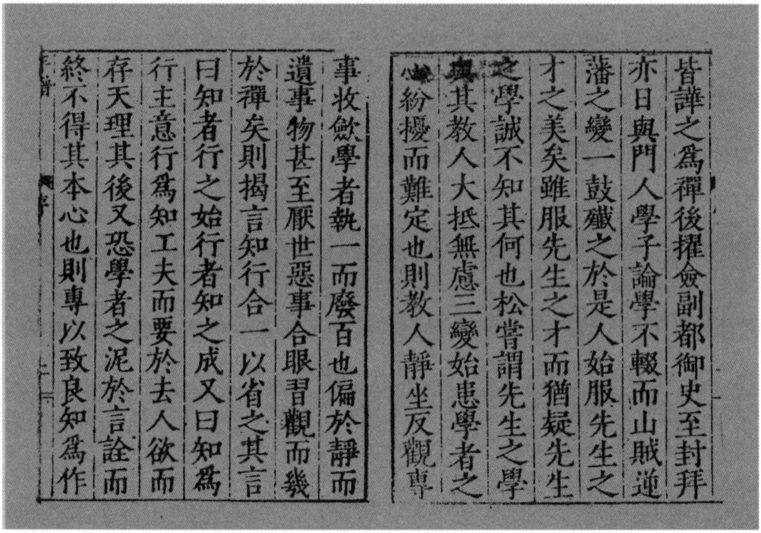
皆謂之爲禪後擢僉副都御史至封拜
亦日與門人學子論學不輟而山賊逆
藩之變一鼓殲之於是人始服先生之
才之美矣雖服先生之才而猶疑先生
之學誠不知其何也松嘗謂先生之學
與其教人大抵無慮三變始患學者之
心紛擾而難定也則教人靜坐反觀專
事收斂學者執一而廢百也偏於靜而
遺事物甚至厭世惡事合眼習觀而幾
於禪矣則揭言知行合一以省之其言
曰知者行之始行者知之成又曰知爲
行主意行爲知工夫而要於去人欲而
存天理其後又恐學者之泥於言詮而
終不得其本心也則專以致良知爲作

日本蓬佐文庫藏天真書院本《陽明先生年譜》書影

編校説明

徐愛是王陽明最早的入門弟子之一，他對早中期陽明學派的形成和發展做出過突出貢獻。錢德洪則是王陽明的晚年弟子，對傳播和弘揚陽明學説，收集、整理和出版陽明著作做出過重要貢獻。徐愛有《横山遺集》傳於世。錢德洪的主要著作《緒山會語》或《緒山先生全集》早已失傳，二〇〇七年由本人編校、江蘇鳳凰出版集團出版的《徐愛・錢德洪・董澐集》（下文稱「原本」），收録了錢氏散失文字數萬言。該書出版十餘年來，學術界又陸續搜集到未被原本收録的徐愛、錢德洪語録詩文數萬言，其中徐愛散佚詩文大多是楊正顯先生所録，錢德洪散佚語録詩文主要由楊正顯先生和朱炯先生所録，此外永富青地、張如安、胡榮明、張炎興、劉聰、王孫榮等先生亦有新發現。此次修訂，是在原本的基礎上，去掉了擬與董穀著作合編成册的董澐著作，而新增了十數萬言徐愛、錢德洪的散佚文字以及相關附録資料，並對原本進行了修訂校正，故稱《徐愛集・錢德洪集》（重編本）。

一、生平簡述

（一）徐愛簡歷

徐愛（一四八七—一五一七），字曰仁，號橫山，浙江省餘姚縣橫河馬堰（現劃歸慈溪市）人。北宋建炎年間，其先祖徐琛爲參謀軍事，由汴京扈從渡江，居餘姚嶼墩。徐琛曾孫徐良始徙馬堰。徐良孫徐原貞以孝友啓家，生徐愛曾祖父徐府君。徐府君，諱廷玉，字汝詢，家貧不堪凍餒，爲了生存，少「遂治生」（黄綰《徐府君墓志銘》。以下凡出自本書所收文獻，只注篇名），徐家由此逐漸發迹。明弘治十六七年，徐愛娶王華女爲妻，居紹興府山陰縣。正德二年，在山陰師從王陽明，成爲王門最早的弟子之一。次年秋，舉進士二甲第六。正德四年七月，出爲祁州守。正德七年冬，陞南京兵部車駕清吏司員外郎。正德八年春，侍王陽明自北來南，檢簡牘中，見同門「多未識者，乃重有感焉」，遂作《同志考》。正德九年，「愛在南京，而陽明爲南鴻臚寺卿，愛與黄綰等日夕聚師門，漬礪不懈，同志益親，愛率之也」（周汝登《聖學宗傳》）。同年四月，愛使過浙，遇黄宗賢伯兄黄宗科於杭，語及王烈婦死節，撰《王烈婦神異記》。正德十年，陞南京工部都水司郎中，嘗「以南曹督逋」（《洗心軒記》）的身份「督逋江湖」。正德十一年秋，考績便道歸省，「與陸澄等同謀買田霅上（霅即霅溪，水名，現稱東苕溪，在今浙江省湖州市南。故霅上又爲湖州之别稱），爲諸友久聚之計」（周汝登《聖學宗傳》）。正德十二年五月十七日（公元一五三〇年五月二十三日），因得痢疾，暴卒於山陰寓館，年盡三十一歲。〔二〕岳丈「海日先生卜以戊寅（十三年）十一月丙辰，葬君山陰之迪埠山麓（今屬紹興市福全鎮迪埠村）」（蕭鳴鳳《徐君墓志銘》）。〔三〕

（二）錢德洪簡歷

錢德洪（一四九六—一五七四），本名寬，字德洪，爲避先世諱，而以字行，改字洪甫，生於餘姚縣龍泉山北麓之瑞雲樓，因龍泉山古名緒山，遂以緒山爲號。〔三〕「少業舉子，從事晦庵《集注》《或問》諸説」；十七八歲時讀《傳習録》，「與所學未契，疑之」（《瀛山三賢祠記》）。正德

〔一〕過庭訓《明朝分省人物考》稱徐愛「年才三十有七也」，誤矣。

〔二〕關於徐愛的生平事迹和思想性格，可詳見錢明的《浙中王學研究》第三章《浙中王門的早期型態——徐愛論》（中國人民大學出版社二〇〇九版）。另可參見日本學者池田蘆洲的《徐横山傳略》（《陽明学》第九號，明治二十九年鐵華書院刊行）、中田勝的《王陽明の實學と徐愛の從學》（《陽明学》第二號，明德出版社一九九〇版）以及吉田公平的《徐愛と伝習録》（《中国文人の思考と表現》，汲古書院二〇〇〇年版）三篇日文論文。近年來中國大陸陸續有多篇碩博士論文問世，如范慧的《徐愛哲學思想研究》（南昌大學二〇一二年碩士論文）等。

〔三〕關於「緒山」、「緒山神」、「緒山廟」之間的關係，可詳見泥土《緒山廟》，《陽明史脈》二〇一四年第一期總第十八期，第九〇頁。

十四年，「補邑庠弟子，舉業日有聲」，然下第未果，「遂輕進取，專心以學問爲事」（王畿《緒山錢君行狀》）。正德十六年，王陽明平宸濠歸越，「始決意師事焉」。及王陽明歸餘姚省祖塋，經王正心引見，得以拜識。後又力排衆議，「率諸友七十餘人，闢龍泉中天閣，請文成（王陽明）升座開講，首以所學請正」（劉鱗長《浙學宗傳》）。嘉靖元年，領鄉薦，中舉人，翌年下第歸，始「侍師於越」。〔二〕五年，與王畿、金克厚不就廷試而歸，卒業於王陽明。時凡及門者，王陽明皆使其「先引導之，俟志定有入，方與請見」（何喬遠《名山藏》）。嘉靖六年九月初八日，與王畿訪張元沖於舟中，因論爲學宗旨，兩人產生分歧，遂在紹興越城光相橋王府請教於王陽明，史稱「天泉辨正」又「嚴灘復申」。七年冬，德洪偕王畿赴廷試，聞王陽明訃，乃奔喪至江西貴溪。嘉靖九年，與王畿「疊爲居守」於杭州天真精舍，以接引四方來浙者（王畿《緒山錢君行狀》），並刻《陽明先生詩録》於杭州勝果寺。十一年，始赴廷試，登進士第，「就蘇學教授，至則定祀典，申學規，日坐道山亭（在蘇州府學今蘇州中學內。道山相傳是吴越王錢氏掘池壘土堆成之小山，植有「五代柏」，山頂有亭子，即道山亭，亭内嵌有周敦頤石刻像）開講，吴士翕然而興，謂有東魯沂水遺風」（周汝登《聖學嫡派》），並將「浴德池」改名「碧霞池」，以紀

〔二〕過庭訓《明朝分省人物考》謂「正德間，陽明先生倡道東南，德洪實首師事之」，並不準確。

念恩師王陽明。同年秋，「問教學之道於甘泉子」（湛若水《贈掌教錢君之姑蘇序》）。十三年，聘主廣東鄉試，薛侃往廣州向其問學（薛侃《寄錢緒山》）。十四年，與同邑聞人銓謀刻《陽明文録》於姑蘇。同年冬，丁内艱歸姚，與親友恢復中天閣之會。十五年冬，服闋補國子監丞，「立省愆堂，教諸生以悔吉吝凶之道」（何喬遠《名山藏》），以明「大《易》之訓」。十七年，陞刑部湖廣司主事，旋轉陝西司員外郎。二十年，因依法奏武定侯郭勳死罪，觸帝怒，下詔禁，與御史楊爵、都督趙鄉在獄中講《易》不輟。二十二年，詔革冠帶歸農。二十五年，至江西安福，講學復古書院（《陽明年譜》）。季夏，「避囂西湖禪舍」，將自己所編的心漁翁詩集《雲夜吟》贈予錢薇，並向其「索序」（錢薇《雲夜吟序》）。二十七年，與龍溪相約「會於水西（今安徽涇縣水西禪寺），歲以春秋爲期」（王畿《水西會約題詞》）。同年夏，與羅念庵等相會於廬山天池，並同赴吉安「青原會」，順便爲其父心漁翁錢蒙向東廓、念庵求索祭文；會後同游龍虎山，擇沖玄觀爲「江浙同志大會」之會所（羅洪先《夏游記》）。八月，朱衡等迎緒山至萬安，「講學於精修觀，諸生在座者百五十人有奇」，又「責洪作疏糾材」，建雲興書院（《陽明年譜》）。九月，至廣東韶州，謁湛甘泉，與之論學（湛甘泉《天關語通録》），並爲其父向甘泉索求墓志銘。後應陳大倫之邀，留明經書院講學，因尚在服喪期間，離家遠游，引起湛甘泉、胡廬山等人不滿（黄宗羲《明儒學案》）。冬踰庾嶺，與諸生鄧魯等謁陽明祠，相與入南華二賢閣，以「共闡師説」（《陽明年譜》）。二十八年初春，自廣東舟返，過螺川，王時槐「舟次聽教，至南浦而别」（《王塘南先生自考録》）；其間舉「南浦大會」，「至數百人，留連旬日」（王宗沐《與成井居年兄》）。五月，與龍溪同赴涇縣「水西會」，與會者達二百三十餘人（王畿《水西會約題詞》）。會後偕浙、徽諸友前往江西，與鄒東廓等在龍虎山沖玄觀共舉「江浙同志大會」（王畿《沖元會紀》）。後又與龍溪、東廓等在安福共舉「復古大會」，會後「大聚於青原」（鄒守益《惜陰申約》）。二十九年正月，史際在江蘇溧陽建嘉義書院，延請緒山主教事（《陽明年譜》），撰《天成篇》，「揭嘉義堂示諸生」（同上），並增刻《朱子晚年定論》和重刻《山東甲子鄉試録》於嘉義書院。四月，吕懷等建大同樓於南京新泉精舍，緒山「送王正億入胄監，至金山，遂入金陵趨會焉」（《陽明年譜》）；羅近溪約緒山、龍溪「大會於留都天壇道觀，竟不果行」（羅汝芳《盱壇直詮》）。三十一年九月重陽，與龍溪一起訪戚南玄於安徽南譙（今屬滁州），舉「南譙會」（王畿《祭戚南玄文》）。同年冬，與龍溪再往南譙（王畿《南玄戚君墓志銘》）。三十二年秋，吕懷聚徒於滁州陽明祠，「洪往游焉」，並「與吕子相論致良知之學無間於動静，則相慶以爲新得」（錢德洪《與滁陽諸生書並問答語》跋）。三十三年秋，巡按直隸監察御史閭東、寧國知府劉起宗建水西書院於涇縣，舉寧國府六邑大會，禮聘緒山、龍溪「間年至會」（《陽明年譜》）。同年，刻《傳習續録》於水西精舍，並「自寧國與貢安國謁師祠」於滁州琅琊山（錢德洪《續刻傳習録序》）。三十四年，倭奴焚掠鄉居，緒山「作《團練鄉兵議》以贊成之（胡宗憲）。首薦門下士，今都督戚繼光、總兵梁守愚，卒賴其力，以成大功。梅林謝君曰：『始疑公儒門，不嫻將略，乃知善將將也。』」〔二〕（王畿《緒山錢君行狀》）三十五年，與龍溪共「主水西會，往來廣德」（《陽明年譜》）。同年五月，湖廣兵備僉事沈思畏在蘄州（今屬湖北黄岡）建仰止祠於崇正書院，緒山赴會講學，「屬洪撰《仰止祠記》」（同上）。同年，「錢子德洪聚青原、連山之間，議葺《陽明先生年譜》」（鄒守益《天真仰止祠記》）。三十六年，黄九成移居天真書院，從緒山、龍溪游，「緒山大器之，黄因執贄爲弟子，願終身稟學焉」（焦竑《參議黄公傳》）。同年，再至青原復古會（錢德洪《惜陰會語》）。三十七年，龍溪過宛陵（今安徽宣城），定會於水西，與緒山分主教席（沈懋學《王龍溪翁老師八十壽序》）。同年，「應當道聘主懷玉之教事，諸生悦其教，惕然有省也」；後王守勝等構屋於十五都（今屬江西德興），建文麓精舍，三年後，御史張浮峰更名爲「緒山書院」（《饒州府志》）。三十八年，王宗沐延請緒山、吕懷至懷玉書院主教事（王宗沐《懷玉書院碑》）。三十九年，與鄒東廓等會於上饒聞講堂（《東廓集》吕懷序）。同

〔二〕關於陽明學者與胡宗憲的關係，以及他們如何參與嘉靖年間抗倭活動的具體情況，可參考黄振萍《論明嘉靖倭患中的王學士人》，《國際陽明學研究》第貳卷，上海古籍出版社二〇一二年，第一六五—一七二頁。

年，「督撫胡宗憲建（錢王）祠於（杭州）靈芝寺址，塑三世五王像，春秋致祭，令其十九世孫德洪者守之」（張岱《西湖夢尋》）。時緒山「閑住吴越國」，「念先德不白，往來於懷」，遂刻《五代史吴越世家疑辯》於杭州（錢德洪《五代史吴越世家疑辯序》）。四十一年十月，赴江西，「舟發章江，南昌諸友追送」，向諸生評論念庵之學，「諸生聞之，俱覺惕然有警」（錢德洪《與羅洪先答論〈年譜〉書》六）。十一月至廣信懷玉書院，與羅念庵考訂《陽明年譜》稿。四十二年五月，持《年譜》稿復訪念庵，延請念庵爲譜作序。四十三年春，與王宗沐在浙江台州共舉「赤城會」，後歸趨天真書院（同上）。十二月十六日，葬妻諸敏惠及長子錢應度、次子婦王氏於餘姚（錢德洪《明故先妻敏惠諸孺人墓志銘》）。四十四年，「作《頤閑疏》，馳告四方，自是不復遠游，相期同志春秋會於天真」（周汝登《聖學宗傳》）。四十五年，刻陽明《文録續編》六卷並《家乘》三卷於嘉興（《陽明年譜》）。隆慶四年春，王時槐北上過浙，謁緒山於錢王祠，謂「錢公論學諄切」（《王塘南先生自考録》）。六年，巡按浙江謝廷傑將緒山删訂的《傳習録》上、中卷，以及當時已「各自爲書，單行於世」的緒山搜集編纂的先師《傳習續録》《文録》《别録》《外集》《續編》《年譜》和《世德記》，「合梓以傳」（《四庫全書總目》）。萬曆元年，緒山患病身衰，次子應樂力勸其歸姚養病。二年九月，「念同志之會，忽戒僕束裝西游，寓先祠表忠觀」。同年十月二十七日，卒於杭州表忠觀，享年七十九（吕本《緒山錢公墓志銘》）。逾十日，次子應樂扶櫬

還姚；十二月三日，葬勝歸山玉屏峰下，門人蕭良幹題曰「大儒緒山先生之墓」（《餘姚縣志》）。〔二〕

二、著述考略

（一）徐愛著述考略

因徐愛早夭，故其著述不多，今存於世的，主要是他編纂的《傳習録》〔三〕及其所著的《横山遺集》。此外，徐愛還有二十首詩被黄宗羲的《姚江逸詩》收録。黄宗羲按曰：「其詩功力未深而不落凡俗」（《姚江逸詩》卷七）。不過這些詩，皆見於《横山遺集》。

1. 徐記《傳習録》三卷

一般認爲，徐愛對傳播陽明學有過莫大之功，這主要表現在他所編纂的《傳習録》初卷

〔二〕關於錢德洪的思想性格，可詳見拙著《浙中王學研究》第六章《王學在浙中的展開與挫折——錢德洪、王畿合論》，中國人民大學出版社二〇〇九年版；張克偉《浙中王門大儒錢緒山之宦履行歷及思想旨歸》，載趙平略主編《王學研究》第一輯，西南交通大學出版社二〇一三年版；張實龍《陽明心學傳播者錢德洪研究》，上海交通大學出版社二〇一九年版；程海霞《檢討錢德洪系〈王陽明年譜〉之立場——以陽明的早年經歷爲例》，《厦門大學學報》二〇一〇年第五期。

〔三〕《中國子學名著集成》録有徐愛所編的《傳習録》，據上海涵芬樓景印明崇禎間施忠滑刊本。

上。然徐愛記録的《傳習録》初卷與南大吉彙編的《續刻傳習録》(今之中卷)尤其是錢德洪編定的《傳習續録》(今之下卷),存有明顯的前後不一致的現象,因而曾有人懷疑説:「大抵《傳習續録》一編,乃陽明先生没後,學者自以己意著述,原未經先生覽訂,其言時有出入,未可盡遵也。」(王時槐《友慶堂合稿》卷四《三益軒會語》)。但爲何從未有人懷疑過徐愛所録的《傳習録》初卷呢?難道徐愛在記録初卷時就没有「以己意著述」的事發生嗎?誠然,陽明親自審閲過初卷是後人不加懷疑的重要原因,但這並不説明初卷中就没有編者徐愛的個人理解和發揮了。從這一意義上説,《傳習録》初卷雖爲陽明之作,但仍能反映編者的一些思想,故而作爲徐愛之著述來加以考量亦未嘗不可。

據《陽明年譜》記載,正德七年十二月,王陽明升爲南京太僕寺少卿,時門人徐愛正好亦出任南京工部員外郎,於是兩人相約同舟歸省,途中,陽明給徐愛講授《大學》宗旨,徐將所聞輯爲三卷。〔二〕關於編纂之動機,徐愛在《傳習録序》中謂:

今備録先生之語,固非先生之所欲,使吾儕常在先生之門,亦何事於此,惟或有時

〔二〕據蔡汝楠《傳習録》校刻本「右曰仁所録」後注云:「曰仁所紀凡三卷,侃近得此數條並兩小序,其餘俟求其家附録之。正德戊寅春薛侃識。」

而去側，同門之友又皆離群索居。當是之時，儀刑既遠而規切無聞，如愛之駑劣，非得先生之言時時對越警發之，其不摧墮靡廢者幾希矣。吾儕於先生之言，苟徒入耳出口，不體諸身，則愛之録此，實先生之罪人矣；使能得之言意之表，而誠諸踐履之實，則斯録也，固先生終日言之之心也，可少乎哉？

正德十三年八月，薛侃得徐愛所遺三卷及序、跋引言二篇，與陸澄各録一卷（其中陸記八〇條、薛記三五條），用徐愛所用「傳習録」命名之，〔二〕刻於江西贛州，簡稱薛本。「傳習」一詞出自《論語・學而》：「傳不習乎？」朱熹《論語集注》曰：「傳謂受之於師，習謂熟之於己。」然徐愛使用此詞，並非全采朱子之意，而是將「習」字釋爲「誠諸踐履之實」。後來《續刻傳習録》的編者南大吉之弟南逢吉曰：「此徐子曰仁之自序其録者，不幸曰仁亡矣，録亦散失，今之録雖全非其筆，然其全者不可得，而此序録之意則備矣。」（蔡汝楠《傳習録》校刻本〔三〕）説明徐愛所録的《傳習録》三卷，至嘉靖初年即已散失，今通行本《傳習録》

〔二〕在徐愛的序跋引言中雖未見「傳習」二字，但從其序以孔子之言爲準繩，加之南逢吉在其序後又明言：「此徐子曰仁之自序。」故筆者推測「傳習録」之命名當出於徐愛。

〔三〕日本京都大學附屬中央圖書館藏有明嘉靖三十年蔡汝楠校刻本的重印本，因該本版心下端有「衡湘書院校刊」六字，故稱「衡湘書院本」。

上卷中徐愛所記的一四條語録只是原刻本中的極小部分。所以陳榮捷先生認爲，徐愛所録決不止十四條，可有二證：一則徐愛短跋所舉陽明《大學》諸説如道問學與尊德性一題，不在該録之内。二則載於《續刻傳習録》徐愛序後的南逢吉注解之所言。可知徐愛所録，已經散失若干矣。[一]

2.《横山遺集》二卷四册

據嘉靖十三年蔡宗兖《刻徐横山集序》載：

曰仁歿於正德丁丑，年方三十有一，距今嘉靖甲午，去世十八年矣。其父古真翁，年逾八十有三。一日，躅踏而告予曰：「吾愛子逝矣，形骸不可復矣。檢其遺書，則有存者，吾將壽之梓，以永吾情。吾身存，閲其言之存，猶吾兒之對語也；吾身亡，得其言之存，猶吾兒之後死也。吾寄吾情而已，工拙皆所弗計，願執事少加印可，即付之梓人矣。」予聞古真之言，惻然父子真情，自不覺泣然而感動也。乃正其訛，補其缺，删其可删，什存七八。……惟閲古真之情，具述其意於左，方集上下二卷，附親友哀辭一卷。録成，適汶上路公廉憲浙省，恤同志之蚤世，體古真之鍾情，遂捐俸梓之，以成其志。

[一] 參見陳榮捷：《王陽明傳習録詳註集評》，臺北，學生書局一九七二年版，第八頁。

可見，《橫山遺集》的編輯出版大致經過三個階段：首先是由徐愛父親古真翁「檢其遺書，則有存者」，然徐父「付之梓人」的目的是爲了「寄吾情而已，工拙皆所弗計」，因此導致該書刻印很粗糙，既不規範，又有不少錯字。其次是執事蔡宗兖在古真翁的請求下，「乃正其訛，補其缺，删其可删，什存七八」，「集上下二卷，附親友哀辭一卷」。這就是説，經蔡宗兖編輯後的《橫山遺集》，只保存了原有遺書的十分之七八。不過蔡氏所附的親友哀辭一卷，有較大價值，其中還有王陽明的兩篇佚文。最後才由適逢「廉憲浙省」的同門山東汶上人路迎，「捐俸梓之，以成其（古真翁）志」。路氏刻本現藏於臺北「國立中央圖書館」，爲海内外之孤本，藏書印記爲「嘉靖十三年汶上路氏浙江刊本」。

徐愛著述存世很少，有關他的文獻資料亦相當缺乏，而且現存的史料中還有不少錯誤。比如徐愛師事陽明的時間，據徐愛本人説，是在陽明謫龍場之前：「自尊師陽明先生聞道後幾年，某於丁卯（正德二年）春，始得以家君命執弟子禮焉。于時門下亦莫有予先者也。繼而是秋，山陰蔡希顔、朱守中來學，[二]鄉之興起者始多，而先生且赴謫所矣。」（徐愛《同志考叙》）故黄宗羲曰：正德二年，「陽明出獄而歸，先生（曰仁）即北面稱弟子」；並批評説：「鄧元錫《皇明書》云

[二] 然朱節（守中）所撰徐愛祭文稱：「與（曰仁）同師事乎陽明。」（《橫山遺集》卷下）這與徐愛所記稍有出入。

『自龍場歸受學』，非。」（《明儒學案》）其實不僅是鄧元錫的《皇明書》，還有像徐象梅的《兩浙名賢録》等，也認爲徐愛師從陽明是在龍場之後。如《兩浙名賢録》卷四《理學》記載：「（徐愛）弱冠領鄉薦，適文成自龍場歸，論學稽山，愛深契之，遂執贄稱弟子，奮然以聖學爲己任。」更有甚者，居然説「陽明居夷三載，公（徐愛）朝夕門下」（劉鱗長《浙學宗傳》）。再比如徐愛去世的時間，周汝登把正德丁丑（十二年）説成是正德戊寅（十三年），也是個明顯錯誤。

其實關於徐愛的史事，劉宗周時就已搞不太清，如劉子《人譜·雜記二》中的一則記載，就明顯有誤：「陽明先生晚年家居，謗議紛起。一日，門人言之，因問所以致謗之由。門人或曰：『先生功高見忌。』或曰：『先生學與時牴。』或曰：『人慮先生，故謗。』先生曰：『是固皆有之，而不盡然。某向來猶帶些鄉願意思，只今信得良知二字，略無遮掩，才做得個狂者。』時徐曰仁（愛）在坐，曰：『知此，方知聖賢真血脈。』」陽明此言發於晚年居越講學時，記載於《傳習録》下卷，此時徐愛已去世，劉宗周所記徐愛之評語實爲薛侃之言，故屬張冠李戴。

到了清代，在述及徐愛時，連基本史實都出現了差錯。比如據黄炳垕《黄梨洲先生年譜》記載：康熙三十三年「正月杪，萬子公擇冒雪來訪，信宿而去，八月卒。公（指黄宗羲）思之，如陽明之於曰仁，不俟其家人之請而銘之。」其實爲徐愛撰墓銘的是蕭鳴鳳，王陽明只是單獨或與其弟一起撰寫過祭文。再比如光緒年間李元度重修的《南嶽志》卷十二《前獻三》中竟然有這樣的記載：「至嘉靖初，（王陽明）復與其徒錢德洪、王畿、徐愛輩游南嶽，日與衡士講學，從者百餘人，因各授以《傳習録》。」徐愛卒於正德十二年，怎麽可能於嘉靖初年隨王陽明游南嶽呢？且徐愛與王陽明的晚年弟子錢德洪、王畿從未見過面，又怎能與他倆一起游衡山呢？

除史實錯誤外，個别記載在思想史的定位上亦有明顯不當。如黄宗羲認爲徐愛得王陽明致良知學之真諦，就很值得商榷。其曰：「先生（徐愛）記《傳習》初卷，皆是南中所聞，其於『致良知』之説，固未之知也。然《録》中有云：『知是心之本體，心自然爲知，見父自然知孝，見兄自然知弟，見孺子入井自然知惻隱，此便是良知。使此心之良知充塞流行，便是致其知。』則三字之提，不始於江右明矣，但江右以後，以此爲宗旨耳。是故陽明之學，先生爲得其真。」（《明儒學案》）其實黄宗羲本人已説得很清楚，認爲王陽明是在「居越以後，所操益熟，所得益化」[二]（同上）。既然王陽明思想是到晚年才真正成熟，那麽想要徐愛在正德十二年以前就「得其真」，顯然不現實，黄宗羲如此言，似有爲鄉賢溢美之嫌。

黄宗羲又曰：「緒山《傳》云『兵部』及『告病歸』，皆非。」（同上）緒山所撰的《徐曰仁傳》今

[二]「所操益熟，所得益化」這句話，最早是由王畿提出的（見《龍溪王先生全集》卷二《滁陽會語》），其中雖不能排除王畿對陽明晚年講學越城的過度讚譽，但若聯繫陽明本人對自己晚年思想的評價，則恐非虛言。

已逸，且未見其他文獻記載過，故而無法知道其具體内容。然若依黄宗羲所言，連錢緒山都把「工部」（指徐愛於正德十年升南京工部都水司郎中）誤作「兵部」，那麽至少説明有關徐愛的一些史料記載，在錢緒山時恐怕就已經比較模糊，更何況數十年之後的劉宗周等人。至於説「告病歸」，則並非如黄宗羲所言是誤記，只是有些片面。據與徐愛同時中舉的王應鵬《徐曰仁祭文》稱：徐愛於正德十二年「考績抱痾而南」。這就是説，「考績便道歸省」（如黄宗羲的《明儒學案》所記）與「告病歸」（如周汝登的《聖學宗傳》和何喬遠的《名山藏》所記）兩種記載均能成立。黄宗羲把基本無誤的東西説成是錯的，這本身就説明他對史料掌握的不完整。

（二）錢德洪著述考略

在陽明後學的研究中，錢德洪是較爲棘手的一位，這主要是由於缺乏第一手文獻資料所致，無論是其次子錢應樂編的《緒山會語》二十五卷，〔二〕還是其弟子徐用檢編的《緒山先生續

〔二〕《明史・藝文志四》和《餘姚縣志》所録的《緒山文集》二十四卷，疑即《緒山會語》二十五卷。《四庫全書總目》卷九六《儒家類存目二》録《緒山會語》曰：「是編爲其子應樂所刊，前四卷爲會語、講義，五、六兩卷爲詩，七卷以下爲雜文，第二十五卷則附録墓表、志銘。雖其詩文全集，而大致皆講學之語，故仍總名曰《會語》。」（中華書局一九六五年版，第八一二頁）可見，名爲「會語」，實則「大致皆講學之語」的「詩文全集」。故筆者推測《緒山文集》二十四卷本即爲去掉了第二十五卷附録後的《緒山會語》本。

訓》〔一〕和其後學王金如編的《錢緒山先生要語》，〔二〕以及乾隆《餘姚志》所記的《緒山語録》一卷，〔三〕今俱已失傳。

除此之外，還有所謂「緒山全集」之記載。《安陸縣志補正》於《辭别何吉陽書》後有一按語：「德洪，號緒山，錢武肅王十九世孫，浙江餘姚人，王文成公高第弟子也。又有《復何吉陽論未發之中》一書、《論老子之學》一書，又《復何吉陽、鄭東泉、張浮峰、王敬所、陸北川、黄滄溪講學》二書，俱載《緒山全集》，文繁不録。」〔四〕按語中言《緒山全集》，可能源自吕本的《緒山錢公墓志銘》，也可能就是《餘姚县志》所称的「《緒山文集》二十四卷」；又言緒山有《論老子之學》，專論老子，這在陽明後學中亦不多見。而在陽明後學中與緒山並稱的王龍溪，後人將其著作編纂爲《龍溪會語》和《龍溪全集》，與《緒山會語》和《緒山全集》正好相呼應，這恐怕也並非巧合。

關於錢德洪著作的主要内容，毫無疑問應當是講學會語。對此，吕本在《緒山錢公墓志銘》

〔一〕參見沈懋學：《郊居遺稿》卷八《答徐魯源》，《四庫全書存目叢書》集一六三，第六一〇頁。

〔二〕參見劉宗周：《錢緒山先生要語序》，《劉宗周全集》，第三册，第六九七—六九九頁。

〔三〕參見《餘姚縣志》卷十七《藝文》上。原文僅記「《緒山語録》一卷」，除附有陸世儀的一段重要論述外，再無其他評語。陸氏認爲緒山「救正王學末流之功甚大」，且聲稱「姚江弟子吾必以緒山爲巨擘」。

〔四〕陳廷鈞纂：《安陸縣志補正》卷上，收入《中國地方志集成·湖北府縣志輯》，江蘇古籍出版社二〇〇一年版，第十三册，第五二二頁。

中曾有詳述：「如在韶，則陳豹谷延主明經書院；溧陽，則史玉陽聘主嘉義書院；宛陵，則劉初泉聘主獅子巖與水西精舍；蘄州，則沈古林聘主崇正書院；江右，則督學王敬所大辟講舍於懷玉山，群八邑士，聘公爲山長。若沖玄，若斗山，若青原，若君山，若福田，若衢麓，若復真，若復古，諸書院往來敷教三十年，不可枚舉。各有《規約》，有《會語》，凡若干卷，載公《全集》中。」然而遺憾的是，這些有關錢德洪學説並且涉及陽明後學講學運動的珍貴史料，只能够在各類文獻中碎片化地找到一些。

據筆者推測，錢德洪的主要著述《緒山會語》（又稱《緒山文集》或《緒山全集》）等，可能在清光緒年間甚至光緒之前就已失傳。因爲除王道明編纂的《笠澤堂書目》所録「《緒山集》八册」屬明人之作外，清初黃虞稷編纂的《千頃堂書目》及雍正年間定稿的《明史・藝文志》〔三〕均載有《緒山集》二十四卷，而乾隆年間編撰的《四庫全書總目》則録有《緒山會語》二十五卷，並

〔三〕黃虞稷父子聚書兩代，編成《千頃堂書目》三十二卷。該書目主要收録的是明人著作。康熙十八年清政府開明史館，經徐元文薦舉，黃虞稷入明史館負責編修《明史・藝文志》。由於明代没有一部像樣的政府藏書目録，故黃在編修《明史・藝文志稿》時所依據的主要是自己編纂的《千頃堂書目》。後明史館總纂修官王鴻緒又在黃稿的基礎上作了删改。而由張廷玉定稿的《明史・藝文志》則基本上就是王鴻緒删改過的黃虞稷《明史・藝文志稿》之翻版（參見高路明：《古籍目録與中國古代學術研究》，江蘇古籍出版社一九九七年版，第一七三—一八〇頁）。因此，《明史・藝文志》所著録的《緒山集》實即來源自於《千頃堂書目》。

明言是「江蘇周厚堉家藏本」。〔二〕 由此可以推知，在清康乾年間緒山著作尚存於世。〔三〕 然到光緒年間重修《餘姚縣志》時，對錢氏所著書目的評述，僅轉引了《四庫全書總目》或清初學者陸世儀之評語，而未發表編者個人的任何意見。這要麽是編者有意「偷懶」，要不就是編者無緣看到原書，爲避免妄加評論，只好引述他人之記載。然從編者在同書中對王陽明等人之著作的評語分析，似乎後者的可能性更大。正因爲失傳的時間較早，所以近人繆荃孫等編撰的《嘉業堂藏書志》，雖著録嘉業堂藏書盛期所藏善本古籍一千七百餘種，其中所收明人文集甚富，然而唯獨不見有關錢德洪著作之記載。還有宋慈抱的《兩浙著述考》，在著録《緒山會語》時，亦特地注明是轉述了《四庫全書存目提要》。

〔二〕 按：周厚堉（生卒年不詳），字仲育，松江婁縣（今屬上海）人。諸生。自其祖父周士彬（字介文，號愛蓮）即有山丹堂藏書，所藏别集特富。清乾隆開四庫館，詔求遺書，周厚堉進呈三百六十六種，《四庫全書總目》著録一百六十四種，一千八百二十五卷。有《來雨樓書目》。

〔三〕 對此，筆者還可舉出一證：據楊爵後人清順治年間會稽縣令楊紹武《復楊斛山書》識語：「此錢先生復書也，出先生《會語集》（即《緒山會語》）中。先生系獄數年，與先公同講學圜中。《處困記》（楊爵撰）稱其爲同志舊友，則夫未入獄既入獄與！夫既出獄，其往來論訂亦非一二言明矣，而概同佚闕，可勝慨歟！」（《楊忠介集》附録卷三，文淵閣《四庫全書》集部第一二七六册，第一五四四頁）這不僅説明楊紹武見到過《緒山會語》，而且還説明被稱爲楊爵「獄中同難講學者」的錢德洪之著述在清初已「佚闕」甚多。

而江南著名藏書家劉承幹的嘉業堂藏書，本應最有可能收録和保存緒山著作，因爲據劉氏本人的《嘉業堂藏書日記抄》，其藏書至少具備了四大優勢：第一，所收以明版書爲主；第二，以江浙學人書爲主；第三，以王門學者爲重（就連一些很少見到的書如徐愛的《横山遺集》、鄧以讃的《鄧定宇先生文集》、查鐸的《闡道集》、陶奭齡的《今是堂喃喃録》、沈懋學的《沈太史郊居遺稿》、王艮的《心齋先生全集》、王襞的《東厓先生遺集》、王棟的《一庵先生遺集》等，也都被他所收藏）；第四，以錢德洪本家「書林怪傑」錢長美爲主要收書對象。〔一〕此外，劉承幹在江南購書，還以杭州城及其周邊地區爲主，錢德洪晚年定居杭城，其著作在杭州刊行、流傳的可能性較大，被杭州錢氏收藏的概率也很大。以上這些有利條件，都足以讓劉承幹在杭城購入並收藏錢德洪的著作。然而，《嘉業堂藏書志》和《嘉業堂藏書日記抄》皆未見提及緒山其人其書，這足以説明，不僅《緒山會語》在晚清就已失傳的可能性比較大，而且錢德洪的其他著作如語録等，也可能很早就失傳了。

那麽，爲何王陽明的高足弟子和重要傳人的著作幾乎都保留或部分保留了下來，而惟獨錢德洪的主要著作《緒山會語》很早就失傳了呢？這其中有什麽值得總結的原因呢？

衆所周知，《四庫全書》雖未收録《緒山集》，但其編撰者却將錢著編入儒家類目録，而像

〔一〕詳見劉承幹著、陳誼點校：《嘉業堂藏書日記抄》，鳳凰出版社二〇一六年版，第三五四—四五八頁。

《東廓集》《南野集》《世經堂集》甚至《王文成公全書》等則無此「待遇」，皆被録於别集類。可見，《緒山集》幾乎與被編入《四庫全書》儒家類的陽明私淑弟子羅洪先的《念庵集》有等同之地位，基本不存在被清政府銷毀或輕視的可能性。而憑錢德洪在王學中的地位，其著作尤其是講學會語亦必定會是王門後學的必讀書之一，故亦不存在同門保存不善的問題。那麼究竟是什麼原因使錢德洪著作過早失傳的呢？

王畿可謂是對錢德洪最爲熟悉的人之一，他在《緒山錢君行狀》中説：「自奔喪卒葬，以至出仕歸田，無一日而忘師教也。念先世功德恐致湮没，鋭意表章，恢復遺墓，建葺祠宇，置祭田，修祀事。每歲仲秋，大會台、杭、蘇、越族屬二十餘支，合祭表忠觀，後寢以證譜系，聯宗誼，載在《吴越世家》，無一日而忘親恩也。」而王畿的「兩不忘」説，則似乎爲我們破解錢德洪著作過早失傳的原因提供了思路。

一般認爲，在陽明門人中，除了徐愛，就數錢德洪與王陽明的「私交」最爲親密，而且這種「私交」還帶有濃重的鄉里、家族成分（和陽明一樣，緒山也生在瑞雲樓，兩人的夫人同屬餘姚許氏家族，緒山次子應樂還娶陽明嗣子正憲之女爲妻）。這些有利條件固然爲錢德洪傳播陽明學説提供了極大的方便，但同時也成爲限制其思想發揮的原因之一。比如王陽明生前就已看到了在自己家鄉講學傳道的困難程度，時有「得無（書院）法堂前今已草深一丈否」的擔憂，並反復告誡自己最信賴的兩位大弟子錢德洪和王畿,勿使講學活動「遂致荒落」。而當他聽説「龍山之講至今不廢」的喜訊後,即大加讚賞。〔二〕王陽明的這種憂慮,既有地緣教育方面的因素,又有對錢德洪、王畿等人因受政治環境影響和社會輿論壓力而在家鄉講學傳道不力的某種擔心。與王畿相比,「無一日而忘師教」的錢德洪,在王陽明去世後便把主要精力放在收集和整理陽明著作上,這勢必在一定程度上影響其外出講學的時間和精力投入,以及與同門的學術交流和對陽明思想的理論創設,進而影響他在王門中的領袖地位。正因爲此,與王門的其他領袖級人物相比,錢德洪的門人後學明顯偏少,而爲他撰寫序跋、祭贊類文字的同門好友亦不太多。〔三〕儘管這其中錢德洪著作的失傳而使我們很難瞭解其全部情況是原因之一,但從與他志同道合者的著述中可以發現,爲他撰寫此類文字以及與他互通書信的人的確不多。對此,從錢德洪領袖地位的下降或與王畿相比有被邊緣化的角度做出解釋,也是合情合理的。從這一角度看,明末鄞

〔二〕參見《王陽明全集》卷六《與錢德洪王汝中》。

〔三〕按:值得注意的是,甘泉學派的湛若水和洪垣曾分别撰寫過《贈掌教錢君之姑蘇序》和《錢緒山壽序》,前者見於《甘泉集》,而後者已佚,僅被略摘於《明儒學案》。另外,湛若水與其門人錢薇不僅與錢德洪有不少往來詩文,還爲其父心漁翁撰寫過墓銘、像贊和詩序。這些都不能不使我們聯想到錢德洪與甘泉學派的特殊關係。在明人文集中,惟見王畿所撰的《行狀》和呂本所撰的《墓誌銘》。反倒是其父錢心漁,依靠與陽明門人的廣泛聯繫和錢德洪的當面索求,而得到了包括湛甘泉在内的諸多名士的褒獎和祭奠。

縣遺民林時對的《荷牐叢談》在《理學真傳》《兩浙人物》等篇章中，提到了幾乎所有具有代表性的陽明弟子、再傳弟子乃至三傳弟子，唯獨没有提及錢德洪和聶豹，也就不足爲奇了。而在筆者看來，作爲浙東王門之翹楚的錢德洪未被提及，恐怕並非林時對的一時疏漏，而是錢德洪地位下降的真實反映。

而從王畿所謂錢德洪「無一日而忘親恩」的評論看，錢氏的確有把主要精力轉移置「親恩」的傾向，以致在兩浙開展活動時會時不時地把開放的學術活動過多局限於「家族」内部，而這恐怕也成爲限制其著作廣泛流傳的原因之一。吕本《緒山錢公墓志銘》説他「數十年來稱於宗族鄉黨者」尤多，即爲明證之一。據張岱《西湖夢尋》載：「明嘉靖三十九年，督撫胡宗憲建（錢王）祠於（杭州）靈芝寺址，塑三世五王像，春秋致祭，令其十九世孫德洪者守之。」〔二〕所以到晚年，錢德洪的注意力已有所轉移，每「念先世功德，恐致湮没，故凡遺墓在臨安、錢塘、崇德、天台者，罔不表章恢復。又請建英烈廟於越，表忠觀於杭，立表忠世廟於勝歸山，置祭田，修祀事，每歲仲秋，大會台、杭、蘇、越族屬二十餘支，合祭表忠觀後寢，以聯族誼，具載《吴越世家》，是公無一日而忘親恩也」（吕本《緒山錢公墓志銘》）。正因爲「無一日而忘親恩也」，而且還把在杭州

〔二〕張岱：《西湖夢尋》，上海古籍出版社二〇〇一年版，第二四二頁。

天真書院開展的講學運動，也納入彰顯先祖功德的祭祀聯誼活動中，以致無暇顧及其他地區的講學活動。嘉靖四十一年，羅洪先爲考訂《陽明年譜》稿而希望他來懷玉「復聚」，結果却是「久之無來耗，遠承書問，始知又留天真也」。[二]不過仔細想來，在編纂先師著作和表彰先世功德這兩項大事之外，我們的確很難再要求錢德洪能把過多的精力投入别處的學術活動了。

因此，筆者的結論是，既然《緒山會語》由其次子錢應樂所編，且錢德洪又「無一日而忘親恩也」，把大部分精力放在彰顯先祖功德等家族活動上，所以其著述僅限於家族内傳播的可能性極大。劉宗周《錢緒山先生要語序》中稱：「先生有裔孫集生氏，頗能讀先生遺書，尤念先生之教不盡行於後世也，因出舊編，請政於予。」而宗周實際上也並不清楚緒山論學書究竟有多少卷，只是含混地説：「固嘗有論學書數十卷……予後進識淺，愧未窺先生萬一。」這似可爲筆者關於錢德洪著述僅限於家族内傳播的論斷提供佐證。正因爲此，才使得錢德洪在當時的影響力有逐漸遞減的迹象，猶如陶望齡所言：「人知龍溪先生妙得師傳，而於緒山語殊闊略，不知其直截痛快，乃至於是。」[三]至於錢德洪在晚明的陽明學界被邊緣化的原因，筆者已在拙著《浙中王門研究》中作了詳細考論，而家族衰微、流傳不廣，加之清中葉以後戰亂頻仍，則可視爲《緒山

[二] 羅洪先：《石蓮洞羅先生文集》卷九《與錢緒山》。
[三] 陶望齡：《歇庵集》卷十五《與余山陰舜仲十首》之十。

會語》失傳的主要原因。〔二〕

不言而喻，錢德洪著作过早失傳所造成的損失是難以估量的，在此僅舉一例：錢德洪是陽明以後講學活動的重要領袖，故其著作均以「會語」稱之，其中肯定保存了各地講會活動的大量信息，但由於《緒山會語》的失傳，使我們不僅難以全面瞭解錢氏本人真實的思想面貌，而且對陽明之後周汝登之前的紹興、餘姚等地講會活動的實況也知之甚少。相比較，倒是江右王門因其主要人物的著作大都保存了下來，因此我們今天在對江右王門進行梳理與研究時，反而比陽明學的發祥地越中感覺游刃有餘。

既然錢德洪的主要著作到清代晚期就已失傳，〔三〕所以近代以來大凡研究陽明學的人，在述

〔二〕按：黄宗羲在談到數百年來餘姚人之詩文集「不勝其逸者之多」時，曾列舉了兩條理由：一是「科舉抄撮之學，陷溺人心，誰復以此（指詩文集之編撰）不急之務，交相勸勉」（《黄宗羲全集》第一〇册，第一〇頁）；二是「姚江之爲富貴者何限，即有子孫，守其遺集，裝潢投贈，偶揭一二板，便嘔噦棄去，以充糊壁覆瓿之用不少矣」（同上，第十四頁）。儘管梨洲所言的這兩條理由並無普遍性可言，但若藉以作爲對錢德洪著作失傳的解釋，仍具有一定的參考價值。

〔三〕按：據筆者所知，現僅存《平濠記》一卷，北京大學圖書館藏清抄本，收入《四庫全書存目叢書》史部第四十九，第一四七—一五三頁。《四庫提要》曰：「王守仁之平宸濠也，其大綱具於叙功疏，其細目具於《年譜》。德洪受業守仁，據師友所見聞，其陰謀秘計及一切委曲彌縫之處，有疏及《年譜》所不詳者，因作此記以補之。凡黄綰所説四條，龍光所説二條，雷濟所説一條，附載德洪隨事附論者五條，又自跋一條。」（《四庫全書總目》，中華書局一九六五年版，第四八二頁）然《平濠記》的内容大部分與附録於《王陽明全集·世德記》中的《征宸濠反間遺事》相同，惟有黄綰、蔡文所記部分的錢德洪之附論未見於《征宸濠反間遺事》。是故錢彩鈞認爲：前者「當系後者的初稿」（《錢緒山及其整理陽明文獻的貢獻》，《中國文哲研究通訊》第八卷第三期，第八十一頁）。

及錢德洪時,只好以黄宗羲的《明儒學案》和《王陽明全集》中所附載的錢德洪文字爲基本資料。二十世紀六十年代以後,國内外學術界有不少學者都在用心尋訪《緒山會語》等錢氏所遺著作,但不是一無所獲,就是查無實據。不得已,七十年代初日本學者吉田公平在編寫《陽明門下》中的錢德洪部分時,遂開始了艱難的輯佚工作,編成《錢緒山遺文抄》,輯有語録五十條、書簡序説二十四篇。〔二〕餘姚鄉賢葉樹望於九十年代初從《餘姚縣志》和《姚江逸詩》〔三〕中輯出記文墓志二篇、詩二十二首。〔三〕二十一世紀伊始,彭國翔教授又在《錢緒山遺文抄》的基礎上,補充了未被吉田公平輯録的語録、序文,並對所有六十條語録作了詳細校注。〔四〕本世紀一〇年代以來,楊

〔二〕參見宇野哲人、安岡正篤監修:《陽明学大系》第五卷《陽明門下》上(東京,明德出版社一九七二年版,第四〇九—四三二頁)。其中從《明儒學案》中輯出語録十九條、書簡十一篇,從《王門宗旨》中輯出語録二十九條、書簡三篇、序説二篇,從《聖學宗傳》中輯出語録二條,從《王文成公全書》中輯出書簡二篇、序説五篇,另從佐藤一齋《傳習録欄外書》中輯出《續刻傳習録序》(原爲閭東本《傳習録》所收)一篇,並附録了王畿的《緒山錢君行狀》。

〔三〕黄宗羲編,清康熙五十七年南雷懷謝堂刻倪繼宗重修本,《四庫全書存目叢書》集部第四〇〇册雖有收録,然因缺頁而少了有關錢德洪的内容。

〔三〕參見葉樹望:《王陽明の後学錢德洪について》,二松學舍大學陽明學研究所刊《陽明学》第五號,東京,明德出版社一九九三年版。

〔四〕參見彭國翔:《錢緒山語録輯逸與校注》,《中國哲學史》二〇〇三年第三期;《中國文哲研究通訊》第一三卷第二期。

正顯〔一〕、胡榮明〔二〕、朱炯〔三〕等先生又在上述三位學者的基礎上，從各類明清文獻中新輯出錢德洪散佚詩文數十篇，最終形成《錢德洪集》和《錢德洪年譜》（朱炯編校）。上述學者尤其是吉田公平、楊正顯、朱炯等先生的努力，爲學術界的研究工作提供了極大的便利，比如吴震教授撰寫的數篇有關錢德洪研究的論文以及日本二松學舍大學陽明學研究所一九九三年編刊的《陽明學》「錢德洪特集號」等，便是以《錢緒山遺文抄》爲基礎資料的。

儘管如此，相比王陽明的其他傳人，由於缺乏原始文獻的支持，有關錢德洪的研究，仍顯得步履蹣跚，難以深入。爲此，筆者在二〇〇七年出版原本以後，又在朱炯、楊正顯、胡榮明等學者的基礎上，對舊作進行了重新增補和修訂，形成重編本《徐愛集·錢德洪集》，其中輯録錢德洪言行録及後人評語二百餘條，〔四〕文録一百三十餘篇，詩録五十餘首，以及

〔一〕參見楊正顯：《王陽明佚詩文輯釋——附徐愛、錢德洪佚詩文輯録》，《中國文哲研究通訊》第二十一卷第四期。

〔二〕參見胡榮明：《錢德洪佚文兩篇輯録與注釋——兼論德興地區陽明學的發展》，《國際陽明學研究》第貳輯，上海古籍出版社二〇一二年版。

〔三〕參見朱炯：《錢德洪集》，寧波出版社二〇一九年版。

〔四〕按：王陽明講學重參究體驗，輕文字傳授，堅稱「不必支分句析，以知解接人也」（《王陽明全集》，第九七六頁）。故當年北方王門的尤西川搜尋陽明言行不遺餘力，所謂「考究陽明之言行，雖尋常謦欬，亦必籍記」（《黄宗羲全集》第七册，第七四四頁）。緒山承陽明之教，「不敢以知解承，而惟以實體得」（《王陽明全集》，第一二六頁）。故吾人若要搜集緒山語録，「言」固重要，「行」更要緊，言行皆需「籍記」矣。

有關錢德洪的各類附録文獻史料一六〇餘篇，總字數比原本中的徐愛、錢德洪部分增加了近一倍，尤其是錢德洪的部分，幾乎增加了近百分之七十，以期爲學術界提供一部更加完備的文本。

除了以上被增補於重編本《徐愛集·錢德洪集》的文獻資料外，我們還可以從各類文獻資料中獲知一些有關錢德洪佚文的相關信息。比如由《明儒學案》而知錢德洪有《徐横山傳》《汶源紀聞録》和《與貢受軒書》（見《黄宗羲全集》第七册，第二四八、三四二、六七三頁）；由《姚江書院志略》卷下《附議》（黄宗羲撰，乾隆五十九年刻本，見《中國歷代書院志》第九册，第二九〇頁）而知其有《正學淵源録》和《半野蓬記》；由王畿的《與羅念庵》《緒山錢君行狀》而知其有與王龍溪書，〔二〕以及《困學録》《頤閑疏》《團練鄉兵議》《吴越世家》及「藏而未行」的《言行逸稿》一編（見《龍溪集》卷二十）；由吕本的《緒山錢公墓志銘》而知其有《婦行録》一卷（見《期齋吕先生集》卷十二）；由陳九川的《送介山林先生擢提舉序》而知其有《族婦林氏廟見文》；由林

〔二〕據王畿《與羅念庵》：「得緒山兄書，云與兄商訂《年譜》，已有次序。」（《龍溪集》卷十）可知錢德洪爲編纂修訂《陽明年譜》而曾寄書王龍溪，而且還不止一通。然不知何故，《龍溪集》中未見王畿回復錢德洪的書信。這或許是王畿根本未給錢德洪回信，或許是這些回復信函未被收入《龍溪集》。

應麒《介山稿略》卷九《答胡春臯通府》而知其有《貞女傳》〔一〕；由胡纘宗再版薛瑄的《讀書録要語》而知其有《讀書録要語序》；由錢德洪本人《再謝汪誠齋書》和《再謝儲谷泉書》，可知其還有書致時任浙江左布政使的汪鋐（號誠齋）和江西道御史的儲良材（號谷泉）。由羅洪先的《論年譜書》和《與錢緒山》而知其有《論〈夜坐〉詩》及使念庵「受益不少」的《凝德樓會語》（見《石蓮洞羅先生文集》卷十一、卷九）；由萬表的《讀錢緒山〈叙思樂〉書》而知其有《叙思樂》（見《玩鹿亭稿》卷四）；由吴時來的《證道編》而知其有《與吴悟齋書》（見《大學通考》卷八）；由錢德洪本人的《與羅洪先答論〈年譜〉書》六而知其與王畿曾在「念庵之學偏於枯槁」的討論中有過書信往復（見《王陽明全集》第一三七四頁）；由《陽明年譜》而知其曾爲青田范引年所建的混元書院寫過《仰止祠碑記》，並爲萬安同志籌建的雲興書院「作疏糾材」（見《王陽明全集》第一三三五、一三三七頁）；由《寧國府志》卷十四《寺觀》而知其有《九龍會族序》；由鄒守益的《緒山講院教語》而知該講院由錢德洪弟子王守勝、王良臣建，而錢氏曾爲講院撰寫過《緒山講院訓詞》（《饒州府志》卷七《學校志·書院》）；由錢德洪本人撰寫的《明故先妻敏惠諸孺人墓志銘》而知其尚寫過《先妻敏

〔一〕林應麒《介山稿略》（浙江省圖書館孤山分館藏民國二十四年刻本）卷之九《答胡春臯通府》：「緒山先生《貞女傳》所録，略見初志，而其已嫁之後，孝敬懿靖，慈睦莊順，人不間於其舅姑、伯叔、妯娌、妾媵之言者，則當稽之錢氏宗黨以爲實録。」

惠行狀》；由《嶺南寄正憲男跋》而知其曾受黄綰之託，「爲文告師，請更(正聰)今名」(《王陽明全集》，第九八六頁)。此外，錢德洪還寫過一篇重要論文，即《刻文録叙説》，但現已查明，《王陽明全集》卷首所載的《刻文録叙説》只是嘉靖末年刊刻的《陽明先生全集》[二]卷首所載的《陽明先生文録叙説》的改訂本，而此文原本亦應屬於緒山佚文，猶如王陽明的《大學古本原序》。另據楊正顯説：「《蘇州金石志》内還有《增築道山亭記》(嘉靖二十年)、《南園遺迹記》《畫竹刻石跋》(見馮桂芬：《蘇州金石志》，收入《石刻史料新編》第三輯，地方類，臺北新文豐出版公司一九八六年版，第五册，第五二七頁)。此三文應是錢德洪爲蘇州教授時所作，但都有名無文。」[三]以上信息充分證明，錢德洪的散佚文字還有進一步挖掘、搜集之空間。

此次增補重編，是在原本的基礎上，將新收集到的徐愛散佚文字輯爲「徐愛語録詩文輯遺」一卷，附在原本《横山遺集》之後，又新輯成附録一卷，將編者搜集到的有關徐愛的序跋、傳記、祭文、墓志銘，以及時人所與之書札、詩文儘量全部收入。而將新收集的錢德洪的數十種散佚

[二] 全二十册，其中正録五卷、外録九卷、別録十卷，嘉靖三十六年序，江西贛州府上梓本，日本名古屋大學藏(參見佐野公治：《名古屋大学藏〈陽明先生全集〉について——王陽明〈文録〉の一資料》，《名古屋中国哲学論集》二〇〇二年第一號)。

[三] 楊正顯：《王陽明佚詩文輯釋——附徐愛、錢德洪佚詩文輯録》，《中國文哲研究通訊》第二十一卷第四期，第一八九頁。按：《增築道山亭記》今存。

語録詩文，與原本所收的散佚語録詩文合編成言行録、疏議、書札、序跋、記傳、雜著、銘贊、詩録八卷，並將新收集的附録内容與原本之附録合爲附録若干卷。儘管錢德洪的著述已大都遺失，但仍可以從其同時代人或稍後人的來往書信、所撰序跋、墓志、祭文等文獻當中挖掘出有關錢德洪及其家族的諸多史實，這部分史料大致可分爲以下三類，即傳記、序跋類，書札、詩文類，世祖、錢蒙資料類，然恐搜羅未稱完備，謹祈讀者鑒諒。

衆所周知，整理編校古籍文獻是爲了讓先賢的著作以適合時代的方式流通起來，並賦予現代價值。從這個意義上説，使先賢得以「復活」，焕發出新的生命，乃是所有古籍編校者和出版人所追求的共同目標，可謂「編典籍，刻善書，積功德」矣。正是基於這一共同目標，在本書的編校過程中，編者不僅受到了上海圖書館家譜閲覽室、浙江省圖書館善本部有關同志的熱情服務，而且受到了日本九州大學荒木見悟教授、柴田篤教授，東洋大學吉田公平教授，早稻田大學永冨青地教授，北京大學陳來教授，復旦大學吴震教授，浙江大學董平教授、彭國翔教授，中山大學陳暢教授，餘姚鄉賢研究會朱炯先生，上饒師範學院胡榮明教授，臺北「中央研究院」楊正顯研究員等學術界前輩、師友的各種鼓勵、支持與幫助，尤其是朱炯、胡榮明兩位先生，將搜集整理後的錢德洪散佚詩文等資料無條件地提供給我。上海古籍出版社的查明昊先生等，亦爲此書傾注了大量精力和心血。在此一併致以衷心的感謝！

目録

附録………………………………………………（一三九）

錢德洪集

卷四　序跋

卷五 記傳……（三三八）

卷六　雜著

徐愛集

刻徐横山集引

曰仁殁于正德丁丑，年方三十有一，距今嘉靖甲午，去世十八年矣。其父古真翁，年逾八十有三。一日，躅踖而告予曰：「吾愛子逝矣，形骸不可復矣。檢其遺書，則有存者，吾將壽之梓，以永吾情。吾身存，閱其言之存，猶吾兒之對語也；吾身亡，得其言之存，猶吾兒之後死也。吾寄吾情而已，工拙皆所弗計，願執事少加印可，即付之梓人矣。」予聞古真之言，惻然父子真情，自不覺泫然而感動也。乃正其訛，補其缺，删其可删，什存七八。

曰仁天質淳和，蚤游陽明之門，聞道甚慧，心之精靈，必有貫天地而長存者，則其言之精靈，寧無貫天地而長存者乎？天下同氣，自當有識之者矣。予豈敢爲之私譽乎？惟閔古真之情，具述其意於左，方集上下二卷，附親友哀辭一卷。録成，適汶上路公廉憲浙省，恤同志之蚤世，體古真之鍾情，遂捐俸梓之，以成其志。曰仁殁後，得一庶弟，曰七士，童年異質，吾知守遺書以慰父兄之志者，天道又有在矣。孰謂曰仁夭死，而古真之無後乎！古真名璽，曰仁名愛，浙之餘姚人。嘉靖甲午五月望日，白鹿山人浙蔡宗兖書。

《横山遺集》卷上

送知友應邦升歸台州 戊辰

子家住天台,我廬傍姚滸。江山限所居,乃同有司舉。群中纔接談,心裏即相許。子非勢利徒,我豈徵逐宇。相投自有分,形迹應不樹。南宫赴春約,子先我繼武。子爲頻問訊,去去復回顧。大都一見之,欣喜不自沮。誓言一去留,事竟分爾汝。子今脱塵鞅,而我落網罟。我勞子遠行,子憐我索處。回思是時歡,相對轉成苦。煙花三月天,關河萬程路。子歸椿萱庭,百拜謝天祜。漂渺白雲飛,我目極親所。安得翼復長,高飛向雲去。迢迢此云别,重會期未數。願言各自修,千秋庶不負。

中秋不見月

西郊薄暮輕煙起,延蔓須臾數千里。漫空不雨知非雲,也向秋風作堆髻。長安士女愛月華,哀絃激管鳴家家。亭臺日落共延領,清光遮莫咸咨嗟。咸咨嗟,亦何補?不得長箒掃太空,終然清興爲伊沮。日月朗晝夜，乾坤闢雙户。古今定位那能虚，不發日光亦誰睹。固知晦明弦望自有時，却遣中秋不見心獨苦。心獨苦，孰可懲？不見月猶可，狂飈西南生。飄蕩入紫微，坐看掩前星。

感新柳

春風吹二月，千門楊柳青。長條拂短墻，攀弄自適情。躍馬誰家郎，金鞍紅盤纓。穿楊飛流矢，馬上競奇能。游觀集兒女，紫陌香塵生。歸來月滿階，金吾不相□。時至亦去年，城柳仍新鮮。何如翻成感，客子懷非前。

送同年吴從慶推西安

笑語朝廊同昨日，節旄馳别又于今。蕭何舊法只三尺，定國前門高幾尋。鎮静已知歸老器，公廉誰道是官箴？長安此去月輪滿，照破好回萬古心。

予得守祁秋七月十三日出京邑是夜宿良鄉

信是浮蹤不可憑，去年此夜宿長陵。客窗殘夢人猶昔，林木西風月正明。喜泊良鄉應少警，愁聞賢牧尚縶征。樗材亦濫斯民責，百里何能致理平。

晚泊高碑店

百里驅馳日易曛，野烏鷄犬漸相聞。停車尋主正迎客，入室好山剛對門。怪挾飛龍鬬奇角，秀旋巍髻□夏雲。看來忽起漫游興，歸路星星燈火村。

秋雨蚤行

拂衣辭主逐秋朝，細雨高楊暗遠郊。禾黍垂垂今歲熟，虎狼逐逐去年謡。五雲回首親朋遠，六馬當前駕馭勞。欲向車頭問民俗，人家十里竟[蕭]條。

上保定晚觀

天維四垂地，舉目空萬里。顥顥復穆穆，渾沌此其是。蠢蠢奔馳人，紛紛逐螻蟻。予行詎云殊，千古諒亦爾。横西聳碧山，碧雲山頭起。争奇入霞天，雲山孰能指？

九日下東鹿偶風落帽戲述

緑酒家園菊正花，酣歌骨肉是誰家？紅塵那有龍山帽，也向西風落孟嘉。

九日下東鹿夜宿魏伯寺

百里紅塵晚未消，驅馳曠漭氣增豪。一更梵宇車輿入，九日人家燈火饒。予謂僧居得完好，却言使者亦驚騷。案頭坐闊華嚴入，涼霽當窗月色高。

戲題定州開元寺塔

兩登開元塔，忽忽如有求。見了茫然失，解腸下荒坵。

送汪景顔尹大名

時平衆競仕，意氣輕皋夔。一或遭險巇，惶惑失所持。哀哉中無主，此心任物移。君獨志賢聖，力學同余師。天子命出宰，人悒君自怡。時務良艱難，一心運有餘。莫析政與學，皆當去支離。燕雀無遠懷，卑卑戀堂階。鴻鵠出塵埃，矯矯淩漢逵。霜雪鮮存木，請看松柏來。

送友方叔賢謝滿歸西樵山 三首

碧玉樓前月，翠浮山下風。月明不可問，風清如可從。從之亦何□，□無蕩塵胸。願言已在茲，微名焉足榮！

其二

濂洛伊云遠，論議日紛陳。縛多不可解，蝟蟲自刺身。不有先覺者，孰啓我後人？多謝西樵子，窮途獨問津。

其三

龍興自雲雨，聖作萬物睹。素約在深秋，良會續千古。瀟湘與陽明，相望兩無處。盻盻若有令，默默已無語。

和友人黃宗賢漫興二絶

道人身上本無埃，火不曾燃那得灰？都孰天台山上路，自由去了自由來。

雲在巖頭無意飛，飛漫霄漢亦無依。須臾斂却已無迹，孰認來蹤孰認歸？

別鄭朝朔諸友 二首

絶學世不講，于今凡幾年？有志頗尋繹，時流辨蚩妍。自非豪傑士，鮮不遭蹎顛。諸君總英特，立幟三軍前。成名還遜學，得師開心天。鸞鳳出霄漢，飄飖自高騫。安能顧鳥雀，聚口相咄喧。我本朽劣姿，追陪後群賢。輝光才接膝，離别俄當筵。匪爲兒女輩，窮素良足嘆。

又

南山有一泉，千溪從此出。脈絡總分明，晝夜流不息。我於上四望，群派了然晰。攬艇試一弄，去來無順逆。有人不知源，却從下流覓。流急不可止，退易進無力。涕泣向千歧，眩亂終何適！

贈臨清掌教友人李良臣

吾師謫貴陽，君始來從學。異域樂群英，空谷振孤鐸。文章自餘事，道義領深約。南宫屈有待，東州教相許。知新在温故，人師豈名怍。春風促歸舟，流水繞華閣。客路合離情，悠然念寥廓。

送黃宗賢謝病歸天台 五首

送子歸天台，天台深九重。一從主人出，赤城紫霞封。桃花笑溪洞，猿鶴哀長松。今日倦游詣，仰首望歸鴻。晨光雖已微，秋色還正濃。遠迹匪沉寂，適意良自充。山風出幽谷，海月流澄空。美人吹玉笛，渺渺碧霄中。知君已仙舉，羽翼亦有同。

其二

送我到祁陽，伊祁流正長。淳樸會已散，儉嗇猶自將。憶當於變日，不識是陶唐。睠此巍崱屴，浮雲度空蒼。我亦何人斯，分治此一方。未能扉心量，焉足希小康！猶將負平生，感此良堪傷。悠哉潁濱叟，邈矣箕山郎。

其三

巍巍陽明山，千古秘禹穴。靈藏自鬼護，杳杳無敢祭。孰知此山翁，精誠寧求覓。皇天真有感，神啓不勞掘。雲雷震三日，龍虎互吼嗑。須臾古函開，廼一渾淪物。書文不可讀，字畫俱滅没。山翁一長嘯，群山灑晴雪。君如欲見之，耶溪訪秋月。

其四

緬念無懷時，澹然靡同異。古道嗟既遠，玄酒日無味。紛紛嗜穠華，高者逐名譽。如心本無非，却迺競其是。孰知天地化，渾渾原一氣。有我未爲開，無我未爲閉。而況長短間，卑卑亦可繫。艾草能除根，秋瓜看落蒂。

其五

吾心含萬化，不潛亦不形。世人窺其隙，往往好立名。名亦眩癡人，因名復求情。易簡理既昧，支離從此生。誰知扣真學，而不觀音聲。

西望太行

蒼松翠竹本山家，一入紅塵幾歲華。纔得看山雙眼碧，欲忘穿世客天涯。

游黄山寺答一僧問

聊逐浮雲度太行，年來蹤迹已俱忘。山僧未解知心事，却問東西笑我忙。

西游歸遇同年李遜卿于深澤相與飲嘯聞其談所學仙術詩以贈之

十日周游何所得，忽逢仙客倍開懷。百年蹤迹原忙我，一片真心肯打乖。白日催人還易晚，黄醪滿店桌停醧。許君識取眼前意，便是長生最上階。

保定早起紀笑

三年多難經應遍，自喜心田無不平。劉項名争空往事，藺廉義讓在蒼生。閭閻疾苦誰先問，胥吏趨逢我未能。利害恩仇亦何有，夢回一笑即天明。

孟春與顧惟賢奉陪陽明先生游香山夜宿林宗師房次韻

春間出郭探幽情，楊柳迎風緑意生。最愛僧堂無俗氣，猶憐寺主有詩名。山空籟寂鯨音杳，月白煙微野色平。雲鶴來依聊一息，翛然飛去不聞聲。

登玉巖次惟賢韻

師友同真樂，幽探豈在山？身隨塵土脱，心與野雲閑。日落荒山外，煙横碧樹間。徘徊凝望處，飛鳥倦初還。

别唐雲卿

麒麟出郊藪，物異人莫認。絶學世鮮論，難明亦難信。子獨言下承，髖髀迎利刃。秋月無隱光，春雷有餘霆。氣鋭折或摧，質堅磨不磷。請勵剛健德，毋爲俗所徇。□室諒不遐，明心在精進。

途中有見寄蔡希淵

二月相將單袷同，詠歸誰解浴沂風。途長未厭舟航澀，樂在寧論歲月空。春水江明新雨過，緑楊曉媚淡煙籠。行藏君亦曾聞易，漫向人間問吉凶。

鎮江夜渡

扁舟竟日泊昏曀，忽漫好風吹送晴。半夜帆飛江月白，中流山遠岸潮平。蒼蒼煙樹千檣眇，灝灝海天雙眼明。道意塵心俱已息，獨聞巖寺水鐘聲。

復春爲名醫杜世榮題

龍躍本淵潛，元亨自真伏。苟不識冬藏，焉得知春復？將施濟物仁，先除病己欲。杜子恥同俗，擇業居醫術。聞風起良心，習静景賢迹。忍謂道藝分，昧此生理一。既負復春名，應求復春實。

贈陳世傑三首

桃李競芳晨，零落隨東風。芝蘭媚空谷，馨香惟自榮。豈無名業志，顧未根基崇。豺狼梗當道，風波阻長江。念歸匪不切，求道義獨降。黄鳥鳴嚶嚶，悠然感微衷。

其二

登覽卧龍山，奇峰四森列。江海濟回互，仰見陽明穴。穴中有仙子，揚言出雲月。自稱將帝命，仙籍恣披閱。姓名一一存，天機未敢泄。佳期不遠時，群仙會屬兹。天心諒無爽，有情當自期。

其三

師言領至要，歸求秉遐心。心屬固宜得，功進當自今。有待即爲間，上帝不二臨。切磋復琢磨，可憚勤勞深。垂弦苟不更，焉希太古音？

答族侄次韻

每看松柏勵水操，鐵衮何心識貶褒。共惜秦卿嘆黄犬，孰知晉士嘯東臯。雲深戍合燕山遠，木落天空鵬海高。踪迹十年渾夢寐，吟風弄月愧爾曹。

喜山游用韻

鵠立鸞翔匪我身，鳶飛魚躍見天真。論心豈爲高時輩？得意何妨混野人！懷利巖廊猶背主，立身草莽亦揚親。一天風月能相待，滿地江山未是貧。

游永樂次陽明先生韻

放舟始尋寺，師友興何長。古樹雲蘿濕，閑心夏日凉。江流隨地合，海色接天蒼。宴坐清茶罷，悠然月滿廊。

游白水宫殿次王世瑞韻

四明山秀似千巒，飛舞回翔不盡看。白水巖根看瀑溜，劉仙祠下坐松寒。同心更喜麇群共，得意寧辭鳥道難？雲壑豈徒乘興到，結茆深住始身安。

龍溪次世瑞韻

性乖適俗耽林壑，況入名山眼更明。獨有神龍潭底蟄，已無凡鳥樹頭鳴。清溪白石經文水，翠壁丹崖結綺城。師友相將齊出處，卜棲兼得重宗盟。

至杖錫有懷諸友

松懸古洞蔓寒藤，隱地平開嶺上層。採藥巖前問韓子，釣魚臺下憶嚴陵。楓林忽聽丹溪鶴，逸興如驂碧海鵬。幽賞正思仙侶共，那堪杖錫晚重登。

夜宿杖錫

飛錫開山舊有名，林深草合路今生。巖溪萬疊盡圍寺，雷雨一番初放晴。石溜泠泠侵夜枕，風蟬歷歷動秋聲。夢魂迴與塵寰隔，煮茗焚香僧亦清。

寺困侵誅因復次叔憲韻識感

百里何須訪寺名，峰頭時有白雲迎。雨來霧氣連天動，月霽溪光映海明。試問新參荒殿閣，爲言舊榻傍江城。相逢猶説山僧好，松竹蕭蕭意自清。

夢懷王世瑞朱守中次前韻

清夢叫回松頂鸞，披衣静倚竹窗看。天空星影摇秋白，地迴風聲動夜寒。一日芳尋真不易，百年佳約會應難。猿啼鶴嘯猶求侣，怪得通宵睡未安。

巘雪竇道中漫興

□□□朝來厭勞，還能披霧出林稍。雲歸蒼海峰皆列，秋入深山葉未凋。牛卧閑聞吹牧笛，溪清故得飲漁瓢。輿人亦解山游樂，相和迎風過石橋。

題雪竇

肩輿飛下四明尖，衣拂林稍暑却炎。山盡南天開雪竇，水鍾西嶂結冰簾。長風萬里來江雨，濕霧千重出曉簷。耽僻山人亦何意？隱潭元自有龍潛。

挽魏方伯

瑣瑣競刀錐，寰區正秋隘。見説鶴山翁，幽懷聊一快。爽氣淩曙星，弘襟豁蒼海。皺眉生不識，黃金等土塊。兒孫自身後，生計惟物外。不獨人曠達，吏事更精邁。勁挺立鐵壁，惠愛祛機械。大才時不究，吾豈爲公怪。詩文自餘事，生死未須介。人師不可作，吾獨發長喟。西郭冢累累，斜陽動秋籟。桃李逐春凋，松柏留寒翠。

游龍泉寺次韻

十年塵土只懷歸，長憶鄉山夢裏微。今日登臨楓閣迴，新秋蕭瑟竹林稀。江風海月皆無盡，雲鳥川魚各有依。拳石借眠堪我老，卜居羞更問如韋。

寫懷歌答族侄次韻

讀書不識心如何，自恨此生幾浪過。天教中道逢先覺，竭誠傾信非私阿。德厚才薄猶善人，有才無德斯商辛。大孝才能稱人子，至忠奚必皆廷臣？茫茫宇宙孰不遇，順逆從來吾自豫。忍爲名利忘吾生，信義惟須君子喻。濟民匡世吾亦期，棟梁豈用榱與楣？曾聞源長流澤遠，虛名豈不負良時？人皆弗遂四海嘆，吾獨求吾方寸間。但願止水波不起，還見滿月光常完。

感王烈婦有作

風塵蕩本性，沉迷抱煩憂。清旦如有覺，静居懷省修。游心類勍敵，對抗未易收。方湖忽扣門，言歸剡溪頭。爲頌王烈婦，壯節逆泲流。窮虜及夫家，盡死刀與矛。獨愛窈窕容，將諧鸞鳳逑。綱常未遑論，屈心良可羞。得志苟在斯，一死復何求？□□且徉諾，令終有深謀。行臨萬仞淵，樂與百歲酬。峻壁仰巍勵，絶壑懷深幽。玉質不可得，一念自天浮。血詩秋雨碧，憤色江雲愁。予聞若感悟，浩氣激素秋。游心亦何物？敢與身爲讐。金石會有裂，乾坤亦浮漚。世人泥其常，蛙見不自周。愛身空若寶，終焉委墟丘。吾願師烈婦，剛德靡優柔。當機一自强，眼底失全牛。

南屏次韻 二首

□殿氤氳埃壒表，南屏山色背江開。繁華雖任春風入，幽況還宜秋月來。一□湖船須百上，六橋煙柳記三迴。傷心北麓精忠廟，翹首□灘□釣臺。

山入南屏湖更好，山靈許我舊相知。春歸便過應非芒，秋老重來不太遲。修竹愈看淩翠靄，殘荷猶自映清漪。仙蹤無異年光改，此日臨風有所思。

次唐僧處韻

月明山浸海，氣貫石生蘿。木落高秋净，天空飛鳥多。形忘真落魄，名在亦奔波。心入無懷世，親聞《擊壤》歌。

勝果次韻

天際浮雲照夕曛，松泉細瀉石窗聞。禪生心静看江月，供佛樓閑出海雲。秋菊初生思晉士，春風忽憶坐程門。明朝若了平生事，一字無傳萬古文。

芒鞋重踏秋巖曉，夾道清溪霜雨開。松徑鳥聲啼客過，江城山色照人來。眼窮天際聊觀海，身在風中不染埃。東望陽明應未遠，萬雲深處是書臺。

登御戰臺秋望

净境渾無歲月侵，登高還愛踏楓林。月巖出海涵秋碧，仙洞藏雲迴晝陰。萬井人家煙樹裏，千年山郭水天心。臺前興廢閑多感，湖外風光仔細尋。

延壽寺次韻

千峰翠靄斂斜暉，客到雲間僧亦歸。望極海天空氣色，坐生林露薄裳衣。了知萬境皆非我，聽説三生尚有機。明月清風深夜在，禪堂窅窅不關扉。

浮峰次韻

西雲洞口鎖雙松，天末秋雲數點峰。海内塵氛今日遠，江南奇氣此山鍾。林深草木諸賢化，郡復書堂太傅蹤。欲挾天風灑然去，振衣直入紫霞重。

九月晦舟中值陽明壽日賦以佑觴

水落江湖秋氣清，仙舟忽動紫鸞笙。本來超出風塵客，漫道循環甲子更。絶學争新瞻北斗，瑶天更喜焕南星。天將興道多情在，海嶽還教起鳳鳴。

和諸友舟中寫懷用韻

春風浩蕩釀和平，絶勝時時聽管笙。岸菊行殘霜九月，江楓坐落露三更。静窮妙道忘辭說，默識真文見日星。已得舟師操舵法，欲尋海窟看龍鳴。

壽黄正郎母節婦

節婦生七十，孤兒官刑曹。刑曹多施仁，以報母劬勞。瑶空耿南極，天目淡以光。正值母誕辰，孤兒喜欲狂。斑衣不期舞，兒身自飄揚。兒心則何將，殷懃酒一觴。酌君酬南山，南山有松柏。松柏蒼蒼然，節概中心實。煙霞封護深，雪霜實難侵。顔色萬年同，悠然會兒心。

癸酉臘月紀夢

垂巖瞰幽溪，侵崖出巇路。石惡森劍戟，天昏驟風雨。溪漲亂激湍，病涉解衣屨。群弟先後從，一擔師獨舉。王政憶盛行，班白不負戴。我兹念尊卑，固請釋斯與。負之如不任，感激猶屢仆。寧更臨絶壑，斷橋東西去。涉淺羞徒返，涉深爲龍怒。徘徊望蒼天，淚下迸如注。吾身亦如何，吾意良獨苦。吾力苟自全，終當濟艱楚。

初夢友人告我過後認爲亡侄東七感其勤意覺而紀之

故人入我夢，漸視昔日形。諄諄告我過，歷歷皆可聽。心本知不拔，文章寧當輕？容貌未易忽，言笑須自明。内外原一理，二之恐非經。器用誰能缺，求全欲所生。詩文與字畫，遺人不爲名。發病搜我根，令我面發[頳]。極知君意好，報曹爲盡懲。臨別三回首，繾綣如可矜。餘意重莫宣，顧景欲滅燈。豈以幽明故，鄙陋遂爾驚。恍惚辨爾意，似以弱息應。我雖會心託，負爾欲言情。

送徐可大北上三首

皎皎庭前竹，亭亭墻下柏。結根託比鄰，猶恨隔昕夕。如何不永保，東風兩分植。送子涉遠行，戀戀衢路側。春江迴冰雪，天道尚難測。同心不能言，飲恨長嘆息。

其二

仰視北征雁，因風憶所思。所思在遠道，昔夜夢見之。歡極即平生，孰知魂所爲。覺來見孤燈，翻令增慘悽。[飛]鴿亦有侶，寥空逐摶飛。寧以稻粱故，坐違江湖期。

其三

整容晨送君，攬鏡照顏色。風塵不能蔽，鬚眉數可悉。掩之復不見，凝光在空寂。鑄鏡不鑄我，胡爲照斯得。慨兹常用物，妙理人未察。珍重難爲情，持以贈君别。

送王子揚

人心具萬理，舉世皆知然。若非真體之，猶爲蹈陳言。所以認心理，安危析二端。察理與求心，並進良獨難。弊神寧有益，希聖在何年。之子邁群流，獨喜尋真源。涵養矯務外，質氣欲化偏。願言事力行，奮勇三軍前。埃氛須盡掃，摧鋒先破堅。紛華及聲文，均能障心天。

送冀惟乾 二首

同心離居，羈懷若惘，興言幽期，已動歡襟。人有心盟，天靡爽鑒？君子所貴遠慮，寧以近憂？諒在有道，能概斯情。故次韻二首，不妨贈行云。

飄泊乾坤吾未定，憐君風雨獨還家。愁聽雙雁遺寒侶，更看孤鷗度遠沙。道未探真觀逝水，身猶浮世嘆飛花。金華亦是仙人地，莫向桃源沮落霞。

其二

嚶嚶山鳥亦何求，幽谷喬遷願已酬。江上扁舟知我始，滁陽三月羡君留。陳良先得北方學，尼叟曾思東海浮。明月洞庭如有約，送君飛下楚天秋。

秦淮步月有警

昔日秦淮今夜月，月明聞歌真愴神。月光尋常照無異，人心倏忽胡不仁。白馬紅塵送落日，長煙短柳生青春。深林静晝在何許？世路悠悠只老人。

送喬白巖先生四首

東風鼓餘寒，二月冰雪高。天時固難憑，生意尚蕭蕭。青陽初放柳，旌旆照新條。冠蓋塞衢巷，相送城西郊。出郊見長江，馳情共迢迢。片帆指海門，春堤平暮潮。

其二

□□生復落，行舟不可望。休休白巖公，德量解頡頏。賢賢如不及，善類依休光。嗟彼忌娼徒，藩離自中藏。允矣古大臣，胡不利家邦？秦績入天顏，只尺留廟堂。

其三

廟堂方側席，省災各思咎。將咎可回天，臣軀亦何言？反政入毫芒，民生竟誰負。不知耗元氣，近在腋與肘。乾坤奪命功，誰哉出公手。

其四

公手可補天，文章自才藝。驕容誠已無，周公有餘跂。閑情屬江山，名山飽風味。鄙俗没雲游，達者羡高致。寧識英豪人，方襟亦何秘。

題虚窗

空室生虚白，虚窗入明月。乃知虚心人，應物鮮違越。虚窗不有户，闔闢原在人。虚心亦何爲？克己乃其真。安得虚心人，對此虚窗窟。蒼天何悠悠？嗒然忘萬物。

登嚴陵釣臺 二首

雲臺已終漢，釣臺高至今。齊澤猶可迹，嚴灘不可尋。灘急巖懸巘，虎豹蛇龍深。豈不絶人世？聊復得此心。莫有潁賓叟，宇宙誰知音？愧我桑梓生，遲此扳秋林。江山千里馳，松柏萬年森。天風吹海濤，肅然起柔襟。

其二

鳴鳩不愧拙，鵲棄甘借栖。狼虎貪其餌，自蹈陷穽機。道行寧必我，兆非貴見幾。堯舜能康民，巢許避奚疑。呂苟不遭文，老渭終焉移。羊裘來帝都，不趨故人期。念舊忘其新，足腹事已微。君心已復漢，寧用屈我爲。雅懷非富貴，諫議從此辭。鄙夫惡妨己，敖辟妄相譏。曾識達人心，雲霄猶莫知。聖德難可變，隆古運未回。客星下南天，萬古桐江絲。

寫扇

山澗白雲深，中有讀書樓。讀書者誰子？心與羲皇游。曉枕驚風泉，啓户霜風秋。荒秋松自碧，悠然會心謀。從知秉貞操，歲寒不能仇。挹此沉幽林，緬焉懷故丘。安得共茆堂，與子結綢繆。

桐江夜泊漫興

壯游應不負平生，勝覽還驚眼未曾。巫峽長疑風雨驟，黄河安得水雲清。每逢江國開山郭，時聽天風送海聲。欲趁鶴鳴飛月朗，更堪漁火照人明。

在廣信夢入陽明隱居師友皆有詠予亦和焉覺而書之

隱居何年成此約，山奇神氣常森森。春風隔隴吹長笛，夜月臨溪照短琴。蓬島如有飛雲翼，若耶已無採蓮心。客來只見着雙屐，寧識木齒泥不侵。

宿分水關

秋入分水關，暮倚危石矚。一夫扼其隘，保甌亦全蜀。繁星手指摘，四海氣平漠。曉下沾林濕，流泉震迴麓。始知夜雨多，不道雲上宿。

游龜峰

自弋陽江下舒家港，路入龜峰十里，憩瑞相寺。四顧如石谷，然峰皆離立奇峭，自人事以及山海藏物無不備，雖各極雕鏤，而泯其迹。舊名三十二峰，亦極肖似，然不能盡狀矣。尤怪靈芝一峰，孑立雲表，敷葩妖枝，剛風震雷，不振不墜，殆天造也。予行山川，見奇怪峰石無與儷者，漫識詩次舊韻。

好是名山不在高，纔窺江外氣先豪。仙橋自可躡天路，靈龜直欲吸海濤。蘿磴扳躋已非易，神功雕刻寧太勞。怪峽雷雨生倏忽，吾恐驚世聊揮毫。

訪象山書院有感

居民知應天，不識象山因。訪之指某庵，無復書院存。憶昔授群徒，千里遠相親。懸林扳鳥道，高谷栖白雲。築室兼裹糧，此意良已勤。豈不苦險絶，囂遠得静真。古人此求道，我獨欲逸身。何日陽明洞，結茆依古人。

臨川署中早起適聞縣北復寇

開門萬里見澄空，獨有朝霞映海紅。虚牖草堂明白日，林疏竹葉起秋風。喧庭鳥雀如相愛，梗道豺狼尚未逢。生樂百年應不易，可能銷鐵向三農。

憲副楊恭甫邀游山莊出吴小仙四畫索題四絶

一　聽松琴圖

山中萬年松，手中千古琴。春風動天機，不辨誰爲音。

二　濯足圖

巴峽飛塵消，巴江流水壯。灩澦聊濯足，不怕五月浪。

三　舟卧圖

憑流入天河，剛到廣寒宫。倦來一枕肱，醒驚楓葉紅。

四　雪漁圖

水深猶有魚，雪深猶有林。素心長得此，肯賦白頭吟。

豐城署中有懷宗朝用因次其韻

高秋變氣候,長江洪濤吹。破舟恣顛蕩,瘦骨聊能支。斂帆泊豐城,雉堞開殘暉。中宵見華月,憶與宗子期。願言既莫諧,翻令念多儀。乾坤了代謝,心哲迹自愚。逝將超紫霞,肯與塵埃迷。孺子入豫章,陳蕃竟何如。一榻誰爲下,飄然振征衣。

豐城夜警

勞勞驅白日,日暮殊未已。勉强就床褥,欹枕還腹理。腹理亦何物?深求却無涘。夜半亂犬鳴,予心若有啓。光陰隨處同,衰榮諒如此。戀戀何所爲?人情苦不止。百歲忽復臨,至愛莫爲死。税駕本有方,静躁分明昧。

吉安雨中謁文山祠

讀罷燕獄詩,來拜螺山祠。螺川咽寒雨,涕下不可揮。涵濡三伯化,艱難一身支。智死久彌堅,愚死久乃移。桎梏聞至道,名業心如遺。

冒雨謁嶽喜晴月下有懷

月照瀟湘白，天高衡嶽明。焚香酬默感，卧石聽泉鳴。此意吾將老，同游孰後盟？山靈真愛客，飛鶴出松聲。

與唐德基登祝融峰

寒桂餘香落，雲松鳥道穿。峻高逾出險，俯世益甚憐。海上空三島，人間説九天。夜深飛沆瀣，與子□□緣。

宿半山亭

□雨下祝融，斜陽到半山。登雲纔半路，隔世已千關。月冷孤亭夜，霜明久客顔。青峰未吐霧，鼓棹瀟湘還。

祝融懷同志次韻

人間潦雨詎能泥，雲後藤蘿石可梯。天地有情吴客到，江山不見楚雲低。境空春聽鳥鳴佛，神與燈看花滿溪。極目瀟湘憐我在，美人渺渺水天齊。

讀磨崖碑

峿石雲參差，峿溪碧潺湲。朔風遡瀟湘，天涯一躋扳。中興唐碑頌，清淚楚客潸。眼看未彌亂，心溺已縱姦。用舍順逆意，安危今古關。昏庸悶莫脱，忠藎空憂患。頌書纔乾血，老臣不生還。顏公志方介，元叟性高閒。磨苔讀方字，千載亦靦顔。

謝岷府宗室見晏

澗道厭風霜，蓬萊眼忽忙。瑶池開楚閣，玉樹列天潢。竹院歌笙沸，琴房引笑長。中山自賢達，愛士更流芳。

濂溪

不盡幽奇目，濂溪看獨明。寒泉冬更暖，紫氣午還清。南國精靈在，光風草木生。令人懷闕里，千古可勝情。

巖隙小舟停爨

巖煙吐微絲，巖舟裁半竹。片蓬風雨遮，老翁乾坤宿。收釣乘龍鱗，罷歌飧石粥。天風忽飛去，縹渺誰能逐？

衡陽紀夢

醉卧湘江雲，夢入少室山。山人去已久，高臺碧峰閑。發積啓其鑰，巨墨珍珠環。珠以明寸心，墨以緑雙鬟。所貴寧在寶？此意聊相關。

長沙署次韻

枝頭黄色上荼蘼，雪逗春光欲動微。五嶺舡來湘晚集，洞庭雁落水寒稀。神飛楚調歌鄰曲，酒傍酃湖解客衣。忽望白雲連海岱，東風不動思依依。

與陸良弼同登拜嶽石次韻

拜嶽臺高上麓巔，開雲吊古憶諸賢。謾傷斑竹蒼梧外，欲駕清風黄鶴邊。把酒殷勤同醉石，忘形潦倒孰知年？詠歸童冠松泉落，谷口茅簷鎖野煙。

嶽麓懷友次陽明先生韻

懷賢積心素，趨謁詎余沐。朔風來盪雲，敝裘喜冬燠。飛鷁動湘流，孤鴻漸于陸。山城拱蒼柏，生氣尚林麓。何當春風來，桃李看馥鬱。同心不同賞，空令感生懊。胡不脱塵纓？商聲歌濔屋。朱張昔賢人，金蘭久彌肅。棲游每同勝，吾儕孰私淑？霜露易沾衣，晨宜返初服。幽事難可期，登高聊縱目。白鶴鳴道林，赫曦下雲谷。

湘中感名醫診予疾非静養莫療且諭身重名輕夜坐自嘆

萬里風霜一榻寒，青燈坐對雨聲殘。菜根已辨盤飧味，塵土誰開樽酒顔？多病未因清欲減，孤身深念老親難。更憐盧鵲知人痼，笑我輕生博此官。

游道吾感險路

壁磴臨絶壑，兼乘欲疲馬。屢盤蛇頭出，還驚虎頷下。逼險悔初進，稍縱覬復假。如何窮探心，阻困每未捨。無端覓憂虞，中止固由我。回思競利人，何殊履危者！

正月二日登道吾山次韻

眼看春意便三分，萬紫新晴弄𥊶氛。風洞有涼宜入夏，龍潭無雨自浮雲。欲將奇絶空名勝，好與圖經補缺文。耕鑿未勞兼足隱，何年結草坐朝曛？

登岳陽樓有懷

春日湖風上岳陽，春江巴雲帶瀟湘。不從宇宙破雙眼，那識青雲空萬方？輕煙没鳥芳洲樹，高興懷人緑野堂。秋水何年同夜月？長歌帝子棹相將。

醉卧君山歌

地維欹，天樞低，宇宙茫茫煙水迷。巫山雪漲平湖西，湖南峰影生九疑。漁舟渡客浮竹葉，君山群髻何岌嶪。湘妃對客羞親接，雲深朱户龍宫闔。龍宫玉容那得見？聊拂春風看湖面。湖面芳洲多柳條，疑是湘君理金線。軒轅臺榭扳飛昇，湖縮柳泉春正盈。戲投橘井亭前石，鮫人猶動傳書驚。馮夷擊鼓舞且歌，欒巴送酒春草多。興來一飲謫仙斗，醉忘帶月卧雲蘿。忽夢入華胥國，國門夜開無誰何。國君長笑客至好，示我混沌殊了了。直將天地碎埃塵，那復形骸落微眇？君不見，楚王陽臺事已非，秦皇驅海駕不回。又不見，扶桑蟠桃但枯木，渤澥尾閭亦空谷。獨有箕潁騎霞紅，翩翩招我昆崙峰。天風吹月度碧海，我欲乘之飛寥空。

自華容抵武陵春望

孤鴻飛盡寒雲天，何事長游客未旋？淑氣回泉聽斷岸，晴光入草望平原。荆吴界失洞庭野，秦晉人迷桃樹源。春色醉人關晝夢，恍聞善倦對堯言。

菩提寺登閣次韻

高閣憑虚步不難，從容方外興初閑。陽回巴雪疑歌動，春盡湘流憶棹還。浮業漁家移楚水，新陵落日照梁山。千村逃屋堪悲處，未信桃源是此間。

武陵署感事一首次韻

五湖西接武陵川，雙槳何年范蠡船？明月蘆花無處覓，秋風蓬底獨高眠。知機鳥愛林煙碧，驚釣魚愁水荇牽。得伴漁樵兼有《易》，乾坤共讀兩三篇。

敕贈博文堂卷爲遼藩光澤王賦

博約義匪偏，聖謨諒已微。下學乃人事，上達由天機。人事孰心遠？天機亦在斯。後世胡昧此？翩翩逐支離。梁園萬選秩，護國七步詞。英華誠可觀，至精或已漓。琪樹培其根，春風被華枝。潢潦滿夕雨，枯涸傷晨曦。古聖慎密勿，文章日敷施。睿眷瞻高堂，小臣動深思。洋洋詎容贊，顧言惟孜孜。

建陽驛次韻

雁聲猶自向南過，北上春光應未多。聞道鹿門山色好，德公消息近如何？

石橋驛次韻 二首

解纜吴江憶早秋，春風荆北策驊騮。未諳擾擾塵中息，空向寥寥客裏愁。夢澤晴光生野草，襄城晚色帶煙丘。催科工拙都忘計，擬把真心報冕旒。

其二

春花風暖媚江天，驛旆晨摇萬柳煙。三百平分江漢路，幾多險濟石橋年。喜聞乳燕鳴争食，慚見歸鴻斷復連。正想滄波分鑒曲，敢期勳業勒燕然。

宜春署壁二首次韻

雲薄春風未蕩胸，乘軒休問鹿門蹤。宜城直帶蒼煙入，太嶽還迷碧樹重。草緑坡前牛欲飽，歌新花外鳥時供。獨憐茅屋陽遲到，春省諸侯嘆孰逢。

□頭燈火斷人行，疏霧明朝共卜晴。薄酒肥魚宣野童，棲鴉戍角静山城。白雲有意成深望，清路無勞問耦耕。何處女郎歌睡醒，定應月照大堤平。

仲春望宿太子坡復真觀中

富貴浮雲奈老何？翻身甘息此巖阿。憐予亦到復真觀，叱騎休臨太子坡。生雨亂藤牽霧易，激昏清磬落泉多。吹簫望滿中天月，如此良宵可浪過？

遇雪 時榔梅始花

玄雲覆頂忽漫漫，白暎丹梅色不寒。盡道天花有情墜，尋常風雪莫相看。

登太頂謁金殿

天柱峰高拂斗衡，天門三級信難登。仙關況挾春光入，金殿還侵雪色憑。長得淩虛因識我，但逢名勝便懷朋。微微柳動風和外，碧海何疑已駕鵬。

西天門獨步月

月色萬峰低，露華九霄冷。松雪誰偕步？令人發深警。

五龍宫

劉阮天台未足誇，漁郎今亦進溪槎。楚雲飛盡留黄鶴，巴雪消殘露錦霞。鶯柳塵低辭世路，鳳笙旛引入仙家。東風一夜收煙雨，吹破宫前萬樹花。

磨針澗

太山尚可湮，鐵杵不可針。達人悟微言，頓回半塗心。金丹成片語，萬古神森森。感我衰憊子，惻愴涕沾襟。

玉虚宫

登臨無限意，歌詠春風還。蝶逕迷花露，鶯塘轉柳煙。丹爐光閃閃，仙袂影翩翩。帶月紫霄下，玉虚仍上天。

龍山嘴别亞參泛漢江下襄

龍山别酒曉開尊，回望雲峰數點痕。五日武當歸海鶴，孤舟滄渚落晴鴛。心同自覺境無别，興遠何妨身未蹇。桃柳夾川迷楚望，又乘風月下仙源。

襄陽寄李獻吉

春蚓鳴陽滿，相看誰是龍。周詩風降下，尼轍海浮東。文業皆藩落，人心乃至公。孔門無限事，都付舞雩風。

習家池訪王承吉

高人卧空谷，長笑習池濱。有時帶煙月，耕罷鹿門春。鄰德惟關洛，傷心到漢秦。茅亭留客訪，莫更入深雲。

三月丙寅紀夢

我拜甘泉堂，何時西泉來？陽明須臾至，偕登羅浮臺。臺高草堂春，尊酒同顔開。遥呼石龍子，如何滯天台？已揮孤雲逆，更飛雙鳳催。童冠隨杖屨，壺矢送盤杯。不必究所論，此樂已無涯。懸知還是夢，胡不謀徘徊？

登大别山吊禹祠

吁嗟乎！渺瀰兮長江，滔滔東下而無休。誰乘瀟湘一葉之扁舟？洄流沙洲。岧嶢忽望千尺萬尺大别之山頭。山頭禹祠瞰江流，坐壓亭亭黄鶴樓。巇崎危乎！高摩青蒼，夜拂星河鶩斗牛，茫茫宇宙同其悠。天地不理洪波浮，神禹不生天地愁。斯民粒食從春秋，相忘禹勞萬古誰與侔？當年滄海瀰九州，禹惟隻手九年倏已收。經情順性，分疏淪決絶知謀，江淮河漢但令各得居其攸，至今兹山猶作分奠江漢之咽喉。噫嘻！胡爲乎後世治水乃與仇。黄河一瀆天下讎，長堤虹亘韓魏齊梁之故丘，如何一決秦漢以降無不憂！竭計億萬塞不周，頃刻安流惟賴神明庥。瓠子空歌毋乃羞，傍停忽欲誇前修。我來登吊放晨眸，落花不綰柳條柔。春風吹原青飀飀，麋鹿食草鳴呦呦。慟哭呼神，神不可酧，江天漠漠飛白鷗。

重訂蔡霞山 二首

昨經叔度墓，再拜涕沾巾。竭來江漢濆，誰謂邁斯人？斯人寧復存？霞山乃後身。千頃汪汪陂，未能涉涯津。如何渡江去？倏忽傷我神。傷神亦何爲？落花風雨新。四時各有美，難得逢陽春。

其二

陽春不可再，佳約還有待。輕舠蕩中流，使節驅霞外。放歌樽酒空，與君拚一醉。一醉還復醒，一别何時會。野鳥啼未休，白日忽已墜。

夜泊巴河遇颶飄蕩幾覆柁正獲免

歷盡湖湘下武黄，扁舟江上泊風狂。蒲新岸古難爲繫，豕突鯨奔底事忙？祈籲人號生死地，波濤獨笑利名場。迂疏豈有神明力，柁正天風爲我降。

午憩東林寺

重湖疊嶺過東林，勝迹名芳擬遍尋。古樹凝寒醒倦客，崇巒白日迴浮陰。虎溪度後空三笑，蓮社誰還會片心。世事流雲看忽變，松猿花鶴自深深。

宿天池

長聞高誼之兹理，誰到天池觸上臺？巖鳥避人衝瀑去，林霏放客帶花開。蒼梧北走川原盡，彭蠡東瀍江海迴。便約諸公脱塵冕，直從五老築書臺。

湖口阻風去白鹿洞爲順乃扁舟往訪 四首

仰高心未已，景賢意彌臻。天鑒助風逆，溯流堪問津。津人復迷指，漁艇要青蘋。煙雨湖山闊，瀾波浩亡垠。予匪罟鈎子，魚龍爾何嗔？撫景各有媚，濟險當兹晨。

其二

晨風鷙揚瀾，輕輿謝狂濤。歷岸亂猿樹，靓深神欲撓。莽脱臨山田，鱗次戢新苗。高泉自流漑，盈科進滔滔。淫潦靡憂潴，旱乾辭枯槔。睠兹農事逸，予行亦蕭摇。飄雨兹原林，皇恤沾裳勞。

其三

勞心誰爲樂？勞形未須嗟。陟崇靡勞心，勞形猶足嘉。涉利如涉川，川波溺無涯。陟崇莫匪山，山石猶生花。花榮紫芝春，白鹿飧其葩。白鹿昇天去，古洞留煙霞。

其四

霞舒朝霧明，霞散雨已傾。披雨入書院，松門泉泠泠。不見紫陽化，空存勸學銘。當年象山至，義利陳遺經。諸公皆感激，泣涕兩座零。因之揭堂隅，以要寒歲盟。如何鵝湖會，翻傷千古情。

池陽泊舟獨酌

禾驕初日壓疇濃，滿地農歌送落蓬。偶動維舟開岸影，悠然沽酒酌江空。自憐爲客重經夏，漫笑狂漁獨釣龍。清興未隨殘月没，柳塘夜半接微風。

酬西平李亚卿二首用韻

化格三苗外，功收百戰前。邊鴻思澤國，野鶴下淩煙。種德偏多地，超凡別有天。聖朝重耆舊，肯使獨遺賢？

其二

水火難爲濟，斯文不待親。蕪湖遥麗澤，采石近通津。風月高明在，杯盤接引頻。炎塵方懊挹，暮雨洗天新。

南峰爲潘隱士賦 南峰即卧龍山

愛爾山陰一畝宫，林開南牖入青峰。爲憐雨洗塵長静，不待春來句自工。夜看山川空海月，夕臨帆鳥亂湖風。有人問我行藏計，笑指白雲深卧龍。

周天成置酒與諸友送别浮峰次韻

江上雲開見晚峰，芒鞋三度十年中。堂懸孺子千秋榻，林隱周郎數畝宫。别酒羞彈兒女淚，行舟謾趁海濤風。好開蓮社盟諸老，還向東林憶遠公。

簡謝吕湖州邀游浮碧亭峴上山

天目遥臨海水寒，湖風吹客度雲關。霜葩笑逐冬初落，日暮愁催興未還。溟渤春來誰遠泛，道場曉霽欲孤攀。不辭盡醉羊侯在，他日人應淚峴山。

世瑞送至湖復贈二律聊用和答

關情岸芷帶汀蘭，别路迢迢雲與山。風物眼前君識變，功名天上我思還。殷勤不厭聞忠告，珍重還期見别顔。送客誰能三百里，高情原自出塵寰。

衰草斜陽路欲迷，躊躕不盡話臨岐。今朝送别天寒水，何處重逢月滿陂。暴虎已知疏我計，卧龍爾復繫人思。三吴亦遍逃亡屋，蕭索行邊意轉思。

世瑞又送至安吉賦一律贈别

斜日破霜陰，來窺天目岑。誰知送別地，亦慰清幽尋。帆鳥催風落，林霞帶鶩沉。溪潭深不測，聊見古人心。

建平曉發道中

騶發戍樓鐘，霜蹄破葉紅。雲頭迷巘路，巘窟啓龍宫。江冷沙明日，天寒海急風。功名方瀚北，吾棹欲歸東。

白雲寺次韻

日微歸□□平沙，林外樵歌亦赴家。萍水相逢憐我在，酒杯無主欲誰賒？白雲杳杳夜尋寺，清溜沉沉寒滴花。塵世老僧都莫問，澄心且共煮溪茶。

楊寧國率僚吏餞予敬亭山用韻

塵清下見南陵闕，萬里西風跨鶴寒。牧伯攜僚勤遠餞，星軺夙駕謾言還。青峰不逐江流去，高宇初從冬日攀。疊嶂環溪都在眼，何年重上敬亭山。

別張安吉五奎次世瑞韻

世路逢人亦已多，知君真不厭重過。循良欲化龔翁劍，知足長開邵子窩。謾惜樽前霜入鬢，且看宇内海浮槎。雲鴻忽呼驚心侣，明日還離可奈何！

與鎮江林太守望揚子有感

天塹長江依舊險，鷄鳴狗盜若平田。狼山盡説能除寇，聖德由來早格天。赤壁雄争猶雪焰，金陵王氣自當年。莫矜鐵甕城堪倚，獨喜還珠守正賢。

題陸子壽乃親五福兼全圖

披圖驗所禄，歷徵孝子臆。多福集大德，孰云天盡錫？天錫未可期，兒心則何知？吾親已大德，庶幾終不違。

曲逆北嶽祠西北有水鬭(竇)[一]崖東坡銘浮休二字戲題

巖石古今矗，巖泉日夜流。世人泥聲色，便認是浮休。

題吴叙之夢妻卷

雙松迥寺陰，月明風正細。神將示幻境，僧語三生意。本以開君懷，孰知重君累。陶子强人心，饞口投美味。伉儷切晝思，淒涼傷夢寐。情機正鍾此，一觸便相契。遂令君之心，認真且從僞。幽感不知深，泄悲自爲志。夫婦誼固隆，毋乃太情泥。人生亦大夢，請君細紬會。

贈族叔由四川貢士謁選之京

一本分開並著聲，共傳家學喜成名。十年重見頻看髮，萬里初逢未問情。歲暮相將占職乎？時艱應不負平生。風煙滚滚江頭别，悵望孤篷空海城。

[一]《嘉靖真定府志》卷十：「水竇巖，在曲陽縣西北五里……巖東有蘇軾書『浮休』二大字，元盧摯因取名曰坡仙峽。」

用韻答曰中弟少見期勉之意

支離聖學孰求全？糟粕紛紛競幅邊。道在六經皆注脚，心明諸子亦真言。形骸自信能恣矣，齟齬寧愁不豫然。莫以迂疏疑謬語，早將遠大勵當年。

憶觀樓記

歲戊辰，横山子始學官於京師，萍居唯適，故明年始得兹樓居焉。樓更高迥，明塏東啓，户宜遠眺，城闉弗能障。暮春群柟陰緑，每憑欄，輒興遐思。猶宜於晨，曙星既稀，野鷄漸聞，市聲未喧，時紅光東發，日始地升，纖靄不翳，輝光激宇，照映宫樹，蓋恍然若扶桑也。

予昔從陽明先生游錢塘諸山，乃居萬松古刹，曰「勝果」。萬松獨出吴越諸山，而勝果據其中峰。江横山足，形若隘觀，而觀海爲最近，得朝夕之景甚異也。陽明詩云：「江月隨潮上海門。」未及朝也，猶夫夕也，故甚愛朝觀日也，觀則樂而忘倦也。自予離游於兹，瞶瞶於闤闠者歲餘，而驟復得此，戚焉若有感焉，悠焉若有契焉。曰：是可以名兹樓曰「憶觀」也已。既而惟之，樓之高不及山，亦非觀於海也。余乃繫於觀耶？否也！夫昔也，峰巒環攢，雲物翳浮，必山之高而臨海也，故其氣晶晶熒熒，使人心清而目明。今也，平原極目，外與天際，無居之蔽，則兹樓是已。故其氣渾渾顥顥，使人心曠而神澹。然使人有飄飄憑風淩空之意，其致則一也。夫所謂觀者，人與我同目也。吾無矯人以爲觀，弗可謂人不知也。然非親攀焉者而疑之，亦可也。故吾有記也，將遂以質諸陽明先生也。歲己巳四月記。

送黄宗賢謝病歸天台詩叙

宗賢少業舉子，最博且精，自足發策決科，以趨世俗之所榮，而乃灑然棄之，就補祖父之蔭。既而官後軍爲都事，以誠意才德受知於國師，言聽計從，足以得志行道，而乃決然違之，獨遂歸山之志。此其識量之弘毅，出處之正大，邈然非予所及，然而宗賢未嘗自有也。蓋予在陽明先生門下，而宗賢亦時聞教諭，於是有以知志之所存與學之所居，有不約而同者。乃相與歡然契合者幾三月，而遂告别夫子。與宗賢似可亡言矣，而猶有言乎哉？《傳》曰：「書不盡言，言不盡意。」宗賢固得其意於予言之外者，則亦可謂亡言矣。

與林巡撫粹夫書

某知有執事，已自童時。惟懼此生無路得遂瞻望，私心甚切，蓋寔以其道義之深粹。若夫文章之盛、名位之隆、忠節之著，雖有所慕，不能如是切也。兹承撫臨此地，某自慶得爲屬吏，而復當遠離，良甚悒怏。特修謁見，滿擬猶得少聞清論，開其所未至，而舊染柔媚逡巡之態未能盡祛，則又懼不免見拒於有道者之眼，不意反以未至遽蒙呵辱。雖然，有是哉？豈諒執事而爲此？豈忍執事而爲此？意者，一時誤主先入之言也。

昔者，周公爲宰相，嘗吐哺握髮以待天下之士。當時所謂賢者，宜不在山林，即在僚屬。僚屬吾之吏，山林吾之民，雖頤指氣使，孰敢不從？周公又大聖也，而何吐哺握髮爲哉？誠以諛佞之與忠直，利欲之與理義，二者不可得兼，而勢之所在，每患於偏重。蓋上以人奉爲利，下常以遂欲爲利，利之所趨，勢不得不重。故司化者每患其偏，而常思有以振起之。香餌可以釣魚，不可以釣龍，周公之心肯如是也？

方今地方多難，事之可深憂者甚多，可急爲者甚多。至如吏胥奔走先後之間，宜在可緩，而世往往有先及之者，何也？執事專風化之責，當發政之首，必先抑柔媚、奔競、讒諂之習，然後庶政可從而興革，百僚可從而勸懲。某方傾望轉動丰采，以爲斯文之光，尚以無少裨效，愧後學之私忍，遂以斯須而遽爾云云，以傷執事之首政哉！倘猶有疑，亦望賜察。

夫人之死生禍福，決有定分，知之即是信之。執事固知之者，既自知之，而又謂天下之無復有知者，且不可也，况遂欲以此怵天下之人哉！道義之心，恐不如是也。某叨守祁餘三年矣，中間遭值姦危寇難，其脱死者屢矣。今何幸遇執事哉！承遺人三四拘留，但苦憑限嚴迫，不能少待。其合得罪，或斥或死，所不避也。

與祁吏書

林巡撫本不須見，而衆稱其道義，故特往一見，不意彼乃如此，我亦何愧哉！爾等書來，知必欲加害，且欲甘苦其身，回護於我。此爾輩忠厚之意，我已知之。但我牧祁三年，慚無分毫補益于民，豈可更以我功名之故，而使爾等殘傷骨肉，吾何忍哉！但當隨其考問，即將承服，不必抗忤，枉受刑責，益重吾過。我雖受誣，但求此心無愧于天足矣，決不與辨，後亦必有悔。南山北山，正我樂歸之地；險路畏路，非我久駐之途也。此意爾輩想素知之，亦可遂告州中列位大人知之，不須顧慮。至囑至囑！

贈光禄大夫卿郁君亮之死節傳

郁亮之名采，山陰人，以儒起家，與予同舉正德戊辰進士。始爲刑部主事，光禄寺少卿，今贈官也。辛未春，予既守祁，聞亮之以特忤時政降大名學教授。遺書問之，君復曰：「刑曹知非久安，愧又弗能稱師職爾。」予識之，曰：「君之臨榮辱，其有素乎！」明年，劇賊劉七等起河北、河南，騷然潰亂，予當其衝，倥傯干戈，日不暇給，不知君已還佐裕州。賊後分楊虎等數萬，大寇河南,河南又潰亂。一日得邸報,忽載郁君死節矣,予哭之慟。久乃得君死之詳,嘆曰:「君之死,素矣!」君知裕守毫弗足恃,以其職部之兵,誓之忠義,既威、既孚、既挺,獨捍城。賊來,嬰傷以退;賊退,知爲君傷。揚言曰:「佐捍且傷我,君弗避。」月餘,益修捍具。賊忿君復來,圍三日,援兵勿至。守開門遁,賊乘之,君又罵守罵賊。人先以母在動君,或曰:「徐庶何如人?」君曰:「吾母弟奉於家,孝於我。」弗聽,卒以死賊。故曰君之死素矣。予眡寇終始,熟慮處此,故知死有機,間不容髮。同行擇先,同義權重。亮之時儻以母在動心,必苟生。至此必求死,然可能乎?

贊曰:昔李陵志豈降胸(匈)奴者,不幸忽萌得當報漢之心,猶夫善也。然至河梁,握手子卿,恨死莫及,何哉?豈未睹《易傳》乎?《易》曰:「見幾而作,不俟終日。」《傳》曰:「凡事預則立。」若吾亮之者,豈徒感慨者耶?

橫山送別詩序

聞吾上世有號元禮先生者,稱英傑,始謫戍于越巂,居今五世矣。時當國初法尚嚴明之時,而先生兄弟特重親義,雖異籍家居,凡恤難修好,不憚不忌往來,時雖有諫者,皆不聽。以至于後世子孫益篤,胤嗣文繁。詩禮之學,簪纓之盛,其在越巂,猶其在鄉邑也,厥有自矣。

越巂有叔氏曰以成公者，蚤以文學才行膺貢于蜀鄉，故歲癸酉，將謁選于京師，乃發西川，下巴峽，泛江，歷荆漢、金陵，抵瓜步，遂迂道鎮江，來訪故里。既具牲醴拜，松楸惟慶惟恭，登丘隴而望，悽然有感慕之色。已乃集宗族，位尊卑，叙存亡，語遭歷，爲之悲喜交至。雖隔萬里，違歲月，而相與不忘之意，藹然言表。盤桓久之，不忍舍去。既不得不去，則相與載壺觴餞送于横山之陽，别離繾綣之情浮動行李。予曰：「可以觀族義矣！」酒行於是，族之尊者授觴而告之曰：「族以義昌，人以利忘。子行有官，將民社是膺，尚濟於公，毋私厥身。吾酒，願子益光先聲！」公乃拱揖而對曰：「某不肖，又不能自勵者，有如此酒！」飲畢，反觴於卑者。卑者復酌以進曰：「莫爲之前，後何仰旃；莫爲之後，雖盛奚傳？實德既隆，福祉駢臻。吾酒，願公萬壽無疆！」公乃立飲而言曰：「吾不敏，猶能飲意。」予曰：「此可以觀家則矣！」予復舉觴以獻於公，公固辭，以情動，不可强。予乃歌以侑之。

歌曰：瞻彼朱灣，松柏蒼蒼兮！下有龍泉，其源孔長兮！通于西蜀，厥流瀼瀼兮！匯而爲海，益大以光兮！有紛其物，聚以藏兮！爲魚爲龍，惟物自强兮！慨兹本源，其孰敢曰忘兮？天地曠漭兮！世運無常兮！彼富貴猶塵土兮！何欣戚之足我傷兮！

歌畢，連呼飲三而别。

答邵思抑書

使來，辱教惠拳拳，感佩感佩！中示：「久侍陽明先生，宜有所得。」奉讀至此，不覺慨愧無已。蓋吾師於希聖希賢之學，真可謂有箇用力處；既知用力，真亦有箇得力處，實非虛事講論者。某實聞之，而竟墮優游，志不率氣，尚茫然未有所得。承警切至此，何爲而不慨愧也！

大抵吾師之教，謂人之心有體有用，猶之水木有根源、有枝葉流派。學則如培濬溉疏，故木水在培溉其根，濬疏其源，根盛源深，則枝流自然茂且長。故學莫要於收放心，涵養省察克治是也，即培濬其根源也。讀書玩理，皆所以溉疏之也。故心德者，人之根源也，而不可少緩；文章名業者，人之枝流也，而非所汲汲。學者先須辨此，即是辨義利之分。既能知所決擇，則在立志堅定以趨之而已。某所聞於吾師，大略如此。中間精瑩處，煞有可商量者，非惟紙筆莫可及，實亦某所未能及也。

使還，草此報復。便中不吝教答是望。時事延喘如昨，可以意見，毋俟踪迹。安得有神醫如華佗氏之流，能先剖滌腸胃，却調復元氣而更其生者也？

同志考叙

自尊師陽明先生聞道後幾年，某於丁卯春，始得以家君命執弟子禮焉。于時門下亦莫有予先者也。繼而是秋，山陰蔡希顔、朱守中來學，鄉之興起者始多，而先生且赴謫所矣。道出荆楚間，止貴陽之龍場，遷江右之廬陵，凡閲三載，召入京師。居又歲餘，中間從游者甚衆，予自一二夙契與邂逅之外，莫之知也。乃癸酉春，侍先生自北來南，檢簡牘中，始覩多皆未識者，乃重有感焉。

夫斯道之不明于天下也久矣！先生重光以來，世方大疑以怪，而有能挺然特出、真心信向、不爲所撓者，顧弗可謂豪傑矣乎！則相與共室堂，朝夕切磋，觀善砥行弗替，務期大成，期斯道復大明可矣。而阻時限域，尚莫之能顧，於姓名猶莫之知，異日雖欲相望聞以相勵翼，其可得乎？是豈不重可感耶！

某叨先門下，責則奚辭？乃以義起此卷，奉留先生左右，俾將來者，皆得繼書姓名於端。次紀字，便稱謂也；次紀地，表厥自也；次紀年歲，以叙齒也；次紀及門時，志所始也。予前所紀數人無序者，追志者也。來者請讀書，不必空次。間有知而爲代書者，聽，欲無遺也；欲番録者，聽，示匪私也。然奚啻如斯而已？異日將有憑之指議之者，曰：某也誠，某也僞；某也成，某也墜，某也從，某也背，某也增光，某也重愧。嗚呼！倘由是而益知所懼焉，則兹卷可獨少耶？愛題其端曰「同志考」，而叙其由以告。

送甘欽采西還叙

永新甘欽采，與予同舉進士，京邸又同里巷，歲時有以知其志之高明而果，行之清越以儉，迥然不群流輩，蓋未可量者也。於是予誠不類，而欽采則罔予棄，相契最篤。後欽采來官留都，予亦守祁，相違三四年，乃來復同府，自此相麗澤無間。而欽采又以覲省得請，且西歸。予方欲有言，而欽采適以告曰：「同志之别，其以規乎！」予既感其誠，乃惟欽采之志行卓卓有此，獨焉以規？則爲誦天下之通病而告之曰：

學者大患，其好名之心乎！今之稱好名者，類舉富貴誇耀以爲言，雖然，抑莫矣。不知凡其意有爲而爲，雖其迹在孝弟忠信禮義，猶其好名也，猶其私也。然豈不愈於尋常者哉？語聖人之學則遠矣。故自大賢以下至於塗人，皆不免此。其别則在深淺、大小、厚薄、通窒之分耳。其究至於無所不爲，而其端則甚隱而微，欲有以察之，至精至密矣。古之學者，其立心之始，即務去此，而唯以全吾姓（性）命之理爲心，故謂之爲己；當其無事，以勿忘勿助而養吾公平正大之體，勿先事落此谿（蹊）徑，故謂之存養；及其感應而察識其有無，故謂之省察；察知其有此而務決去之，勿苦其難，故謂之克治；專事乎此，而不以怠心間之，故謂之不息；去之盡而純，故謂之天德；推之純而達，故謂之王道。有志者，多以其病之近易而遂忽之也。此某常所自訟而未能者，不敢不爲同志者告。然於欽采則何以規？

與許立升書

昨聞應天庠生有讎其師而誣訟其隸人，欲因以中傷其師者，始聞而駭，然既知執事者已受理，則又大喜。蓋謂至意有在，將使悖妄無恥者無不顯被沮喪，而師生之大義遂得大明於天下也。然外人猶竊未明執事之旨，洶洶有議，謂教授王道必自此蒙譴。某則何敢訊焉？雖然，不敢不告。

夫王道者，愛之同門友也。其心行愛所素知，敢以一日之故，而爲飾詞以欺執事者哉！其始之辭清近而就此，固非欲籍此而故以自逞其驕蹇慢上與剛肆虐下之非，徒取上下之怨怒爲也。故其志之刻厲向上與行之不苟，雖衆人亦既皆知之矣。而其行事之容有過中失正者，則或其質之所偏，識之未瑩而然，然不可謂非善人之流耳矣。方今之時，有稍欲立者，世輒必欲摧之，不知勸善勵俗之心何在？故如道者，非得剛明正大，高遠而公恕，取善於隱微之間，亮過於形踪之外者，有以提撕而曲成之，世道亦將于何而賴？執事固剛明正大，高遠而公恕，務以成物爲心者，又今司風化之責，故能信之，必不欲譴正道以挫善人，屈其師以伸頑弟子之私也。夫譴不譴，固無加損於執事與王道，而愛猶以告者，蓋同年知厚之私，亦效忠之意，非但爲王道游説已也。伏惟亮之，頓首。

宜齋叙

陽明先生之從内兄有曰諸用文。用文既典崇仁幕，乃多閲練，益知人事之不可有違，違者，乃我與處之之道有未盡也。故欲求其宜，既以「宜」名齋以自勖。頃以部運過金陵，間過滁，爲卷請陽明先生題，且叙之。先生既題其端，而謂叙可以屬諸門人愛者。用文遂具以述，且白其意于予曰：「君毋以頌也，其以規乎！」予既弗能辭，則告之曰：「予固不知頌，亦焉知規？講言宜不宜之故，而用文自擇焉，可乎？」

夫人所以不宜於物者，私害之也。是故吾之私得以加諸彼，則忮心生焉。忮心，好勝之類也，凡天下計較、忌妒、驕淫、狠傲、攘奪、暴亂之惡，皆從之矣。吾之私得以籍諸彼，則求心生焉。求心，好屈之類也，凡天下阿比、諂佞、柔懦、燕溺、污辱、吮咀之惡，皆從之矣。二私交於中，則我所以爲應感之地者，非公平正大之體矣。以此之機而應物之感，其有能宜乎否也？故以處君臣，則忠誠薄，上下乖，而不宜於義；以處父子，則真愛衰，矯僞勝，而不宜於親；以處兄弟，則天叙迷，爭犯作，而不宜於序；以處夫婦，則內外紊，名分瀆，而不宜於別；以處朋友，則欺詐生，睽合易，而不宜於信。皆二私之爲也。二私所起矣，起於貪富貴也。貪富貴又欲何爲哉？不過有以成宮室之美也，欲以致妻妾之奉也，欲以濟所識窮乏者得我而爲之心也。三者，凡人之欲也。夫於此，孟夫子固已明辨之矣。其始也，不顧生死而寧辭嘑蹴之一食；其後也，溺於三欲而甘受不義之萬鍾。是何顛倒而滅其本心如是也？夫天下之道，莫大於五倫；天下之惡，莫大於二私。致私由於壹貪，致貪由於三欲。今人誠能省三欲，抑一貪，以絶天下之大惡，成天下之大道，亦在反之本心而已矣。本心既得，而雖以處天下，有弗宜者乎？《詩》曰：「不忮不求，何用不藏。」其於宜也莫大焉。用文自思，果自以爲足耶？則將以予爲頌矣。未足耶？則將以予爲規矣。予又何知焉！

賢思叙

予讀書至「堯讓天下於許由」之事，未嘗不廢書而嘆曰：「嗟乎！此古道之至也。」行其道，不必繫乎己；得其心，不必遺其名。其在上也，奚以尊？其在下也，奚以卑？其就下也，奚以屈？其抗上也，奚以傲？無我之極也，然而人弗異矣。故曰：古道之至，弗可及矣。

春秋戰國間，舍孔子、孟子勿論，彼潛夫處士出其橫議，猶得以賓主抗諸侯於殿庭之上，古之遺也。秦以降,勢分太嚴而禮義衰,功利盛流行而德薄。上既亡尊德樂義之風,下亦亡守道弘識之士。千餘年間,獨光武、子陵之相與,至今歆嘆以爲絶倡。外此,雖郡邑之吏,亡不以勢分自崇高矣。

予同年進士張侯五奎,來令山陰,獨樸然將以古道化民。予嘗因陽明先生善其治民曰黄文轅司輿、王琥世瑞者,二子之抱道懷才,不干聲利,予既信之。昔者,親眡侯以賓禮延二子,相與揖讓,獻酬於稽山書院之中,左右亡不惶汗駭顧,以爲嘗所未見於侯之屈而二子之抗也。君子曰:古之道也。張侯,賢侯也;二子,賢民也。衰薄之世然,而侯獨焉,其難矣!然山陰之賢,不止二子,蓋予未之盡識而聞之。禮亡,不眡二子而加焉。侯之擢安吉而去也,集山陰之賢而在下者,爲文章歌詩,各致其慕念之意以贈别,殆成巨册。予因覽焉,既嘆侯之得士心,輒題其端曰「思賢」。思賢何?曰:賢者之思賢者也。乃作《賢思叙》。叙張侯之能希古也,足表師矣;叙山陰之多賢也,足以當禮矣。若侯之善政、善教,則司輿、世瑞之叙叙之矣。

王烈婦神異記

甲戌四月,予使過浙,遇友人黄巖黄宗賢伯兄宗科于杭,語及王烈婦死節,嘆述其神尚靈之故。予聞而異焉,乃記之曰:

宗科以土姦誣逮浙臬，與干證數十人同載，自嵊放清風嶺内夜泊，比明將發載，人問地名於舟子，曰：「清風嶺。」内道士名蔡智永者，乃朗吟俞大昌所污指烈婦詩。同載者咸諫曰：「止！此其地也。」一老人陳克冬獨言曰：「雖復吟，又何傷耶？爲詩者子孫猶存矣。」同載者諫如初。一里，許從得又曰：「使其靈，便示顯應，吾始信之。」俄，岸際風冉冉動，草木欻然，被舟顛覆。頃之復平，則蔡、陳、許三人者已躍出，潭死，而諸人故無恙。故人一時悚畏其靈。予問俞大昌之爲人及詩何如？宗科曰：「大昌，台人，國初爲主事。其詩曰：『清風嶺下説清廉，説道清廉也未廉。赤城到此方投水，曾伴胡人幾夜眠。』後其人病頷脱而死。《水東日記》載其事云。」予曰：「烈婦之死，爲神無私，必不以喜怒禍福人。三人者數宜死於此，而會逢其適耳。然人欲以私意輒毁譽人者，則弗可弗戒。夫流風之薄，人日趨惡，苟有悔過向善者，猶極與進焉，況烈婦之皦皦者乎！吾夫子猶曰：『善善長而惡惡短。』故今世多不欲成人之美，而惟思陷人於惡，是非亦何定哉？吾聞『天道亡親，常與善人』。神固亡私，而死者自宜矣。」

與鄭繼之書

疇昔聞仰天假毗陵之會，過辱傾蓋之誼，且訂約。别後麗澤，喜□以來，常愧歉負，雖時從士夫問達，何益也。今時士大夫皆知高執事，愚竊謂高之淺矣。彼所謂高者，誠以執事文以粹然，行之卓然也。然執事豈以是自高者？登東山者，魯人望之則以爲高，躡其巔者則不自以爲高，以見泰山之在前者。執事固望泰山者也。舍枝葉而務本根，抑華博而歸淵塞，不越身心之間，而有超乎文行之外者，此固執事之今之志。然則時之高執事者，不爲淺也耶？執事以爲何如？便間不惜示教，以開未至。

梅莊書院記

予幼則聞父老言曰：成化間，左轄吾浙藩祁陽寧愛厥子竑，欲寘之于文章行德，以遠乃富貴侈驕之襲，而艱其師，乃謀諸董浙學政故大司馬華亭張公。張公曰：「公誠欲求至樂，固不當泛舉。」乃舉吾邑海日翁王先生。先生時家食，公乃卑辭厚幣，忘貴侯國，屈下巖士，敬心禮數，人莫不駭走，而先生眡獨貌然，方將以道自重，辭。再請三至，逾恭以懇，始從之。迎致公之鄉。先生抗顏師道，循循善誘，不詭不激，巽入而法成。竑後果大化，有文章，有行德。既遠富貴侈驕之襲以世其家，又遂以膺貢選于鄉，復褎然魁廷試。人猶屈之。竑曰：「否。」獨崇節厲貪，竟弗就職，退要所得不淺矣。

予稍長解事，每念及父老言，輒嘆曰：「寧公樂道忘勢以成義方，善莫加焉，古之道也，弗可得矣。海日翁守道範物以不素餐，德莫大焉，古之人也，弗可及矣。」後不意予辱舅海日翁，且叨門下。海日翁時爲天子講官，啓沃輔弼，道行于朝，其不可及者，既得益徵服，恨寧公莫起九泉，世又衰薄，鮮踵其道者。玆何幸以使過其鄉，亟訪其家，則玆亦墓拱木矣，益感今昔。賴祁之人士，亡少長咸能身佩遺化不忘，乃知翁德不專寧氏。相導至梅莊瑞夢堂，即居業所。予因扁其門曰「梅莊書院」。

夫浙距祁數千里，聲氣習尚，奚翅風馬牛之不相及。翁以介儒，明道其間，化永弗替，安知後不有考而求之者，將與石鼓、嶽麓並傳于世？則祁陽文化之日新，方伯公之闊節，海日翁之隆德，張公之哲信，玆之善學，舉於是乎在。予姑記之，俾守者毋淪于墮。

壽長樂君八十叙

予宗叔平野公，久賓于仁和之長樂鄉。於是有以知鄉之著姓曰袁氏，有所謂袁君者，今年生八十歲，建子曰朔，乃其誕日。鄉之親故，咸欲有以壽之，而未知所出，乃謀諸平野公。公乃以諸人之意，並述袁君之素行，以語于予曰：「君爲人樸野質俚，懇懇自爲，外慕鮮薄。見人有若攻文字以謀榮爵者，則曰：『此有命存，又非吾之所能也。』見又有逆取詭射以鳩貨利者，則曰：『此有義存，又非吾之所强也。』其既以克勤克儉而稍致裕用，初未嘗輒侈其衣食以表異於人，亦不遂自德色以驕横其鄉之人。鄉之人故咸歸之。」予曰：「信哉！袁君有世乎，然則足以致壽矣。予聞古之老人者，不役役於富貴，不戚戚於貧賤，以耗撓其精神；不麗服，不濃味，以敗傷其口體；不矜巧，不暴惡，以戕賊其心德。夫是以多壽而寧。今袁君所爲若彼，於是何殊？吾叔將不溢美袁君也，其已八十也，宜乎哉！」曰：「溉人十矣，又何加焉？」曰：「何加哉？昔衛武公行年九十有五，猶詔於國曰：『毋以老耄而棄予。』吾叔固知袁君無愧於前矣，出此而加勉焉，則其臻九十者歲也，又何量乎？」曰：「是則在袁君矣。其於今日相慶樂之意，則又何加焉？」曰：「夫德者，人之道也；命者，天之命也。吾聞修其道以獲命矣，未聞獲命而不修道者也。故道之不修，孰與其憂？命之既獲，孰知其樂？予於此又何加焉？」平野公進之曰：「維君有子，維罍有酒。壽筵既開，賓客亦集。當此之時，則何以侑觴乎？」予領其意，乃復爲之賦曰：「醴酒玄玄，斑衣翩翩。樂哉袁君，亦既有年。酌彼醴酒，舞我斑衣。樂哉袁君，福禄無期。」平野公大喜曰：「得之，將俾歌以侑觴。」

祭周濂溪先生文

嗚呼！夫子志點之志，吟風自適；學回之學，沉潛剛克。孰爲弗彰，而人不識；孰物皆順，而應無迹。超軼賢關，游泳聖域。化有可徵，二程維式。言有可徵，易通太極。於維易道，參贊是職。神妙萬化，義該六籍。世曹尋源，險阻是實。先聖亟懼，乃昭揭則。曰維易簡，天下理得。寔露天機，立學聖的。夫子得之，是垂易翼。道喪千載，以起廢熄。由今觀之，何簡何直？胡復未久，又見剥蝕？末流之弊，章分字析。駕言精博，惟文之飾。口耳易資，深造弗飭。鶴山嘗憂，匪予私惻。嗚呼！夢幻盈世，孰究真實？瑨珉載目，孰考玉石？導之生理，昧曰予忒。愛莫助之，群誰與敵？嗚呼！孰起夫子，爲世辨惑。某賴神之靈，遘師啓迪。毅然自信，弗度綿力。神交已素，兹經其北。仰止濂溪，寔維誕德。式慰惄思，敢憚勞即。敬薦溪毛，用陳悃愊。斯文未泯，神其鑒格。以二程先生配，尚饗。

同游德山詩叙

正德乙亥春正月壬午，與予同游德山者十有四人。杜世榮仁夫則浙人，餘皆武陵人士也。王文鳴應奎、胡珊鳴玉、冀元亨惟乾、劉瓛德重、蔣信卿實之〔二〕、楊衿介誠、何鳳韶汝諧、唐演汝淵、龍起霄止之，他日從吾師陽明先生游者。徐輔汝周、楊禶介敬、楊袗介禮、冀文明汝誠，則聞風而興者。究同游之志，咸謂不得見吾師也。於予若將見之，苟非是，諸子雖甚愛予，欲强從，弗可得也；予雖甚慕諸子，欲强同，弗可得也。相與淩高騪，登臺考古，羡讓德之實一，無異超

〔二〕蔣信字卿實，「之」字當衍。

邈乎樂矣。嗚呼！後世風俗衰薄，視古爲己學者，始循不敢當之心，已乃罔覺，至紛相詆議。不紛相詆議者，唯博洽文章之學，冒口耳緣飾爲道，忽良知良能，謂非本然之善，吾嘗憾焉。乃今于諸子，亦奚必皆博洽文章，即□一念之良，固可以驗天道，孰弗與之？夫武陵自善卷以至德隱兹山，秦復多賢人避地于桃源，蓄欝之極，宜有泄之者，今豈其機歟！不然，曷當詆議之時，而獨信起之多如是也？諸子懋哉！疾敬乃德，毋忘兹游。此心即理，可信不可疑；近名即僞，可惡不可好。審擇於斯，必有事焉，存其誠，厥用力在勿正勿忘勿助，藥隨病，勿執並所閑邪也。道在邇，勿求諸遠；事在易，勿求諸難。充今日同游之心，斯庶幾矣。夫逆天機，拂天道，不祥莫大焉。諸子懋哉！于是各言志以自盟。予期相勉爲之叙。

答王承吉書

數年景企，天假習池之會。豪傑之風，希闊之論，慰聞有加，頓令柔懦之氣，塵途頹雜之餘，悚然惕然，若將拔出雲霄之外，别後耿耿未忘也。漢陽困坐，忽奉手教諸作，彌增感激。流俗何以得此？斯文幸甚！特粗心未遑細究，纔讀首篇論康齋、白沙之所同異，切中積疑，殆欲墮淚。夫道非恍惚杳冥之物，而學非捕風捉影之事。古人謂：「未知學，須求有箇用力處；既用力，須求有箇得力處。」此見道乃實道，而學乃實學。今以康齋之勇，殷勤辛苦不替七十年，然未見其大成，則疑其於得力處有未至。白沙之風，使人有「吾與點也」之意。此意在聖門首與，濂溪亦首令二程尋此。然末流涉曠，則疑其於用力處有缺。夫物，有體斯有用；事，有終必有始。將以康齋之踐履爲體爲始耶？將以白沙之造詣爲用爲終耶？是體用始終歧爲二也。世固有謂某有體無用，某有用無體者，某竊不然。必求二公之所以敝者而會歸之，此正關要所系，必透此，方有下手處也。執事之所謂下學，誠得之，但不知日用當何持守？上達當何稽驗？當何可免二公之敝？竊觀古人之於學，如饑之於食，渴之於飲，故發憤忘食，樂以忘憂，造次於是，顛沛於是，蓋自有不能已者。其既得之，則必曰：「朝聞道，夕死可矣。」至此則飲食有所不甘，憂樂有所不與，死生有所不計。今之學者，不過聞其聲而求之，慕其美而爲之，初未嘗與之爲一。機弗汲則弗慮，事弗激則弗切。宜乎功不能密於幽微，而間斷相續，即有力者，强執苦操，如喫木札，亦鮮意味。斯何爲其然也？某之所謂積疑者如此。過辱提撕，乃不自揣，欲求爲己之學，庶幾獲見。毋自欺而必自慊，體用一源、終始無間之地，若憑依陳言，因緣强探，方諸聾聵，略有見聞，即自負以語人曰道在是，學如此，且竟曰考辨異同，以稱論道，遂將立門擅名，是不惟負執事，抑亦負神明。伏惟執事，毅然以道自任，有年於此，必有真見的機。倘不鄙拒，循循開示，某雖駑鈍，不敢不勉。惟亮悃愊幸幸。

與余大行書

倉卒乃辱傾蓋，別後感激無量。公莊重縝密，非疏慵之比，異時公輔之器，珍重珍重。深愛賢郎美質而未漸于俗習，向偶涉二題，蓋欲其於此明本心之端，察義利之辨，使預知正學之切于人身，易知易行，而邪僻因不得而干也。微意如此，若欲考校文字工拙，則非所能。伏承家庭義方，足慰惓勤。拙筆「樹蘭軒」三字，實以期之，非欲言書也。奉去舟次，草率。

洗心軒記

云察院者，御史之行臺也；柏臺者，其別名也。安慶瀕江鉅邦，兹臺規制亦稍稱。予以南曹督逋至，亦得假憩。始入儀門，回顧榜曰「一道風霜」，予泠然悟曰：「欲威令之神厲也。」既登堂，正仰榜曰「肅清」，予惕然警曰：「欲本政之交嚴也。」既坐，望南楹榜曰「神明鑒察」，予懍然懼曰：「欲一毫毋自欺也。」義之立也，其於御史之職，可謂密密爾已。既退，小坐堂之垂簷，榜曰「行春」，予悠然會曰：「欲威厲之無忘于和也。」復宴處正室，榜曰「欽恤」，予釋然喜曰：「欲肅殺之無忘于生也。」仁之輔也，其於御史之道，可謂備備爾已。乃游騁于室之後囿，囿仍有軒，軒眡亡榜，予輒榜曰「洗心」。謂是於省戒窒欲之道，猶其有未至歟？非也。予固懼其過而有也。夫御史以生殺予奪爲道，必此心如止水，如空鑒，如平衡，兹克得其正。甚矣，心之用弗可二，而一之爲難也。《傳》曰：「心有所忿懥，則不得其正；有所恐懼，則不得其正；有所好樂，則不得其正；有所憂患，則不得其正。」〔二〕謂不可過而有也。

今夫登其堂，行其政，眂其榜，苟知其宜嚴而務爲嚴焉，心或矜；苟知其既宜嚴而復宜和焉，心或異；況當其諸司奉職，呼咤靡違，而心或喜；當其神姦宿頑，怙終梗化，而心或忿；當其求庶政于案牘，周以手，旋以目，而心或勞。夫是五者，人所不能無，斯咸過而有也。於是乎知所以和其矜，同其異，平其喜，懲其忿，息其勞，凝神定性，化故釋滯，忘己功，絶逆智。澹乎融融，粹乎沖沖。怡然口口，泯若無事。惟簡可以御繁，惟静可以制動。故[登][其]堂，將不動而敬，不言而信；行其政，將不賞而民勸，不怒而民威于鈇鉞；眂其榜，將時仁而仁，時義而義，乃可以得御史之道。夫是之謂洗心。居兹臺者，退而静惟，固於兹軒爲宜。後之君子，弗以余言爲僭，俾勿壞。

〔二〕《大學》傳七章：「修身在正其心者，身有所忿懥，則不得其正；有所恐懼，則不得其正；有所好樂，則不得其正；有所憂患，則不得其正。」

送戴工部榷蕪湖歸序

予督逋江湖，自信吉、彭蠡、洞庭、瀟湘、荆漢諸鉅商，所由靡不至，所至靡不聞，頌戴使君之榷諸蕪湖，必以寬政也；比其返也，遘囊之商者、行者、宿者、歌者、哭者，胥載於道。其行者充充若有得，其歌者盈盈若不復，曰：「吾歲率可行貨，而入有羨縮，則埒三歲稍取盈而已。今以使君之厚我，吾斯用勤，歲而三取羨矣。固弗當休乎？」其宿者皇皇若有慕，其哭者怨怨若既負，曰：「吾獨奇以息，不數數于使君，使君復來否乎？」予竊嘆君之澤深而風遠如此。士大夫亦交口稱：「戴工部弗惑利，弗怵害，德有弗居，樸行弗迂，其務爲廉者至矣！」予曰：「否，是惡知君！君知務學，不知務廉，故事有本而行有節矣。務本乃通，務節乃窮，故務學斯廉矣，務廉斯貪矣。務學者，身無擇行，行無變節，故德可久，業可大，君之至將獨廉耶？」既底蕪湖，喜君尚存，予舉以告。君曰：「然，子其知學者。」是夕皎月，予下金陵，君送之江滸。江波浩瀰，洞覽無際，匡廬、九華，渺浮蒼煙。予曰：「美哉江山，兹其萃天下之觀者乎！」君曰：「否。夫山水亦學也。有本，豈惟匡華，雖五嶽猶支；豈惟江海，雖四瀆猶流。得其本，則海嶽麓瀆自兹出，故放之彌六合，會之存一方。有本者如是，斯謂之萃天下之觀。」予曰：「然。子其知山水者。予欲先秋泛虚舟，駕剛風，聽其所之，與子尋山水之本，將終身焉。子其畢公家而歸以輔我可乎？」君曰：「諾。學在其中矣。」

東江吊古記

乙亥之秋，九月丁酉，内戚陳丈買舟載酒糈，邀予舅海日翁暨予游上虞之東山。翁因拉所知章世傑、王世瑞、陳子中同游。陳丈亦以其侄汝謨、子唐卿從。午發山陰，百里，夜抵蒿壩林。嵊尹先遣三舫逆于江。厥明，會内戚尹起潛亦至自越，乃偕易載。北風揚帆，乘漲潮，舟行駛甚，視兩涯巖巒，如翔鸞舞鶴，渺不可押。倏三十里，已距東山，興遄欲止，莫得，遂竟指清風嶺。又五十里，達夜至，飄雲時漏月光，暎澄潭蒼壁，偶狂飈入峽，益鼓勢盪舟，幾覆。

己亥，登麓，謁王貞婦祠。陟嶺，觀貞婦血指寫詩處，旁刻「鏖退匈奴」四字，下瞰絶壑。因思宋室莫能御虜，而致貞婦彰節於此，爲之傷憤久之。雨至，趨下舟。起潛先辭歸嵊。予與世瑞、子中、唐卿冒雨披棘登石屋。屋貯貞婦像。東障石屏數丈，平瑩可鐫。周覽，乃知嶺控台、温諸路之隘。是日，風雨晦烈，欲訪黄沙寺，不果。寺僧饋鵝酒蔬。薄暮，輕舟循涯挽縴而下，宿于三界，即水城故邑。

翌晨，吾爨，舟與載薪者閧，詈犯甚逆，翁教之而去。午登東山，松擁鳥道，始若無處，俄有胡服者迓于薔薇屏之趾。僕汗争濯洗屐。□□□□十餘曲盡，所謂調馬路乃見，豁然曠谷，有寺榜曰「慶國」，考之，宋姦相侂冑所建。殿後軒曰「白雲」，軒後堂曰「明倫」，堂後寢室以祠晉太傅謝公安石。堂懸公與靈運及王羲之、李太白畫像。由堂階升古閣，四顧如洗，本名「無塵」，信且異之。由寺藩右出，登西眺，俯按琵琶洲，望極海外靡翳。既灑然滌襟，復有感激古今之意。乃不究東眺而返。舟中酌月，相與劇論謝公忠貞鎮静，足繫時危之望。

辛丑，還抵蒿壩，故舟已移候于東關。爰尋蒿壁，二十里達鳳凰山之陽，謁曹娥祠。祠娥，配以朱娥，墓在殿左，庭列古柏數株，觀漢度尚、宋錢時敬暨今翁所爲碑詞，咸極闡揚孝道，推引勸勵，溿溿可讀。壁揭子中一疏，欲遷娥父母像于正寢，亦得人子尊親意。出訪子中之廬，子中兄弟宿饌以待，衆乃起，酌酒爲翁壽，曰：「尊忘天下之達尊，而油油與士庶嬉飲賡歌於煙雲泉石間，歷險夷，閱晦明，關順逆，而樂不變。翁真超物外者耶？」翁正色曰：「否。夫君子之動也，以示法，故觀以輔德，義以節欲，妨學則弗樂，喪志則弗玩，故曰君子之游也。然則古之表風教於東江而不可忘者，將獨山川乎哉？將獨山川乎哉！小子識之。」於是乎爲之記。

追記武當之游

志稱玄武生開皇年間，浄樂國王太子，棄位潛修兹山四十年，道成，上昇。後以降魔功封玄武帝。人謂兹山之勝，非武不足以當，故名山曰「武當」。其迹事，大略與釋迦相隱映。然考古年無開皇號，均古楚鄧也，亦無净樂國名。説者謂混沌之初，天一生水，其色玄。水生五行形，五行形而萬物著，邪僞由斯起，故欲返本真者，必合萬而歸一，兹非武孰克之？仙家因謂修行之祖，豈亦有意寓乎其間邪？不可得而知也。

世之慕游武當者多矣。予以乙亥二月初，發自荆北，歷郢、襄，皆山塗。旬餘抵草店，幸值久晴。春和景明，士女笙歌，與煙花、啼鳥、流泉，沿道相忘。鎮山張亞參、董内監遣鼓吹逆諸草店。予乃易巾玉臺，氅服絲履，坐竹輿入仙關，踰玉真宫，憩回龍觀，宿太子坡，早循九渡澗，折□玉虚巖，復出蓊澗，經烏鴉、黑虎廟，乃登紫霄宫。宫障赤壁，太子、三公、五老諸峰相朝衛，覆陛回廊，既特□嚴。又道士具傘蓋、香旛、笙鼓迎謁，視他宫猶盛。故過者佇而羡予，以爲仙游。出尋榔梅觀，來朝天宫，舍輿歷天門。三門皆雙峰夾峙，石梯曲引。循欄杆，捫貫鐵，窈窕而上，慄慄若履空中索。每入門，則樂聲琅琅而下，彌近，若聞天上，予亦喜以爲仙游也。至太和宫，整輿昇天柱峰，入西天門，展謁金殿，俗稱大頂者，此也。尾即蒼龍嶺，峰肖北斗星，而七者列後；肖香爐者一，燭者二，而前環。登峰時，線霧生足下，倏已飛雪，視迷咫尺。夜霽，月色寒澈，憑石欄俯瞰，萬峰森森遶足。古松冰墜，猿鶴相驚呼。諸宫擊磬誦經，道士善琴曰自然者，開囊爲予彈。薦之山釀，朗然銀海中浮游。曉起，日照雪寒，氣鬱成霧，驟合飛揚，推盪極萬變。坐峰觀不厭，晚始收，則現圓光三，備五色，而中瑩影。人人喧拜，以爲帝示神。道士云：「數年不見。」乃歸予誠。予曰:「偶然耳。」凡二宿而歸。歸則迂訪五龍宫。先下南巖,帝昔煉修於此。行經九仙巖、青羊溪、鑽天嶺,始達五龍。道士習全真教者在焉。明日,度磨鍼澗,道士威觀,午飲玉虚宫以出關。惟山盤紆數百里中,金碧相輝,綿延不絶,宫觀可名者三十餘,而巖壑之高者、深者、怪者、麗者、平者、險者、大者、小者、明者、幽者、雄者、弱者、巧者、古者,自星辰之列,山海之藏,以及人倫事物之名象,靡不畢備。蓋鬼神之造設,人力之修飾,相稱以甲天下之觀,得游于不兵燹之時,斯艱矣!

予既自均州泛滄浪東下,但見桃柳夾送兩涯,而山漸遠,乃忽忽若有所失。久而彌不能忘,欝欝予懷,因遂追思而記之。念予始入仙關,望諸峰縹緲於霄漢之表,既驚既喜,猶以爲浮嵐流雲,懼倏化而悲,則自當時已難指擬,況今追述而得遍摸之?倘所謂蓬萊、玉京者是邪?兹殆庶幾矣。雖然,仙家云者,美則美矣,豈猶不免於聲色之間邪?抑予聞見之滯而然也。丙子春記。

月巖記

之永州者,多不之道州,以避麻嶺暨瀧之險惡,故月巖之勝,世鮮傳者。去州之西南二十里而奇,是爲濂溪之故里。所居溪,源發于營道山,至此環抱著異迹。晨必浮紫氣,午乃清,此其徵。又二十里,至月巖。巖控營道之盡麓。自巖分支爲峰,約數百,皆拔地特起,不相連延,縹緲綽約，各自爲觀，殊極奇秀，而四瞻拱對，情復不睽，追奔至故里乃止。予有詩曰：「挾風下龍（瀧）灘，破霧下道國。望望月巖路，陰陰營山側。逢驚壘奇雲，參差擁寒碧。旋刀結玄陣，魚龍角觝擊。就視集仙子，鸞臺謝初飾。王母宴周穆，瑶池羅璚壁。百辟肅圭璋，六龍脱轡的。琳球巖部綴，霓裳侑初食。高興乏素緣，此會無難值。」殆莫狀也。

巖形方，外高幾百丈，内石骨空虚，圓洞徹天地，端若立甑。東西二洞門，自東門入，初見西露微光，若覩月自朏生。行漸入，光漸長，至門内限，光半當上絃。循至正中，光乃圓，月在望。西出門，光微以隱，若月自望至晦。始巖以月名，本此，蓋天造也。故老言：「周先生自幼日游其間，玩而樂之，因明暗之半而得陰陽之分圓，得太極。太極自見即有，不見即無，靈衷天啓，獨契其意。故自十三四已能爲太極圖，後更名太極洞，本此。」予聞而疑之。有詩曰：「扳奇殊未厭，澗谷披榛莽。梯崖陟穹洞，中秋魂孤朗。長消隨朔晦，東西窺偃仰。分明示太極，陰陽始析兩。哲人固先天，肇物亦感象。字畫魚鳥因，圖書龜馬仿。元公自根易，證兹彌不罔。可以春陵墟，仰配河洛壤。」亦足備一説云。

按：月巖位於今湖南省永州市道縣清塘鎮月巖村與小坪村交界處，曾有「穿巖」、「太極洞」、「太極巖」之稱。洞内外共有石刻六十三處，其中一處是徐愛摩崖詩刻，刻有《游月巖説諸峰巒奇之》《月巖》《濂溪》三首詩。詩刻高六十公分，寬一二六公分，陰刻，楷書。

邊框刻有紋飾,做工講究,字形工整,有少許缺損。其中《游月巖説諸峰巒奇之》《月巖》經過修改被收録《月巖記》中,故詩刻内容不僅與《月巖記》所録有多字不同,而且《游月巖説諸峰巒奇之》的第九句至第十五句也作了改動。而《濂溪》則未被收録《月巖記》,且題名和内容與《横山遺集》卷上所收《濂溪》詩完全一致。該詩刻在劉剛主編的《湖湘碑刻(一)》(湖南美術出版社二〇〇九年版)中有著録。現據二〇一四年隨張京華、問永寧教授赴月巖實地考察的郭佳鵬所撰《徐愛月巖詩刻考略》(《湖南科技學院學報》二〇一六年第九期)一文,將石刻内容録於下,以備校勘:

游月巖説諸峰巒奇之

挾風上瀧(龍)灘,破霧下道國。望望月巖路,陰陰營山側。遥(逄)鶩壘奇雲,參差擁寒碧。旌刀結玄陣,魚龍角觝擊。□雷飄急雨,神疲忌摧殛。就視集仙子,鸞臺卸(謝)初飾。嘯舞珊瑚枝,歌戛琅玕石。部綴何肅整,霓裳翻奕奕。高興乏素緣,此會猶難值。

月巖

扳奇殊未壓,澗谷披蓁(榛)莽。梯崖陟穹洞,中秋魄(魂)孤朗。長消隨朔晦,東西窺偃仰。分明示太極,陰陽始析兩。哲人固先天,肇物亦有(感)象。字畫魚鳥因,圖書龜馬彷。元公自深(根)《易》,證兹彌不罔。可以舂陵墟,仰配河洛壤。

濂溪

不盡幽奇目，濂溪看獨明。寒泉冬更暖，紫氣午還清。南國精靈在，光風草木生。令人懷闕里，千古可勝情。

大明正德甲戌臘月初六日，南京駕部員外郎余姚徐愛，時偕道州郡守古歙洪通同游，庠生□時用書。

送鄭君出守高州序

正德乙亥冬，信卿鄭君擢守廣之高州，以丙子春行，都城大夫士與君知者，相率祖餞于郊外。有言君之始官留都刑曹也，留都於君爲梓里，而所讞訟，復皆非重勢則鉅豪，是司恩怨之極者也。君能一切任公而裁法，使强者懾懼而弱者無怨，蓋凜乎有威風焉。人咸嘆曰：「君懋於明敏之才，而果於介潔之守，故不避恩怨爾也。」其擢守高州也，人咸惜曰：「地遠而差小，民樸而近夷，未足以稱具而酬庸，於君爲未慊也。」予曰：「否，是惡知君！夫扼勢豪之吭，孰與馭縱己之權？司恩怨之極，孰與任乎化之責？君未嘗彼之或難，而顧兹之未慊也！且遠而小者，其地易足；樸而夷者，其民易愚。夫惟視其然，故志者間之以怠心而弗屑，能者乘之以放心而爲烈。斯二者，是爲地與民所移。今遠地之多困，而民易動者，恒由之也。聖天子毋亦重念之，故特簡任君歟？吾占知君之至高也，相土俗之宜，度緩急之序，總賦役之目，均出入之方；理財正辭，簡賢退不肖；儉節而省文，舉要以親機；既富之，則教之；不破其樸，而培其心；興親愛之情，回仁讓之化。夫君之才，咸既服之；守，咸既信之。是則將移地與民矣，而豈爲地與民所移者？斯其爲知君也深矣。」於是吾師陽明王先生大書倡之，曰「春江別思諸公詩」而和之。是爲序。

《橫山遺集》卷下

送陸子清伯行序

始客有語清伯於科舉之學：蚤作，夜思，食忘味，寢忘寐，出忘容，對客忘言，博考精會，非徒欲獵近義，繪時文，其專有如此者；以六經之義奧，非專門莫究，乃不耻屈己以師同輩焉，其謙有如此者。予曰：「惜哉！何不務是以求道？」客曰：「彼將有所利也。今之言道，莫陽明夫子若，而世方鬨然訕議，彼苟有慕，人將畏而違之，何利焉？」予曰：「不然。清伯且來，未可知。不曰專乎？專者，志之聚也，專而不達，不變；不曰謙乎？謙者，氣之虛也，謙而弗應，必反。夫道也者，虛其體也，一其用也。唯克己可以致虛，故謙者，克之萌也；唯凝神可以致一，故專者，凝之漸也。其機則然，故曰清伯且來。」越數日，清伯果齋潔執弟子禮，來叩陽明夫子之門，夫子納焉。先定之以立志，次培之以濯□，見乃密之以存養省察之功。自天地之變化，群言之同異，雖靡所不辯，而恒化□以不言之教。久之，清伯憮然曰：「微夫子，幾不喪吾生！」嗚呼！道果在我，何事外求；學果在獨，何事博取？故不知三才合一之道者，不可以言理；不知理者，不可以言性；不知性者，不可以言心；不知心者，不可以言知；不知知者，不可以言行；不知行者，不可以言學。故知學則可以窮理，窮理則可以盡性，能盡其性則可以盡人之性、盡物之性，則可以參兩間、贊造化，此豈依仿名迹私智小見者所能也？故曰：「維天下至誠，爲能經綸天下之大經，立天下之大本，知天地之化育。夫焉有所倚？」又曰：「苟不固聰明聖智達天德者，其孰能知之？」吾今而後乃知夫子之學，其一出於性情之真實，而功用自無不大者如此。彼世之懵然訕議者，或且不免自蹈虛無茫昧之失乎？嗚呼！君子亦求自慊而已矣，此豈可以口舌争哉？

會南宫期迫，清伯將歸省而行，謂友道不可無所贈別。予乃言曰：「子之於道，既知大而有本矣；於學，既知其博而有要矣。然充之宜有漸也，居之宜有恒也。予嘗病質懦，稍離師友，即頹墮不自勝，百邪襲而憂患生。因思古之聖賢，獨立而不懼，遁世而無悶，此何爲者也？清伯無予之懦病，或亦有離索之嘆乎？則請同事於弘毅，以行子之所知。清伯以予爲多言否邪？」

贈薛子尚謙序

尚謙之質樸而美全，又從陽明先生學，信而有得，故益混然不見言行之可議。而尚謙求過之意，又獨懇切於人人。北行之别，乃復拳拳，使予心戚戚而不能忘也。乃姑自訟其過，以求尚謙正之。

予始學於先生，數年惟循迹而行。久而大疑且駭，然不敢遽非，必反而思之。思之稍通，復驗之身心，既乃恍若有見，已而大悟，不知手之舞、足之蹈，曰：「此道體也，此心也，此學也。」人性本善也，而邪惡者客感也。感之在於一念，去之在於一念，無難事，無多術。且自恃稟性柔，未能爲大惡，則以爲如是終身可矣，而坦坦然、而蕩蕩然樂也。孰知久則私與憂復作也，忽之則無所進。乃今大省，而知通世之痼疾存者有二，而不覺爲之害也。夫人孰不謂文字以示法，治今傳後胥不免焉。君子攻之固傷仁，絶之亦傷智；功名以昭行，事君事親胥不免焉。君子求之固害實，無之亦非德。故當今之時，有言絶之、無之者，非笑則詈之曰怪。而予始亦以爲姑毋攻焉，求不以累於心可矣，絶之、無之不已甚乎？孰知二者之賊，素奪其宫，姑之云者，是假之也。是故必絶之、無之，而後可以進於道，否則終不免於虚見，且自誣也。予用深懼，乃作歌，時時悲吟以自警。其詞曰：「雕蟲之技亦可爲，楚漢後天誰是非？譬之蔓草根已培，失今不除蔓將滋，蔓草難圖況心兮，心兮心兮老空悲，人生一死不復回。」

游雪竇因得龍溪諸山記

陽明先生久懷雪竇之游。正德癸酉夏，予從陽明北歸，過龍泉，避暑於清風亭。王世瑞、許半圭、蔡希顔、朱守中偕自越來，矢遂厥游。

秉約有恪，薄觀客星燭溪，沿永樂寺，澄江峻巍壁，松高氣爽。諏雪竇所由路，人莫能識。衆欲泛江，而希顔疾，乃返棹。月夜，乘潮上通明。明日，達上虞，半圭、希顔辭去。詢道，虞人指羊厄嶺，實陰沮之也。予輩乃夜踰金沙、黄竹，曉入四明山。環區沃曠，中據數雄族，意匪劉樊故地。晉訪汪叔憲，出游白水宫，觀巖瀑潔涼瀉下，仍有三台屏風環之。幽好深静，真仙隱也。再詢羊厄，人皆迂之，乃徑妲溪。先生曰：「吾遠族居也，往焉。」世瑞欲返不得，而叔憲偕行。踰大嶺，經下館，抵溪口。西峽峭峰三，遥詫中峰下爲浮屠，就眡乃石笋，南控仙橋洞，佇賞久之。午餔于族之新居，宗人咸來會。晚循溪上，止于祖居。泉石衝激，溪山環折，如鳳翔龍盤，勢睽而情麗。祖居前兩溪流匯，折東北，出湘渭。登石屋，望峽外峰芒赤浮動，詢乃三龍潭，爲溪西源。東源靡窮，期返雪竇探之。既相與濯溪枕石，各賦詩識樂。叔憲嘆曰：「奇乎幽哉！兹溪乃于世泯泯。」先生亦以謝腥濕氣於隘爲勝。世瑞鄙妲溪之名，宜更名曰「文溪」。先生曰：「然。不如名龍溪。」衆僉曰：「善。」龍潭厥源也，稱龍溪自兹始矣。

明日，叔憲、世瑞以誤食石撞骨病結，世瑞猶强與鬬，往龍潭，芒鞋行十里，足焦午壑，面頳發喘，趨憩茆舍，亦勿竟。予獨矢曰：「必竟！」拂杖從先生，路益險，悸悸達下潭。潭圓廣類立甑。東壁梯石下，掬泉驚齒，西壁飛瀑濺雪，寒氣逼人。須臾而出，兩潭尚隔絶巘。人稱三潭，中獨勝，以顛嵌横石，飛瀑瀉下，石空應響，如瓊宫珠箔外聆鈞韻，不可即矣。復遵磵緣藤，度棧上二里許，阻廢磴，半武苔没，逼峭壁，深淵莫測。予股慄止，先生坦然而去，予自恨弗及。有詩曰：「息養期三年，神完復高飛。」志咎也。憩陰崖久之，仰見先生自上飛下，且危且羡。由是益愛龍溪。

次日，過祖居，西北有面溪，地稍平完，謀諸族人，乃定卜栖計。時先生困暑，守中傷足，衆復闃然欲沮雪竇之游，先生獨不撓。守中艴然曰：「犯烈履險非樂，溺志老游非學。」先生莞爾笑曰：「知樂知學，孰非樂非學也？」然予既疲，參不可强留，任守中、世瑞歸，獨二人成游。乃弗西往考石林、太平諸迹。遂東渡溪登嶺，十里躋巔，巔復平疇，稼穡彌望，因族居止宿焉。居前溪折出北崖，瀑下仙姑洞。明發，望走馬岡，午食於孔石沈氏。孔石十五里西達四明，世傳石窗所在者，鄮越之稱本此，故古以「四明山心」銘諸巖。恨路迷，竟趨韓採巖。巖西石嶠名釣魚臺，俗歸嚴子陵、韓湘子，未有考也。泉出石磴，入溪，覆石榧，坐濯不忍去。既行，下溪，溪色盡赤，夾之丹壁。予輩方樂甚，忽有樵子望而歌曰：「群鶩之飛飛，不如我栖栖。女行爍火中，我在霞天湄。」招欲與語，不顧竟去。

暮渡溪，林深嶺絶，雨過泉鳴，聲類蛟吼。陟頂，見荒殿，榜曰「杖錫寺」。峰溪環抱如城池，俯眡四垂，極險，絶人迹。僧困誅侵，盡逋。新得吾邑僧文江來，主留予輩宿。夜忽風露作，寒寢不成寐。晨，南下無路，冥行深茆間，露沾蝮螫，賴江僧引達蜘蛛嶺，落徐梟巖。午，抵石橋，東望大仙坳,樓臺與雲松參差者,云雪竇寺也。牧童引度橋梯石下數百步,觀隱潭。潭龍最靈,祀禱輒應。潭上三峰離立,嘗於江南豪家見之,巍怪弗及矣。中峰北闕爲瀑,南闕爲道。然自此六七里,山皆龐厚若大陸,勢欲南伏,獨北有巨峰列障。西下峻阪,入橋亭,咸謂弗睹梵宇,何殊曠野,不意即雪竇也。

蓋自萬峰南下,飫目倦思之餘,未慊所聞,悵然入寺少息,啜茗數碗,乃出周覽。始自東溪之源發,杖錫百餘里,隨山南奔,底雪竇,折而匯西溪。由西溪上雪竇,出橋峽東,滮滮有聲。下巖,是爲千丈巖。巖瀑輝映天日,蓋飛雪亭之勝也。橋内金鏡池已廢。寺後西峰之特高者,曰妙高峰,東衍而忽平起者,曰乳峰。寺前環小阜,曰珠林。東北林中隱屋數椽,曰玉泉庵。庵外塘水澄碧,荷花爛漫,乃嘆曰:「未始不奇觀也!蓋邈然其夷曠,淡然其沖穆矣。」

先生乃坐叔憲而論曰:「今日畢素懷已,中所歷佳勝比比,獨不彰於古昔,乃今得與二三子觀焉。夫永樂諸山,可備游觀者也。四明,可居者也。龍溪,可以避地者也,然而近隘矣。杖錫者,可以隱德也,然而幾絶矣。乃若隱顯無恒,俯仰不拘,近而弗褻,遠而弗乖,可以致遠,可以發奇者,其惟雪竇乎!諸君耳目之所接,心志之所樂,其止於山水已乎?」叔憲曰:「唯唯。」乃下山,至大埠,買舟泛江而歸,七月二日也。

兹游也,予深思之,而得學之道焉。夫享易者,必犯難,破難者,必由勇。是故暑扼險摧,人沮而朋違，不甚難乎？非先生斷焉，雪竇終身莫至矣。故學者，有如懷雪竇者，至志矣；有如知雪竇者，至得矣。至志，而習能移乎？至得，而異能離乎？是即先生之所謂「孰非樂非學也」！乃記之以貽同志。

應詔陳言「上下同心以更化善治」奏議〔一〕

南京兵部車駕清吏司員外郎臣徐愛奏，爲應詔陳言「上下同心，以更化善治」事：

邇者，伏聞災及乾清宫。乾清宫者，陛下之正寢也，而災之，上天仁愛而驚省之意，深切顯明矣。臣謂於時陛下必惕然警懼，深念居處之未正，而圖所以更遷之道；左右臣工必深念匡輔之未逮，而圖所以補助之道。將惟恐人知之而有不言，言之而有未切者。及伏讀欽降敕諭，果有然焉。傳稱大舜聞一善言若決江河，沛然莫之能御，此聽言之機，已具於朝廷之上矣。臣既知之，敢復以逆耳爲諱哉！

凡人皆知有其身，而不知天下者亦一身也。故臣請先以身喻：夫人心有主，則腑臟、耳目、手足各安其職；罔淫於欲，故命脈理，元氣充，而骨肉益完以附；苟命脈亂，元氣耗，則骨肉不

〔一〕題乃編校者所擬。

仁，故腑臟有朽腐，耳目有聾聵，手足有痿痹，而心亦昏眩不能爲主。此惟一體也，故交相爲生也。明者知之，故心安理義以制身，□□節儉以養氣，交相生而不自戕，乃謂之智。今陛下者，天下之心也；而政令者，天下之命脈也；財力者，天下之元氣也；人民者，天下之骨肉也；大小臣工者，天下之腑臟、耳目、手足也。本一體者也，而人顧欲二而視之；本交相爲生者也，而人顧欲離而專之，何不智之甚也。且人身病在一肢一時，或可以輕劑獨藥而療之；乃若元氣虚耗，其來已久，或滯爲臃腫，或發爲癱痿，是謂大病。大病非雜施以砭灸割刺之功、金石攻擊之劑而徐進之，參蓍湯飲之藥以調復之，固未有能生者。然而又憫夫護疾忌醫者，卒至於不諱也。今天下之勢，何以異於大病，固非輕劑獨藥之能療者，故臣之言不得不繁且激。臣固愛身之至者，誠願陛下及大小臣工咸垂聽而加察焉。

是故先之以修君德、攬政柄、重宗本、輕計利、任忠賢者，欲陛下真知愛其身，不護病而忌醫也。此更化善治之本，責在陛下，思之而已。次之以慎委託、重名器、革冗濫、去奢僭、立經制者，欲雜施以砭灸割刺之功、金石攻擊之劑也；又次之以壹政令、重守令、正賦役、崇教化、練兵恤遠者，欲徐進之以參蓍湯飲之藥而調復之也。此更化善治之實，責在群臣。深念一身之義，同心共濟之而已矣。

夫財力者，誠天下之元氣矣，今則竭以疲矣，良由委託之未慎也，名器之未重也，冗濫之未革也，奢僭之未去也，經制之未立也，有以蠹而耗之也。今驟欲剔其蠹，除其耗，人必將曰：「積習已然，無可奈何。」雖至愚亦知彼耳目已慣，窟宅已深，不可易動，動之必拂人情；然與其不動而待斃，孰若少拂以求生，豈可但付之無可奈何而已哉！且人有甘受砭炙割刺以求生者，況不必傷肌破膚而得享富貴、保天年者，顧不可耶？臣嘗謂秦之李斯、晉之石崇，乃至愚之人，凡民之不若者也。何也？凡民以不免饑寒爲憂，而彼以不極富貴爲憂。憂饑寒者，以其一衣一食之心易足，故恒安樂而又以保生；憂富貴者，以其患得患失之心無已，故恒焦勞而更以取滅，即近日逆瑾之類是也。是蓋不知富貴乃天子之權，不可極者也。斯臨刑謂其子曰：「雖欲與汝牽黄犬出東門，可復得乎？」崇被圍，謂其家人曰：「奴輩利吾財耳！」嗚呼！使早知有此，其不自反乎？使早信人言，其不免此乎？是可哀也已！何覆轍相尋，而世多不鑒也？儻謂如斯、崇輩，乃間值耳，未必皆然，則臣前固已喻之矣：其始也，腑臟恣其嗜欲，耳目恣其聲色，手足恣其運動，惟欲各適其意，不顧傷命脈也，耗元氣也；既而命脈必傷，元氣必耗，元氣耗則骨肉必不仁，骨肉不仁而腑臟獨欲運化，耳目獨欲視聽，手足獨欲持行，其可得乎？此理甚明矣。臣恐今日政令乖，財力竭，一旦人民不自能保其恒心，而群臣猶獨欲安然專富貴於上，或者其難乎！今天下之勢，人皆知之，特以畏難，姑相比以苟延耳。使知一身之義，則隱痛切身，豈容一朝安哉？臣言至此，不覺過激，然使稍有知者聞之，必知所自省矣。知所省，則將自剔自除之不暇，亦何煩陛下抑而拂之也哉！

夫蠹剔耗除，始可言調復補助之方。臣所謂一政令，以下數者，乃有可施也。則又在陛下率群臣更加講求，務得至當，信實舉行，不委虚文而已。如是而後可言更化，而後可言善治。化更善治，政令寧一，財力豐阜，人民康樂，盗賊不作，四夷賓服，大小臣工各循其職，保其富貴，而陛下端拱無爲於上，將見災變日遠，休徵日至，陛下於是製作禮樂以象成功，以宣和氣，雖日奏《廣庭》《鈞天》，孰得而議之？回視今日區區宴樂，將若糞壤耳，豈不偉歟！此特在陛下一念轉移之間，而群臣深體一身之義，夫何難哉！

昔齊威公早年怠政，國勢已弱，一日誅姦用忠，勢即大振；漢武帝早年奢縱，天下已耗，一旦輪臺降詔，人心復回。其機如此，惟陛下斷之而已矣。臣豈肯妄言以速死者？誠不勝上忠陛下、下愛群臣，拳拳懇悃之至，緣係應詔陳言事理，爲此具本，順差辦事吏謝詔賫捧，謹具奏聞。

計開：

一、修君德。夫自古人君，常患淫于色，溺于奢侈，騖于驕逸誇遠，而陛下嬪嬙不御，衣食淡薄，不耻勞屈，不羨保生，此固聖資，而獨於宴樂、弓馬、番教三者悦之，然其劇戲之陋，馳射之藝，支離之言，數年之間可以習識其下矣。何尚未厭也，豈以此等群小能順意耶？殊不知乃皆望陛下之小者，特欲愚弄入其計中，得以固寵而行私耳。陛下試静而少思之，必將悔棄驅斥，不暇於是，必躬致齋戒以盡事天、饗廟之誠，必極愛養以隆兩宫之孝，必親後宫以篤夫婦之恩，必誕皇儲以成父子之道，必勤視朝以彰君臣之義，必厭諠囂，必愛恬静，盡道養性，不過隨事而加此心，天下歸仁，萬世稱聖，爲之無難，陛下豈不樂也？

一、攬政柄。政柄者，天子執之以統一萬方者也。此柄不可下移，移則天下之勢傾矣。我朝稍懲宋元之傾尚，革宰相；至正統間，王振乃得移之；陛下之初，逆瑾又移之：可以鑒察矣。今天下之柄，臣愚未能決，所在聖明，試思當自知之。然願陛下自此躬親省覽奏章，裁決機務；如有大疑，下廷臣集議，而終獨斷之；儻左右親信有以巧干者，明誅黜之。必如此，而後可言治也。

一、重宗本。陛下春秋鼎盛，使肯稍親後宫，天必祚明，必誕皇子。今言者遂欲陛下選建，似拂聖心。然此言者，實爲宗社計，爲陛下萬世計，非念祖宗厚德，感陛下深恩，必不及此。夫宗室雖有親疏，皆一體而分者，今聞皇儲未建，而義子已設，必生自外之心，且天下臣子亦已致疑。伏望俯察言者之意，斥遠義子，而選賢王居京邸，備眷顧，關係非細。

一、輕計利。陛下富有天下，凡天地間人之所運，地之所生，孰非國家之利，豈必藏諸囊篋若匹夫者哉？竊聞陛下頗以裒積生財爲事，臣未敢深信，或者群小欲籍口以行其私。然如宫市、皇店之設，已涉嫌疑，害心之端，惟利爲甚，伏望賜察而除去之。

一、任忠賢。夫忠賢者，其言貌雖無柔順可悅之態，而實深願陛下爲堯舜之君者。伏乞陛下日開經筵，博選正直有德之士爲講官，備顧問；更願精別臣僚忠佞，其有故舊元臣，忠貞聞著，或尚遺棄，或在下僚者，簡擢而信任之。不泥宿迹，必能匡輔不逮，光昭帝業。

一、慎委託。國家以外省臣寮或未盡能承流宣化，撫安地方，故分遣中使鎮守之，謂彼皆心腹也，誠能仰體淵衷，務以節儉慈静爲守，分得一方之憂，斯稱之矣。乃今反益侵擾，臣聞天下軍民所愁苦者，莫甚於此，陛下何以處之？方今又有監軍旅、監倉庫、監織造、監商舶、監採取、監貢運，諸色紛紛，添設不已，相效貪殘，挾無籍爲耳目，張聲勢如狼虎。臣聞凡天下輸納人户稱屬中使者，輒懷逃避，其行歷所至，雖甚貴，勢不敢仰視喘息，況納民哉！即此可驗其害矣。伏願陛下深念民生，必爲裁制。如有不得已而存之者，務擇節儉慈静者充之，使陛下免騷擾之憂，而彼亦免怨怒之集，是臣所謂愛而生之者也。

一、重名器。我國家設武職以處功臣，將以勸赤忠死事者。非親冒矢石，手取首級，法不得授；非紀功録實，司馬核勘，授不得易。甚慎恤也，故人知勸。今工匠私幸，頃刻傳奉，皆得拜之左右，權豪之家，惟幸多事，將帥未命，功册已報，身在一堂，功成萬里，朝馳捷音，暮榮冠服，如此，非抑勒攘奪，何以得之？而上下恬不之怪。陛下左右之臣，誠念其勤勞，賜予之可也，而稍相援乞，即一家數官，更有世襲者，凡此恐不足以彰祖宗立法之意，且有以懈天下忠義之心，宜乎今日武備之不振也。往者裁，來者禁，此乃聖明愛之以德，而不假以姑息，亦臣所謂生之也。

一、裁冗濫。内使設有定額，今濫收無已，使畿輔困役之民，效尤私閹，莫可禁止。内府錦衣衛等衙門，校尉勇士、力士、軍匠之招收無已，聚天下游手之人坐食京師，但利權豪，黠者充爪牙，愚者應私役，使畿輔之民，不爲此輩，即爲盜賊。何也？有力者闔門免役，無力者日役不休，非分之望，奢侈之風，有以激之也。如此冗食，户部雖日計入，其何能支乎？公私土木之作，月無休日，而又加以織造、娱戲之具，日興未免，如此冗費，工部雖日派辦，其何能支乎？臣願陛下及今清查，以次裁革之，可令冗食者早自求生，毋慣游惰，亦臣所謂愛之者也。

一、去奢僭。今天下婚喪之禮，男女服食之用，奢僭極矣！無紀則人人求厭其欲，非至攘奪不已也。昔漢文帝以食不足，而咎百姓事末以害農者蕃，爲酒醪以靡穀者多，六畜之食者衆，三者今猶不可不念。且先王之法，必誅奇技、奇器者，蓋奇技作則人情趨，趨則獲利厚，厚則人務末，末則農業益衰，致亂之道也。願陛下自朝廷之上以致大小臣工，親崇節儉，毁淫奇之器，逐末作之人，以示好惡。臣嘗睹自京城西抵山，自居庸南抵涿，方數百里内，寺觀宫室園林之美麗，可謂竭東南百年之財力矣，糜費何益哉？來者猶可追，誠宜自今禁止，亦臣所謂愛之者也。

一、立經制。夫禮有未備者，可以義起；法有未備者，可以時制。今藩封日增而制禄莫及，武功日增而世禄無窮，恐皆國初所未慮及者。今節損嬪御之令固可舉行，武臣或亦可以罪過而差其黜罰,固所以勵其行,此外儘當講求,立爲經制。豈比細事,而亦曰但已可乎?亦臣所謂愛之者也。

一、壹政令。蓋政令貴簡而信,否則文移繁,耳目亂,而民生擾矣。今於事之當興革者,雖小必集群臣合議允愜休遠而後行,勿輕以舉;舉則雖有人言,勿輕以移,不致朝暮是非彼此牽掣可也。彼六曹分職,固也,不曰和衷乎?惟不和,故有相掣者,相掣則下之人亦將孰從乎?夫法外遺姦,自古所患。先王於情法未有所麗者,必舉而歸之疑。今必事爲之例,故愈繁而愈不及也。知以簡信爲化者,可以安天下矣。

一、重守令。守令者,治亂之本也。今天下之未治,由守令之未重也;欲重守令,在於精擇。既得其人,其處之之道,在重其權,專其責,崇其體貌,久其任,而稍益其私;勸之之道,在錫命、章服、增禄,比其滿也,超秩以報之;取之之道,以持重循禮爲恭,以輕忽阿順爲慢,以廉静務實爲賢,以躁暴好名爲不肖,勿以異類而視之,勿以毁譽而失之,其以貪殘敗者,必加重其罰:如此,則守令無不勸,而天下治矣。

一、正賦税。今天下惟兩税尚有規,然於折價倍耗之類已不能齊一,其餘則皆漫難考矣。謂如丁絲食鹽之類,户口有消長,徒爲里書之資者也。役法民多便,顧宜因之,其必須力者,亦宜準之,以償其工食之值。其餘雜派之類,亦須準數,歲之中以爲常,而定其所取之處。又皆宜酌輸賦之遠近難易，赴役之遠近勞逸，官爲之所，不使受者得縱其私，而納交必及農隙收成之期焉。蓋欲官府無專派之私，里書無那移之弊，花户無加增之擾，大户無陪賠之累，三農免妨時之憂，二月無賣絲之嘆，可矣。賦税既正，又須立公私交爲儲蓄之法，以備水旱災祥，如此，庶可望財力之漸充矣。

一、崇教化。夫簿書期會，趨走傴僂，乃俗吏之務。而今上以此取下，下以此承上，習以成風，恬不爲怪，以致士之奔競諂諛者多，剛介忠鯁者少。伏願陛下躬率臣下以禮義廉耻爲先。下令守令，免其送迎跪伏，務以教化爲事。其學校尤宜崇尚教化，擇取宋儒胡瑗、程頤所定學規以爲勸懲之典，而不專事文學，則天下真實人才自出矣。

一、練兵恤遠。今天下之軍咸困剥削，而邊方尤甚，何也？以監統之吏多也。願陛下自今不復濫設監軍等官，而統帥亦勿令數易。仍定剥削軍士以致逃失者，爲多寡降黜之法以警之，而責其嚴加修練。腹裏之兵亦皆不可遂弛，各責嚴舉行之。臣聞陛下嘗取邊兵入内操練，此大非計。夫北虜狡譎，彼固知我中國虚耗，而特數年休息不擾，兵法謂「强而示之弱者，進也」，不可不慮。乞速將邊兵遣還，而令加意撫恤、嚴斥堠以備之。臣又竊聞兩廣之兵，不宜輕動以資好功者之私；川陝之民，皆已困於輸運，猶當加意撫恤，豫爲之所，不可忽漫者也。

右謹奏聞。正德九年二月　日。南京兵部車駕清吏司員外郎臣徐愛。

《横山遺集》附録

墓志奠文

明故奉議大夫南京工部都水清吏司郎中徐君墓志銘

蕭鳴鳳撰

賜進士出身、文林郎、雲南道監察御史、山陰蕭鳴鳳撰，賜進士出身、朝列大夫、廣東布政使司右參議、會稽胡恩書並篆：

君諱愛，字曰仁，姓徐氏。家世宋以前爲汴人，建炎中，軍事參謀官琛始扈駕來臨安，子孫因徙居餘姚嶼墩，載徙馬堰。曾祖諱廷玉，祖諱文炯。父璽，號古真翁，封奉直大夫。母孫氏，封太宜人。君年甫弱冠，登正德戊辰進士第。時鄉邑在朝諸名公方爲逆瑾所忌，乃著令姚人毋内除，君遂以己巳六月出知祁州。祁近京，多巨璫勢家，民貧於逋累，官校挾内批逮捕旁午。又大盜劉六等起内甸，風馳破郡邑。君下車，首革賦外歲羨以歸諸民，禁抑勢家使無朘削，詢民所疾苦，如協濟耕牛，買補站馬，及草場之租、走遞之役，悉奏下裁定之。軍校乘時恣横，各有所附麗，君悉置於法。鄰州有怙璫勢以吞民利者，累奏不能直，君受臺檄，一訊而獄成，雖怨者幾至害君，而君一不顧也。間修武備以禦賊，綜理極周密，賊嘗夜闖州境，遥聞號令，輒大驚馳去不復來，州以是獨完。暇則率諸生講學行禮，又爲延置明師，於是科第久廢而復興。去之日，州人創生祠祀焉。壬申冬，陞南京兵部車駕員外郎。嘗行部江南，盡剔諸賦役之蠹。中使進奉往來，射利給艘恒十倍，君獨節減之。乙亥冬，陞南京工部都水郎中。留心出納，歲省浮費以萬計。中官浚内渠，支一破百，君往董治，賦功稱事。前後上疏言攬政柄、輕計利、定國本，皆天下大計，留中不下。丙子秋，考績，便道歸省。明年五月十七日，以疾卒於山陰寓館，距生成化丁未春，[年]三十有一。娶王氏，封宜人，有婦德，無子。君既殁，卜所以爲後者於五世之宗，未有兆者，尚有待也。

初，冢宰海日王先生選婿得君，其子今都御史陽明先生守仁，學行高天下，而猶以師道爲己任，君乃得所師承。進叩於海日，耳濡目染，若探金淵玉海，不殖而自富。退質於陽明，日聞格言，趨正學，如樹美材於貞松勁柏之中，不扶而自直。觀其立志植行，剖别義利，必以聖賢爲可幾及。

嗚鳳竊從縉紳後，一見時英賢美意向負才氣者，不爲不多，然求如君，渣滓絶少，不煩澄汰，蓋十不能一二也。君肌膚玉雪,神情瑩然,一見知爲靈瑞之物。至於劃繁排難,拯疲民,扼强禦,則未必以爲所長。顧君所履歷,動與權貴人軋,而一以邦本爲念,有老練者之所不能及。蓋其學力所到,見眼前道理平鋪直截,故爲之沛然,不復以利害惕中,而往往皆底於成績,謂非師友之功不可也。然則如君者,使假之以年,固宜重負遠到以成天下之大事,而乃遽止於此,則天之於斯人斯世,其何如哉?

海日先生卜以戊寅十一月丙辰葬君山陰之迪埠山麓,進鳴鳳而教之曰:「子從吾兒游,知吾婿爲深,吾痛斯人之蚤世,而又無後,恐久將泯没也,子其畀之銘。」鳴鳳領教不敢辭。銘曰:凡物早成,天或忌其盈。早成不盈,胡不久生?仁而不壽,天必豐其後。夭且中絶,豈仁則咎?問君於天,於世曷然?君固學道,惟其知所安。

祭文

孫瓊撰

維正德十二年五月乙亥朔,越二十三日丁酉,紹興府山陰縣知縣孫瓊,謹以剛鬛柔毛庶羞之儀,致祭于明故工部郎中徐公之靈曰:

嗚呼徐君!其止斯耶?天胡畀之遠器而弗宏其受?降之長才而弗究其施?驚訃音之忽

至，横涕泗之交流。惟君蚤步蟾宫，耀際明時。拜官工部，公爾忘私。聞望播揚朝家，將以大用，胡遽夢熟黄粱？嗚呼徐君！其止斯耶？君方英妙之年，磊落之懷，忠貞之志，濟世之才，獨遭氣數之厄，不能試其萬一。身雖定於蓋棺，心難忘其悒鬱。玉芝衰謝，寶劍沉淪。一朝千古，此恨何伸？瓊忝官于兹，敬奠一卮，冀英魂之來格，鑒薄意於陳詞。嗚呼哀哉！尚饗。

祭文

朱繪撰

維正德十二年，歲次丁丑，五月乙亥朔，越二十四日戊戌，會稽縣縣丞朱繪等，謹以牲醴之奠，致祭于奉議大夫、南京工部郎中、横山徐先生之柩曰：

惟公英姿挺秀，問學夙成。早題名於金榜，即試政於專城。治民得子游之體，撫寇具龔遂之心。芳聲貫乎九重，美譽浹於人情。正宜施疇昔之抱負，樂盛世之太平也，夫何厥疾弗瘳，中道而崩？鼎湖春寐，華表月明。繪等花封贊政，臨棺薄奠一觥，英靈有在，鑒兹微誠。尚饗！

祭文

蘇彰等撰

維正德十二年,歲次丁丑,仲夏月乙亥朔,越二十七日辛卯,紹興府通判蘇彰、梁琮,推官强毅,謹以剛鬣柔毛之儀,致祭于奉政大夫正郎徐公之靈曰:

惟公稟卓異之資,負該博之學。德焉粹剛,行焉純確。婣締天曹而喜近乘龍,身登科甲而榮於薦鶚。始擢州守,政聲不下於龔、黄;再遷正郎,聞望有同於崔、樂。謂宜長途萬里,横飛遼廓,大溥厥施,使天下蒼生,沾雨露之澤。奈何金闕之詔未施,而玉樓先作膏肓二豎,華表一鶴。傷哉夫子!何獲福厚而享祚薄耶?彰等忝膺郡寄,託交情渥。訃音倏聞,愴惶駭愕。慨音容之莫追,莫生蒭於一束。神其有知,來歆來格。尚饗!

祭文

强毅撰

維正德十二年,歲次丁丑,五月乙亥朔,越二十九日癸卯,紹興府推官强毅,謹以柔毛庶羞之奠,致祭于奉議大夫徐公之靈曰:

惟靈文行夙成，有聲江東。魁然厚重，儒林之宗。奮身科第，早沐恩榮。拜擢州守，聲厥精忠。吏畏僚慕，逕草疾風。繼遷正郎，懋昭厥功。方期大用，褒美以崇。昊天不仁，一疾壽終。嗚呼！君有顏子之學，而龍頭寵東床之選；胡同顏子之壽，而鳳侶罹不天之凶？嗚呼！君輔南畿，實蒙眷融。毅官于兹，受益復隆。今其已矣，痛泣交攻。樹漿一奠，冀鑒我衷。尚饗！

祭文

陳傑等撰

維正德十二年，歲次丁丑，六月丁未朔，越十七日辛酉，友人御史陳傑，主事林達、黄宗明，博士馬明衡等，聞横山訃，爲位卒哭之三日，謹以清酌庶羞之奠，祭告于亡友横山徐君曰仁之靈曰：

嗚呼！吾輩相與講學于金陵，而志之必同，言之必合，蓋競競數人而已。若吾横山，則又朋友中之甚難得者也，孰謂遽至於斯耶？質敏而性懿，體弱而才强。氣温而言不媚於流俗，貌恭而行不比於常情。有牧民禦衆之具，而位不足於所施；有邁往直前之志，而年不究於所學。任重道遠，大傷父師之望；麗澤講習，空懷朋舊之悲。嗚呼！吾道何如？天意何如？哀哉！尚饗。

祭文

孫懋等撰

維正德十二年，歲次丁丑，七月乙亥朔，越十有五日己丑，南京給事中孫懋，監察御史潘沐，郎中楊叔通、錢琦、周任、胡東皋，員外郎秦禮、徐咸，主事李階、俞文曦、陳子直、張儉、張大輪、張思聰、陸銔、黄宗明、吕愛，都察院經歷王坊，都事洪濤，大理司務祝亨，通政司經歷金述，中府都事閔宜勤，國子監丞侯汾，鴻臚鳴贊楊茂清，光禄署正譚諫，應天府經歷史伯敏，致事僉事□□等，謹以清酌庶羞之奠，敬祭于明故奉議大夫南京工部郎中徐君曰仁之靈曰：

好惡轇轕，惟天爲公；氣數參差，惟理爲中。嗚呼！孰謂天有可憾，而理有不可窮乎？嗟曰仁！太和攸鍾。清則冰玉，和則春風。穎異天錫，自視若空。飛騰英妙，自牧謙沖。文足潤身，經濟方弘。學既知要，精密懋功。探君之志，直將匹休古名世之士；就君所止，誠亦不愧一代之豪雄也。君在根荄，含芳保穠。受知上宰，絲幕授紅。君既貴顯，令德是崇。人謂福祉，允集厥躬。嗚呼！孰謂夫年方壯而即世，嗣未續而長終。豈非天之有可憾，而理之有不可窮乎！嗟嗟曰仁！其生世也，有梁棟之材可以爲用，有瑚璉之器可以爲重，有麟鳳之祥可以爲頌。

今其逝也，氣何所之，神何所憑耶？抑其將爲雨露以澤物，爲列星以耀精耶？抑將奮爲明神以洩其靈，或復生爲賢人以竟前志之未成耶？茲非吾人所能明也。顧行諸身者，有卓卓不可及之行；故表於世者，有焯焯不可捨之名。壽雖弗遐，實踰耄耋之無足稱。嗟嗟曰仁！九原莫歸。哲人云萎，行路涕零。矧茲同鄉，協忝醉德。訃音忽傳，可勝悲惻。緘詞千里，侑此一卮。幽明同開，神或鑒之。嗚呼哀哉！尚饗。

祭文

王守仁、王守文撰

維正德十二年七月十五日，寓贛州左僉都御史王守仁，使十弟守文，具清酌之奠，哭告于故工部都水司郎中妹婿徐曰仁之柩曰：

嗚呼曰仁！乃忍去吾而死耶！吾又何以舍子而生爲乎？嗚呼曰仁！子則死矣，而使吾妹將何以生乎？使吾父母暮年遭此，何以爲懷乎？又使子之父母暮年遭此，何以爲生乎？此皆人世之至酷極烈所不忍言者，吾尚忍言之乎？嗚呼痛哉！吾復何言！吾復何言！尚饗。

祭文

黄珂等撰

維正德十二年，歲次丁丑，八月甲辰朔，越十五日，南京工部尚書黄珂，侍郎崔文秀，司務王格，郎中丁仁、陸勉、宋應奎，員外郎廖珮、張紘、劉秉常、范天錫，主事李階、楊廷用、張大倫、張漢、龔守愚，謹以清酌庶羞之儀，致祭于奉議大夫南京工部郎中徐君曰仁之靈：

天之生物，栽培傾覆。若吾曰仁，宜備諸福。聞自髫丱，頭角嶄然。質以學化，才與學全。九經之庫，五總之龜。鄉選春闈，如脱穎錐。列曹試政，分符司牧。河東股肱，汝南心腹。賣劍買牛，無繻有褲。政績以成，召司留務。庭無稽牒，清謹介特。起部斯遷，正郎斯陟。五材是宜，百工惟叙。濟世策陳，感悟當寧。三載績最，入覲神京。忽聞訃報，士夫咸驚。憶昔楊素，副封德彝。亦有郤超，與王羲之。若吾曰仁，允矣亢宗。宜乎若考，棄職就封。胡天不慭，斯文淪喪。若尊若親，皆失所望。復聞曰仁，得疾之始。潢池兵興，親冒石矢。飛芻挽粟，或攻或守。成等妙謨，卒屈群醜。跋涉吴楚，親理郵驛。舳艫千里，錦帆蔽日。時省百工，既廪稱事。薄斂于民，諸司輯治。夙興夜寐，罔不在公。其有不合，憂心沖沖。勞心焦思，致殞厥躬。躬雖殞矣，而心則忠。嗚呼曰仁！忠臣賢士。罔陵比年，螽斯其子。善積致慶，德厚流光。是惟常理，而今反常。嗚呼！從古哲人，致今不朽。豈俟雲仍，與有眉壽。賢不必壽，仁不必後。天定勝人，胡庸深究。嗚呼曰仁！遺愛在人，遺文在世。兩間正氣，萬古不替。所重在此，彼奚足計？珂等誼重情存，忍聞仙逝。炙鷄絮酒，咸辭千里。曰仁如生，諒惟鑒只。尚饗！

祭文

鍾世符撰

維正德十二年，歲次丁丑，九月甲戌朔，越二十有六日己亥，友人鍾世符，具鷄酒之奠，哭告于故友南京水部正郎曰仁徐先生之靈曰：

於乎！我識曰仁，以陽明夫子之故，宗賢爲之先容。一見之初，淡若無味，符嘗疑曰仁爲我無情。相敘久之，大羹玄酒則無味之味，吾始覺天下有真朋也。去冬陽明分視贛上，符與曰仁既餞于映江樓，同舟去雩視菜，爲來學計。在途儒冠野衣，若貧素士。泊舟村市，寂寥黄昏，沽酒買肴，自爲温存，令牌酣謔，□□詩一章。既明，過陸清伯家。視菜畢事，自歸，往返數四。曰仁於我，疾病休戚，公私百事，無不傾盡。天不相善，曰仁病亟，我以事羈，眷戀停舟，嫗煦之私，僅申晨夕。亟反于家，劑藥遺問，未及我書，而曰仁云逝。我往武林，訊實其訃，匍匐走哭，慰吊日翁。辟泣再三，袖出宗賢、元忠、弘道書，日翁剥視，或告以醫藥，或喻以静養，或勉其釋去詩賦之技。嘆曰:「朋友之情,一至于斯!」重爲慟哭。嗚呼曰仁!爲日翁婿,姻連陽明。生有依歸,死且不朽。所可恨者,雖早登科弟而位不充才,雖有室家而子女無一可嗣。嗚呼!天乎?人乎?竟不可知。雖然,若以榮利子孫計,則曰仁不能有世人之萬一;若以道義不朽計,則曰仁與滔滔皆是者,實鴻毛之萬鈞。在吾儕之嘆,必曰:「昔者吾友能之,今也則亡。」爲曰仁慰,必曰:「朝聞道,夕死可矣。」炙鷄綿酒,痛陳此詞。曰仁有神,爲我鑒之。尚饗!

祭文

董復等撰

維正德十二年,歲次丁丑,八月甲辰朔,越初九日,郡城士友董復、胡恩、尹洪、諸敞、費愚、胡恭、陸寧、張景明、金鳳、沈欽、林華、劉澤、張景賜、劉湜、金謐、司馬公輊、胡瀛、吴浩、田惟立、姚世儒等,謹以牲帛酒果香紙之儀,致奠于水部正郎横山徐公之柩曰:

惟君負穎悟博洽之才,蚤登科第;以明達有爲之體,出爲州守。適强暴侵陵其地,施折衝禦侮之方,寇賊遁迹,赤子安生。不惟有勤勞之績,抑且著清白之聲。既轉兵曹之副,又遷水部中郎。令聞益著,佳績愈彰。歷階而上,卿輔可期。不幸短命而死,竟賫志於地下,深可哀也!深可痛也!噫!使天假之以年,皇家授之以位,其功業所就,必當與古之名臣等也。嗚呼!君之岳丈太宰公，雖欲挾長劍而登太華，決浮雲而問蒼天，泣淚盡而繼之以血，安能使曰仁之復然耶？茲以斯文薄奠，靈其歆焉。尚饗！

祭文

王守仁、王守儉撰

維正德十二年八月十一日，寓贛州左僉都御史王守仁，使弟守儉，具清酌之奠，哭告于故工部都水司郎中徐曰仁賢弟之柩曰：

嗚呼！痛哉曰仁！吾復何言。爾言在吾耳，爾貌在吾目，爾志在吾心，吾終可奈何哉？記爾在湘中，還，嘗語予以壽恐不能久。余詰其故，云：「嘗游衡山，夢一老瞿曇撫曰仁背，謂曰：『子與顏子同德。』俄而曰：『亦與顏子同壽。』覺而疑之。」予曰：「夢耳。子疑之，過也。」曰仁曰：「此亦可奈何？但令得告疾早歸林下，冀從事於先生之教，有所聞，夕死可矣。」嗚呼！吾以爲是固夢耳，孰謂乃今而竟如所夢耶？向之所云，其果夢耶？今之所傳，其果真耶？今之所傳，亦果夢耶？向之所夢，亦果妄耶？嗚呼痛哉！

曰仁嘗語予：「道之不明，幾百年矣。今幸有所見，而又卒無所成，不亦尤可痛乎！願先生早歸陽明之麓，與二三子講明斯道，以誠身淑後。」予曰：「吾志也。」自轉官南、贛，即欲與曰仁過家,堅卧不出。曰仁曰:「未可。紛紛之議方馳,先生且一行!愛與二三子姑爲饘粥計,先生了事而歸。」嗚呼!孰謂曰仁而乃先止於是乎?吾今縱歸陽明之麓,孰與予共此志矣!二三子又皆離群而索居,吾言之,而孰聽之?吾倡之,而孰和之?吾知之,而孰問之?吾疑之,而孰思之?嗚呼!吾無與樂餘生矣。吾已無所進,曰仁之進未量也。天而喪予也,則喪予矣,而又喪吾曰仁何哉?天胡酷且烈也!嗚呼痛哉!朋友之中,能復有知予之深、信予之篤如曰仁者乎?夫道之不明也,由於不知不信。使吾道而非耶,則已矣;吾道而是耶,吾能無蘄於人之不予知予信乎?

自得曰仁訃,蓋哽咽而不能食者兩日,人皆勸予食。嗚呼!吾有無窮之志,恐一旦遂死不克就,將以託之曰仁,而曰仁今則已矣。曰仁之志,吾知之,幸不即死,又忍死其無成乎?於是復强食。嗚呼痛哉!吾今無復有意於人世矣!姑俟冬春之交,兵革之役稍定,即拂袖而歸陽明。二三子苟有予從者,尚與之切磋砥礪,務求如平日與曰仁之所云。縱舉世不以予爲然者,亦且樂而忘其死,惟百世以俟聖人而不惑耳。曰仁有知,其尚能啓予之昏而警予之惰耶?嗚呼痛哉!予復何言。尚饗!

祭文

陳邦達撰

維正德十二年，歲次丁丑，八月二十七日庚午朔，越忝眷陳邦達，謹以牲酌庶饈之儀，致祭于奉議大夫横山徐君曰仁之靈曰：

惟君蘭玉之姿，松柏之操。孝友溢於庭闈，忠藎懸於廊廟。行不越於義理之凖繩，學務闖乎聖賢之閫奥。惟古豪傑，世不虚生。以君之鍾其粹美而完其元精，宜享耄耋，爲世典刑，胡壽不滿德，而年未及乎强仕；才不究施，而職未階乎股肱？蓋君之生也，譬之景星威鳳，雖不出喻時，而翼世之下猶得以慕其光晶。嗚呼！白駒晝影，黄粱晨炊。茫茫大塊，生寄死歸。維有善之可紀，而有文之可垂。庶幾乎照汗青，窮天壤，不與草木而同萎蕤。達人順命，胡爲沾悲？予忝莩末，親誼獨厚。兹當百日，曝鷄絮酒。嗚呼！玄臺寂寂，百日不爲促兮；而長夜漫漫，歷百年而不爲久。顧予之所以灑泣者，蓋上以傷邦國之無善人，下以爲私親而哀疚。

祭文

薛侃撰

維正德十二年，歲在丁丑，十月癸卯朔，越二十日，友生薛侃謹用牲酌，致祭于亡友橫山徐君曰仁之靈：

嗚呼橫山！余何忍言哉？言則有傷子父師之心，有傷吾友朋之情。嗚呼橫山！余何忍言哉？天厚其才而不俟其充，俾與於斯文而不俟其成。使知道者，爲斯道惜；知用世者，爲斯世惜；知栽培傾覆之理者，爲子不終養其親，不克昌厥後，以貽桑榆之憂惜。嗚呼橫山！余何忍言哉？雖然，子年三十有一，仕而在官者十年，從事於學而有聞焉者幾二十年。子之學亦既有至矣，子之才亦既有用矣，而不使其大成大用而可爲深惜者，天耶？人耶？抑氣數耶？嗚呼橫山！余又何言哉？嗚呼哀哉！尚饗。

祭文

王應鵬撰

維正德十二年丁丑，十二月壬寅朔，越二十六日丁卯，年契生王應鵬，謹具卮酒，致奠于奉議大夫、工部都水郎中徐年兄曰仁之靈：

七月六日得陽明先生書，聞曰仁考績抱痾而南，既瘥矣，甚喜。及得和曰仁《耕霅》之詩，鵬方告疾，自分將學稼，且扣年來所得以愜東歸之志矣。當是時，未有去命，而此心則汲汲也。八月之望，又得陽明先生書，云曰仁於五月十七日長逝矣。嗚呼！其至此耶？將勞於霅上之耕耶？抑別有其疾耶？曷爲乎遽至此耶？

鵬於曰仁同舉於鄉，同試於春宮，曰仁不予棄也，而復同之以道誼。予之取友於天下亦十年矣，其所取者，皆所願學而未能也。然温而不戾如曰仁者誰歟？恭而不失如曰仁者誰歟？油然和易而毅然不可拔如曰仁者誰歟？晰於辨理而勇於赴義如曰仁者誰歟？誰可以託妻而寄子歟？飲吾以醇酒而不知其醉者又誰歟？嗚呼！此曰仁之資所以近於道也。近道也而天顧奪之，此吾之所以痛心而無已也。然曰仁亦甚達禍福得喪之際，蓋嘗一信於命而不苟，豈生能信命，死不安於壽殀耶？所可憾者乏嗣，老無所倚而少失其依耳。

嗚呼悲夫！鵬以謝使命而來，哭吾曰仁，吊吾曰仁之生者。古真之記，厚庵之銘，亦爲曰仁似之。嗚呼！其能鑒於吾言也耶？其不能鑒於吾言也耶。尚饗！

祭文

蔡宗兗撰

維正德十三年，歲次戊寅，二月庚午朔，越六日乙亥，友生蔡宗兗，謹以鷄黍之奠，敢告于亡友工部郎中徐公之靈曰：

始與公爲同年之交，遂有同事之義；既而爲同門之游，復有同心之契。公視我也如兄，我視公也如弟。公年雖少於我，而我之氣質實無以及公之淵懿；我年雖長於公，而公之才略實有以超我而獨異。一薦春宫，遂膺上第。權姦在戊辰之初，朝端斥餘姚之士。公外補乎祁州，適盜賊之孔熾。人皆虞公姁弱而未成，公實老成而優仕。外理兵戎，内勤撫字。終焉劇盜之不驚，屹然百里之安峙。殫心力乎百爲，獨咯疾之由始。尚賴寡欲爲養心之資，不足爲神元之累。佐司馬其有年，轉理司空經制。振淹滯若川流，閱簿書如山積。志將搜姦剔蠹，以爲民平準之計。我語公曰：「精神憊矣，豈堪重寄？」公復我曰：「一日在官，一日如是。」去冬之交，歲則暮矣，公抱疾而南還，我隨群而北試。矢歸同老于深山，孰意曰仁之先斃。嗚呼悲哉！弘曰仁之德，可以貫天道而不貳，斯道也而乃無斯器也；充曰仁之才，可以綜萬物於一致，斯民也而乃無斯吏也。斯道也而乃無斯器也，斯世也而乃無斯吏也，豈特其老親之無嗣，而幼婦之無婿耶？

惜曰仁者，皆曰：「十年出入官途，身何有而家何濟也？」予則曰：「曰仁爲政十年，國有賴而民有利也。使儉人居曰仁之任，有如曰仁之澤施，何忘其十年之功，而獨惜其莫爲之命？真所謂蜉蝣不可以語歲也。使曰仁復生乎，十年其肯自私而自茈乎？吾知其決不易乎前志也。造化何太靳乎？哲人何早逝乎？何充拓之未周，而斯道之欲墜乎？予之惜曰仁者，在此而不在彼也。」嗚呼悲哉！曰仁植立于天壤者，如斯而已乎？宗兖篤信于曰仁者，如斯而已乎？陽明屬望于曰仁者，如斯而已乎？他人之悲曰仁者，夫人皆知之也；而陽明之悲曰仁者，非宗兖其孰之能識乎？王國來旋，哭君靈位。匪直爲故舊而傷悲，實爲斯道而增喟。公精神之在天，諒聽言其不昧。嗚呼尚饗！

祭文

王守仁撰

維正德十三年，歲次戊寅，四月己巳朔，越十有七日乙酉，寓贛州王守仁，既哭奠於旅次，復寫寄其詞，使弟守儉、守文，就故南京工部都水司郎中徐曰仁賢弟之柩而哭告之曰：

嗚呼曰仁！子之別我，既兩閲歲兮。子之長逝，忽復踰年兮。嗚呼曰仁！去我安適兮？謂子猶在故鄉，胡久無書札兮？子既死矣，胡忽在吾目兮？醒耶夢耶？胡不可即兮？彼狡而殘，則黄鹹兮；彼頑之子，則蟄蟄兮；獨賢而哲，乃夭絶兮。悠悠蒼天，我安歸責兮？嗚呼傷哉！人生之痛，乃有此極兮！死而有知，當如我悲兮。我悲孔割，不如無知兮。嗚呼傷哉！死者日以遠兮，生者日以哀。有志靡就兮，有懷靡期。凡今之人兮，孰知我悲？嗚呼傷哉！尚饗。

祭文

鄭愷撰

維正德十三年，歲舍戊寅，黄鍾月丁酉朔，越二十有五日，陽眷鄭愷，謹以柔毛庶羞之奠，致祭于故奉議大夫横山徐先生之柩曰：

惟靈以英敏睿知之資，富經綸濟世之學，早掇巍科，尋登黄甲。初試乎兵曹，遂領乎州牧。護民如子，鞭蒲示辱。政績動天聰，榮陞郎署職。我皇惟其所自，鳳誥耀乎親目。斯則人子之至願少伸，而格天之事業未足。奈何歲在龍蛇，一夢掩乎蕉鹿？於乎！上有垂白之雙親，甘旨遽違；下有妙齡之賢淑，號慟莫追。頓使太宰之岳丈，肝裂而心摧；俾中丞之外兄，悼斯道之中微。我之所以爲甥惜者，不幸伯道之無兒。兹留柩行，奠以菲儀。尚饗！

祭文

黄綰撰

維正德十三年八月望日，後軍都督府都事在告友生黄巖黄綰，敢以束帛瓣香，哭告于故友工部都水司郎中徐君曰仁之靈曰：

於乎曰仁！昔子何自而生耶？今子何爲而死耶？死或有知，亦知予之悲耶？自余抱志於此，恒懼獨立難成。歲在庚午，奔竄斗升，鬱悒塵埃，幸遇陽明王子於皇城之陰。燒鐙古寺，一語即契。既而明日復會湛子于王子之館，遂定終身之約。視時京師俊英如林，若求有志真能知余三人之心而同者，鮮矣。惟子在祁，數書來慰，情愛綢繆。既又踰歲，湛子使南，子來考績。乃相與選幽擇勝，交相設榻，晝談夕憩，盡究二子所得之奥。如是者，凡數閲月而返，余亦遂東歸。子則假金贈詩，以壯其行。將謂王子得請共邀湛子及同志數人，結廬山中，大明斯道，以俟天下後世之知。豈意余去江海，一卧七年，湛子憂居，王子繫于軍旅，志未及究，而子即逝而永訣也。於乎痛哉！余尚忍言之哉！賴有王子，日進斯道，軍旅或釋，蚤歸陽明之麓，各自砥勵，死而後已。庶幾慰子之魂，不負平生之言。彼蒼在

上，白日照臨。悲乎傷哉！尚饗。〔一〕

祭文

王文軒等撰

維正德十三年，歲次戊寅，十月丁卯朔，越十三日，友人王文軒、張直、王琥、王文軥、王文輈、孫琝、林鵬、劉三省、顧廷佐、王良直，謹以牲醴之奠，致祭于亡友水部徐先生之靈曰：

於戲已矣！横山之心，世復有哉？祁州之功，南部之政，世復有哉？之數者，皆天下之所惜，況平生交與之深，忽中道棄捐之速，而又中天闊別之永，當何如其爲情哉？吾猶悲横山者，少婦老親，無子無弟，雖生順而死安，能脱然其無滯？幸太山一峰千仞之可依，尚喬木一枝百葉之可繼。知子於斯，亦足少慰；吾於彼蒼，猶竊有懟。授德若私，授壽若忌。德可千齡，而壽三十一歲。豈斯世之可厭，出囂塵而就蜕？豈鈞天之無人，斂朱明而謁帝？子所樂兮，寧不反

〔一〕黄綰《石龍集》所收祭文與本文有多處不同，疑係本文之略文。文載：「在歲庚午……視時都城，俊髦如林，求其有志，而同於予三人鮮矣！惟君在祁，數書來投。逾年考績，若特相求。假館共榻，無言不謀。余即東歸，君悵莫留。假金贈詩，以壯行舟。期邀二子，結廬丹丘。共明斯道，俟時作休。豈意余歸七載，湛子憂居，王子猶繫軍旅，志未及究，君已逝矣。」（《石龍集》卷二十四《祭徐曰仁文》）

睇？曾不念夫中閨淒寒蛩於獨寐，望夫君兮不歸，抱冰雪兮永世。芳草怨王孫之别離，祜篁泣帝子之血淚。丘園故人，白髮驚新。松竹盟寒於歲晚，鶯花夢破於青春。論心論道之言未既，看山看水之約方勤。雙眺以孤安石，一曲空懷季真。梁用猶疑顔色，壁琴永絶知音。懷人之恨，天高海深。文不盡言，言不盡心。哭聲一慟，海立天沉。尚饗！

祭文

王守禮撰

維正德十三年，歲次戊寅，十一月丁酉朔，越十六日壬子，眷友王守禮等，謹以羹飯之儀，致祭于南京工部郎中姐丈横山徐先生之靈：

嗚呼横山！可悲！壽不永世兮，可悲！身絶嗣續兮，可悲！白髮雙親無所繼承兮，可悲！青年妻室蚤失鴛侣兮，可悲！内而家庭，心所欲盡者，未遂一舉兮，可悲！外而朝野，志所欲行者，未獲一展兮，可悲！雖然，其不得爲者，天也；其所得爲者，人也。所可慰者，生而順事耳，没而寧也，於心何愧耶？輀車既駕兮，吾心爲之愴然。臨風一奠兮，吾言有盡，吾情無盡焉。嗚呼哀哉！尚饗。

祭文

王守身撰

維正德十三年，歲次戊寅，十一月丁酉朔，越十六日壬子，内弟王守身，謹具清酌庶羞之奠，致祭于姐丈横山徐先生之靈曰：

惟靈稟光岳之全氣，付温恭之美質。生而聰明，長而超拔。聖賢爲師，經傳廣涉。初領薦於鄉闈，即持名於金闕。其始受寄專城，時當中葉。先生殫竭心思之精神，不計我身之羸怯。繼居兵曹，及轉工部。慨時務之多艱，念王事之靡盬。先生方且爲國爲民，而乃窮神極慮。但知受若直而不怠若事，不知病已鍾而疾已痼。守身方慶朝廷之得人，先生溘焉而長逝矣。嗚呼！天之生物，栽培傾覆，理之常也。先生之没，豈理之常？所尤可悲者，上有垂白之親，下無一息之嗣。甘旨兮誰供？蒸嘗兮誰繼？所猶足慰者，明門一派之可傳，喬木一枝之可寄。先生之心，斯亦少慰。守身忝居内戚，情好尤深。兹當舉柩，聊表哀情。精靈不昧，尚鑒微誠。尚饗！

祭文

韓邦問撰

維正德十三年，歲次戊寅，十一月丁酉朔，越十七日癸丑，眷末刑部尚書韓邦問，遣子杲，敬以牲醴之儀，奠告于故南京工部正郎徐君之柩曰：

噫吁曰仁！姚江望族。容止與與，温其如玉。天性穎異，才識不羈。發爲文章，光彩陸離。惟彼冢宰，周爰擇婿。度德量才，乃以子妻。選舉屢試，遂捷于鄉。計偕上國，黄甲聯芳。出守祁州，民適凋敝。德化普施，旄倪咸慰。赤眉倡亂，虎噬狼争。出奇制勝，疆境以寧。綽有勞績，令聞丕著。銓曹薦達，副郎部署。由兵而工，正郎斯擢。精勤庶務，如磨如琢。僉擬遠到，爲公爲卿。遽聞屬纊，哀悼曷勝？予忝葭莩，素相孚契。幾欲卜鄰，託諸空議。昊天明明，善惡攸司。有德不壽，似若無知。靈輀將駕，往瘞有期。臨棺一奠，冀昭格思。尚饗！

祭文

湛若水撰

維正德十二年，歲在丁丑，十一月日，友人翰林院編修、養病增城湛若水，敬寓香幣，致祭于故友南京兵(工)部郎中徐君曰仁之靈曰：

於乎曰仁！秉質清淑。得氣之元，宜壽而促。二氣雜揉，清或不足。盜跖乃長，回也無禄。氣數則然，天乎何愆？時當嚴冬，蒲廬不延。伊古聖哲，壽數百年。氣有養之，力誰與焉？丙寅於京，我友陽明。君少侍側，如玉之英。陽明遠謫，君取科名。推陽明義，視我師兄。君繼外補，陽明入部。長安卜鄰，君時亦造。遷屬南兵，陽明鴻臚。旦夕辨疑，將謂得所。陽明撫虔，君以滿還。又聞在告，謂學静專。僕言病狀，我憂則懸。天乎何意，竟奪斯賢？上有哀親，下有弱寡。伯道無嗣，三可傷者。以君之資，逢時雨化。有志未成，一可悼也。一悼三傷，實爲難忘。神已告夢，在湖之陽。允如此夢，何悼何傷？德亦如顔，三十二霜。陽明來訃，我哭小華。天乎天乎！天乎何嗟？君知性命，其嗟何耶？死而不忘，其有知耶？尚饗！

祭文

鄭瓊等撰

維正德十三年，歲次戊寅，十一月丁酉朔，越十有九日乙卯，紹興府知府鄭瓊、同知靳塘、通判蘇彰、梁綜、推官强毅等，謹以牲醴庶羞，致祭于奉議大夫工部郎中徐公之靈曰：

惟公川嶽降氣，才學過人。黌宫著録，賢科發身。政藉朝著，德邁縉紳。馳名已久，識面未因。如公之善，福壽宜臻。云胡遘疾，遽爾淪湮？今朝發軔，卜兆窆窀。撫棺一奠，涕泗沾巾。嗚呼哀哉！尚饗！

祭文

徐岱等撰

維正德十三年，歲次戊寅，十一月丁酉朔，越十有九日乙卯，會稽縣知縣徐岱等，謹以牲醴之儀，致祭于南京工部郎中橫山徐先生之柩曰：

惟靈純正之學，渾厚之資。蚤登黄甲，顯名當時。歷職郎署，剛斷有爲。以忠報國，伊、吕自期。大雅君子，先生以之。惜乎仁不以壽，天不慭遺。一疾而逝，不究厥施。嗚呼蒼天！有知無知？福善之理，懵然誰尸？窆期攸留，動我情思。聊陳酹奠，匪哭其私。斯文之痛，生民之悲。尚饗！

祭文

翟文鳳撰

維正德十三年，歲次戊寅，十一月丁酉朔，越十有九日乙卯，山陰縣典史翟文鳳，謹以牲醴之儀，致祭于南京工部郎中徐公之靈：

惟公毓秀名山，挺生昭代。學貫天人，蚤錫瓊林之宴；才兼文武，暫司粉署之權。鄉邦出色，朝野推賢。蒼生將昂首乎霖雨，大位擬指日而喬遷。天胡不憖，奄忽游仙？於戲！人孰不死，其不死者，青年功著；死孰無憾，其無憾者，黄甲名鐫。佳城告就，啓櫬云還。生芻一束，擬致墓前。臨風薄酹，昭格無邊。尚饗！

祭文

朱節撰

維正德十三年，歲次戊寅，九月朔日戊戌，友生北京、山東道監察御史朱節，謹炳蕭酌泉，再拜遥祭于亡友南京工部郎中横山徐曰仁先生之靈曰：

嗚呼吾友，何遽止於斯耶？秉剛毅之資，而濟之以愷悌之性。方弱冠而業明經，已耻置足於蹊徑。以是爲海日翁之佳婿，而與同師事乎陽明。凡有承傳，惟曰仁脱穎。肆師友之心，咸期爲斯……〔二〕

〔二〕原刻本後有缺頁。

祭文

王華撰

……〔一〕庶羞醴齊之儀，祖奠于徐曰仁女婿之靈而告之曰：

嗚呼哀哉！子有希聖希賢之志，而壽不及於顔子；子有善繼善述之孝，而養不逮於曾參。子有爲國爲民之忠，雖巨寇攻城，臨患難而不苟免；子有不磷不緇之操，雖巨璫怙勢，震威武而不動心。年雖少而老成，加於耆舊；身雖怯而剛勇，超乎等倫。若子之爲人，可謂卓然有立，粹然無瑕，可以比美玉，可以比良金者也。奈何天雖賦以全美之質，而不假以綿遠之福。既奪其年，復絶其後。使老親在堂，孰與奉養？寡妻在室，何所瞻依？所謂作善降祥，栽培仁壽之理，漠然俱無所徵也。嗚呼哀哉！嗚呼痛哉！我今葬汝于山陰縣迪埠山之麓，葬期將及，而我適遭老母之喪，造次顛沛之際，孰與子經紀喪事？徒使我痛心如割。而制於禮法，一付之無可奈何而已。嗚呼哀哉！嗚呼痛哉！我今葺理東邊房屋數楹，以居汝妻，以奉養汝父母，庶幾汝妻朝夕不離吾側，汝父母朝夕可以相守以終餘年。俟終喪之後，擇立汝同宗子姓之質美者一人以爲

〔一〕原刻本前缺。

汝後。嗚呼！如汝之才賢，尚弗克永世，竟孤我女百年松蘿之託，其將來養育者，又可必其成立以承汝百世蒸嘗之祀邪？誠使天者可必，而理者可憑，蓋必有可以善汝之後者，是未可知也。吾今衰老矣，聊畢汝送終之事而已。汝身後事有未畢者，姑待守仁回日，爲汝畢平生未畢之願，以瞑汝目於地下。嗚呼！汝其有知邪？汝果無知耶？兹靈車留行，薄陳祖奠，死生之別，幽明之隔，止於今夕矣。嗚呼哀哉！嗚呼痛哉！尚饗。

祭文

應良等撰

維正德十五年，歲次庚辰，閏八月廿有二日，友生仙居應良、黄巖黄綰、閩鄭善夫，謹以清酌庶羞之奠，敬祭于亡友工部郎中徐兄曰仁之墓曰：

嗚呼！億載在後，萬古在前。希聖而聖，希賢而賢。能自得師，子妙真傳。忠信爲質，禮義爲鞶。清不爲激，高不爲玄。實體密察，細大不捐。充極所極，古人足班。早謁承明，出效一官。祁之孤危，無蚍蟻援。英謀密運，轉危爲安。少年壯概，孰與子先。以子之才，何施不然？氂尾翠羽，豈足矜衒？秋水百川，豈預大觀？霜露易零，蘭玉摧殘。賢喆之生，亦云孔艱。曷以中道，而復棄捐。我思曰仁，神氣行天。遨游八極，下上人間。千里生芻，敬奠熊山。以告來者，觀乎九原。嗚呼哀哉！尚饗。

祭文

徐文溥撰

維正德十六年，歲次辛巳，十一月己酉朔，越七日乙卯，友生徐文溥，謹以牲醴香燭之儀，致祭于故都水郎中橫山徐先生之墓曰：

嗚呼！惟子珪璋之器，金玉之資。志敏而銳，氣清而奇。方其髫亂之年，期以遠大，擇以女第，而獲我陽明之知；及其既長，鋭然向進，文學醖藉，義理涵濡，而心印授受，得我陽明之師。未幾擢科登第，出守祁甸，入掌水衡，清白自持，而無一毫之錙。勇於求道，至忘寢食，存心養性，深究本源，而不事乎多言之支離。其進也駸駸，而未可以涯涘窺。嗚呼！始也，陽明之知子也，啓迪誘掖以成乎子，陽明誠不負子也；終也，子能篤信堅守，卓然有立，以崇其道，則子亦何負於陽明之知子也哉？嗚呼悲哉！以子之才，如利器之發鉶，無往而不可施；以子之志，如騠駃之奔於康莊，無遠而不可之。而及叔度早世，伯道無兒。則子之不能大就以負陽明者，豈子之所能爲也？雖然，伯姬歸宗，域兆有託。子也不壽，名則昭焯。則子雖已矣，抑又何悲？溥也誼託同年，情篤塤篪。同官留都，朝夕箴規。眷顧既勤，麗澤是資。與子之別，七載于兹。聞子之訃,寔亦後時。既不能吊子之喪,又不能執子之紼,徒望風而涕洏。兹因起廢,之官洛伊,買舟渡江,哭寫我思。詞弗能既,聊奠此卮。嗚呼哀哉!尚饗。

悼詩二首

馮蘭撰

一慟横山淚泫然,晨星忽墮暝江天。牧州重寄專千里,禦寇神謨出萬全。許國直期君作聖,銘心何止士希賢?羽儀漸入鴻盤地,愁絶春風夢哭淵。

愁絶春風夢哭淵,哀聲入夜動長川。青霄不返乘龍婿,昧旦空歌弋雁篇。感泣椿萱嗟共老,孝思蘋藻託誰傳?英靈未必消磨盡,斗下虹光燭九泉。

雪湖馮蘭泣稿。

陽明先生嘉靖甲申年祭曰仁墓文

王守仁撰

嗚呼曰仁!别我而逝兮,十年于今。葬兹丘兮,宿草幾青。我思君兮一來尋,林木拱兮山日深。君不見兮,窅嵯峨之雲岑。四方之英賢兮日來臻,君獨胡爲兮與鶴飛而猿吟?憶麗澤兮欷歔，奠樹醑兮松之陰，良知之說兮聞不聞？道無間於隱顯兮，豈幽明而異心！我歌白雲兮，誰同此音？

祭文

宋備等撰

維嘉靖五年，歲次丙戌，七月二十五日，餘姚縣署縣事通判宋□、備奉、提督學校副使萬□案驗，具牲醴祭儀，送入鄉賢祠，致祭曰：

龍山之靈，惠水之清。群賢挺生，英淑攸萃。横山不類，没猶未墜。教化維明，人物斯評。主司權□，登此同德。德尊俎同，□□論□。尚饗！

徐愛語録詩文輯佚

語録 五則

一、曰仁云：「心猶鏡也。聖人心如明鏡，常人心如昏鏡。近世格物之説，如以鏡照物，照上用功，不知鏡尚昏在，何能照！先生之格物，如磨鏡而使之明，磨上用功，明了後亦未嘗廢照。」

二、希淵問：「聖人可學而至，然伯夷、伊尹於孔子才力終不同，其同謂之聖者安在？」（陽明）先生曰：「聖人之所以爲聖，只是其心純乎天理，而無人欲之雜。……」時曰仁在旁，曰：「先生此喻足以破世儒支離之惑，大有功於後學。」先生又曰：「吾輩用功只求日減，不求日增。減得一分人欲，便是復得一分天理；何等輕快脱灑！何等簡易！」

三、劉觀時問：「未發之中是如何？」（陽明）先生曰：「汝但戒慎不睹，恐懼不聞，養得此心純是天理，便自然見。」觀時請略示氣象。先生曰：「啞子喫苦瓜，與你説不得。你要知此苦，還須你自喫。」時曰仁在旁，曰：「如此才是真知即是行矣。」一時在座諸友皆有省。

以上録自王守仁《王文成公全書》卷一《傳習録》上，明隆慶六年謝廷傑刻本。

四、祠堂位次祔祭之義，往年曾與徐曰仁備論，曰仁嘗記其略，今使録一通奉覽，以備采擇。

或問：「《文公家禮》高、曾、祖、禰之位皆西上，以次而東。於心切有未安。」陽明子曰：「古者廟門皆南向，主皆東向。合祭之時，昭之遷主列於北牖，穆之遷主列於南牖，皆統於太祖東向之尊。是故西上，以次而東。今祠堂之制既異於古，而又無太祖東向之統，則西上之説誠有所未安。」曰：「然則今當何如？」曰：「禮以時爲大。若事死如事生，則宜以高祖南向，而曾、祖、禰東西分列，席皆稍降而弗正對，似於人心爲安。曾見浦江鄭氏之祭，四代考妣皆異席。高考妣南向，曾、祖、禰考皆西向，妣皆東向，名依世次，稍退半席。其於男女之列，尊卑之等，兩得其宜。今吾家亦如此行。但恐民間廳事多淺隘，而器物亦有所不備，則不能以通行耳。」

又問：「無後者之祔於己之子侄，固可下列矣。若在祖宗之行，宜何如祔？」陽明子曰：「古者大夫三廟，不及其高矣。適士二廟，不及其曾矣。今民間得祀高、曾，蓋亦體順人情之至，例以古制，則既爲僭，况在其行之無後者乎！古者士大夫無子，則爲之置後，無後者鮮矣。後世人情偷薄，始有棄貧賤而不問者。古所爲無後，皆殤子之類耳。《祭法》：『王下祭殤五：適子、適孫、適曾孫、適玄孫、適來孫。諸侯下祭三，大夫二，適士及庶人祭子而止。』則無後之祔，皆子孫屬也。今民間既得假四代之祀，以義起之，雖及弟侄可矣。往年湖湘一士人家，有曾伯祖與堂叔祖皆賢而無後者，欲爲立嗣，則族衆不可；欲弗祀，則思其賢，有所不忍也。以問於某。某曰：不祀二三十年矣，而追爲之嗣，勢有所不行矣。若在士大夫家，自可依古族屬之義，於春、秋二社之次，特設一祭，凡族之無後而親者，各以昭穆之次配祔之，於義亦可也。」

錄自王守仁《王文成公全書》卷六，文録三，《寄鄒謙之》，明隆慶六年謝廷傑刻本。

五、徐曰仁云：近世格物之説，如以鏡照物，照上用功，不知鏡尚昏在，何能照！先生之格物，如磨鏡而使之明，磨上用功，明〔一〕了後亦未嘗廢照。（方學漸云：）近世學者亦云磨上用功，但以不當磨者磨之，反傷其鏡，陽明則以當磨者磨之，故能使之明。

録自方學漸《心學宗》卷四，清光緒七年桐城方氏刻本。

文録

《傳習録》題辭

先生於《大學》格物諸説，悉以舊本爲正，蓋先儒所謂誤本者也。愛始聞而駭，既而疑，已而殫精竭思，參互錯綜以質於先生，然後知先生之説若水之寒，若火之熱，斷斷乎百世以俟聖人而

〔一〕原本脱「明」字，據王守仁《傳習録》補。

不惑者也。先生明睿天授，然和樂坦易，不事邊幅。人見其少時豪邁不羈，又嘗泛濫於詞章，出入二氏之學，驟聞是説，皆目以爲立異好奇，漫不省究。不知先生居夷三載，處困養静，精一之功固已超入聖域，粹然大中至正之歸矣。愛朝夕炙門下，但見先生之道，即之若易而仰之愈高，見之若粗而探之愈精，就之若近而造之愈益無窮，十餘年來竟未能窺其藩籬。世之君子，或與先生僅交一面，或猶未聞其謦欬，或先懷忽易憤激之心，而遽欲於立談之間，傳聞之説，臆斷懸度，如之何其可得也？從游之士，聞先生之教，往往得一而遺二，見其牝牡驪黄而棄其所謂千里者。故愛備録平日之所聞，私以示夫同志，相與考而正之，庶無負先生之教云。門人徐愛書。

録自王守仁《王文成公全書》卷一《傳習録》上，明隆慶六年謝廷傑刻本。

《傳習録》跋

愛因舊説汩没，始聞先生之教，實是駭愕不定，無入頭處。其後聞之既久，漸知反身實踐，然後始信先生之學爲孔門嫡傳，舍此皆傍蹊小徑，斷港絶河矣！如説格物是誠意的工夫，明善是誠身的工夫，窮理是盡性的工夫，道問學是尊德性的工夫，博文是約禮的工夫，惟精是惟一的工夫：諸如此類，始皆落落難合，其後思之既久，不覺手舞足蹈。

録自王守仁《王文成公全書》卷一《傳習録》上，明隆慶六年謝廷傑刻本。

《傳習録》序

門人有私録陽明先生之言者。先生聞之，謂之曰：「聖賢教人如醫用藥，皆因病立方，酌其虚實、温涼、陰陽、内外而時時加減之，要在去病，初無定説。若拘執一方，鮮不殺人矣。今某與諸君不過各就偏蔽箴切砥礪，但能改化，即吾言已爲贅疣。若遵守爲成訓，他日誤己誤人，某之罪過可復追贖乎？」愛既備録先生之教，同門之友有以是相規者。愛因謂之曰：「如子之言，即又拘執一方，復失先生之意矣。孔子謂子貢，嘗曰『予欲無言』，他日則曰『吾與回言終日』，又何言之不一邪？蓋子貢專求聖人於言語之間，故孔子以無言警之，使之實體諸心，以求自得；顔子於孔子之言，默識心通無在己，故與之言終日，若決江河而泛海也。故孔子於子貢之無言不爲少，於顔子之終日言不爲多，各當其可而已。今備録先生之語，固非先生之所欲，使吾儕常在先生之門，亦何事於此，惟或有時而去側，同門之友又皆離群索居。當是之時，儀刑既遠而規切無聞，如愛之駑劣，非得先生之言時時對越警發之，其不摧墮靡廢者幾希矣。吾儕於先生之言，苟徒入耳出口，不體諸身，則愛之録此，實先生之罪人矣；使能得之言意之表，而誠諸踐履之實，則斯録也，固先生終日言之之心也，可少乎哉？」録成，因復識此於首篇以告同志。門人徐愛序。

録自王守仁《王文成公全書》卷首，明隆慶六年謝廷傑刻本。

和敬軒記

凡公堂之後，必承以軒，爲賓寮退息燕食之所。代多以「退思」名軒，示釐故保民。惟艱惟重，安危治忽之間不容髮，故雖晏食斯須之頃，亦不可忘慮云爾。厥義淵矣哉！而茲軒故無名，予既以「和敬」名軒。一日與同寅蹇君舜師、楊君良佐燕食，既畢，二君從容請曰：「先生名軒之義何居？」予曰：「二君未之知乎？吾有所懲矣！夫吾與二三子者，相處於茲二載矣。吾恒自省焉，二三子之相與也，情若扞而未孚也，義若格而未伸也。予曰：『何也？』世之病於寅寮之弗協者，我知其故矣，吾又以自反焉。夫有所利而相私則争生焉，吾若有相利乎？無也。有所能而相形則疾生焉，吾若能而相形乎？無也。有所專而相攘則乖作焉，吾若有相攘乎？無也。又有冥冥似蹠，昭昭是飾，彼直剛者聞而惡焉，斯讐矣，吾若皆昭昭其行者也。又有蠅聲蚋迹，諂諛易惑，此邪暗者聽而疑焉，斯間矣，吾若皆不惑其聽者也。夫五者，無一於是而有是未伸焉。何哉？我知之矣，吾質本柔也。吾筮仕焉，懼其和而流也。吾故矯以嚴焉，欲厲己也，而不知其病於人也；欲伸己也，而不知其屈於物也。夫人既病矣，則情何暇於我孚；物既屈矣，則義何敢於我申？此矯枉之太過也。吾思而得其道焉。寅寮之處，其以和爲貴乎？蓋不可敬以爲異也，故曰『同』曰『協』，故曰「爾惟和衷」，然而非流也。其以敬爲主乎？蓋不可以苟同也，故曰『寅恭』，然而非嚴也。敬以爲主邪？以行之，故其道爲休戚相體，爲可否相濟。惟相體，則雖厲己而人不以爲病，故其情易孚；惟相濟，則雖申己而物不以爲屈，故其義易申。情孚義申，夫然後善可聞而過可改。相遷善改過，夫然後存諸一身爲和德，藹諸一堂爲和風，播諸一郡爲和天。德和，則言行無所拂；氣和，則事物無所戾；風和，則群小不能間。夫然後吏有所畏而不敢争利，民有所悦而不敢言欲。其治化也爲熙協，其感召也爲禎祥，斯可食兹禄、長兹民矣。匪『和敬』，曷從？故曰吾有所懲矣。」於是二君者始踖然若不安焉，既嗒然若自失焉，既冷然若自省焉。舜師起謝曰：「某質剛類而病隘，請以和爲教矣。」良佐起謝曰：「某質柔類而病流，請以敬爲教矣。」予曰：「二君其亦有懲乎？雖然，盍兼之，庶無吾初之過乎！」二君復起謝曰：「然。請銘於斯。」則顧諭諸予，乃爲銘而記其説。銘曰：

匪敬則慢，匪和則散。敬則純一，和則統同。匪徒宫箴，作聖之功。

正德辛未冬十月望日，餘姚横山徐愛書。

原載王楷等修、張萬銓等纂《祁州志》卷七《藝文》，清乾隆二十一年刊本；收入臺北成文出版社一九七六年版，第五七七—五八一頁；據楊正顯《王陽明佚詩文輯釋——附徐愛、錢德洪佚詩文輯録》（《中國文哲研究通訊》第二十一卷第四期）移録。

詩録

春日訪王從善於習池〔一〕

高人著鳳中，長嘯習池濱。有時帶風月，耕罷鹿門春。鄰德惟關洛，傷心到漢秦。茆亭留客訪，莫更入深雲。

原載吴道邇纂修《襄陽府志》卷四十五《文苑三》，明萬曆刻本；收入《四庫全書存目叢書》史部第二一二册，第六五一頁。據楊正顯《王陽明佚詩文輯釋——附徐愛、錢德洪佚詩文輯録》（《中國文哲研究通訊》第二十一卷第四期）移録。

界山道中

疏林列戟石爲城，巖嶝霏微煙草横。野鳥迎啼如愛客，山花開滿不知名。白頭枕户茅簷

〔一〕此詩與本書已録的《横山遺集》卷上《習家池訪王承吉》爲同一首詩，然内容多有不同。姑録此以備存。

晚，稚齒采溪蘋藻明。更得門前車馬斷，便當與子締鷗盟。

原載吴道邇纂修《襄陽府志》卷四十六《文苑四》，明萬曆刻本；收入《四庫全書存目叢書》史部第二一二册，第六五一頁。據楊正顯《王陽明佚詩文輯釋——附徐愛、錢德洪佚詩文輯録》（《中國文哲研究通訊》第二十一卷第四期）移録。

附録

徐愛傳

周汝登

徐愛，字曰仁，餘姚人，陽明妹婿也。少陽明十六歲。陽明初與學者講授，雖隨地興起，未有出身承當、以聖學爲己任者。愛時年二十，獨奮然有志於學，北面納贄焉。是年舉於鄉，明年舉進士，授祈州知州。愛始聞知行合一之訓，汩没舊説，驚愕不定，無入頭處。後聞之既久，漸知反身實踐。壬申，愛以知州考滿入京師，即同穆孔暉等朝夕受業。冬升南京工部員外郎，與陽明同舟歸越。舟中請問《大學》宗旨，聞之踴躍痛快，胸中混沌復開，如狂如醒者數日。仰思堯、舜、三王、孔、孟，千聖立言，人各不同，其旨則一，始信先生之學，爲孔門嫡傳，舍是皆傍蹊小徑、斷港絶河矣。甲戌，愛在南京，而陽明爲南鴻臚卿，愛與黄綰等日夕聚師門，漬礪不懈，同志益親，愛率之也。升南兵部郎中〔二〕。丁丑告病歸，與陸澄等同謀買田霅上，爲諸友久聚之計。陽明聞而貽詩慰之。戊寅，愛卒，年三十一。陽明哭之慟。愛及陽明之門獨先，聞道亦早。嘗游南嶽，夢一瞿曇撫其背曰：「爾與顔子同德，亦與顔子同壽。」陽明每語輒傷之。

薛侃刻《傳習録》，首卷皆愛所記。愛問陽明：「在親民，宜從舊本，亦有所據否？」曰：「下面治國平天下處，如保赤子，此之謂民之父母之類，皆是親字意。」問：「朱子以爲事事物物皆有定理，如何？」陽明曰：「却是義外也。至善是心之本體，然亦未嘗離却事物。」問：「至善只求諸心，恐於天下至理有不能盡。」陽明曰：「心即理也，天下又有心外之事、心外之理乎？」問：「道心嘗爲一身之主，而人心每聽命，此語似有弊。」陽明曰：「然。」問：「著述亦有不可缺者，如《春秋》一經，若無《左傳》，恐亦難曉。」陽明曰：「《春秋》必待《傳》而後明，是歇後謎語矣。」愛曰：「心猶鏡也。聖人心如明鏡，常人心如昏鏡。近世格物之説，如以鏡照物，照上用功，不知鏡尚昏在，何能照？先生之格物，如磨鏡而使之明，磨上用功，明了後亦未嘗廢照。」又曰：「先生之説，若水之寒，火之熱，斷斷乎百世以俟聖人而不惑者也。」先生居夷三載，已超入聖域。愛朝夕門下，但見即之若易，而仰之愈高；見之若粗，而探之愈精；就之若近，而造之愈

〔二〕《明儒學案・徐愛傳》：「升南京工部員外郎，轉南京工部郎中。……緒山傳云『兵部』及『告病歸』，皆非。」

益無窮云。

録自周汝登《聖學宗傳》卷十三。按：孫逢奇《理學宗傳》卷二十一《徐曰仁愛》之内容與此文完全相同，唯在文末加了一句評論：「曰仁純碎之資，方鋭意於學天奪之速。既與顔回同德，即與顔回同壽，亦可無憾矣。」

徐愛傳

何喬遠

徐愛，字曰仁，守仁妹夫也，與蔡希顔、朱守中受業守仁，獨先。希顔深潛，守中明敏，而曰仁温恭。舉進士，爲南京郎中，與黄宗明、薛侃、馬明衡、陸澄、季本、許相卿、王激、諸偁、林達、張寰、唐愈賢、饒文璧、劉觀時、鄭騮、周積、郭慶、欒惠、劉曉、何鼇、陳傑、楊杓、白説、彭一之、朱箎輩，日夕績礪不懈。告病歸，與陸澄課耕霅上，爲同志久住之計。年三十一卒。所聞守仁語，悉彙裒集之，曰《傳習録》。其卒也，守仁哭之慟。

録自何喬遠《名山藏·儒林記》，明崇禎十三年序刻本。

徐曰仁先生

徐象梅

徐愛，字曰仁，浙江餘姚人，正德戊辰進士，出知祈州，遷南京工部員外，歷郎中。愛娶於王，蓋文成之妹婿也。弱冠領鄉薦，適文成自龍場歸，論學稽山，愛深契之，遂執贄稱弟子，奮然以聖學爲己任。後數年壬申，文成自考功遷南太僕，愛亦自祈遷南工部，同舟歸越，論《大學》宗旨，益踴躍痛快，如醉如醒者數日，《傳習録》即是時所編也。其自叙云：「愛因舊説汨没，始聞先生之教，實是駭愕不定，無入頭處。其後聞之既久，漸知反身實踐，然後始信先生之學爲孔門嫡傳，舍此皆傍蹊小徑，斷港絶河矣！如説格物是誠意工夫，明善是誠身工夫，窮理是盡性工夫，道問學是尊德性工夫，博文是約禮工夫，惟精是惟一工夫：諸如此類，皆落落難合，其後思之既久，不覺手舞足蹈。」既而與文成同官南都。愛性最警敏，聞言即悟，又善發其旨。時四方同志雲集，文成至不能應，每令愛分接之，咸得所欲而去。文成有南贛之命，愛亦請告歸，方與諸門人謀畊霅上之田，以待其歸，而竟以疾終矣，年才三十有一也。訃聞，文成哭之慟。愛嘗游南嶽，夢一瞿曇撫其背，曰：「爾與顔子同德，亦與顔子同壽。」文成每語輒傷之。在祁值劉六、劉七之亂，有保障功。嘗疏陳十事，多見採納。居南工，廉勤，克舉其職。其墓在山陰之大峰山，而子孫微矣。

録自徐象梅《兩浙名賢録》卷四《理學》，明天啓徐氏光碧堂刻本。

徐愛傳

過庭訓

徐愛，字曰仁，餘姚人也。正德戊辰進士，出知祁州，遷南京工部員外，歷郎中。愛娶於王，蓋文成之妹婿也。弱冠領鄉薦，適文成謫龍場歸，論學於稽山，愛深契之，遂北面執弟子禮。後數年，文成自考功遷南太僕寺，愛亦自祁遷南京工部，同舟歸越，論《大學》宗旨，聞之踴躍痛快，如狂如醒者數日，《傳習録》即是時所編也。從游四明，觀白水，登杖錫，至雪竇，上千丈巖，以望天姥華頂，語下會心，隨地有得。文成在南，四方同志日親，疲于酬應，愛每分接之，咸得所欲而去。及文成有南贛之命，愛亦請告歸，期諸人耕雪上之田，以待其師。忽嬰疾不起，年才三十有七[一]也。訃聞，文成哭之慟。愛在祁，值劉六、劉七之亂，有保障功。疏陳十事，多見採納。居南工，廉勤，克舉其職而惜未究。嘗游南嶽，夢一瞿曇撫其背曰：「爾德同顏子，壽亦與埒。」文

[一]「七」，當爲「一」。

成每語，輒傷之。

錄自過庭訓纂集《明朝分省人物考》卷五十一，廣陵書社二〇一五年影印版，第二册，第一一〇三頁。

明曰仁先生徐愛

劉鱗長

公字曰仁，浙江餘姚人，陽明妹婿也。陽明初與學者講授，雖隨地興起，未有出身承當，以聖學爲己任者。公時年二十，獨奮然有志於學，北面納贄焉。是年舉於鄉，明年舉進士，授祈州知州。初聞知行合一之訓，汩没舊説，驚愕不定，無入頭處，後聞之既久，漸知反身實踐。壬申以知州考滿入京師，即同穆孔暉等朝夕受業。冬陞南京工部員外郎，與陽明同舟歸越。舟中請問《大學》宗旨，聞之踴躍痛快，胸中混沌復開，如夢得醒。仰思堯、舜、三王、孔、孟，千聖立言，人各不同，其旨則一，始信陽明之學，爲孔門嫡傳，舍是皆傍蹊小徑，斷港絶河矣。時陽明爲南鴻臚卿，公與黄綰等日夕聚師門，漬礪不懈，同志益親。升南兵部郎中。丁丑告病歸，與陸澄等同謀買田霅上，爲諸友久聚之計。陽明聞而貽詩慰之。其及陽明之門獨先，聞道亦早。嘗游南嶽，夢一瞿曇撫其背曰：「爾與顔子同德，亦與顔子同壽。」陽明每語輒傷之。薛侃刻《傳習録》，首卷皆公所記。一日問陽明：「在親民，宜從舊本，亦有所據否？」陽明曰：「下面治國平天下處，如保赤子，此之謂民之父母之類，皆是親字意。」問：「朱子以爲事事物物皆有定理，如何？」陽明曰：「却是義外也。至善是心之本體，然亦未嘗離却事物。」問：「至善只求諸心，恐於天下至理有不能盡。」陽明曰：「心即理也，天下又有心外之事、心外之理乎？」問：「道心嘗爲一身之主，而人心每聽命，此語似有弊。」陽明曰：「然。」問：「著述亦有不可缺者，如《春秋》一經，若無《左傳》，恐亦難曉。」陽明曰：「《春秋》必待傳而後明，是歇後謎語矣。」嘗曰：「心猶鏡也。聖人心如明鏡，常人心如昏鏡。近世格物之説，如以鏡照物，照上用功，不知鏡尚昏在，何能照？先生之格物，如磨鏡而使之明，磨上用功，明了後亦未嘗廢照。」又曰：「先生之説，若水之寒，火之熱，斷斷乎百世以俟聖人而不惑者也。」陽明居夷三載，公朝夕門下，但見即之若易，而仰之愈高；見之若粗，而探之愈精；就之若近，而造之愈無窮。卒年三十一，陽明哭之痛。有集若干卷行世。

録自劉鱗長《浙學宗傳》，收入《四庫全書存目叢書》史部第一一一册，第一一五頁。

陽明弟子列傳・徐愛

張岱

徐愛，字曰仁，餘姚人。文成妹婿也。嘉靖間，以進士出知祁州，陞南京工部員外。文成遷南太僕卿，遂同舟而南。舟中問《大學》宗旨，躍然起，以爲先生之教，實孔門嫡傳，舍是皆傍蹊曲徑、斷港絶河也。後文成與及門語入微，輒曰：「此意惟與曰仁舟中及之。」復同官留都，而同志益親。及文成撫南贛，愛亦請告歸，與陸澄謀耕霅上之田，俟歸爲力學計。未幾卒。先是，愛游南嶽，夢瞿曇撫其背曰：「女與顔子同德。」既而曰：「亦與顔子同壽。」已而果然。

録自張岱《石匱書》卷第一百三十，故宫出版社二〇一七年版，第六册，第二〇二六—二〇二七頁。

郎中徐横山先生愛

黄宗羲

徐愛，字曰仁，號横山，餘姚之馬堰人。正德三年進士，出知祁州，升南京工部員外郎，轉南京工部郎中。十一年歸而省親，明年五月十七日卒，年三十一。緒山傳云「兵部」及「告病歸」，皆非。先生爲海日公之婿，於陽明，内兄弟也。陽明出獄而歸，先生即北面稱弟子，及門莫有先之者。鄧元錫《皇明書》云：「自龍場歸，受學。」非。其後與陽明同官南中，朝夕不離。學者在疑信之間，先生爲之騎郵以通彼我，於是門人益親。陽明曰：「曰仁，吾之顔淵也。」先生嘗游衡山，夢老僧撫其背而嘆曰：「子與顔子同德，亦與顔子同壽。」覺而異之。陽明在贛州聞訃，哭之慟。先生雖死，陽明每在講習，未嘗不念之。酬答之頃，機緣未契，則曰：「是意也，吾嘗與曰仁言之，年來未易及也。」一日講畢，環柱而走，嘆曰：「安得起曰仁於泉下而聞斯言乎！」乃率諸弟子之其墓所，酹酒而告之。

先生始聞陽明之教，與先儒相出入，駭愕不定，無入頭處。聞之既熟，反身實踐，始信爲孔門嫡傳，舍是皆傍蹊小徑、斷港絶河矣。陽明自龍場以後，其教再變。南中之時，大率以收斂爲主，發散是不得已，故以默坐澄心爲學的。江右以後，則專提「致良知」三字。先生記《傳習》初卷，皆是南中所聞，其於「致良知」之説，固未之知也。然《録》中有云：「知是心之本體，心自然爲知，見父自然知孝，見兄自然知弟，見孺子入井自然知惻隱，此便是良知。使此心之良知充塞流行，便是致其知。」則三字之提，不始於江右明矣，但江右以後，以此爲宗旨耳。是故陽明之學，先生爲得其真。聶雙江云：「今之爲良知之學者，於《傳習録》前編所記真切處，俱略之，乃駕空立籠罩語，似切近而實渺茫，終日逐外而自以爲得手也。」蓋未嘗不太息於先生云。

録自黄宗羲《明儒學案》卷十一《浙中王門學案一》，中華書局二〇一八年修訂本，第二二〇頁。

徐橫山先生愛

余重耀

徐先生愛，字曰仁，號橫山，餘姚之馬堰人《明儒學案》，陽明妹婿也。少陽明十六歲。陽明初與學者講授，雖隨地興起，未有出身承當，以聖學爲己任者。先生年二十，獨奮然有志於學《理學宗傳》。陽明出獄歸，即北面稱弟子，及門莫有先之者《明儒學案》。正德三年進士《明史》。壬申考滿，入京師《理學宗傳》，與山陰蔡宗兗、朱節從陽明學。陽明言：「徐生之温恭，蔡生之沉潛，朱生之明敏，皆我所不逮。」《明史》始，先生聞知行合一之訓，汩没舊説，驚愕不定。後聞之日久，漸知反身實踐《理學宗傳》。是歲增冬，陞南京工部員外郎，與陽明同舟歸越。舟中問《大學》宗旨，聞之踴躍痛快，如狂如醒者數日，始信爲孔門嫡傳，舍是皆傍蹊小徑、斷港絶河矣。甲戌，先生在南京，陽明爲南鴻臚卿，與黄綰等日夕聚師門，精礪不懈，同志益親，先生率之也。陞南京兵（工）部郎中，丁丑告病歸，與陸澄等謀買田霅上，爲諸友久聚計，陽明貽詩慰之《理學宗傳》。良知之説，學者多未信，先生疏通辨析，暢其指要。陽明嘗曰：「曰仁，吾之顔淵也。」《明史稿》。陽明之學，先生爲得其真。嘗游衡山，夢老僧拊其背而嘆曰：「子與顔子同德，亦與顔子同壽。」正德十二年五月十七日卒《明儒學案》，年三十一。先生淵沖和粹，造詣過宗兗、節遠甚。陽明哭之慟，一日講畢，嘆曰：「安得起曰仁九泉聞斯言乎！」率門人至其墓所，酹酒告之《明史稿》。薛侃刻《傳習録》，首卷皆先生所記《理學宗傳》。有《横山集》二卷。

孫夏峰曰：「先生純粹之資，方鋭意於學而天奪之速。」《理學宗傳》聶雙江云：「今之爲良知之學者，於《傳習録》前編所記真切處俱略之，乃駕空立籠罩語，似切近而實渺茫，終日逐外而自

以爲得手也。」蓋未嘗不太息於先生云。《明儒學案》

録自余重耀輯《陽明弟子傳纂》卷一，收入《陽明先生傳纂》，上海中華書局民國十二年版，第一—二頁。

進士録·徐愛

徐愛，貫浙江紹興府餘姚縣竈籍。縣學附學生，治《禮記》。行六，年二十二。四月二十三日生。曾祖廷玉；祖文絅；父璽，省察官；母孫氏；具慶下。弟受、孚、爵、爰、豸。娶王氏。浙江鄉試第二十九名，會試第一百八十六名。

録自《正德三年進士登科録》，國家圖書館藏明正德間刻本，第三十六頁。

姚江書院志略·徐曰仁傳

横山徐子，諱愛，字曰仁，陽明王子妹婿也。正德丁卯，王子歸自龍場，講學於稽山，徐子納贄稱弟子。是年舉於鄉，明年成進士，知祁州。大盜劉六等破郡邑，徐子修武備禦之，賊聞而遁。壬申，考滿入京，王子在考功，朝夕受業。冬，陞兵部車馬司員外郎，會王子遷南太僕少卿，同舟歸越，聆《大學》宗旨，踴躍痛快，因授筆記爲《傳習録》首卷。乙亥冬，陞南工部都水司郎中。癸酉五月終，王子在越，與徐子從上虞至四明，觀白水，尋龍溪之源，登杖錫，至雪竇，上千丈巖,望天姥華頂,自寧波還餘姚,兹游實注念徐子與黄子綰也。甲戌,徐子在南京,王子以陞南鴻臚卿至,與黄宗明等同聚師門,同志日親。丁丑請告,買田霅上,爲諸友久聚計。時王子撫南贛,五月遺二詩以慰。戊寅卒,年三十一,王子以兩文祭之,配食杭、紹諸書院。

録自《姚江書院志略》卷上《祀典》,清乾隆五十九年刻本;收入《中國歷代書院志》第九册,江蘇教育出版社一九九五年版,第二九一頁。

餘姚縣志・徐愛傳

徐愛,字曰仁,號横山,王守仁女弟夫也。正德三年進士,出知祁州,值劉六、劉七之亂,有《保障功疏》,陳十事,多見採納。陞南京兵部員外郎,轉南京工部郎中,廉勤,克舉其職。初,守仁出獄歸,愛即北面稱弟子,及門莫有先之者。後數年,守仁遷南太僕,愛亦調南工部,同舟歸越,論《大學》宗旨,作《傳習録》。良知之説,學者多未信,愛爲疏通辨析,暢其指要,門人日益親。守仁出撫南贛,愛亦請告,約歸陽明之麓,以究竟百世之業。曰:「朝聞道,夕死可矣。」年三十一卒,守仁哭之,哀擬於慟顔子焉。《陽明集・祭曰仁文》:「愛嘗游衡山,夢一老瞿曇撫其背,曰:『子與顔子同德。』俄而曰:『亦與顔子同壽。』覺而異之。」一日講畢,嘆曰:「安得起曰仁聞斯言乎!」率門人至其墓所,酹酒告之(《明儒學案》。參王鴻緒《明史稿》、《分省人物考》、《思復堂集》,《明史》附錢德洪傳)。

録自周炳麟修、邵友濂等纂《餘姚縣志》卷二十三《列傳》九,清光緒二十五年刻本。

徐府君墓志銘

黄綰

徐府君,諱廷玉,字汝詢。其先汴人,宋建炎間,諱琛者爲參謀軍事,扈從渡江,居餘姚之嶼墩。其曾孫良徙馬堰。孫原貞以孝友啓家,生府君。家貧不堪凍餒,府君少則慨然曰:「康身、康家、康國一也,其身與家不能謀而能謀國者,吾不聞。古曰:爲富不仁,不以其力掩取之者也;爲仁不富,非舍其當爲而求饑餓者也。古之負才德而餓死者,吾亦不聞。」遂治生。配胡氏,孝静柔和,嚴飭内範,終身人不見其唾洟。中年家大裕,故府君行義而實有相之者。府君偉儀度美,鬚髯氣豪,自信好面攻人過,不顧其喜怒。鄉人不潔,望之而匿;里婦聞聲輒走。以故惡者目以爲敵,陰巧中之,有司不察,置獄,既辯,知其誣,將釋之,竟憤死。於乎!酬善報惡,天道不爽,其理妄邪?迹君之生平,爲善明矣,顧蒙溷垢,死非其所,天道未定也。

府君生二子:文炯、文瑩。二子之子九人:璧、璽、珏、瑺、珍、瑛、璉、璞、佩。璽、珏、佩皆聽選官。諸孫之子十八人:祥、愛、言、受、孚、爵、爰、豸,餘幼。愛即都水郎中曰仁,游陽明王子之門，志求聖學，將以施于世，則前日之未定與其心未究者，其終負耶！府君歿且葬餘百年，曰仁始考幽墜，有事其墓，爲狀告予，使志之。銘曰：古誰爲善，不食于躬；偃王之隤，厥後有庥；有類其宗，執義弗酬；以昌厥孫，既晦益昭；越山之陬，石道之丘；我以銘之，爲善弗憂。

録自黄綰《石龍集》卷二十三，明嘉靖十二年序刻本。

古真先生傳

吕枏

古真先生姓徐氏，名璽，字克用，浙江餘姚人也。生而介特嚴正，不習淫媚。嘗爲吏，亦不能吏行，終亦棄吏不仕，安於貧賤。乃叙曰：

璽行年十七，與從兄某庵君讀書積慶寺，爲進士學以求榮。忽有司檄令監戍，徙之漁陽，乃推案慟哭而去，歷二年，得脱死而歸。自是家門多故，家人强起吾爲吏，遂罷進士學。吾之爲吏也，吾終身耻之，人或以爲僞；吾之不得取進士科也，吾終身憾之，人或以爲妄。吾志不欲貧賤，然不能術去而智解也，故吾終身貧賤，人或以爲愚；吾志不欲孤獨，然不能肩脅而面從也，故吾終身孤獨，人或以爲假；吾志不欲鄙陋，人或以爲固。蓋凡吾所好者，必不能爲惡；凡吾所惡者，必不能爲好；凡吾所能者，必不能爲不能；凡吾所不能者，必不能爲能：皆吾失學而不知變也。世之謂不知變者曰「古真」，今皆以「古真」目吾，故吾遂自號爲「古真翁」，作《古真歌》以自艾。歌曰：「嗟天命之賦物兮，豈各居其攸？胡水不凝兮，胡石不流？胡稟餘之厚滯兮，蹇獨不與世投？吾將任真之爲是兮，抑予學之未修？」聞之於人，人皆曰：「徐克用，真古真哉！」

初，先生年且幼稚，奉祖柩自外來，舟宿泬野孤村，舍作鬼事，火起延舟，舟人皆迷，先生神色自若。厥既從事兵曹，比滿，空槖，假貸而歸。舟轉孟津，阻風彌月，浹旬未爨，侍者愠見，先生曰：「命可死，不特饑餓，此江風亦不能殺人。」熙如也。後既謁選天曹，遇王考功伯安，與語，大悦，乃遂不復仕矣。當其吏藩司也，得假省親，會父嬰嗽疾，身侍不去。人曰：「此風病耳，可無稽爾事爲。」曰：「棄湯藥以親簿書，亹不忍去也。」居數月而父卒。在兵曹時，感噩夢，便理裝欲歸，至而母適訃，人以爲孝念之先覺也。

生一子曰愛，予同年進士也。愛六歲時，嘗攜行田間。愛有所指曰：「吾後必得之。」即厲聲嗔曰：「小子即思黷貨耶？」比謁選時，以伯安講明濂、洛之學，遂遣愛師事之。愛舉進士，出知祁州，適天下多故，廉能大聞於畿甸。而先生至祁，儉樸滋甚，人或語及貧富事，曰：「昔人教兒諂世且嗤之，吾將教兒貪耶？」於戲！若兹者，近代幾見之？宜世俗以爲古真云。贊曰：

昔漢陳寔、周舉始皆爲椽，載其明德，不愧孔門之徒。當時位通顯富，文學如孔光、張禹、馬融、杜欽之輩，今視之高下何如也。古真公持身之堅，事親之誠，慈子之義，不忝前哲，然則又何以吏爲終身耻，以不得科第爲終身憾哉？將非真之不可掩與？故予亦謂先生爲古真，其諸異乎人之稱之歟？

録自吕柟《涇野先生文集》卷三十四，收入《四庫全書存目叢書》集部第六一册，第四五三頁。

徐古真先生記

王激

正德丁卯秋，與先生之子愛同舉於鄉，得候先生於旅邸。激聰明寡劣，謬迷於賞鑒，稱人之善卒不能盡其實，獨於先生，一見若了其肝腸者。既而曰仁舉進士，歷中外，懋功著能，而先生之德日益彰。歲丙子，激復游金陵，曰仁以先生之别號「古真」命記於激。激自念世教屢遷，物情滋僞；閉門塞兑，不以蓄德而以立機；行隨昊吹，不以諧俗而以殉時；風葉浪梟，靡所定正；此溺於今而不古，先生不能也。卮言巤面，矯笑拂情，堯、舜、孔、孟之讀而懷盜蹠惡來之心，臣虜犬彘之衣食而欲以釣天下後世之聲譽，此涉於僞耳不真，先生不爲也。先生言稱其行，面如其心，少即閡於險舋，長復掾於官司，擊撞震撼，而其志不渝。及其德徵於子，寵膺於朝，爲鄉閭里閈之所信。若溪若谷，而唯守其雌；饑食而渴飲，倦息而寒衣；桑户甕居，佃厥新佘；理茶塢，掘芋區，遺世事於知見之外；而時以讀古人之書，存觚近樸，厥名不虛。客有訝激言而問者，曰：「昔儵忽鑿混沌之竅，而其神死久矣。如先生者，胡爲乎來哉？」激不能答，而以問於有道者。有道者曰：「古唯一儵忽也，尚能病混沌。今之冠紳裳服，詡詡於仕路者，非特一儵忽而已。若等不喻，乃以身試其場，而日與之游，安知其不日至，若門而暗，鑿若竅乎？如先生者，自可以謝儵忽矣，其真其古，復何病哉？」激深有感於斯言，遂書以志先生之。

録自王激《鶴山集》，上册，温州圖書館藏清抄本。按：明正德十一年，王激復游金陵，徐愛命爲其父作記。愛卒，慟哭以詩，深致悼惜，可知兩人交誼深厚，知音難求。

祭陽明先生文

徐璽

嗚呼！先生有汲長孺之直，而辭不至於戆；有張晉公之忠，而謀不至於疏；有朱晦庵、陸象山之讀書窮理，穎悟直截，而存心致知不至於偏廢。方其夷江左之大難也，浩然歸志，自謂得所欲矣。及聞百粵之亂也，應召而起，履險若夷，功以時建，大彰德威，中道而殞，與櫬以歸。嗚呼！先生而止於斯耶！吾子曰愛，受教門下，先生愛重，匪特親故。先十年而卒，先生哭之慟。

孰謂吾今之哭先生，猶先生之哭吾子也？嗚呼痛哉！壽夭，天也，生順死安，吾豈爲先生憾？然朝廷失重臣，斯文失宗主，幼子失所怙。嗚呼痛哉！敬陳薄奠，聊寄痛哀。魂兮耿耿，鑒兹永懷。

録自王守仁《王文成公全書》卷三十七《世德記》，謝廷傑明隆慶六年刻本。

大明封文林郎大理寺評事徐公墓志銘

王華

賜進士及第詹事府少詹事兼翰林院學士同修《國史會典》兼經筵日講文華殿講讀官同邑王華撰文，順天府府丞兼司經局正字經筵官萊陽周文通書丹，中憲大夫太僕寺少卿直文華殿安成李綸篆蓋。

弘治十五年冬十二月，《大明會典》告成。越明年春，天子以是書之成，足以昭一代之盛制，垂百世之宏規，爰推恩及編摩諸臣。吏部員外郎餘姚徐君鶚獲進郎中之秩，同邑士夫方爲君舉賀禮，鄉人有自浙來者，忽以其父翠庵先生訃音告郎中，君哭盡哀，遂解官將奔喪而歸，乃衰絰徒跣，持兵部右給事中鄒君公輊狀文一通，過予玉堂外署，泣且拜曰：「鶚不肖，嘗以評事歲月微勞，荷國厚恩，敕封吾父如不肖官，贈吾母爲太孺人。痛惟吾母不幸早世，雖欲追養，恨弗逮矣。詎意吾父復爾見背，今將南還，啓吾母之窆而合窆焉。惟是墓隧之石，未有銘辭，敢蘄一言，以垂不朽。」且曰：「吾父諱立本，字道充，别號翠庵，幼有大志，夙膺大父著代之責，遂棄舉子業而綜理家政。家饒於貲，而急於周恤窮乏；身饒於德，而足以儀刑家邦。大父嘗染痢疾，劇甚，吾父躬進湯藥，頃刻不離寢處，疾已復初。大父歿時，有叔招方六歲，病腹脹幾殆，吾父泣告於天曰：『難得者兄弟！』因遍訪名醫治之，歷數載而病果愈。以是宗族鄉黨稱其孝弟之行者，無間言，因以『順德』扁其堂。成化間，年屢不登，邊兵艱食，吾父慨然捐粟若干石以實邊，朝廷義之，循例授官七品。吾母張氏，乃東山先生天民之孫女。天民儒行高古，爲世所稱重，吾母得於濡染者多。自歸吾父，孝事翁姑，和於妯娌。歲時節旦，必躬親羞齊，以供祭祀；奴僕臧獲，必節量任使，以均勞佚。以故賢淑之聲，見稱於遠近，戚疏者如出一口。生鶚兄弟五人：長鵬，香山縣主簿；次即鶚；次鸞，鹽城縣丞；次鷁，次鵜，俱義官。吾母嘗進鶚兄弟，訓之曰：『徐門素以積善見稱，吾見若等俱眉目娟秀，是皆餘慶所致，若等能力學修身，幸而成立，爲子必孝，爲臣必忠，庶足以衍先世之慶澤於不替也。』鶚居京師，念吾父垂老於堂，嘗欲乞歸終養，輒遺書戒之曰：『汝遭際聖明，致有今日。我既受封，汝母又受贈，合思所以報稱。吾聞汝獲與纂修《會典》，當夙夜匪懈，以共厥職，奈何徒爲我老，而不顧瘝曠之責耶？』鶚聞命，爲寢前念。今《會典》告成，鶚方圖歸養，而昊天降割，吾父竟一疾而卒，年七十有八。吾母卒於成化戊戌，年五十有五。鶚才劣識愚,竊禄二十餘年,倖免瘝曠之責,皆父母教訓所及。《詩》云:『欲報之德,昊天罔極。』惟先生矜畀一言,俾遺美永永有聞,鶚之願也,敢固以請。」

華與郎中君生同鄉,在京邸爲比鄰,交契二十餘年,竊重其行己,居官甚循雅不凡,今復聞其家庭之教訓如此。《論語》云:「魯無君子者,斯焉取斯?」信哉!乃爲序述其言,而繫銘於左:

翠庵先世汴人,宋時有諱琛、字頌山者,以行參軍事,扈從高宗南渡,經餘姚之嶼墩山而卒,子孫因家焉,此徐之始祖也。五世祖諱儒甫,以明經補縣學教授,爲時名儒。曾祖原忠。祖宗海,世稱梅鶴翁,清介士也。父諱洪,樂善循禮,鄉稱善人,母孫氏。孫男十五人:曰子明、子顯,俱邑庠生;孫女四人;曾孫十人。黄沙湖龍口珠山之原,此其葬域也,癸亥年乙丑月壬寅日,則其葬期也。銘曰:

嶼墩之徐,來自汴梁;逮於翠庵,族浸以昌;見義必嗜,如渴與饑;知財爲累,棄捐如遺。彼美孟光,伯鸞之匹;敬順無違,是維閫則;我力於德,如稼於田;至秋而獲,豈曰偶然。惟皇錫命,有贈有封;亦以章善,奚啻報功;黄湖之涯,蔚爲幽宅;源遠流長,子孫千百!

該墓志銘碑現藏於今慈溪市横河鎮馬堰村横山廟。碑高六九〇毫米,寬六九〇毫米,厚一二〇毫米。墓志三十五行,滿行四十三字,每字字徑約十五毫米,全文共計一一七二字,志文略有磨損。志蓋上刻篆書「大明封文林郎大理寺評事徐公之墓」十五字。墓志、志蓋石質爲白色略帶灰色條紋的花崗岩。石碑出土於二十世紀六十年代，地點在餘姚市低塘街道黄沙湖一帶。墓主徐立本爲餘姚馬堰徐氏第十世祖，與徐愛父徐璽同輩，字道充，號翠菴，生於明宣德二年，卒於弘治十六年。早年未獲功名，遂棄舉子業而綜理家政，家饒於貲，明中後期，馬堰徐氏曾以資産之富甲於姚北。徐立本遂通過捐納，獲文林郎大理寺評事之職銜。

與徐仲仁 甲子

仲仁即曰仁，師之妹婿也

王守仁

北行倉卒，不及細話。別後日聽捷音，繼得鄉録，知秋戰未利。吾子年方英妙，此亦未足深憾。惟宜修德積學，以求大成，尋常一第，固非僕之所望也。家君舍衆論而擇子，所以擇子者，實有在於衆論之外，子宜勉之。勿謂隱微可欺而有放心，勿謂聰明可恃而有怠志。養心莫善於義理，爲學莫要於精專。毋爲習俗所移，毋爲物誘所引，求古聖賢而師法之。切莫以斯言爲迂闊也。昔在張時敏先生時，令叔在學，聰明蓋一時，然而竟無所成者，蕩心害之也。去高明而就汚下，念慮之間，顧豈不易哉？斯誠往事之鑒，雖吾子質美而淳，萬無是事，然亦不可以不慎也。意欲吾子來此讀書，恐未能遂離侍下，且未敢言此，俟後便再議。所不避其切切爲吾子言者，幸加熟念,其親愛之情,自有不能已也。

海日翁爲女擇配,人謂曰仁聰明不逮於其叔,海日翁舍其叔而妻曰仁。既後,其叔果以蕩心自敗,曰仁卒成師門之大儒。噫!聰明不足恃,而學問之功不可誣也哉!德洪跋。

録自王守仁《王文成公全書》卷二十六,謝廷傑明隆慶六年刻本。

答某人書 庚午

王守仁

别後三接手誨,知賓主相得爲慰。可知孟吉既□友,而廷敬復勤修之士,從此盪摩相觀,學問之成也有日矣,益用喜躍。所喻徐宅姻事,足感壽卿先生之不鄙。但姚江去越城不二百里耳,祖母之心猶以爲遠,況麻溪又在五六百里之外耶?心非不願,勢不相能,如何,如何?見徐公,幸以此言爲復。吾兩家父祖相契,且數十年,何假婚姻始爲親厚?因緣之不至,固非人力所能爲也。涵養有暇,努力文學,久處暫别,可勝企望。侄守仁頓首。

録自束景南《王陽明佚文輯考編年》(增訂本),下册,第三二五—三二六頁。束案:「書見陳焯《湘管齋寓賞編》(清乾隆刻本)卷二,云:『右札白宣城紙,行草書,二十一行,得晉人法。今藏姚仁朱君仲皜學古齋。』……此書不知與何人,據書中所述,似此書即與『壽卿先生』者,而此壽卿先生乃是來爲徐公姻事説合者。此説姻事之徐公，應即是徐愛之叔父。……徐愛娶陽明妹時間，據《上海日翁大人札二》（見後），陽明妹在正德七年八月懷妊生產，則徐曰仁之娶陽明妹約在正德六年，則王華、陽明之辭徐公求姻約在正德五年，陽明時在廬陵知縣任上。陽明此書即作在正德五年。」

示徐曰仁應試 丁卯

王守仁

君子窮達，一聽於天，但既業舉子，便須入場，亦人事宜爾。若期在必得，以自窘辱，則大惑矣。入場之日，切勿以得失橫在胸中，令人氣餒志分，非徒無益，而又害之。場中作文，先須大開心目，見得題意大概了了，即放膽下筆，縱昧出處，詞氣亦條暢。今人入場，有志氣局促不舒展者，是得失之念爲之病也。夫心無二用，一念在得，一念在失，一念在文字，是三用矣，所事寧有成耶？只此，便是執事不敬，便是人事有未盡處。雖或幸成，君子有所不貴也。

將進場十日前，便須練習調養。蓋尋常不曾起早得慣，忽然當之，其日必精神恍惚，作文豈有佳思？須每日鷄初鳴即起，盥櫛整衣端坐，抖擻精神，勿使昏惰，日日習之，臨期不自覺辛苦矣。今之調養者，多是厚食濃味，劇酣謔浪，或竟日偃卧。如此，是撓氣昏神，長傲而召疾也，豈攝養精神之謂哉？務須絶飲酒，薄滋味，則氣自清；寡思慮，屏嗜欲，則精自明；定心氣，少眠睡，則神自澄。君子未有不如此，而能致力於學問者，兹特以科場一事而言之耳。每日或倦甚思休，少偃即起，勿使昏睡。既晚即睡，勿使久坐。進場前兩日，即不得翻閱書史，雜亂心目。每日止可看文字一篇以自娱，若心勞氣耗，莫如勿看。務在怡神適趣，忽充然滚滚，若有所得，勿便氣輕意滿，益加含蓄醞釀。若江河之浸，泓衍泛濫，驟然決之，一瀉千里矣。每日閑坐時，衆方囂然，我獨淵默，中心融融，自有真樂，蓋出乎塵垢之外，而與造物者游，非吾子概嘗聞之，宜未足以與此也。

録自王守仁《王文成公全書》卷二十四，明隆慶六年謝廷傑刻本。

與曰仁手札 辛未

王守仁

得書，驚惶莫知所措。固知老親母仁慈德厚，福禄應非止此，然思曰仁何以堪處，何以堪處！急走請醫，相知之良，莫如夏者，然有官事相絆，不得遽行，未免又遲半日，比至祁且三日。天道苟有知，應不俟渠至，當已平復。不然，可奈何，可奈何！來人與夏君先發，趙八舅和兒輩隨往矣。惶遽中言無倫次，亦不能盡。守仁頓首，曰仁太守賢弟。

王守仁手迹拓本，真迹鈐有明末清初收藏家朱之赤鑒賞印，清乾隆年間刻入《三希堂法帖》。據計文淵《王陽明法書集》（西泠印社出版社一九九八年版）移録。

與徐曰仁書 丁丑

王守仁

正月三日，自洪都發舟。初十日次廬陵，爲父老留再宿。十三日末，至萬安四十里，遇群盜千餘，截江焚掠，煙焰障天。妻奴皆懼，始有悔來之意。地方吏民及舟中之人，亦皆力阻，謂不可前。鄙意獨以爲我舟驟至，賊人當未能知虛實，若久頓不進，必反爲彼所窺。乃多張疑兵，連舟速進，示以有餘。賊人莫測所爲，竟亦不敢逼，真所謂天幸也。十六日抵贛州，齒痛不能寢食。前官久缺之餘，百冗紛沓，三省軍士屯聚日久，衹得扶病蕆事。連夜調發，即於二十日進兵贛州屬邑。復有流賊千餘突來攻城，勢頗猖獗，亦須調度，汀漳之役遂不能親往。近雖陸續有所斬獲，然未能大捷，屬邑賊尚相持，已遣兵四路分截，數日後或可成擒矣。贛州兵極疲，倉卒召募，未見有精勇如吾邑聞人贇之流者。不知聞人贇之流亦肯來此效用否？閑中試一諷之。得渠肯屈心情願乃可，若不肯隨軍用命，則又不若不來矣。巧婦不能爲無米粥，況使老拙婢乎？過此幸無事，得地方稍定息，決須急求退。

曰仁與吾，命緣相係，聞此當亦不能恝然，如何而可，如何而可！行時見世瑞，説秋冬之間欲與曰仁乘興來游。當時聞之，殊不爲意，今却何因，果得如此，亦足以稍慰離索之懷。今見衰疾之人，顛仆道左，雖不相知，亦得引手一扶，況其所親愛乎？北海新居，奴輩能經營否？雖未知何日得脱網羅，然舊林故淵之想，無日不切，亦須曰仁時去指督，庶可日漸就緒。山水之間須着我，風塵堆裏却輸儂，吾兩人者，正未能千百化身耳，如何而可，如何而可！

黄輿阿睹近如何？似此世界，真是開眼不得，此老却已省却此一分煩惱矣。世瑞、允輝、商佐、勉之、半珪凡越中諸友，皆不及作書。宗賢、原忠已會面否？階莆田事能協力否？湛元明家人始自贛往留都，又自留都返贛，遣之還不可，今復來入越，須早遣發，庶全交好。兩弟進修如何？去冬會講之説，甚善。聞人弟已來否？朋友群居，惟彼此謙虚相下，乃爲有益，《詩》所謂「謙謙恭人，懷德之基」也。趁曰仁在家，二弟正好日夜求益，二弟勉之！有此好資質，當此好地步，乘此好光陰，遇此好師友，若又虚度過日，却是真虚度也，二弟勉之！

正憲讀書極拙，今亦不能以此相望，得渠稍知孝弟，不汲汲爲利，僅守門户是矣。章世傑在此，亦平安。日處一室中，他更無可往，頗覺太拘束，得渠性本安静，殊不以此爲悶，甚可愛耳。克彰叔公教守章極得體，想已如飲醇酒，不覺自醉矣。亦不及作書，書至可道意。日中應酬憊甚，燈下草草作此，不能盡，不能盡。

守仁書奉曰仁正郎賢弟道契。守儉、守文二弟同此，守章亦可讀書知之。二月十三日書。

原載日本《支那墨蹟大成》第十一卷《補遺一》、《中國書法大成》（五）、徐邦達《古書畫過眼要録·元明清書法》，據束景南《王陽明佚文輯考編年》增訂本（上海古籍出版社二〇一五年版，第五一九—五二一頁）移録。

聞曰仁買田霅上攜同志待予歸二首

王守仁

見説相攜霅上耕，連蓑應已出烏程。荒畬初墾功須倍，秋熟雖微税亦輕。雨後湖舠兼學釣，餉餘堤樹合閑行。山人久有歸農興，猶向千峰夜度兵。

月夜高林坐夜沉，此時何限故園心。山中古洞陰蘿合，江上孤舟春水深。百戰自知非舊學，三驅猶媿失前禽。歸期久負雲門伴，獨向幽溪雪後尋。

録自王守仁《王文成公全書》卷二十，明隆慶六年謝廷傑刻本。按：《上杭縣志》題爲《再過行臺有懷》。

守儉弟歸曰仁歌楚聲爲别予亦和之

王守仁

庭有竹兮青青，上喬木兮鳥嚶嚶。妹之來兮，弟與偕行。竹青青兮雨風，鳥嚶嚶兮西東。

弟之歸兮，兄誰與同？江雲暗兮暑雨，江波渺渺兮愁予。弟别兄兮須臾，兄思弟兮何處？景翳翳兮桑榆，念重闈兮離居。路修遠兮崎險，沮風波兮江湖。山有洞兮洞有雲，深林窅窅兮澗道曛。松落落兮葛累累，猿啾啾兮鶴怨群。山之人兮不歸，山鬼晝嘯兮下上煙霏。風嫋嫋兮桂花落，草凄凄兮春日遲。葺予屋兮雲間，荒予圃兮溪之陽。驅虎豹兮無踐我藿，擾麋鹿兮無駭我埸。解予綬兮鐘阜，委予佩兮江湄。往者不可追兮，嘆鳳德之日衰。將沮溺其耦耕兮，孰接輿之避予。回予駕兮扶桑，鼓予枻兮滄浪。終擕汝兮空谷，采三秀兮徜徉。

録自王守仁《王文成公全書》卷十九，明隆慶六年謝廷傑刻本。

又用曰仁韻

王守仁

每逢佳處問山名，風景依稀過眼生。歸霧忽連千嶂暝，夕陽偏放一溪晴。晚投巖寺依雲宿，静愛楓林送雨聲。夜久披衣還起坐，不禁風月照人清。

録自王守仁《王文成公全書》卷二十「歸越詩」（正德壬申年，陞南京太僕寺少卿，便道歸越作），明隆慶六年謝廷傑刻本。

贈徐曰仁序

湛若水

餘姚徐子有淑質，學于陽明，厥既舉進士，守祁州。且行，談學於甘泉。甘泉曰：夫士有六學，學有六敝。一曰博，二曰問，三曰思，四曰執，五曰宏，六曰通。故唯盡此六學者，可以盡性矣。故博之弗可以弗問，問之弗可以弗思，故唯致思者可以窮神矣。思之弗可以弗執，執之弗可以弗宏，宏之弗可以弗通，故唯致通者可以知化矣。夫博而弗駁則明，駁則昏。問而弗泛則精，泛則惑。思而弗貳則得，貳則亂。及其歸愚，則一也。執而弗滯則變，滯則陋。宏而弗荒則大，荒則廢。通而弗流則化，流則蕩。及其不肖，則一也。是故君子崇六學，去六敝，唯擇唯一，成厥天德。時措諸經綸，庶績其臻，是謂治人以身。

録自黄明同主編，汪廷奎、劉路生整理《湛若水全集》（一六）卷一序上，上海古籍出版社二〇二〇年版，第五九頁。

答徐曰仁工曹

湛若水

再拜徐曰仁道契執事。承遠致盛禮，重以奠文，甚感斯文骨肉之情。告奠墓前，哀哭不自勝。知旌旆已還都，有師承之益。所嘆此道孤危，彼此同然。七月初，叔賢來此，墓下住一旬，初頗鋭意講貫，極論累日，彼此有益。却是精密長進，路脈亦正。嶺表可望惟此友耳。看來學者之病，全在三截兩截，不成片段。静坐時自静坐，讀書時又自讀書，酬應時又自酬應，如人身血氣不通，安得長進？元來只是敬上理會未透，故未有得力處，又或以内外爲二而離之。吾人切要，只於執事敬用功，自獨處以至讀書酬應，無非此意。一以貫之，内外上下，莫非此理，更有何事？吾儒開物成務之學異於佛老者，此也。如何？如何？幸以質諸陽明先生見示。承委令尊府先生傳，但不肖自居憂以來，絶不舉筆作文，當有待也。荒迷不次。

録自黄明同主編，郭海鷹整理《湛若水全集》（二一）之《湛若水書信集》，上海古籍出版社二〇二〇年版，第二一六頁。

贈徐曰仁守祁州三物三章，章六句

湛若水

有徂懷人，贈之紈扇。辟元規塵，助清談衍。以除民熱，以蔽大暵。

有徂懷人，贈之長鞭。慎數馬尾，勇著争先。以起民罷，以驅蹊田。

有徂懷人，贈之緘書。圯下之帙，寔帝者師。毋咀其皮，而嚌其胔。

録自黄明同主編，郭海鷹整理《湛若水全集》（一九）之《湛若水詩集》卷一，上海古籍出版社二〇二〇年版，第六八頁。

送徐曰仁之祁州序

王應鵬

己巳之夏，徐曰仁以名進士出守祁州。祁去京師纔四百里，三輔之地也。嘗聞其民樸而且勤，邇今則滋敝矣。嗟呼！民之敝豈特一祁州哉！

天子方軫念之，咎在群吏，出憲使廉察之，而慮者猶以爲噬臍也。然則曰仁何以蘇祁民哉？夫祁民能自蘇者也，非蘇於人者也。不曰勤乎？勤則不廢，不廢則生之者衆。不曰樸乎？

樸則不侈，不侈則用之者舒。夫是之謂良民，古聖王所尤矜恤而憫念者也，孰敝之？吾曰仁固有以慨兹矣。

曰仁少齡，其爲人也温恭，人見其温恭且少齡，以爲有漢黄叔度風流，似也。然叔度之量不可涯，而吾處曰「最契且久」。至于今，已莫能有以窺其際者。意其臨政，亦有然歟，必也相時度物，析之義利、輕重之間，而主於斷，使一州二縣之民，綏之則翕然向風，生之則帖然安土歟。是可以輔京師、副天子矣。

或曰：彼人也，温恭而不過，誠善是矣。過則弛，弛則不競，豺虎不入市乎。於戲！豈其然哉！

曰仁行，同年諸友列祖道于宣武門，以吾一日之長，遂屬爲之叙。

録自王應鵬《定齋先生文略》，中國臺灣「國家」圖書館藏明抄本。

送王伯宜赴幕廣東叙

王應鵬

予少時則聞王伯安先生名。先生自奇士爲古文詩賦，一時學者傳誦，願見之。無由，乃者與其妹婿徐曰仁同年。曰仁少齡，性温恭，嘗與人人中竊識之。

一日偕朝，微扣語，因遡其所淵源者先生。乃知先生道學，慨然師古賢，入夷險，得喪一節，且惓惓於奬士類，引汲後進。至得其近所著作，亦皆仁義道德之腴，藹如也。每懷思，未嘗不誦其言，誦之未嘗不想見其人。嘆曰：「先生之大者在此，而世之學者則所向在彼也。」自此曰仁相朝夕甚愜，今雖别我久，所謂道義骨肉者蓋不諒而自同矣。

先生之從弟謁選部者，曰「伯宜」，伉爽人也；曰「伯孚」，醇謹人也。嘗與曰仁俱，彼二人名家子，能朝夕習見予，二人之心也。往年，伯孚之東廣，屬吾文；今年，伯宜之西廣，屬吾文。吾何文？豈非曰仁之故歟？亦諒予之所以仰高先生者，殉之以爲援，而比之以爲好耳。不然，以今天下人情，鮮有不官爵位望輕重文章也，況不文章者乎？

伯宜行，其慮使大僚知其爲王氏子弟者，必加敬重。盍思先生之所以刑閨門，而至兄弟以御于家邦者，其有思也，必有行也，必有濟也。

先生方宰廬陵，伯宜道廬陵，尚請益，並致區區焉。則兹文也，亦予所以謁見之贄也。

録自王應鵬《定齋先生文略》，中國臺灣「國家」圖書館藏明抄本。

與横山徐曰仁侍御

許相卿

邂逅扳聯，知愛隆篤，侔於兄弟。中間去住相失，而英風雅度膠於吾心，猶一日也。祁州政績偉然，度越流輩，上追循良，於此見曰仁素學有用，同志者亦自增氣。夏初聞南都陟，命晝錦歸寧，年勞故常，不以是爲曰仁多。惟高堂壽祉，令子岐嶷，僕爲喜而不寐耳。暑毒殊酷，惟爲國加飯自愛。

録自許相卿《雲村集》卷五，收入文淵閣《四庫全書》集部第二一一册，第一八四—一八五頁。

哭徐曰仁

王激

水部大夫方少年，清標玉立秋風前。賤子錢塘同發解，下馬一揖心相憐。從兹江湖十餘載，會晤蹤迹相夤緣。蹇驢尋山送白日，銀燈坐夜同青氊。别來抱病卧茅屋，白鶴抱訃甌江邊。摶雲鴆折怨碧落，連城玉碎空藍田。棠棣無花夜蕭瑟，椿萱蘭蕙寒不妍。前年哭子病子夏，而今短命傷顔淵。迢迢姚江幾百里，天涯病日迷寒煙。客淚垂胷涕沾臆，何時灑向南陽阡。

録自王激《鶴山集》上册，温州圖書館藏清抄本。

九日哭曰仁

王激

去年重陽望新月，聽雨聯床聲未歇。今年月出不見人，路隔幽明腸斷絶。共姜帳寒伯道兔，兩鬢高堂正垂雪。千里徒慚一友生，淚濕青襟半成血。

録自王激《鶴山集》上册，温州圖書館藏清抄本。

客金陵爲徐曰仁賦《雙溪偕老圖》

王激

江梅不自秘，吐華春皎皎。泬寥抱孤豔，諧俗情已少。芳鄰籍修篁，無言心獨了。瘦影對寒光，臭味共幽眇。龍翔碧海春，鳳翥丹山曉。九苞上青霄，玉骨應合抱。東風游冶傷，世網嬰百好。妍媸十日事，斜陽萎荒草。憧憧緣業空，年光逐飛鳥。願持不老心，落落風塵表。

録自王激《鶴山集》上册，温州圖書館藏清抄本。

徐横山像贊

歐陽衡

工部虞衡司郎中横山公，居馬堰山之北宜鶴壟村。贊曰：

曰仁少年，陽明善誘。聞道最蚤，舟中私授。獨得真傳，深心研究。胡天不仁，奪我〔一〕何驟？無怪昔日之游南嶽也，夜夢瞿曇，囑曰：女與顔子同德，亦與顔子同壽。

賜進士及第、奉直大夫、司經局洗馬、翰林院侍講、編修經筵講官、校正歷朝寶訓實録、同修會典宋史、廬陵歐陽衡撰文。

録自徐巨川編著《重修姚江馬堰徐氏族譜》，一九九〇年稿本，第十三頁。

徐曰仁公像

張岱

徐曰仁愛，餘姚人，爲陽明妹婿，委贄爲弟子。一日，舟中問《大學》宗旨，躍然起謂：「先生

〔一〕原書「奪我」後衍「河山」二字。

之教，寔孔門嫡傳，舍是皆旁蹊曲徑也。」後陽明與及門談入精微，輒曰：「此意與曰仁舟中及之。」贊曰：

曰仁少年，陽明善誘。聞道最早，舟中私授。獨得真傳，深心研究。胡天不仁，奪我何驟？無怪昔日之游南嶽也，夜夢瞿曇，囑曰：女與顔子同德，亦與顔子同壽。

録自張岱《三不朽圖贊》，浙江人民出版社二〇一七年版，第一〇頁。

上海日翁大人札一 壬申

王守仁

男守仁百拜父親大人膝下：會稽易主簿來，得書，備審起居，萬福爲慰。男與妹婿等俱平安。但北來邊報甚急，昨兵部得移文調，發鳳陽諸處人馬入援，遠近人心未免倉黄。男與妹婿只待滿期，即發舟而東矣。行李須人照管，禎兒輩久不見到，令渠買畫絹，亦不見寄來。長孫之夭，骨肉至痛，老年懷抱，須自寬釋，幸祖母康强。弟輩年富，將來之福，尚可積累。道弟近復如何，須好調攝，毋貽父母兄弟之憂。念錢清陳倫之回，草草報安，小録一册奉覽，未能多寄。梁太守一册，續附山陰任主簿。廿八日男守仁百拜。

録自錢明編校《王陽明全集》第五卷，浙江古籍出版社二〇一〇年版第一七八六頁。按：此札謂徐愛已入京考績，與陽明皆期滿在即，隨時啓程歸越。徐愛於冬間陞南京工部員外郎，陽明於十二月八日陞南京太僕寺少卿(參見束景南《王陽明佚文輯考編年》增訂本，上海古籍出版社二〇一五年，第三七六頁)。

上海日翁大人札二 壬申

王守仁

七妹已到此，初見，悲咽者久之。數日來，喜極，病亦頓減，顔色遂平復。大抵皆因思念鄉土，欲見父母兄弟而不可得，遂致如此，本身却無他疾。兼聞男有南圖，不久當得同歸，又甚喜，其恙想可勿藥而愈矣。又喜近復懷姙，當在八月間。曰仁考滿在六月間。曰仁以盜賊難爲之故，深思脱離州事，但欲改正京職，則又可惜虚却三年曆俸；欲遷升，則又覺年資尚淺；待渠考滿後徐圖之。曰仁決意求南，此見亦誠是。男若得改南都，當遂與之同行矣。

録自錢明編校《王陽明全集》第五卷，浙江古籍出版社二〇一〇年版，第一七八八頁。按：「七妹」即陽明妹、徐愛妻。徐愛於正德七年六月祁州任考滿進京，陽明作此札時，七妹已先進京等候，徐愛尚在祁州未行(參見束景南《王陽明佚文輯考編年》增訂本，上海古籍出版社二〇一五年，第三七〇頁)

上大人書 壬申

王守仁

男等安居如常，七妹當在八月，身體比常甚佳。婦姑之間，近亦頗睦。曰仁考滿亦在出月初旬，出處去就，俟曰仁至，計議已定，然後奉報也。

録自束景南《王陽明佚文輯考編年》增訂本，上海古籍出版社二〇一五年，第三七二頁。按：此書承上書，相隔僅一月，叙事相接。如云「七妹當在八月」，是謂陽明妹妊娠在八月。「曰仁考滿亦在出月初旬」，出月初旬即六月初旬，時徐愛仍未進京（參見束景南《王陽明佚文輯考編年》增訂本，上海古籍出版社二〇一五年，第三七四頁）。

别三子序 丁卯

王守仁

自程朱諸大儒没，而師友之道遂亡。《六經》分裂於訓詁，支離蕪蔓於辭章業舉之習，聖學幾於息矣。有志之士，思起而興之，然卒徘徊嗟咨，逡巡而不振，因弛然自廢者，亦志之弗立，弗講於師友之道也。夫一人爲之，二人從而翼之，已而翼之者益衆焉，雖有難爲之事，其弗成者鮮矣。一人爲之,二人從而危之,已而危之者益衆焉,雖有易成之功,其克濟者亦鮮矣。故凡有志之士,必求助於師友,無師友之助者,志之弗立弗求者也。

自予始知學,即求師於天下,而莫予誨也;求友於天下,而與予者寡矣。又求同志之士,二三子之外,邈乎其寥寥也。殆予之志有未立邪?蓋自近年,而又得蔡希顔、朱守忠於山陰之白洋,得徐曰仁於餘姚之馬堰。曰仁,予妹婿也。希顔之深潛,守忠之明敏,曰仁之溫恭,皆予所不逮。三子者徒以一日之長,視予以先輩,予亦居之而弗辭。非能有加也,姑欲假三子者而爲之證,遂忘其非有也;而三子者,亦姑欲假予而存師友之餼羊,不謂其不可也。當是之時,其相與也亦渺乎難哉!予有歸隱之圖,方將與三子就雲霞,依泉石,追濂洛之遺風,求孔顔之真趣,灑然而樂,超然而遊,忽焉而忘吾之老也。

今年三子者爲有司所選,一舉而盡之,何予得之之難,而有司者襲取之之易也?予未暇以得舉爲三子喜,而先以失助爲予憾;三子亦無喜於其得舉,而方且戚於其去予也。漆雕開有言:「吾斯之未能信。」斯三子之心歟?曾點志於詠歌浴沂,而夫子喟然與之,斯予與三子之冥然而契,不言而得之者歟?三子行矣,遂使舉進士,任職就列,吾知其能也,然而非所欲也;使遂不進而歸,詠歌優遊有日,吾知其樂也,然而未可必也。天將降大任於是人,必先違其所樂,而投之於其所不欲,所以衡心拂慮,而增其所不能,是玉之成也,其在茲行歟?三子則焉往而非學矣，而予終寡於同志之助也。三子行矣。「深潛剛克，高明柔克」，非箕子之言乎？温恭亦沉潛也，三子識之，焉往而非學矣。苟三子之學成，雖不吾邇，其爲同志之助也，不多乎哉！增城湛原明宦于京師，吾之同道友也。三子往見焉，猶吾見也已。

録自王守仁《王文成公全書》卷七，明隆慶六年謝廷傑刻本。

與黄宗賢二 壬申

王守仁

使至，知近來有如許忙，想亦因是大有得力處也。僕到家，即欲與曰仁成雁蕩之約，宗族親友相牽絆，時刻弗能自由。五月終，决意往，值烈暑，阻者益衆且堅，復不果。時與曰仁稍尋傍近諸小山，其東南林壑最勝絶處，與數友相期，俟宗賢一至即往。又月餘，曰仁憑限過甚，乃翁督促，勢不可復待。乃從上虞入四明，觀白水，尋龍溪之源，登杖錫，至於雪竇，上千丈巖，以望天姥、華頂，若可睹焉。欲遂從奉化取道至赤城，適彼中多旱，山田盡龜裂，道傍人家，徬徨望雨，意慘然不樂，遂從寧波買舟還餘姚，往返亦半月餘。相從諸友，亦微有所得，然無大發明，其最所歉然，宗賢不同兹行耳。歸又半月，曰仁行去，使來時已十餘日。思往時在京，每恨不得還故山，往返當益易，乃今益難。自後精神意氣，當日不逮前，不知回視今日又何如也。念之可嘆可懼。留居之説，竟成虚約。親友以曰仁既往，催促日至，滁陽之行，難更遲遲，亦不能出是月。聞彼中山水頗佳勝，事亦閒散。宗賢有惜陰之念，明春之期，亦既後矣。此間同往者，後輩中亦三四人，習氣已深，雖有美質，亦消化漸盡。此事正如淘沙，會有見金時，但目下未可必得耳。

録自王守仁《王文成公全書》卷四，明隆慶六年謝廷傑刻本。

與黄宗賢四　癸酉

王守仁

春初，姜翁自天台來，得書聞山間況味，懸企之極。且承結亭相待，既感深誼，復媿其未有以副也。甘泉丁乃堂夫人憂，近有書來索銘，不久且還增城，道途邈絶，草亭席虚，相聚尚未有日。僕雖相去伊邇，而家累所牽，遲遲未決，所舉遂成北山之移文矣。應原忠久不得音問，想數會聚，聞亦北上，果然否？此間往來極多，友道則實寥落。敦夫雖住近，不甚講學。純甫近改北驗封且行。曰仁又公差未還。宗賢之思，靡日不切。又得草堂報，益使人神魂飛越，若不能一日留此也，如何如何！

去冬解册吏到，承欲與原忠來訪，此誠千里命駕矣。喜慰之極，日切瞻望，然又自度鄙劣，不足以承此。曰仁入夏，當道越中來此，其時得與共載，何樂如之！

録自王守仁《王文成公全書》卷四，明隆慶六年謝廷傑刻本。按：以上王陽明《與黄宗賢》二書皆與徐愛有密切關係，故移録以備参考。

與王純甫三 甲戌

王守仁

得曰仁書，知純甫近來用工甚力，可喜可喜！學以明善誠身，只兀兀守此昏昧雜擾之心，却是坐禪入定，非所謂「必有事焉」者矣。聖門寧有是哉？但其毫釐之差，千里之謬，非實地用功，則亦未易辯别。後世之學，瑣屑支離，正所謂採摘汲引，其間亦寧無小補，然終非積本求原之學。句句是，字字合，然而終不可入堯舜之道也。

録自王守仁《王文成公全書》卷四，明隆慶六年謝廷傑刻本。

與王純甫四 甲戌

王守仁

屢得汪叔憲書，又兩得純甫書，備悉相念之厚，感媿多矣。近又見與曰仁書，貶損益至，三復赧然。夫趨向同而論學或異，不害其爲同也；論學同而趨向或異，不害其爲異也。不能積城反躬，而徒勝口説，此僕往年之罪，純甫何尤乎？因便布此區區，臨楮傾念無已。

録自王守仁《王文成公全書》卷四，明隆慶六年謝廷傑刻本。按：以上王陽明《與王純甫》二書均提及王道與徐愛之間有書信往來，今所存徐愛《横山遺集》與王道《順渠先生文録》皆未見兩人往來之書信和詩文，故移録以備考。

與黄誠甫 癸酉

王守仁

立志之説，已近煩瀆，然爲知己言，竟亦不能舍是也。志於道德者，功名不足累其心；志於功名者，富貴不足以累其心。但近世所謂道德，功名而已；所謂功名，富貴而已。「仁人者，正其誼不謀其利，明其道不計其功」。一有謀計之心，則雖正誼明道，亦功利耳。諸友既索居，曰仁又將遠别，會中須時相警發，庶不就弛靡。誠甫之足，自當一日千里，任重道遠，吾非誠甫誰望邪？臨别數語，彼此闇然，終能不忘，乃爲深愛。

録自王守仁《王文成公全書》卷四，明隆慶六年謝廷傑刻本。按：該文載有王陽明對徐愛的遠别寄語及勉勵之言，故移録。

寄李道夫 乙亥

王守仁

此學不講久矣。鄙人之見，自謂於此頗有發明，而聞者往往詆以爲異，獨執事傾心相信，確然不疑，其爲喜慰，何啻空谷之足音。别後時聞士夫傳説，近又徐曰仁自西江還，益得備聞執事任道之勇，執德之堅，令人起躍奮迅。「士不可以不弘毅，任重而道遠」，誠得弘毅如執事者二三人，自足以爲天下倡。彼依阿僂儞之徒，雖多亦奚以爲哉？幸甚幸甚！

比聞到郡之始，即欲以此學爲教。仁者之心，自然若此，僕誠甚爲執事喜，然又甚爲執事憂也。學絶道喪，俗之陷溺，如人在大海波濤中，且須援之登岸，然後可授之衣而與之食。若以衣食投之波濤中，是適重其溺，彼將不以爲德，而反以爲尤矣。故凡居今之時，且須隨機導引，因事啓沃，寬心平氣以薰陶之，俟其感發興起，而後開之以其説，是故爲力易而收效溥。不然，將有扞格不勝之患，而且爲君子愛人之累，不知尊意以爲何如耶？

病疏已再上，尚未得報，果遂此圖，舟過嘉禾，面話有日。

録自王守仁《王文成公全書》卷四，明隆慶六年謝廷傑刻本。按：該文載有王陽明對徐愛的遠别寄語及勉勵之言，故移録。「西江」指南京以西到江西境内的一段長江，古稱西江。

與傅生鳳 甲戌

王守仁

祁生傅鳳，志在養親而苦於貧。徐曰仁之爲祁也，憫其志，嘗育而教之。及曰仁去祁，生乃來京師謁予，遂從予而南。聞予言若有省，將從事於學。然痛其親之貧且老，其繼母弟又瞽而愚，無所資以爲養，乃記誦訓詁，學文辭，冀以是干升斗之禄。日夜不息，遂以是得危疾，幾不可救。同門之士百計寬譬之，不能已，乃以質於予。予曰：「嘻！若生者，亦誠可憐者也。生之志，誠出於孝親，然已陷於不孝而不之覺矣。若生者，亦誠可憐者也。」生聞之悚然，來問曰：「家貧親老而不爲禄仕，得爲孝乎？」予曰：「不得爲孝矣。欲求禄仕，而至於成疾以殞其軀，得爲孝乎？」生曰：「不得爲孝矣。」「殞其軀而欲讀書學文以求禄仕，禄仕可得乎？」生曰：「不可得禄仕矣。」曰：「然則爾何以能免於不孝？」於是泫然泣下，甚悔，且曰：「鳳何如而可以免於不孝？」予曰：「保爾精，毋絶爾生；正爾情，毋辱爾親；盡爾職，毋以得失爲爾惕；安爾命，毋以外物戕爾性。斯可以免矣。」其父聞其疾危來視，遂欲攜之同歸。予憐鳳之志而不能成也，哀鳳之貧而不能賑也，憫鳳之去而不能留也。臨别，書此遺之。

録自王守仁《王文成公全書》卷八，明隆慶六年謝廷傑刻本。按：該文載有徐愛的祁州門生傅鳳之事蹟及陽明對傅鳳之教誨，故移録。

書王天宇卷 甲戌

王守仁

徐曰仁數爲予言天宇之爲人，予既知之矣。今年春，始與相見於姑蘇，話通宵，益信曰仁之言，天宇誠忠信者也，才敏而沉潛者也。於是乎慨然有志於聖賢之學，非豪傑之士能然哉？出茲卷，請予言。予不敢虚，則爲誦古人之言曰：「聖，誠而已矣。」君子之學以誠身，格物致知者，立誠之功也。譬之植焉，誠，其根也；格致，其培壅而灌溉之者也。後之言格致者，或異於是矣。不以植根，而徒培壅焉、灌溉焉，弊精勞力，而不知其終何所成矣。是故聞日博而心日外，識益廣而僞益增，涉獵考究之愈詳，而所以緣飾其奸者愈深以甚。是其爲弊亦既可睹矣，顧猶泥其説而莫之察也，獨何歟？今之君子，或疑予言之爲禪矣，或疑予言之求異矣。然吾不敢苟避其説，而内以誣於己，外以誣於人也。非吾天宇之高明，其孰與信之？

録自王守仁《王文成公全書》卷八，明隆慶六年謝廷傑刻本。按：該文載有徐愛向陽明推薦王天宇及陽明對天宇之評價，故移録。

與希顔台仲明德尚謙原静 丁丑

王守仁

聞諸友皆登第，喜不自勝，非爲諸友今日喜，爲野夫異日山中得良伴喜也。入仕之始，意況未免摇動，如絮在風中，若非粘泥貼網，恐自張主未得，不知諸友却如何？想平時工夫，亦須有得力處耳。野夫失脚落渡船，未知何時得到彼岸。且南贛事極多掣肘，緣地連四省，各有撫鎮，乃今亦不過因仍度日，自古未有事權不一而能有成者。告病之興雖動，恐成虚文，未敢輕舉，欲俟地方稍靖。今又得諸友在，吾終有望矣。曰仁春來頗病，聞之極憂念。昨書來，欲與二三友去田雪上，因寄一詩。今録去，聊同此懷也。

録自王守仁《王文成公全書》卷四，明隆慶六年謝廷傑刻本。按：該文載徐愛病重時，嘗致書陽明，欲與二三友去田雪上（指湖州），陽明因寄一詩。故移録。

與顧惟賢 丁丑

王守仁

……閩、廣之役，偶幸了事，皆諸君之功，區區蓋坐享其成者。但閩寇雖平，而虔南之寇乃數倍於閩，善後之圖，尚未知所出。野人歸興空切，不知知己者亦嘗爲念及此否也？曰仁近方告病，與二三友去耕雪上。雪上之謀，實始於陸澄氏。陸與潮人薛侃，皆來南都從學，二子並佳士，今皆舉進士，未免又失却地主矣。向在南都相與者，曰仁之外，尚有太常博士馬明衡、兵部主事黄宗明、見素之子林達，有御史陳傑、舉人蔡宗兖、饒文璧之屬，蔡今亦舉進士，其時凡二三十人，日覺有相長之益。今來索居，不覺漸成放倒，可畏可畏！閑中有見，不妨寫寄，庶亦有所警發也。甘泉此時已報滿，叔賢聞且束裝，曾相見否？霍渭先亦美質，可與言，見時皆爲致意。……

録自王守仁《王文成公全集》卷二十七，續編二，明隆慶六年謝廷傑刻本。按：該文亦載徐愛「告病，與二三友去耕雪上」之事，故移録。

與陸元静二 戊寅

王守仁

尚謙至，聞元静志堅信篤，喜慰莫踰。人在仕途，如馬行淖田中，縱復馳逸，足起足陷，其在駑下，坐見淪没耳。乃今得還故鄉，此亦譬之小歇田塍。若自此急尋平路，可以直去康莊，馳騁萬里。不知到家工夫却如何也？自曰仁没後，吾道益孤，致望元静者亦不淺。子夏聖門高弟，曾子數其失，則曰：「吾過矣。吾離群而索居亦已久矣。」夫離群索居之在昔賢已不能無過，況吾儕乎？以元静之英敏，自應未即摧墮。山間切磋砥礪，還復幾人？深造自得，便間亦可寫寄否？尚謙至此，日有所進。自去年十二月到今，已八踰月，尚未肯歸視其室，非其志有所專，宜不能聲音笑貌及此也。區區兩疏辭乞，尚未得報，决意兩不允則三，三不允則五、則六，必得而後已。若再一舉，輒須三月，二舉則又六七月矣。計吾舟東抵吴越，元静之旆當已北指幽冀，會晤未期，如之何則可？

録自王守仁《王文成公全書》卷四，明隆慶六年謝廷傑刻本。按：該文載有徐愛病故後王陽明頗感「吾道益孤」之心情，故移録。

《陽明年譜》正德十二年丁丑五月條

錢德洪編述

按，是月，聞蔡宗兖、許相卿、季本、薛侃、陸澄同舉進士，先生曰：「入仕之始，意況未免摇動，如絮在風中，若非粘泥貼網，亦自主張未得，不知諸友却何如？想平時工夫，亦須有得力處耳。」又聞曰仁在告，買田霅上，爲諸友久聚之計，遺二詩慰之。

録自王守仁《王文成公全集》卷三十二，附録一，年譜一，明隆慶六年謝廷傑刻本。

錢德洪集

卷一　言行録　一二二條

一、天地間只此靈竅。在造化統體而言，謂之鬼神；在人身而言，謂之良知。惟是靈竅，至微不可見，至著不可掩，使此心精凝純固，常如對越神明之時，則真機活潑，上下昭格，何可掩得？若一念厭斁，即恍惚散漫矣。

二、戒懼即是良知，覺得多此戒懼，只是工夫生。久則本體工夫自能相忘，不思而得，不勉而中，亦只一熟耳。

三、思慮是人心生機，無一息可停。但此心主宰常定，思慮所發，自有條理。造化只是主宰常定，故四時日月往來，自不紛亂。

四、充塞天地間只有此知。天只此知之虛明，地只此知之凝聚，鬼神只此知之妙用，四時日月只此知之流行，人與萬物只此知之合散，而人只此知之精粹也。此知運行萬古有定體，故曰「太極」；原無聲臭可即，故曰「無極」。〔二〕太極之運無迹，而陰陽之行有漸，故自一生二，生四，

〔二〕此段唐樞《木鐘臺集·再集·國琛集》亦有録，然文字略異：「錢友德洪嘗曰：『充塞天地間只有此知。天只此知之虛明，地只此知之凝聚，鬼神只此知之靈妙，日月只此知之往來，人與萬物只此知之合散，而人則此知之精粹也。此知（轉下頁）

生八，以至庶物露生，及其萬而無窮焉，是順其往而數之，故曰「數往者順」。自萬物推本太極，以至於無極，逆其所從來而知之，故曰「知來者逆」。是故《易》逆數也，蓋示人以無聲無臭之源也。

五、告子言性無善無不善，與孟子言性善，亦不甚遠。告子只先見定一個性體，元來不動，有動處只在物感上，彼長我長，彼白我白，隨手應去，不失其宜便了，於吾性體，澹然無所關涉。自謂既不失内，又不失外，已是聖門全體之學。殊不知先著性體之見，將心與言、氣分作三路，遂成内外二截，微顯兩用，而於一切感應，俱入無情，非徒無益，反鑿其原矣。孟子工夫，不論心之動不動，念念精義，使動必以義，無歉於心，自然俯仰無虧，充塞無間，是之謂浩然之氣。告子見性在内，一切無動於外，取效若速，是以見爲主，終非不動之根。孟子集義之久，而後行無不得，取效若遲，乃直從原不動處用功，不求不動，而自無不動矣。

六、聖人於紛紜交錯之中而指其不動之真體，良知是也。是知也，雖萬感紛紜而是非不昧，雖衆欲交錯而清明在躬，至變而無方，至神而無迹者，良知之體也。太虚之中，無物不有，而無

（接上頁）運行萬古有定體，故曰太極；原無聲臭可即，故又曰無極。』」（《四庫全書存目叢書》子部第一六二册，齊魯書社一九九五年版，第七〇五頁）

一物之住，其有住則即爲太虚之礙矣。人心感應，無時不有，而無一時之住，其有住則即爲虚靈之障矣。故忿懥、好樂、恐懼、憂患，一著於有，心即不得其正矣。故正心之功不在他求，只在誠意之中，體當本體明徹，止於至善而已矣。

七、除却好惡，更有甚心體？除却元亨利貞，更於何處覓太極？平旦之氣，好惡與人相近，此便是良心未泯。然其端甚微，故謂之幾希。今人認平旦之氣，只認虚明光景，所以無用功處。認得時，種種皆實際矣。〔一〕

八、春夏秋冬，在天道者，無一刻停；喜怒哀樂，在人心者，亦無一時息。千感萬應，莫知端倪，此體寂然，未嘗染著於物，雖曰發而實無所發也。所以既謂之中，又謂之和，實非有兩截事。致中和工夫，全在慎獨。所謂隱微顯見，已是指出中和本體，故慎獨即是致中和。

九、問：「戒懼之功，不能無有事無事之分？」曰：「知得良知是一個頭腦，雖在千百人中，工夫只在一念微處；雖獨居冥坐，工夫亦只在一念微處。」

一〇、真性流形，莫非自然，稍一起意，即如太虚中忽作雲翳。此不起意之教，不爲不盡。

〔一〕《證學録》卷下《緒山錢先生》第三條所録内容與此條大致相同，然在「除却」前尚有「或問平坦之氣。先生曰：汝試說看。曰：莫是不離好惡否？曰」二十二字，而無「平旦……幾希」二十七字。

但質美者，習累未深，一與指示，全體廓然；習累既深之人，不指誠意實功，而一切禁其起意，是又使人以意見承也。久假不歸，即認意見作本體，欲根竊發，復以意見蓋之，終日兀兀，守此虛見，而於人情物理，常若有二，將流行活潑之真機，反養成一種不伶不俐之心也。慈湖欲人領悟太速，遂將洗心、正心、懲忿、窒欲等語，俱謂非聖人之言，是特以宗廟百官爲到家之人指說，而不知在道之人尚涉程途也。

一一、去惡必窮其根，爲善不居其有，格物之則也。然非究極本體，止於至善之學也。善惡之機，縱其生滅相尋於無窮，是藏其根而惡其萌蘖之生，濁其源而辨其末流之清也。是以知善知惡爲知之極，而不知良知之體本無善惡也；有爲有去之爲功，而不知究極本體，施功於無爲，乃真功也。正念無念，正念之念，本體常寂，纔涉私邪，憧憧紛擾矣。

一二、問：「胸中擾擾，必猛加澄定，方得漸清。」曰：「此是見上轉。有事時，此知著在事上；事過，此知又著在虛上。動静二見，不得成片。若透得此心徹底無欲，雖終日應酬百務，本體上如何加得一毫？事了即休，一過無迹，本體上又如何減得一毫？」

一三、問「致知存乎心悟」。曰：「靈通妙覺，不離於人倫事物之中，在人實體而得之耳，是之爲心悟。世之學者，謂斯道神奇秘密，藏機隱竅，使人渺茫恍惚，無入頭處，固非真性之悟。若一聞良知，遂影響承受，不思極深研幾，以究透真體，是又得爲心悟乎？」

一四、先師在越，甘泉官留都，移書辨正良知天理同異。先師不答，曰：「此須合併數月，無意中因事指發，必有沛然融釋處耳。若恃筆札，徒起争端。」先師起征思、田，殁於南安，終不得對語以究大同之旨，此亦千古遺恨也。予於戊申年冬，乞先君墓銘，往見公於增城。公曰：「良知不由學慮而能，天然自有之知也。今游先生之門者，皆曰良知無事學慮，任其意智而爲之。其知已入不良，莫之覺矣，猶可謂之良知乎？所謂致知者，推極本然之知，功至密也。今游先生之門者，乃云只依良知，無非至道，而致之之功，全不言及，至有縱情恣肆，尚自信爲良知者。立教本旨，果如是乎？」予起而謝曰：「公之教是也。」公請予言。予曰：「公勿助勿忘之訓，可謂苦心。」曰：「云何苦心？」曰：「道體自然，無容强索，今欲矜持操執以求必得，則本體之上無容有加，加此一念，病於助矣。然欲全體放下，若見自然，久之則又疑於忘焉。今之工夫，既不助，又不忘，常見此體參前倚衡，活潑呈露，此正天然自得之機也。蓋欲揭此體以示人，誠難著辭，故曰苦心。」公乃瞿然顧予曰：「吾子相別十年，猶如常聚一堂。」予又曰：「昔先師別公詩有『無欲見真體，忘助皆非功』之句，當時疑之，助可言功，忘亦可言功乎？及求見此體不得，注目所視，傾耳所聽，心心相持，不勝束縛。或時少舒，反覺視明聽聰，中無罣礙，乃疑忘可以得道。及久之，散漫無歸，漸淪於不知矣。是助固非功，忘亦非功也。始知只一無欲真體，乃見『鳶飛魚躍』與『必有事焉』，同活潑潑地，非真無欲，何以臻此？」公慨然謂諸友曰：「我輩朋友，誰肯究心及此？」蔣道林示《時習講義》，公曰：「後世學問，不在性情上求，終身勞苦，不知所學何事。比如作一詩，只見性情不見詩，是爲好詩；作一文字，只見性情不見文字，是爲好文字。若不是性情上學，疲神瘁思，終身無得，安得悦樂？又安得無愠？」

一五、人只有一道心。天命流行，不動纖毫聲臭，是之爲微。纔動聲臭，便雜以人矣。然其中有多少不安處，故曰危。人要爲惡，只可言自欺，良知本來無惡。

一六、昔者吾師之立教也，揭誠意爲《大學》之要，指致知格物爲誠意之功，門弟子聞言之下，皆得入門用力之地。用功勤者，究極此知之體，使天則流行，纖翳無作，千感萬應，而真體常寂，此誠意之極也。故誠意之功，自初學用之，即得入手；自聖人用之，精詣無盡。吾師既殁，吾黨病學者善惡之機，生滅不已，乃於本體提揭過重，聞者遂謂誠意不足以盡道，必先有悟而意自不生；格物非所以言功，必先歸寂而物自化。遂相與虚憶以求悟，而不切乎民彝物則之常；執體以求寂，而無有乎圓神活潑之機。希高淩節，影響謬戾，而吾師平易切實之旨，壅而弗宣。師云：「誠意之極，止至善而已矣。」是「止至善」也者，未嘗離誠意而得也。言止則不必言寂，而寂在其中；言至善則不必言悟，而悟在其中。然皆必本於誠意焉。何也？蓋心無體，心之上不可以言功也。應感起物而好惡形焉，於是乎有精察克治之功。誠意之功極，則體自寂而應自順，初學以至成德，徹始徹終無二功也。是故不事誠意而求寂與悟，是不入門而思見宗廟百官也；知寂與悟而不示人以誠意之功，是欲人見宗廟百官而閉之門也，皆非融釋於道者也。

一七、至純而無雜者，性之本體也。兢兢恐恐，有事勿忘者，復性之功也。有事勿忘，而不見真體之活潑焉，强制之勞也；恍見本體而不加有事之功焉，虛狂之見也。故有事非功也，性之不容自已也；活潑非見也，性之不加一物也。

一八、心之本體，純粹無雜，至善也。良知者，至善之著察也。良知即至善也。心無體，以知爲體，無知即無心也。知無體，以感應之是非爲體，無是非即無知也。意也者，以言乎其感應也；物也者，以言乎其感應之事也，而知則主宰乎事物是非之則也。意有動静，此知之體不因意之動静有明暗也；物有去來，此知之體不因物之去來爲有無也。性體流行，自然無息，通晝夜之道而知也。心之神明，本無方體，欲放則放，欲止則止。放可能也，止亦可能也，然皆非本體之自然也。何也？意見使之也。君子之學，必事於無欲，無欲則不必言止，而心不動。

一九、毋求諸已放之心，求諸心之未放焉而已。夫心之體，性也。性不可離，又烏得而放也？放之云者，馳於物焉已爾。

以上録自黄宗羲《明儒學案》卷十一《浙中王門學案・緒山會語》，清康熙三十二年賈樸紫筠齋刻本。

二〇、今之講學，與學校之士言曰：「吾有舉業，未暇及也。」與縉紳之士言曰：「吾有簿書，未暇及也。」與鄉居之士言曰：「吾有家務，未暇及也。」然則何時而後可以講學耶？必去舉業、去簿書、去家務而後可以講學，須是出家爲釋子道流。然釋子道流亦未嘗無事，天下安得無事之人而與之論學乎？必無事之人而後可與論學，然則所學者竟何事耶？舜自耕稼陶漁以至爲帝，無非取善之地。耕稼陶漁，不妨其作聖。然則人稱無暇者，非學妨人，人自棄於學耳。

二一、諸君坐中，有爲師長用功久者，有爲子弟相攜而至者，亦有聞風而至者，且各將此念究竟，原從何處發來。若真從要明心性，還復真元，以植立天地，只此一念，便與堯、舜、三王、孔、顔相接。從此無間，就時時在堯、舜、三王、孔、顔路上，便是參天兩地、瞬息千古矣。若尚有別念憧憧在内，便是立志未一，縱在此講説，不過長得知見，於心性何益？此道昭察，人人具足。百姓日用，即是此道，只是不知。仁智所見，即是此道，又住於見了。此君子之道所以鮮也。

二二、吾人要入聖賢堂室，須認取聖人真面目。佛家設法，常教屏息諸緣。吾爲汝説，學者志道，果肯屏息諸緣，此心全體已是炯然。吾人自性自明，本來具足，只因諸緣積習流注，覆蓋本來真面目，不得發見流行。當下屏息諸緣，此便是回天續命的手段，更有何法可得？

二三、學問須從頭腦上究極，如舉綱得綱，挈之自易。良知者，事物之綱也，良知得而天下之理得矣。良知是天命之性，性體流行，通徹無間，機不容已。竅於目爲明，竅於耳爲聰，竅於口爲義，竅於四肢爲禮，竅於心思爲變化。邇之事父，遠之事君，不學不慮而天則自顯，徹内徹外而内外無間。本來至善，故無善可有；本來無惡，故無惡可除。此造化之真機，聖德之正位也。於此一得，達之家國天下而無不同，質之前聖後聖而無不合。範圍天地，終始萬物，一致知而天下之能事畢矣。

二四、問「知止」。曰：「此知不由言詮可入，不由思索可得，須是諸君自心自證，知得止時，此心已是止了。此心從無始中來，原是止的，雖千思百慮，只是天機自然，萬感萬應，原來本體常寂。只爲吾人自有知識以來〔一〕，自作知見，自作憧擾，失却至善本體，始不得止。〔二〕今既信得本來自性原是如此〔三〕，定静安慮，一齊具足矣。」

二五、問「知所先後」。曰：「吾人只是信此先後不及，所以離道日遠。今人在天地萬物中，自統體而言，謂之天下國家；自耳目口鼻四肢而言，謂之身；自身之主宰而言，謂之心。由天下國家約入身來，身豈不是天下國家的本？由耳目口鼻四肢約入心來，心豈不是身的本？如樹之根，要枝幹條葉、暢茂條達，須從一根上培壅。一心之微，天則自然。帝之所以爲帝，王之所以爲王，儒之所以爲儒，聰明聖智，皆由此出。當下信得及，只在此下手，天下國家，更無有欠缺處。若信不及，且枝枝葉葉在聞見上求，在窮索上得，聞見益多，窮索益密，於本原之地益遠。

〔一〕《明儒學案》卷十一《緒山會語》「以來」作「便功利嗜好，技能聞見，一切意必固我」一句。
〔二〕《明儒學案》卷十一《緒山會語》後有「須將此等習心一切放下，始信得本來自性原是如此」一句。
〔三〕此句《聖學宗傳》作「今既信良知，須將此等習心一齊放下，不容絲髮牽掛，始信得本來自性原是如此」。

只信此一根不過，失却先後次第，去道之所以遠也。」

二六、夫子循循然善誘人，言循循者，循其見之所及，未嘗過爲一言，以起人之眩惑也。言善誘者，知夫子之言皆非真也，誘我入也。非特夫子之言非真也，雖六經千聖之言，皆非真也。何也？得者真而言非真也。筌蹄可以得魚兔，魚兔真而筌蹄非真也。然得因失而後名，原其自性本然，則得亦無得，是得亦非真，而無所得之爲真也。

二七、問：「家有父兄宗黨，見義當爲而衆情未協。若同衆，則徇俗；違衆，則傷情，如何？」曰：「此只在良知上求。良知自能委曲，可同則同之，不可同則違之，此亦不在事上。良知自能盡人之性。〔一〕」

二八、良知至微而顯，故知微可與入德矣。微之顯，誠之不可掩也。堯、舜、禹授受，只是指點得一微字。《中庸》不睹不聞，以至無聲無臭，中間只是發明得一微字。

二九、問：「人生而靜，初念最善，動而後有不善，非其體矣。良知隨覺隨消，固是格致之功，而保任此念，無有動處，日著日察，亦格致也。此意如何？」曰：「此是有意求靜，執知見爲保任，非格致實功也。致知之功，只從見在心體上取證。心體自能無欲，不必言静，自無不静；

〔一〕良知自能盡人之性，據周汝登《聖學宗傳》卷十四《緒山語録》第二十一條補入。

不必言初念，自無初無終；不必言著察，自誠之不可掩。」

三〇、後世儒者，只爲讀書能益知見，一生遂以此心寄頓在册子裏。聖人千言萬語，只要人自得本性，非以益人知見也。縱使字字體悟，有得於心，住於見者，見即爲障。縱不住見，以見入者，即以見得，其於本體，猶隔一層。真性上豈容加一字，豈容毫髮比擬？才著比擬，猶畫工傳神，形色種種，非不具在，終是影子，欠却本來生氣。

三一、諸生讀《傳習録》。先生曰：「讀《傳習録》有綱。須知至善者，指吾心之本體也，即所謂良知也。天下、國、家、身、心、意、知、物，只一物也；格、致、誠、正、修、齊、治、平者，只一功也。此師門之所雅言，聖學之規範也，悟此可與入德矣。」

三二、問：「何謂正念？」曰：「無念。」曰：「何謂無念？」曰：「正念之念，本體常寂，纔涉私邪，憧憧紛擾矣。」曰：「亦有正念，而發不當時，如何？」曰：「念不當時，皆起於意必之私，即是私意。」

三三、張元問：「功夫在良知上用，如主人翁端拱中堂，百務就理，有賊入即覺，毋容竄縱，是否？」先生曰：「賊亦只是主翁自做。」

三四、元問「至誠無息」。先生曰：「《中庸》言至誠與天地相配，汝能合下承當否？」對曰：「不能。」曰：「何謂不能？」曰：「吾身渺然與天地參，每思至此，心便惘然，故不敢承當。」

先生又顧座中諸友曰：「諸君俱能承當否？」衆起對曰：「不能。」先生嘆曰：「天地之道，爲物不貳，人心至誠，又與天地奚二？」元曰：「人能終天地之功，理誠有之，但恐須聖人在天子位。」先生曰：「學者小視其心，自喪其真耳。今且試與諸君言之：爾目盡萬物之色，目之明與天地有窮盡否？耳盡萬物之聲，耳之聰與天地有窮盡否？心思盡天地古今之變，爾之智慧與天地古今有窮盡否？人特自間於形體，與天地不相似耳。」曰：「堯、舜、三王、孔子，皆至誠之聖。堯、舜之光，格於上下；三王文命，訖於四海；格天配地，誠有實事。孔子煢煢卒老，無救於世，雖孔子亦有所不能矣。今一書生，遽言配天配地，恐爲徒思，如何？」先生曰：「堯、舜、三王之政，於今安在？孔子之教，數千年來宛如一日，孔子亦一書生耳。」元曰：「聞先生之教至此，所患不誠耳。至誠功業配天地，此亦理之常耳。」先生曰：「以功業論配天地，是尚以成功而言，未究天人之原也。」曰：「何謂天人之原？」先生曰：「古人說配命合德合明，以此合彼，尚猶二之。其實人與天地一也。吾心靈明爲天地主宰，天地無吾心，則地不見其博厚矣，天不見其高明矣，古今不見其悠久矣，而天地亦幾乎息矣。諸君自盡求誠之功，又何疑於配天配地乎？」

三五、椿問：「日來功夫，覺只見病痛，不見本體，如何？」曰：「本體有何可見，覺處即是本體。」

三六、拱極問：「良知不假於見聞，故致知之功從不睹不聞而入。但纔說不睹不聞，即著不睹不聞之見矣。今不著此見，只念念在良知上精察，使是是非非，無容毫髮欺蔽，是否？」先生默而不應。明日又問：「致知之功，須究透全體，不專在一念一事之間。但除却一念一事，又更無全體可透，如何？」先生默而不應。明日又問：「默體良知，廣大高明，原無妄念可去，纔有妄念可去，已自失却廣大高明之體矣。今只提醒本體，群妄自消，如何？」先生又默而不應。拱極固請。先生曰：「功夫略見端倪，正好用力，必求此心，真信真悟，纔著分解，即已淺矣。」

三七、先生講《易》，至「悔吝者，憂虞之象也」，乃慨然示衆曰：「學者功夫，不得伶俐直截，只爲一虞字作祟耳。」曙問曰：「良知是非從違，何嘗不明？但不能一時決斷，故自虞度，此或無害於理否？」曰：「只此一虞，便是致吝之端。良知明時，本是吉之先見，一虞便自吉而向凶矣，誠可懼也！」[二]

三八、問：「心體多往來起伏，何如？」先生曰：「只是未信良知。良知時止時行，此體常

[二] 原載周汝登《王門宗旨》卷十《緒山語抄》，現據彭國翔《錢緒山語録輯逸與校注》移録，見《中國文哲研究通訊》二〇〇三年第一三卷第二期，第二九頁。《明儒學案》卷十一《浙中王門學案・緒山會語》第二十二條作：「學者功夫，不得伶俐直截，只爲一虞字作祟耳。良知是非從違，何嘗不明？但不能一時決斷，故自虞度曰：『此或無害於理否？或可苟同於俗否？或可欺人於不知否？或可因循一時以圖遷改否？』只此一虞，便是致吝之端。」

寂，有何往來起伏？」〔一〕

三九、丁行問：「每念覺處，常疑未是真體，纔見得，又恐不能保守。」曰：「你見明目者視色，還自疑非真否？又怕此明不能保守否？」

四〇、問：「『操則存』，心有出入，如何操得？」曰：「只這一操字，幾千百年説不明矣。識得出入無時是心操〔二〕，操之之功，始有下落。操如操舟之操。操舟之妙在舵，舵不是死操得。操軍必要坐作進退如法，操國柄必要運轉得天下。今要操心，却只把持一個死寂，如何謂之操？」〔三〕

四一、問：「此心常覺凝滯，未能神觸神應，何如？」曰：「學者不爲勝心、習氣障蔽，則爲知見纏縛，如何得神？今日工夫，只將勝心、習氣、知見等項，一齊除却，便得良知精明，神觸神

〔一〕周汝登《王門宗旨》卷十四《龍溪語抄》此條後尚有四條，正《天成篇》。

〔二〕彭國翔以《聖學宗傳》和《明名臣言行録》爲據，認爲此「操」字爲衍文（參見《錢緒山語録輯逸與校注》，《中國文哲研究通訊》二〇〇三年第一三卷第二期，第三三頁）。

〔三〕此段語録顔元《四書正誤》卷六亦有録，然文字略異：「錢緒山德洪曰：『操則存。操字，幾千百年説不明矣。識得出入無時，是心操之之功，始有下落。操如操舟之操。操舟之妙在舵，舵不是死操的。又如操軍、操國柄之操。操軍必要坐作進退如法，操國柄必要運轉得天下。今要操心，却只把持一個死寂，如何謂之操？』」（王星賢等點校《顔元集》，中華書局一九八七年版，第二三七—二三八頁）

應。百姓與聖人同，何待求能？」

四二、問「學問須要超脱」。曰：「汝之所謂超脱，只是心不掛事，却遇事便不耐心。我説超脱異於是。目不累色，便是目之超脱；耳不累聲，便是耳之超脱；心不累事，便是心之超脱。非是離却事物，守個空寂，以爲超脱也。」

四三、問：「學問在人情物理上做，能於人情無拂，便是功夫否？」曰：「只求不拂良知，於人情自然通得。良知自是人人所同，若只求不拂人情，便是徇人忘己。」〔二〕

四四、問：「感人不動，如何？」曰：「纔説感人，便不是了。聖學只是正己而物自正。譬如太陽無蔽，容光自能照物，非是屑屑尋物來照。文王名卦，不曰感而曰咸，取其無心也。若著一毫感人意思，便是有心，便是憧憧往來。」〔三〕

四五、問「順境逆境」。曰：「眼前所遇，何爲順逆？順逆俱從心生。農夫耕田，遇雨便喜，若行路遇雨，便不悦矣。心有意必，何處非逆？」

四六、本體上著不得一物。恐懼好樂，憂患忿懥，自是人不能無，但有了，便是本體之障。如鏡

〔二〕《明儒學案》卷十一《緒山會語》第十條僅録後半句，作「只求不拂良知，於人情自然通得。若只求不拂人情，便是爲人忘己」。

〔三〕《明儒學案》卷十一《緒山會語》第十一條「文王」以後句未録。

本虚明,物來自照。若鏡面有了一物,便是鏡之障礙,物來俱不能照矣。聖人之心,只是鑒而不納。

四七、教與學只是一事。我誠心爲善,人自起同善之心,則教亦行乎其中矣。要人爲善,誠心委曲以導之,則學亦在其中矣。今人只要求責於人,不知未能寡人之過而反益己之過。

四八、問:「鄉願闇然媚世,孟子從何處勘破?」曰:「從他譏狂狷之言見之。狂者行不掩言,正與他忠信廉潔相反;狷者不屑不潔,正與他同流合污相反。鄉願看得其道最大,忠信廉潔以立己,同流合污以容衆,故君子小人,無處不合,故自以爲是。但狂狷學問雖未透,本根不壞,故可與裁。鄉願却攙入世俗心腸,雖忠信廉潔,只是要人稱好,將本根已拔壞了,故曰『不可與入堯舜之道』。」

以上録自周汝登《王門宗旨》卷十《緒山語抄》,明萬曆三十二年余懋孳刻本。

四九、汝禮自嘆平日多過。先生曰:「只要立得真意,一念真時,便是超凡入聖矣。已往過失,不須更掛。雖有惡人,齋戒沐浴,可以事上帝。此念原無前後,一是即是,一非即非,計前論後,總非當下得手功夫。」[一]

[一] 此條《聖學宗傳》卷十四《錢緒山》、《理學宗傳》卷二十一《錢緒山》和《證心録》卷下《緒山錢先生》皆有録,然《證學録》記爲:「一友自嘆平日多過。先生曰:『只要立得念真,一念真時,便是超凡入聖。從前過失,何足損傷?此念原無前後,一是皆是,一非皆非,計前論後,總非當下得手功夫。』」疑「汝禮」即汝中,爲王畿字,故《王門宗旨》將其録於《龍溪語抄》中。

録自周汝登《聖學宗傳》卷十四《龍溪語抄》，明萬曆三十二年佘檓孳刻本。

五〇、諸生待宿，鷄鳴而醒，起坐。先生問曰：「醒來意思如何？」一友對曰：「此時景象難言。」曰：「此著景象矣。」一友言夢中亦知恐惕。先生曰：「此是説夢矣。」一友言：「醒來多念，除屏不去，安得使之澄然無事？」曰：「此念與心鬭矣。」未達，請問。先生曰：「須是認得良知面目。若不曾認得良知，只於一切念上屏絶，是心與念鬭，時起時滅，曷有窮已？良知原是生生不息，思念烏容屏絶？屏絶念頭，只認虚寂爲本體，是著虚境；醒後不覺，且言夢，是著夢境。」

五一、誠意之功，毋自欺而已矣。毋自欺之功，復得良知本然之體而已矣。如惡惡臭、如好好色者，此指出良知不欺之體以示人也。致知之功在好惡上，故曰「致知在格物」。離却好惡，更無致知之功矣。故《大學·誠意章》指出好惡二字；《正心章》忿懥、好樂、恐懼、憂患，亦只一好惡；《修身章》親愛、賤惡、畏敬、哀矜、敖惰，亦只一好惡；《治國章》好人之所好、惡人之所惡，亦只一好惡；《平天下章》所惡於上下、前後、左右，亦只一好惡。好惡一正，而物無不格，身、心、國、家、天下之理，一歸於正矣。

以上録自周汝登《聖學宗傳》卷十四《錢緒山》，明萬曆三十二年佘檓孳刻本。

五二、宏甫〔二〕：順而能達，帝王之政；逆而能忍，老莊之術。才識相配，必本領宏深。精魄有用，用不敢盡，安重以不虧疏其氣，非的然以爲美，遂厲而致之也。

録自方以智《藥地炮莊》卷二《世》，《四庫全書存目叢書》子部第二五七册，第二五〇頁。

五三、錢緒山曰：昧入者明出，塞入者通出，憂憤入者以自得出。

録自方以智《藥地炮莊》卷三《宗》，《四庫全書存目叢書》子部第二五七册，第二六八頁。

五四、錢緒山曰：中而離乎四海，則天地萬物失其體矣。或假借聖人之似，而逐外者遺内；或窮索聖人之微，而養内者遺外。

録自方以智《藥地炮莊》卷三《惠》，《四庫全書存目叢書》子部第二五七册，第二八四頁。

五五、師門嘗以虚寂之旨立教，聞者閧然指爲佛學。公曰：「變動周流，虚以適變；無思無爲，寂以通感，大易之訓也。自聖學衰而微言絶，學者執於典要，泥於思爲，變動感通之旨遂亡。彼佛氏者乘其衰而入，即吾儒之精髓，用之以主持世教。爲吾儒者，僅僅自守，徒欲以虚聲拒之，不足以服其心。言及虚寂，反從而避忌之，不知此原是吾儒家常茶飯，淪落失傳以至此耳。

〔二〕「宏甫」疑即「洪甫」，緒山字。按：薛侃、倪宗正、歸有光等人皆把錢德洪的「洪」寫作「宏」（如薛侃《書院成請錢德宏兄》、倪宗正《贈及門錢德宏進士》）。但也可能是李贄（一五二七—一六〇二，字宏甫，號卓吾）或蔡毅中（一五四八—一六三一，字宏甫，號濮陽，萬曆二十九年進士），《藥地炮莊》中二人之言亦皆有引用。故此條存疑。

譬之東晉、南宋之君，不能爲王，偏守一隅，甘將中原讓歸夷狄，不復敢與之抗。言及恢復之計者，群然目以爲迂，亦可哀已。」

原載周汝登《聖學宗傳》卷十四《錢緒山》，現據彭國翔《錢緒山語録輯逸與校注》（《中國文哲研究通訊》二〇〇三年第一三卷第二期，第四六頁）移録。

五六、吾輩汩没於聲利之場，沉溺於世味之好，皆緣不覺，故做主不起，所以不能超出塵寰也。然不可認一般半點爲覺，亦不可以意興見解爲覺，必心體停當去處，不犯纖毫手段，乃爲真覺耳。

五七、學問未透真悟，不免以意見相承。意見即真性之障。真性上元無欲根可住，元無擬議可精。真性流行，無欲非理，無義不擬。但非精義無間、盡脱欲根者，又未可以語言虚見承接。

以上原載池上客輯《證心録》卷下《緒山錢先生》，明末刻本，現據彭國翔《錢緒山語録輯逸與校注》（《中國文哲研究通訊》二〇〇三年第一三卷第二期，第四八—四九頁）移録。

五八、或問「操則存」。曰：「汝試説『出入無時』是説心還是説放心？」曰：「是説心。」曰：「只一操字，幾千百年説不明。今既識得出入無時是心，操之之功，始有下落矣。夫所謂操者，操練操習之操，非把持執定之謂也。心之真體，元來變動活潑，豈容執定？人能操習此心，或順或逆，或横或縱，隨其所爲，時時還他活潑之體，不爲世故物欲所滯礙，此便是操心之發。〔二〕譬之操舟，良知即是舵柄。善操者得此舵柄入手，隨波上下，順逆縱横，無往不濟。若執定舵柄，無有變通，舟便不活。此心通達萬變而昭昭靈靈，原未嘗發，何出之有？既無所出，何入之有？既無出入，何方所之有？如明珠走盤，終日圓轉，不離於盤。此正指出心之真頭面示人，以爲操心者之法，非真以入爲存、出爲亡也。」〔三〕

原載池上客輯《證心録》卷下《緒山錢先生》，現據彭國翔《錢緒山語録輯逸與校注》移録（《中國文哲研究通訊》二〇〇三年第一三卷第二期，第四九頁）移録。

五九、先生立教皆經實踐，故所言懇篤若此。自揭良知宗旨後，吾黨又覺領悟太易，認虚見爲真得，無復向裏著己之功矣。故吾黨穎悟承速者，往往多無成，甚可憂也。

録自王守仁《王文成公全書》卷三十二《年譜一》，明隆慶六年謝廷傑刻本。

六〇、洪昔葺師疏，《便道歸省》與《再報濠反疏》同日而上，心疑之，豈當國家危急存亡之日而暇及此也？當是時，倡義興師，濠且旦夕擒矣，猶疏請命將出師，若身不與其事者。至《諫

〔二〕發，據下文，似當作「法」。
〔三〕《王門宗旨》卷十《緒山語抄》第二十五條、《聖學宗傳》卷十四《錢緒山》第十五條、《理學宗傳》卷六《錢緒山》第六條，以及顔元《四書正誤》卷六，均録有與此條意思相同之内容，參見本録第三十九條。

止親征疏》，乃嘆古人處成功之際難矣哉！

録自王守仁《王文成公全書》卷三十三《年譜二》，明隆慶六年謝廷傑刻本。

六一、洪謂：平藩事不難於倡義，而難於處忠、泰之變。蓋忠、泰挾天子以偕亂，莫敢誰何。豹房之謀，無日不在畏，即據上游不敢騁，卒能保乘輿還宫，以起世宗之正始。開先勒石所謂：「神器有歸，孰敢窺竊。」又曰：「嘉靖我邦國。」則改元之兆先徵於兹矣。噫！豈敢然哉！

録自王守仁《王文成公全書》卷三十三《年譜二》，明隆慶六年謝廷傑刻本。

六二、象山與晦翁同時講學，自天下崇朱説而陸學遂泯。先生刻《象山文集》，爲序以表彰之。席元山嘗聞先生論學於龍場，深病陸學不顯，作《鳴寃録》以寄先生。稱其身任斯道，庶幾天下非之而不顧。

録自王守仁《王文成公全書》卷三十三《年譜二》，明隆慶六年謝廷傑刻本。

六三、是月德洪赴省城，辭先生請益。先生曰：「胸中須常有舜、禹有天下不與氣象。」德洪請問。先生曰：「舜、禹有天下而身不與，又何得喪介於其中？」

録自王守仁《王文成公全書》卷三十四《年譜三》，明隆慶六年謝廷傑刻本。

六四、德洪攜二弟德周、仲實讀書城南。洪父心漁翁往視之。魏良政、魏良器輩與游禹穴諸勝，十日忘返。問曰：「承諸君相攜日久，得無妨課業乎？」答曰：「吾舉子業無時不習。」家君曰:「固知心學可以觸類而通,然朱説亦須理會否?」二子曰:「以吾良知求晦翁之説,譬之打蛇得七寸矣,又何憂不得耶?」家君疑未釋,進問(陽明)先生。先生曰:「豈特無妨,乃大益耳!學聖賢者,譬之治家,其産業、第宅、服食、器物皆所自置,欲請客,出其所有以享之;客去,其物具在,還以自享,終身用之無窮也。今之爲舉業者,譬之治家不務居積,專以假貸爲功,欲請客,自廳事以至供具,百物莫不徧借,客幸而來,則諸貸之物一時豐裕可觀;客去,則盡以還人,一物非所有也;若請客不至,則時過氣衰,借貸亦不備;終身奔勞,作一窶人而已。是求無益於得,求在外也。」明年乙酉大比,稽山書院錢楩與魏良政並發解江、浙。家君聞之笑曰:「打蛇得七寸矣。」

録自王守仁《王文成公全書》卷三十四《年譜三》,明隆慶六年謝廷傑刻本。

六五、錢德洪與魏良知、良政等讀書城南,時游禹穴諸勝,每出旬日忘返。德洪父往視之曰:「諸君得無妨課業乎?」良政等曰:「以吾良知求晦翁之説,譬打蛇就七寸,何憂不得耶?」洪父疑未釋。進問陽明,陽明曰:「豈特無妨?乃大益耳!」明年乙酉,錢楩、魏良知并發解浙江,餘多登第。父聞之曰:「打蛇得七寸,信然矣!」

録自范鄗鼎彙編《廣理學備考》之《賀先生集·語録》。編選時,范鄗鼎能看到賀時泰所著書之全本,今除《思聰録外》皆已散佚無存。今整理賀時泰選本,可窺其學。

六六、德洪與王畿並舉南宫，俱不廷對，偕黄弘綱、張元沖同舟歸越。先生喜，凡初及門者，必令引導。俟志定有入，方請見。每臨坐，默對焚香，無語。

録自王守仁《王文成公全書》卷三十四《年譜三》，明隆慶六年謝廷傑刻本。

六七、豹初見稱晚生，後六年出守蘇州，先生已違世四年矣。見德洪、王畿曰：「吾學誠得諸先生，尚冀再見稱贄，今不及矣。兹以二君爲證，具香案拜先生。」遂稱門人。

録自王守仁《王文成公全書》卷三十四《年譜三》，明隆慶六年謝廷傑刻本。

六八、是月初八日，德洪與畿訪張元沖舟中，因論爲學宗旨。畿曰：「先生説知善知惡是良知，爲善去惡是格物，此恐未是究竟話頭。」德洪曰：「何如？」畿曰：「心體既是無善無惡，意亦是無善無惡，知亦是無善無惡，物亦是無善無惡。若説意有善有惡，畢竟心亦未是無善無惡。」德洪曰：「心體原來無善無惡，今習染既久，覺心體上見有善惡在，爲善去惡，正是復那本體功夫。若見得本體如此，只説無功夫可用，恐只是見耳。」畿曰：「明日先生啓行，晚可同進請問。」是日夜分，客始散，先生將入内，聞洪與畿候立庭下，先生復出，使移席天泉橋上。德洪舉與畿論辯請問。先生喜曰：「正要二君有此一問！我今將行，朋友中更無有論證及此者，二君之見正好相取，不可相病。汝中須用德洪功夫，德洪須透汝中本體。二君相取爲益，吾學更無遺念矣。」德洪請問。先生曰：「有只是你自有，良知本體原來無有，本體只是太虚。太虚之中，日月星辰,風雨露雷,陰霾饐氣,何物不有?而又何一物得爲太虚之障?人心本體亦復如是。太虚無形,一過而化,亦何費纖毫氣力?德洪功夫須要如此,便是合得本體功夫。」畿請問。先生曰:「汝中見得此意,只好默默自修,不可執以接人。上根之人,世亦難遇。一悟本體,即見功夫,物我内外,一齊盡透,此顔子、明道不敢承當,豈可輕易望人?二君已後與學者言,務要依我四句宗旨:無善無惡是心之體,有善有惡是意之動,知善知惡是良知,爲善去惡是格物。以此自修,直躋聖位;以此接人,更無差矣。」畿曰:「本體透後,於此四句宗旨何如?」先生曰:「此是徹上徹下語,自初學以至聖人,只此功夫。初學用此,循循有入,雖至聖人,窮究無盡。堯、舜精一功夫,亦只如此。」先生又重囑付曰:「二君以後再不可更此四句宗旨。此四句中人上下無不接着。我年來立教,亦更幾番,今始立此四句。人心自有知識以來,已爲習俗所染,今不教他在良知上實用爲善去惡功夫,只去懸空想個本體,一切事爲,俱不著實。此病痛不是小小,不可不早説破。」是日洪、畿俱有省。

録自王守仁《王文成公全書》卷三十四《年譜三》,明隆慶六年謝廷傑刻本。

六九、同志朱衡、劉道、劉弼、劉峴、王舜韶、吴文惠、劉中虚等迎予講學於精修觀,諸生在座者百五十人有奇。晚游城闉,見民居井落,邑屋華麗。洪曰:「民庶且富,而諸君敷教之勤若此,可謂禮儀之鄉矣。」衡曰:「是城四十年前猶爲赤土耳。」問之。曰:「南、贛峒賊,流劫無常,妻女相率而泣曰：『賊來曷避，惟一死可恃耳。』師來，蕩平諸峒，百姓始得築城生聚，乃有今日，皆師之賜也。」洪嘉嘆不已，乃謂曰：「沐師德澤之深若此，南來郡邑，俱有祠祀，何是地獨無？」衆皆蹙然曰：「有志未遂耳。」乃責洪作疏糾材。是夕來相助者盈二百金。舉人周賢宣作文祀土，衆役並興。中遭異議，止之。至嘉靖甲子，衡爲尚書，賢宣爲方伯，與太僕卿劉愨復完書業，祭祀規制大備，名曰「雲興書院」云。

録自王守仁《王文成公全書》卷三十五《年譜附録一》，明隆慶六年謝廷傑刻本。

七〇、是月，洪送王正億入胄監。至金山，遂入金陵趨會焉。何遷時爲吏部文選司郎中，偕四司同僚邀余登報恩寺塔，坐第一層，問曰：「聞師門禁學者静坐，慮學者偏静淪枯槁也，似也。今學者初入門，此心久濡俗習，淪浹膚髓，若不使求密室，耳目與物無所睹聞，澄思絶慮，深入玄漠，何時得見真面目乎？師門亦嘗言之，假此一段以補小學之功。又云：『心罹疾痼，如鏡面斑垢，必先磨去，明體乃見，然後可使一塵不容。』今禁此一法，恐令人終無所入。」洪對曰：「師門未嘗禁學者静坐，亦未嘗立静坐法以入人。」曰：「舍此有何法可入？」曰：「只教致良知。良知即是真面目。良知明，自能辨是與非，自能時静時動，不偏於静。」曰：「何言師門不禁静坐？」曰：「程門嘆學者静坐爲善學，師門亦然。但見得良知頭腦明白，更求静處精錬，使全體著察，一滓不留；又在事上精錬，使全體著察，一念不欺。此正見吾體動而無動，静而無静，時動時靜，不見其端，爲陰爲陽，莫知其始：斯之謂動靜皆定之學。」曰：「偏於求靜，終不可與入道乎？」曰：「離喜怒哀樂以求中，必非未發之中；離仁敬孝慈以求止，必非緝熙之止；離視聽言動以求仁，必非天下歸仁之仁。是動靜有間矣，非合內合外，故不可與語入道。」曰：「師門亦有二教乎？」曰：「師嘗言之矣，『吾講學亦嘗誤人，今較來較去，只是致良知三字無病』。」衆皆起而嘆曰：「致知則存乎心悟，致知焉盡矣！」下塔，由畫廊指《真武流形圖》曰：「觀此亦可以證儒佛之辯。」衆皆曰：「何如？」曰：「真武山中久坐，無得，欲棄去。感老嫗磨鍼之喻，復入山中二十年，遂成至道。今若畫《堯流形圖》，必從克明峻德，親九族，以至協和萬邦；畫《舜流形圖》，必從舜往於田，自耕稼陶漁，以至七十載陟方；又何時得在金碧山水中枯坐二三十年，而後可以成道耶？」諸友大笑而别。

録自王守仁《王文成公全書》卷三十五《年譜附録一》，明隆慶六年謝廷傑刻本。

七一、我師緒山先生編次《陽明先生家乘》成，輝受而讀之，作而嘆曰：「嗟呼！天道報施善人，抑何其不可測邪！方夫子之生也，苦心妙悟，以續如線之道脈矣，乃僞學之謗不能弭；倡義興師，以殲謀畔之獨夫矣，乃君側之惡不能去；開誠布心，不煩一旅，以格數百年負固之黨矣，乃當軸之忌不能回；使其身一日立乎朝廷之上，何其與世之落落也？及其没也，哭者盡哀，祭者盡誠，至今有吊其墓，謁其祠，拜其家廟，爲之太息流涕而不置者，又何其得衆之鼎鼎也？

竊惑焉。」先生進而教之曰：「是不可以觀天下負勝之機矣乎！夫子之所不能者，時之艱也，人之勝也；其所能者，德之孚也，天之定也。而又何惑哉？吾方哀祭文之不能盡録者，屬子以終事焉。蓋文固有略者矣，將人之祭於地與就其家而祭焉者，皆其實德所感，而人情之所不能已者，顧可略而不書乎？子其揭日月爲序，凡顯而公卿，微而庶人，有舉必書，庶乎定者可考而見，且使我後之人知夫子有不待生而存，不隨死而滅者，良在此而不在彼也。」輝避席曰：「敬聞命矣。」作《喪紀》。

録自王守仁《王文成公全書》卷三十七《世德紀・喪紀》，明隆慶六年謝廷傑刻本。

七二、部郎錢緒山、劉晴川，給事周訥溪，先後以事下獄，相與講學不輟。緒山先釋，（楊爵）先生願有以爲别。緒山曰：「静中收攝精神，勿使游放，則心體湛一，高明廣大，可馴致矣。作聖之功，其在此乎！」先生敬識之，與晴川、訥溪讀書賦詩，如是者五年。

録自《黄宗羲全集》第七册，浙江古籍出版社一九九二年版，第一八四頁。

七三、《答念庵》：「古人以無欲言微。道心者，無欲之心也。研幾之功，只一無欲而真體自著，更不於念上作有無之見也。」

録自《黄宗羲全集》第七册，浙江古籍出版社一九九二年版，第二六七頁。

七四、錢緒山論意見之弊，謂：「良知本體著於意見，猶規矩上著以方圓，方圓不可得而規矩先裂矣。」(東廓)曰:「此病猶是認得良知粗了。良知精明,肫肫皜皜,不粘帶一物。意即良知之運行,見即良知之發越。若倚於意,便爲意障;倚於見,便爲見障。如秤天平者,手勢稍重,便是弊端。」

録自《黄宗義全集》第七册,浙江古籍出版社一九九二年版,第三九三頁。

七五、至秋,越錢緒山公至韶。陳公(大倫)延留書院中。予(胡直)甚喜,請益。然見錢公

以憂制未大祥,遽遠游,又乘青幃,張皂蓋,前呼導,予心私計曰:「予雖學出世事,亦未敢謂然

也。」亡何,冬盡,予方圖歸,因起念,遂失初悟。忽若痞悶,雖極尋繹,宿見意象俱似,而真體昏

塞,甚不自得。述其故,質於錢公。錢公發明頗詳,迄不當予意。

録自《黄宗義全集》第七册,浙江古籍出版社一九九二年版,第六〇五頁。

七六、緒山與之(貢安國)書曰:「昔人言『鴛鴦繡出從君看,莫把金鍼度與人』。吾黨金鍼

是前人所傳,實未繡得鴛鴦,即嘵嘵然空持金鍼,欲以度人,人不見鴛鴦而見金鍼,非徒使之不

信,並願繡鴛鴦之心亦阻之矣。」

録自《黄宗義全集》第七册,浙江古籍出版社一九九二年版,第六七三頁。

七七、緒山謂之(程大賓)曰:「古人學問,不離七情中用,而病痛亦多由七情中作。」

録自《黄宗義全集》第七册,浙江古籍出版社一九九二年版,第六七五頁。

七八、洪覺山《錢緒山壽序》：「吾之於學，常見其未盡處，不見有本體處。或曰：『不見則何如？』曰：『寧有未見，不可有所見。見於仁則住於仁，見於智則住於智，見於中正則住亦以中正。甚者，乃以虚見借藉成用，而不知其非有。故吾不敢有所見，見吾過而已。見吾過以求復，其知而已。』」

録自《黄宗羲全集》第八卷，浙江古籍出版社一九九二年版，第二二一頁。

七九、有問錢緒山曰：「陽明先生擇才，始終得其用，何術而能然？」緒山曰：「吾師用人，不專取其才，而先信其心。其心可託，其才自爲我用。世人喜用人之才，而不察其心，其才止足以自利其身已矣，故無成功。」愚謂此言是用才止訣也。然人之心地不明，如何察得人心術？

録自《黄宗羲全集》第八卷，浙江古籍出版社一九九二年版，第七六五頁。

八〇、吴時來與錢德洪辨格物：緒山書曰吴之格物不免名色太多，而吴則三致書辯之，認爲緒山以（朱）文公求理於事事物物之中之言爲非，蓋未免以文害辭。但緒山又曰：離物不可以言性；心不離乎人情；物者非外也，良知一念之微，從無聲無臭中著見出來。格物者，順其帝則之常，不使一毫私意間隔於其中也。時來則曰：斯語又覺纏繞矣！

録自吴時來《證道編》，載劉斯原《大學古今通考》卷八，收入《四庫全書存目叢書補編》第二一册。

八一、二十五日，會於青原，四方及同郡之士，先後至者百六十人，僧舍不能容。每日升堂，諸君發明良知與意見之害。退則各就寢，所商榷俱夜分乃罷。予嘗問龍溪曰：「凡去私欲，須於發根處破除始得。私欲之起，必有由來，皆緣自己原有貪好、原有計算，此處漫過，一時潔浄，不過潛伏，且恐陰爲之培植矣。」緒山曰：「此件工夫零碎，但依良知運用，安事破除。」龍溪曰：「不然，此倒巢搜賊之法也，勿謂盡無益也。」

録自羅洪先《念庵羅先生文集》卷五《夏游記》，明隆慶元年蘇士潤等刻本。

八二、其曰：「良知原是無知，而無不知，原無一物，方能類萬物之情。」語雖殊，而意想發也。而緒山乃曰：「知無體，以人情事物之感應爲體；無人情事物之感應，則無知也。」將謂物有本末者，亦有别解歟？人情事物感應之於知，猶色之於視、聲之於聽也。謂視不離色，固有視於無形者，是猶有未盡矣。而曰「色即爲視之體，無色則無視也」，可乎？謂聽不離聲，固有聽於無聲者，是猶有未盡矣。而曰「聲即爲聽之體，無聲則無聽也」，可乎？質之龍溪未發之説，則知之爲體，蓋自有在，固不必若是之牽合也。或曰：「緒山所言，其諸（陽明）先生萬物一體之義乎？」

録自羅洪先《念庵羅先生文集》卷五《夏游記》，明隆慶元年蘇士潤等刻本。

八三、錢緒山先生自廣東舟返，過螺川，某於舟次聽教，至南浦而别。一日侍坐山寺，方丈某問曰：「何謂心無内外？」時寺僧方在殿叩鐘，緒山先生曰：「今聞鐘時，我不往彼，鐘不來此，而聲聞無間，心無内外可知矣。」某猶未釋然。及歸螺川，問兩峰先生何謂心無内外。兩峰先生曰：「汝謂心有内外乎？且道汝心所管至界到何處而止，若心所管攝無至界、無止處，則此心廓然無際，何内外之有！」某乃豁然有省。

録自王時槐《王塘南先生自考録・嘉靖二十八年癸酉條》，民國九年重刊本。

八四、邇者緒山、龍溪二兄自淛中臨復古，大聚於青原，考德問業，將稽先師傳習之緒。而精進者寡，因循者衆，是忽實修而崇虚談也。

録自鄒守益《東廓鄒先生文集》卷七《惜陰申約》，收入《四庫全書存目叢書》集部第六六册。

八五、緒山錢子先別而歸，拳拳論有意見之弊，其言曰：「良知本體，著以意見，猶規矩上著以方員。方員不可得，而規矩先裂矣。」因語同游曰：「此病猶是認得良知粗了。良知精明，肫肫皜皜，不沾帶一物。意即良知之運行，見即良知之發越。若倚於意，便爲意障；倚於見，便爲見障。如秤天平者，手勢稍重，便是弊端。」

録自鄒守益《東廓鄒先生文集》卷七《沖玄録》，收入《四庫全書存目叢書》集部第六六册。

八六、嘉靖己酉之春，大恭人唐壽登八十有五，同胥慶以慰望雲，益謹以錫類不匱之義，拜首爲達壽祝！……緒山子相聚永和，稱大恭人之壽曰：「質庵方伯以風義節概俎豆鄉社，而幼服姆教，善承繼姑，是曰能巽；勵庵郡守纘易庵參藩之緒，狷介峭特，以忤權貴，而服疏茹糲，蕭然宦邸逾二十年，是曰能儉；浮峰甫晬而孤，諸兄元楚、元傑未室也，而食貧力教，俾從名師勝友以弘世業，是曰能訓；迎養諫垣，時親箴紉，儉以養廉，稱述光範，喜愠不形，壯耄一致，是曰能恒；聚四懿以備群福，若鑒湖、耶溪之趨於海，無弗至矣。郊祀進階，移封以榮，則有若康靖；手詔存問，嘆尚福壽，則有若文定；咸張氏舊族也。等而上之，飾戎車，奏膚公，以匡中興，尚有孝友家法在！」

録自鄒守益《東廓鄒先生文集》卷三《達壽説》，收入《四庫全書存目叢書》集部第六六册。

八七、緒山兄至青原，即自仙壇赴之，而手疏先及，未得奉答，耿耿。向論聖門之學以不踰矩爲準。矩也者，天然自有之中，即所謂良知，即所謂至善。加焉則過，損焉則不及；不及與過雖異，其踰矩均也。……其曰無疑不惑，皆指良知至善精瑩堅定而言，非就人上效驗説。故行有不得，反求諸矩。矩若加損一釐，便不免齟齬。切磋琢磨，步步有下手處。

録自鄒守益《東廓先生遺稿》卷六《與蘭以信》，清光緒三十年刻本。

八八、竹溪子以績最入考於京，會緒山錢子自韶東下。……緒山子會於永和，同志胥集，颺言於衆曰：「竹溪子之績，其信可考乎！天常樸茂，敦於倫理，於家庭藹如也。任司徒郎有聲，遴能而莅劇郡，凡十邑之賦税訟獄，旷列而櫛比之，是以胥吏不肆，而惸獨不擾。事上以慎，處僚以和，而利病聞於政者，介介不少貶。其於屬吏，戒貪殘而植其良，若在厥躬，上下胥孚，譽處日流，而其志欿然，有尚絅之操焉。」

録自鄒守益《東廓先生遺稿》卷二《贈竹溪林郡侯考績序》，清光緒三十年刻本。

八九、嘉靖庚子冬十月二十有一日，萬安方池周君卒於蘄之官舍，年六十有九。癸卯，仲子賢宣舉於鄉，歸省母氏劉。劉疾甚，以九月二十六日卒，年七十有四。辛亥，宣偕兄宲、弟寰，卜葬於二十都菱陂之原。癸丑，宣成進士，授工部營繕司主事，以修陵工加五品俸，考績，贈方池如其官，陞承德郎，而母氏贈大安人，徵銘於同志錢秋官德洪。錢子稱：「龍蛇深蟄，乃潛其神；巨鱗足涔，懷璞掩瑜。爰有令子，策駕遐踪；振祥發端，褒崇幽泉。而天語下頒，有位不溢；才德能啓，後之褒矣！」

録自鄒守益《東廓先生遺稿》卷十三《菱陂阡表》，清光緒三十年刻本。

九〇、何廷仁、黄正之、李侯璧、汝中、德洪侍坐。先生顧而言曰：「汝輩學問不得長進，只是未立志。」侯璧起而對曰：「珙亦願立志。」先生曰：「難説不立，未是必爲聖人之志耳！」對曰：「願立必爲聖人之志。」先生曰：「你真有聖人之志，良知上更無不盡。良知上留得些子别念掛帶，便非必爲聖人之志矣。」洪初聞時，心若未服，聽説到此，不覺悚汗。

録自王守仁《王文成公全書》卷三《語録三》，明隆慶六年謝廷傑刻本。

九一、先生曰：「古樂不作久矣。今之戲子，尚與古樂意思相近。」未達，請問。先生曰：

「《韶》之九成,便是舜的一本戲子。《武》之九變,便是武王的一本戲子。聖人一生實事,俱播在樂中,所以有德者聞之,便知他盡善盡美與盡美未盡善處。若後世作樂,只是做些詞調,於民俗風化絶無關涉,何以化民善俗?今要民俗反樸還淳,取今之戲子,將妖淫詞調俱去了,只取忠臣孝子故事,使愚俗百姓人人易曉,無意中感激他良知起來,却於風化有益。然後古樂漸次可復矣。」曰:「洪要求元聲不可得,恐於古樂亦難復。」先生曰:「你説元聲在何處求?」對曰:「古人制管候氣,恐是求元聲之法。」先生曰:「若要去葭灰黍粒中求元聲,却如水底撈月,如何可得?元聲只在你心上求。」曰:「心如何求?」先生曰:「古人爲治,先養得人心和平,然後作樂。比如在此歌詩,你的心氣和平,聽者自然悦懌興起,只此便是元聲之始。《書》云『詩言志』,志便是樂的本;『歌永言』,歌便是作樂的本;『聲依永,律和聲』,律只要和聲,和聲便是制律的本。何嘗求之於外?」曰:「古人制候氣法,是意何取?」先生曰:「古人具中和之體以作樂。我的中和,原與天地之氣相應。候天地之氣,協鳳凰之音,不過去驗我的氣果和否。此是成律已後事,非必待此以成律也。今要候灰管,先須定至曰,然至日子時,恐又不準,又何處取得準來?」

録自王守仁《王文成公全書》卷三《語録三》,明隆慶六年謝廷傑刻本。

九二、洪與黄正之、張叔謙、汝中丙戌會試歸,爲先生道途中講學,有信有不信。先生曰:

「你們拿一個聖人去與人講學，人見聖人來，都怕走了，如何講得行！須做得個愚夫愚婦，方可與人講學。」洪又言：「今日要見人品高下最易。」先生曰：「何以見之？」對曰：「先生譬如泰山在前，有不知仰者，須是無目人。」先生曰：「泰山不如平地大，平地有何可見？」先生一言剪裁，剖破終年爲外好高之病，在座者莫不悚懼。

録自王守仁《王文成公全書》卷三《語録三》，明隆慶六年謝廷傑刻本。

九三、丁亥年九月，先生起復征思、田。將命行時，德洪與汝中論學。汝中舉先生教言曰：「無善無惡是心之體，有善有惡是意之動，知善知惡是良知，爲善去惡是格物。」德洪曰：「此意如何？」汝中曰：「此恐未是究竟話頭。若説心體是無善無惡，意亦是無善無惡的意，知亦是無善無惡的知，物亦是無善無惡的物矣。若説意有善惡，畢竟心體還有善惡在。」德洪曰：「心體是天命之性，原是無善無惡的。但人有習心，意念上見有善惡在，格、致、誠、正、修，此正是復那性體功夫。若原無善惡，功夫亦不消説矣。」是夕侍坐天泉橋，各舉請正。先生曰：「我今將行，正要你們來講破此意。二君之見正好相資爲用，不可各執一邊。我這裏接人原有此二種：利根之人，直從本源上悟入。人心本體原是明瑩無滯的，原是個未發之中。利根之人一悟本體，即是功夫，人己内外，一齊俱透了。其次不免有習心在，本體受蔽，故且教在意念上實落爲善去惡。功夫熟後，渣滓去得盡時，本體亦明盡了。汝中之見，是我這裏接利根人的；德洪之見，是我這裏爲其次立法的。二君相取爲用，則中人上下皆可引入於道。若各執一邊，眼前便有失人，便於道體各有未盡。」既而曰：「已後與朋友講學，切不可失了我的宗旨。無善無惡是心之體，有善有惡是意之動，知善知惡是良知，爲善去惡是格物。只依我這話頭隨人指點，自没病痛，此原是徹上徹下功夫。利根之人，世亦難遇；本體功夫，一悟盡透；此顔子、明道所不敢承當，豈可輕易望人！人有習心，不教他在良知上實用爲善去惡功夫，只去懸空想個本體，一切事爲俱不著實，不過養成一個虚寂。此個病痛不是小小，不可不早説破。」是日德洪、汝中俱有省。

録自王守仁《王文成公全書》卷三《語録三》，明隆慶六年謝廷傑刻本。

九四、先生起行征思、田，德洪與汝中追送嚴灘，汝中舉佛家實相幻相之説。先生曰：「有心俱是實，無心俱是幻；無心俱是實，有心俱是幻。」汝中曰：「有心俱是實，無心俱是幻，是本體上説工夫；無心俱是實，有心俱是幻，是工夫上説本體。」先生然其言。洪於是時尚未了達，數年用功，始信本體工夫合一。但先生是時因問偶談，若吾儒指點人處，不必借此立言耳。

録自王守仁《王文成公全書》卷三《語録三》，明隆慶六年謝廷傑刻本。

九五、嘗見先生送二三耆宿出門，退坐於中軒，若有憂色。德洪趨進請問。先生曰：「頃與諸老論及此學，真圓鑿方柄。此道坦如道路，世儒往往自加荒塞，終身陷荆棘之場而不悔，吾不知其何說也！」德洪退，謂朋友曰：「先生誨人，不擇衰朽，仁人憫物之心也。」

録自王守仁《王文成公全書》卷三《語録三》，明隆慶六年謝廷傑刻本。

九六、陽明夫子之學，以良知爲宗，每與門人論學，提四句爲教法：無善無惡心之體，有善有惡意之動，知善知惡是良知，爲善去惡是格物。學者循此用功，各有所得。緒山錢子謂：「此是師門教人定本，一毫不可更易。」先生謂：「夫子立教隨時，謂之權法，未可執定。體用顯微，只是一機；心意知物，只是一事。若悟得心是無善無惡之心，意即是無善無惡之意，知即是無善無惡之知，物即是無善無惡之物。蓋無心之心則藏密，無意之意則應圓，無知之知則體寂，無物之物則用神。天命之性粹然至善，神感神應，其機自不容已，無善可名。惡固本無，善亦不可得而有也。是謂無善無惡。若有善有惡則意動於物，非自然之流行，著於有矣。自性流行者，動而無動，著於有者，動而動也。意是心之所發，若是有善有惡之意，則知與物一齊皆有，心亦不可謂之無矣。」緒山子謂：「若是，是壞師門教法，非善學也。」先生謂：「學須自證自悟，不從人脚跟轉。若執著師門權法以爲定本，未免滯於言詮，亦非善學也。」時夫子將有兩廣之行，錢子謂曰：「吾二人所見不同，何以同人？盍相與就正夫子？」晚坐天泉橋上，因各以所見請質。夫子曰：「正要二子有此一問。吾教法原有此兩種：四無之説爲上根人立教，四有之説爲中根以下人立教。上根之人，悟得無善無噁心體，便從無處立根基，意與知物，皆從無生，一了百當，即本體便是工夫,易簡直截,更無剩欠,頓悟之學也。中根以下之人,未嘗悟得本體,未免在有善有惡上立根基,心與知物,皆從有生,須用爲善去惡工夫隨處對治,使之漸漸入悟,從有以歸於無,復還本體,及其成功一也。世間上根人不易得,只得就中根以下人立教,通此一路。汝中所見,是接上根人教法;德洪所見,是接中根以下人教法。汝中所見,我久欲發,恐人信不及,徒增躐等之病,故含蓄到今。此是傳心秘藏,顔子、明道所不敢言者,今既已説破,亦是天機該發泄時,豈容復秘?然此中不可執著。若執四無之見,不通得衆人之意,只好接上根人,中根以下人無從接授。若執四有之見,認定意是有善有惡的,只好接中根以下人,上根人亦無從接授。但吾人凡心未了,雖已得悟,仍當隨時用漸修工夫。不如此不足以超凡入聖,所謂上乘兼修中下也。汝中此意,正好保任,不宜輕以示人。概而言之,反成漏泄。德洪却須進此一格,始爲玄通。德洪資性沉毅,汝中資性明朗,故其所得亦各因其所近。若能互相取益,使吾教法上下皆通,始爲善學耳。」自此海内相傳天泉證悟之論,道脈始歸於一云。

録自王畿《王龍溪先生全集》卷一《天泉證道記》,清道光二十二年會稽莫晉刻本。

九七、吴悟齋中丞謂錢緒山曰:「頃貽書王龍溪,欲其實修實證,求之於言之外也。誠恐此老不察。又求之於言之内,不復向羞惡、辭讓、是非上用一鍼,即所謂惻隱者,未免認賊作子,將一傳而此學爲世戒。」予讀而旨之,以爲正與程伯子言仁之旨合。往嘗舉似同署麻明之。明之曰：「中丞能不認賊作子否？」予曰：「君以爲何如？」明之笑而不答。

録自王學偉編校《顧憲成全集》卷一《小心齋札記》一，上海古籍出版社，二〇二二年，上册，第九頁。

九八、昔緒山先師主新安盟，五邑人士雲集，獨華陽無一摳衣至者。師曰：「良知人人具足，特無呼而覺之者，安得華陽一人焉加嚆矢？」以不慧承玆土六年，舉會幾遍。頃年華陽附歙以修會事，猶若逡巡不前。今且獨當一面，號召五邑人士至矣。

録自祝世禄《環碧齋尺牘》卷三《與華陽會會友》，收入《四庫全書存目叢書》集部第九四册，第二一三頁。

九九、晴川劉公陞工部，將之任，冢宰羅整庵翁家居，劉公辭行，整庵贈之以詩。既劉公下獄，爲予誦之。予與緒山錢子，皆依韻和之。後人傳其詩於整庵處。近一士夫來京，整庵公語相告曰：「嚮日得詩，和答以具，但欠推敲，未可寄去。」予曰：「此非欠推敲也，元老大臣，家食十年，未嘗以書簡通權貴，乃以一詩交罪人可乎？」此老可以爲法。甲辰年六月十二日記。

録自黄宗羲《明儒學案》卷九《三原學案・楊斛山〈漫録〉》，清康熙三十二年賈樸紫筠齋刻本。

一〇〇、（鄒守益）先生《青原贈處》記陽明赴兩廣，錢、王二子各言所學，緒山曰：「至善無惡者心，有善有惡者意，知善知惡是良知，爲善去惡是格物。」龍溪曰：「心無善而無惡，意無善而無惡，知無善而無惡，物無善而無惡。」陽明笑曰：「洪甫須識汝中本體，汝中須識洪甫功夫。」此與龍溪《天泉證道記》同一事，而言之不同如此。蕺山先師嘗疑陽明《天泉》之言與平時不同。

平時每言「至善是心之本體」；又曰「至善只是盡乎天理之極，而無一毫人欲之私」；又曰「良知即天理」。《録》中言天理二字，不一而足，有時説「無善無惡者理之静」，亦未嘗徑説「無善無惡是心體」。今觀先生所記，而四有之論，仍是以至善無惡爲心，即四有四句亦是緒山之言，非陽明立以爲教法也。今據《天泉》所記，以無善無惡議陽明者，盍亦有考於先生之記乎？

録自黄宗羲《明儒學案》卷十六《江右王門學案·文莊鄒東廓先生守益》，清康熙三十二年賈樸紫筠齋刻本。

一〇一、（羅洪先）先生既定《陽明年譜》，錢緒山曰：「子於師門不稱門生，而稱後學者，以師存日未得及門委贄也。子謂古今門人之稱，其義止於及門委贄乎！子年十四時，欲見師於贛，父母不聽，則及門者其素志也。今學其學者，三紀於兹矣，非徒得其門，所謂升堂入室者，子且無歉焉，於門人乎何有？」《譜》中改稱門人，緒山、龍溪證之也。

録自黄宗羲《明儒學案》卷十八《江右王門學案·文恭羅念庵先生洪先》，清康熙三十二年賈樸紫筠齋刻本。

一〇二、意爲心之運用，則統之於心，尚未發之於情。緒山謂「知爲意之體」者，亦謂意爲已發，故不得不以知爲體，所以未妥。

録自黄宗羲《明儒學案》卷三十一《止修學案·中丞李見羅先生材》，清康熙三十二年賈樸紫筠齋刻本。

一〇三、慈湖占得地步高，只是無根脚。錢緒山嘗謂：「不起意之説印證於道家之人則可，如以語初學，不免習成虚見。然聖人初學門路一途，不起意處，自慈湖聰明自成融融境界耳，不可以爲訓也。」

録自洪垣《覺山先生緒言》卷二，明萬曆刻本。

一〇四、緒山先生嘗謂余曰：「學問無二，而處世有幸有不幸。觀古聖人之困於家，内貞其志，外艱其行，而能履變不失其常。余固幸而免此，余兄弟三人，余竊禄於外，季亦奔走場屋。而親年高，家故貧，寸禄不足養。仲幼習舉子業，一自受業陽明先生師門，聞良知之説，遂棄其業而學焉。謂青紫不足榮，一日之養，莫與易之，曲意順志，得親懽心。會食指繁，議當析居，仲故不欲析，力支以佐家費。而居己於勞，居兄與弟於逸，不忍割同氣之愛。余無艱貞之行、奉親治生之累，優游學問，與四方士上下議論，發明斯道，不墜師教者，仲之助居多。」

録自趙志皋《趙文懿公文集》卷之三《明處士錢二緒君墓志銘》，明崇禎間趙世溥刻本。

一〇五、錢緒山曰：「士先德器而後才能，馬先馴良而後千里，此夫子重本之論。」

録自張岱《四書遇》，浙江古籍出版社二〇一四年版，第三〇〇頁。

一〇六、錢德洪曰：「先生在龍場時，疑朱子《大學章句》非聖門本旨，手録《古本》，伏讀精思，始信聖人之學本簡易明白。其書止爲一篇，原無經傳之分。格致本於誠意，原無闕，傳可補，以誠意爲主。而爲致知格物之功，故不必增一敬字；以良知指示至善之本體，故不必假於見聞。書成，旁爲之釋，而引以序。」

録自朱彝尊《經義考》卷一五九，收入文淵閣《四庫全書》第六八一册。

一〇七、錢德洪曰：「吾師接初見之士，必藉《學》《庸》首章以指示聖學之全功，使知從入之路。師征思、田，將發，先授《大學問》，德洪受而讀之。」

録自朱彝尊《經義考》卷一五九，收入文淵閣《四庫全書》第六八一册。

一〇八、首輔張孚敬専恣尤人，所難竟以是出爲。山西參政乞歸，自搆園居，曰「序芳」，又曰「常足窩」，海内名人作歌贈之。又製一舟，名「平查」，優游林壑，詩酒自娱。著《漸齋詩草》，錢德洪叙之曰：「公之綱條節概，振策紆謨，炳耀當世。及與公居，嗒然若據槁梧，若御冷風，瀟灑物外。予讀其詩，見其標格清妍，摛詞婉約，有詞人之風焉。」

録自沈季友編《檇李詩繫》卷十一，收入文淵閣《四庫全書》第一四七五册。

一〇九、可泉胡子刻《讀書録》於皖，世賢挾一册來秀以示諸生，錢教諭文曰：「以胡子惠皖學者，惠秀士何如？」曰：「吾志也。」於是文遂刻之學宫。刻成請序，（緒山）謂文曰：「此《讀書録要語》也。熟玩而精擇之，以惠天下士者誰與？大中丞東湖先生吴公也。」〔一〕

〔一〕白井順按：正德十六年，可泉胡纘宗在安徽再版了《讀書録要語》。《讀書録要語》三卷附有蕭世賢《薛氏讀書録後序》和《刻讀書録跋》，强調了《要語》的編纂出自吴廷舉（東湖）之手。可泉即胡纘宗（一四八〇——一五六〇），陝西秦安（今屬甘肅）人，號可泉、鳥鼠山人。嘉靖六年出版《藝文類聚》，以文學特别是樂府方面而得名，著作有《可泉辛巳集》（轉下頁）

録自白井順《東アジアにおける薛瑄〈讀書録〉の刊行と変容》,《日本中國學會報》第六十一集,二〇〇九年十月十日發行。

一一〇、錢緒山先生游蘭,與之聚處,謂門人曰:「忘機如公,所謂能自寬者也。」

摘録自陶望齡《歇庵集》卷八《贈員外郎誠山徐公暨配章楊二宜人墓志銘》,明萬曆三十九年王應遴真如齋刻本。

一一一、徐天澤,字伯羽,號蕙皋,弘治十五年進士,授南京工部主事。……時王守仁以道學倡東南,從弟從之游,天澤數與辯難。既見守仁於會稽,親聞良知之教,喟然曰:「吾平生勞精竭慮,博求於外,今反諸吾心,坦然有餘也。」錢德洪曰:「蕙皋近年進道甚鋭,同志賴以奮發。惜不假年,以竟其成也。」卒年三十五。

(接上頁)《願學編》等。胡纘宗官安慶知府時編纂的《安慶府志》藝文志中有《薛文清公讀書録略》的記載。蕭世賢説他雖然知道薛瑄的《讀書録》二十卷,但尚未讀過,在南都獲得《要語》三卷,胡纘宗在《薛氏讀書録序》中説因爲和他的版本不同,因而做了校訂。《要語》被原模原樣收入編纂於嘉靖年間的袁褧《金聲玉振集》六十卷,名爲《薛公讀書録》一卷。據《鳥鼠山人小集》卷十五《明故湖廣按察司副使蕭公墓志銘》:蕭世賢,字若愚,泰和人,後學者稱梅林子。成化戊戌(一四七八)生,弘治乙丑(一五〇五)進士,嘉靖戊子(一五二八)卒。據《鳥鼠山人小集》卷十二《送嘉興蕭太守序》:蕭世賢爲留都比部(刑部通稱)郎,胡纘宗任安慶知府時得其知遇,「還守嘉禾時,纘宗亦移守姑蘇」,遂把《讀書録要語》從安慶帶到蘇州(氏撰:《東アジアにおける薛瑄〈讀書録〉の刊行と変容》)。

摘録自周炳麟修、邵友濂等纂《餘姚縣志》卷二十三《徐天澤傳》，清光緒二十五年刻本。

一一二、「入則無法家拂士」節。張顏陵曰：「出入只作内外字看。」錢緒山曰：「兩無字，乃人主之心自無之也，謂不把這兩件在心上。」此是深一層意，非正解也，以此作正解，則稍誤。此節《大全》《直解》俱主人君言，《淺説》泛指國人言，《淺説》不是。

録自張天傑主編《陸隴其全集》第七册《四書講義困勉録》卷三十五「孟子十二」，中華書局二〇二〇年版，第一一五五頁。

一一三、緒山云：無欲非理，此言實有所悟，非混理欲爲一也。欲念沸騰時，理即在中，不以有欲而滅，息欲正發作，一念打轉，理即在是，豈向别處尋個理來？故曰無欲非理。

録自楊甲仁《愧庵先生集要》卷三《自驗録》，清乾隆六年雲陽程德全序刊本。

一一四、王龍溪、錢緒山天泉傳道一事，乃摹仿慧能、神秀而爲之，其「無善無惡」四句，即「身是菩提樹」四句轉語。附耳相師，天下繁有其徒，學者當遠之。

一一五、如陽明撫贛以前，舉動俊偉，文字謹密，又豈人所易及！後爲龍溪、心齋、緒山、蘿石輩推高，便盡失其故吾。故田州之役，一無足觀。使陽明而早如此，則劾劉瑾、討宸濠，事亦不成矣。蓋斥奸佞、討亂賊，皆分别善惡事，不合於無善無惡之旨也。翕然而爲人所推奬，乃大不幸事。

以上録自王夫之《俟解》，中華書局一九五六年版，第一三頁。

一一六、錢緒山先生嘗曰：「西林公（王伯孚守信），其志不與俗争利，而家自裕；不以官屈節，而身自貴；不與世矜名，而譽自彰；不以道自居，而率履自（自履）。令自諸子以及來孫，鸞軒鳳翥，飄然皆青雲之器，鄉之稱種，德厚而獲福全者，惟公爲烈也。噫！是豈可以尋常窺哉！」

一一七、公名正億，字仲時，號龍陽。……又贄於錢緒山先生之門，緒山深契之，曰：「良知固君家舊物，持券鑰探内藏，無難也。」既長，入冑監，問學益進，當世賢士大夫皆慶陽明有子。

以上録自龍山後裔王謀文輯校《姚江王氏宗譜》卷十九《明襲封新建伯龍陽公傳》，紹興圖書館藏清德逸堂抄本。

卷二　疏議

請復表忠觀疏

先祖吴越三世五王，頗有微勳於兩浙。自表忠觀廢，而祀典湮；《五代史》行，而忠義隱。鄉邦父老，恒懷畏壘之思；郡邑諸生，每切明禋之請。不肖叨承末胄，世沐流光，執印券而思手澤之尚新，過頹垣而同父老之流涕。賴明公當政，再興趙清獻之遺風；文命覃敷，復表蘇文忠公之直筆。創置有地，廟貌聿新，使黄童野老，均輸伏臘之誠；儁髦青衿，獲與駿奔之敬。庶幾先王遺靈，不終飄飖於故土；不肖餘裔，尚得展省於明時。感恩思德，刻骨銘心，曷有窮已。謹編《疑辯》一集，奉塵清覽。萬賜俯燭，見千載之同心；共視落成，協一時之勝舉。士民慰念，後嗣光榮。

原載錢槐等輯《誠應武肅王集》卷末之三《表忠觀》，清嘉慶十六年刻本，收入《中華歷史人物别傳集》，綫裝書局二〇〇三年版，第十三册，第一七三頁。又見錢林修《新鐫吴越錢氏續慶系譜》卷八，清康熙四年木刻本；錢日熙編纂《錢氏家書》之《儀範繪真》，收入《中國家譜》，中國社會科學院歷史研究所圖書館一九八六年版。現據楊正顯《王陽明佚詩文輯釋——附徐愛、錢德洪佚詩文輯録》（《中國文哲研究通訊》第二十一卷第四期）移録。

清理臨安武肅王墓疏

先祖吴越武肅王，當唐昭末造，削平草竊，慎固疆圉，中原群盜，肆行屠掠，民不堪命，吴越之民，歌舞嬉游，百年一日。臨安爲誕生之地，其注念尤深。黄巢擁衆二十萬，所過殘滅，當時縱其越境，臨安其爲沼矣。王率鄉里子弟數十騎破走之，自是歷五季以迨全宋，民老死不識兵革。三節還鄉，以燕父老：九十已上者玉爵，八十已上者金樽，時飲玉者尚二十人。溪山樹石俱覆以錦，遺訓子孫，嫁女婚男，無離宗國舊親，其於鄉土之思，恩亦厚矣。七百年來，石鏡、鎖井、籃嶺、錦溪，遺迹宛然。而獨於抔土枯骨，忍能不顧恤耶？前代改遷縣治，割墓塋右偏爲廳廨，爲布政分司；割左偏爲城隍廟，爲按察分司。塋域之前，左太廟、右祠堂，牌坊、宗祏、翁仲、儀獸、華表，擎天屹立左右，何雄壯也！夫爲國家設立公署，而於王之規制不忍侵越尺寸，前人崇德念功之心，何昭顯也！

正德以前，賢宰王君翔、毛君忠，時葺柵門奠祭，禁民踐汙。繼後民始有耕種其上，而漸肆侵佔。吏部尚書松皋許公，時以僉事提兵駐錦城，以遏湖寇。夜感異夢，軍中見金甲神人仗劍巡營，一軍驚哨。明日公謁先陵，據省祭官陳天顯等呈，盡致侵削之民於法。命有司建墓門，周以垣墻，神道路左右盡令退出，空閒不許占種，立石爲界。提學副使劉公瑞，取裔孫錢玨入縣庠生，奉祠事。提學僉事、今南京吏部尚書林公雲,同南京尚寶司卿吕公柟樹碑墓前,其成案碑記可覆視也。

今距正德才五十餘年耳,而民之侵僭,何縱肆之若此也!太廟祀太山神矣,五祖祏惟存其二矣。廟門僭爲私戟矣,祠堂基僭爲園圃,祠門爲市肆矣,何忍心害德若此也!始假縣帖以愚民,繼借辦祭以欺官。隆慶三年呈鳴,巡院李公批錢塘縣提解究鞫,各犯自出退狀求免科罪,今申覆巡院依申而尚未歸結者,恃父母來邇也。今賢父母以名進士出宰兹土,抱經世之才,借牛刀之試。一下車而僚屬肅政,吏書承式,庭無積牘,獄無冤囚,百姓歌舞於途,商賈爭趨於市。首謁先陵,遂興吊古之思。此正清獻公草奏之日,許尚書感夢之辰也。特不肖子孫散居遐方,生於其地者又微弱不振。某仰懷豐概,未接道崖。文獻無徵,曷興封式?謹刻《志》《乘》,許案東坡《碑銘》及先祠諸刻,奉塵覽正。慨惟古之帝王、賢聖、忠臣、烈士祠墓,歷千載而益新者,以人心同也。清獻公奏建表忠觀者,感父老之流涕也。許尚書無端兆夢,軍中不呼,夜驚見先王,靈爽未泯也。陳天顯建言報本,徵士民之公義難忘也。今恭遇賢父母,神人依德,上下同心,親賜陟降臯丘,詳披故牒,撫石馬之嘶風,想淮南之陣勢,必有愀然悲、泫然涕者矣。磨洗新碑,恢復舊物,是匪徒近採夫毛、王,將詞無任仰切,惟賢父母鑒察。

原載錢林修《新鐫吴越錢氏續慶系譜》卷八《詩》,清康熙四年木刻本。據朱炯《譜牒中的錢德洪佚文輯釋》(《餘姚文博》二〇一七年春夏卷,總第二十八期)移録。

申籲疏

某聞事有曠世而相感者，心之同也；亦有不謀而自協者，時之會也。心苟同，雖世歷千百而不以爲遠；時既會，雖人異古今而不以爲殊。古之聖帝明王、忠臣烈士，其骨朽，其世異，而宗廟祭祀，歲時伏臘，千載如一日，非其心之同歟？然興者未必無廢，繼者未必無絶，苟得其人，則興滅繼滅，隳僨於百年而聿新於一日，非其時之會歟？

始祖武肅王至忠懿王俎豆於吴越，亦已久矣。然自忠懿歸宋，賜第於洛陽，子孫不得歸視宗國者八十餘年，墳墓不治，致使父老見頹垣而流涕。七世祖榮國公忱以使相來浙，飭葺諸塋。清獻趙公爲之疏奏於諸王，子孫、妃夫人復得棲神於故土。元亂華，滅裂禮教，百神不舉，於是錢氏祠祀復湮，子孫戴宋仇元，百年之内無一人出仕其朝者。明興，士民屢請，未遇其人。正德以來，某與宗兄士元出謀當道，次第呈舉，於是吏部尚書許公讚，巡視僉都御史許公，御史宋君、吴君、張君、周君汝員，劉君仕賢，大學士徐公階，都御史林公，相繼以職來莅事，或治其墳墓，或修其祠宇，或録其子孫，而臨安、錢塘、台、越諸祠墓漸復舊制。嘉靖丙辰年，倭夷寇亂，土賊乘時焚掠，祠墓又有同及於災者。少保胡公宗憲、御史周君斯盛亂後思治，修復表忠觀於錢塘，提學范公惟一與二司十三道通詳焉。又清理武肅祖祠、忠懿行祠、周妃墓於崇德，而兵巡道王君健修治焉。御史張君科、袁君淳、伍君令修明祀典，而參政鄭君茂申議焉。自是先祖遺靈復得所依。

夫物之廢也固有自，而其興也亦有因。趙清獻之疏奏，雖因於榮國也，然非榮國之所與也。恃人心之同，乘時會之適也。諸當道之建復或因乎不肖也，然非不肖之所得而與也。恃人心之同，乘時會之適也。或者曰：「錢氏祠墓在吳越亦多矣，安得盡舉而葺之？」某曰：「舉之義有三：有義之不可不舉者，有情之不容不舉者，有義與情合而不忍於不舉者。武肅、文穆、忠懿保障吳越，德澤深於民心，此義之至重者也。故碑記武肅墓於臨安，其在臨安者十有一，有未暇及也；碑表文穆墓於錢塘，其在錢塘者二十有六，有未暇及也：此義之不容於不舉者也。榮國奉其母秦魯賢穆公主扈宋南遷，賜第於台州，四世而吾姚，祖遷於姚，三世而越，祖遷於越，公主、會稽郡王合葬於天台。是天台者，吾首丘也；台、越者，吾宗國也。故復世廟於台、姚，復忠烈廟於越，而碑表會稽郡王四國公、十列孫墓於天台，是情之不容以不舉也。崇德千乘鄉有武肅祖祠，書翰碑石存焉。忠懿助宋削平江南，遂挈家屬朝於汴京，而妃薨皂林，葬依祖祠焉。後忠懿薨於洛陽，追封秦王。百姓悲妃勤王野死，哀王去國不返也，乃建秦王行祠於墓後，蓋表王歸順誠心，不忍戰鬥，其民故注情於妃墓，而尊號曰林，義至重也。榮國至崇德，令族屬錢鵠專主祭掃，公主爲之奏授以官。某去榮國十二世、忠懿之嫡派也，又得親至其地，與進士貢孫置祭田以崇舊觀，是情與義合不容以不舉者也。」或者又曰：「君子澤斬五世，錢氏自唐至今八百年矣，世代寥絶，其能必求其宗而舉之乎？」某曰：「噫！此豈本人心而論時會者乎？五祖自唐歷五代以至宋，世有吴越，是澤以世土延也。六世王封，十世國爵，與宋終始，是澤以世爵延也。元世不仕。太祖立極，其在吾姚，以開科進士舉者錢古訓，以賢良舉者錢仁傑。太祖以古訓出使百夷，不辱君命，親賜蟒玉。成祖録名於《五倫書》。其在台越以賢良舉者，建昌太守錢克邦、湖廣參政錢性、博士錢宰，太祖、成祖兩取鐵券，享遇之歸。宰詠五更朝罷之詩，太祖親賜御筆改焉。既後科第不絶，是澤以世德延也。史述歐、馬譜續慶系世，雖寥絶，今猶昨也，又奚疑於五世而斬耶？《易》之《萃》曰：『王假有廟，致孝享也。』《傳》者謂：『聚己之精神，以聚祖考之精神。』天子有天下，身爲四海百神之主也。諸侯有國，身爲四境百神之主也。卿大夫士有家，是身爲先祖百神之主也。某自有知識，即不能忘情於先祖，不自知其爲何心，念此身爲先王之主也，故疲竭精神而不能已於晨夕。崇德祖祠，倭亂之後，幾爲世家所奪。某出而存之，且得肖翁牌行，修理尚未畢工。豪奴徐氏既發妃墓，今又一炬而盡其祠像，是又何心哉？此子孫之大變，天地非常之災也。枕戈飲血，何以爲報？尚恃父母孔邇，控籲有地。世有趙清獻，必不使行道之人興嗟於白日。尚恐御事者不察，或疑不肖無因而妄作。乃叙述古今興廢之端，以指人心之同、時會之適。庶幾知我者謂我心憂，悠悠蒼天，彼何人哉？」

原載錢林修《新鐫吴越錢氏續慶譜系》卷八《詩文》，清康熙四年木刻本。據朱炯《譜牒中的錢德洪佚文輯釋》（《餘姚文博》二〇一七年春夏卷，總第二十八期）移録。按：清錢日熙編纂《錢氏家書》之《祠宇彙志》（清光緒四年刊本，收入中國社會科學院歷史研究所圖書館一九八六年版《中國家譜》二B—八八，第九種，第八—九頁）中僅見此文節録，不足二百字。

刻崇德王祖祠墓疏

古人重文獻，謂「稽往事示勸懲，非文獻不徵焉」。故君子身在一時，其心上下千百年而如見者，恃有徵也。夫無其徵以求信於人，是不智也，有其徵而不能表信於人，是不仁也。不仁，非孝也；不智，亦非孝也。

吾祖忠懿王當宋祖立，亟挈其妃嬪族屬以朝汴京，歸而少妃周氏卒於道，遂依祖祠葬崇德之千乘鄉焉。既而忠懿籍土歸國，薨葬於洛陽，追封秦王。吴越之民思王之不歸也，相與子孫築秦王行祠於周妃墓後。妃後以子貴贈彭城郡太夫人，故土人禱祈祝賽皆以秦王爲社，而《志》載涇村寺渡皆以錢林爲名，謂帝墓曰陵，王墓曰林，尊妃葬也。自宋以來，世立生祠。我朝成化間，族孫錢珪尚增買祭田以處禋薦，當是時，祠墓尚無恙也。頃年以來，守墓徐氏穿壙竊財，遂致富。横恥其世爲祠墓守也，將諱其迹而滅其名，穴墓規壟以營居室，毁祠裂碑以私貨利，舊制蕩空矣。夫周妃之野死道路者，朝中國也；秦王之世享行祠者，順邦人也。徐氏之祖爲王家奴，子孫更世數百而猶存不泯者，其何功德以致之依王靈也。世受國恩，不思圖報，反自剥其廬焉，有人心者爲之乎？先王寧棄數千里之成業，以保安民命。在守土者，猶協志興復其廢祀。徐氏世享數百年之利澤，爲子孫者忍能不恤其抔土乎？數年之間，一旦蕩滅，誠何心哉！不肖子孫目擊其事，痛心割腑，荷戈無地，悒悒不知何以戴天日也。所賴國法昭明，仰天可訴，故叙其始委，並採録《志》《乘》，以告當道。庶讀者不待辯詰，而文獻徵，事理著。明公當政，必有以閔其情，而思爲一泄其忿者，則不肖不智之名不敢居，不仁之罪庶或逭於萬一矣。雖死之年，猶生之日也。稽顙泣血陳詞以告，惟明公其察之。

原載錢林修《新鐫吴越錢氏續慶譜系》卷八《詩文》，清康熙四年木刻本。據朱炯《譜牒中的錢德洪佚文輯釋》（《餘姚文博》二〇一七年春夏卷，總第二十八期）移録。

議復廣陵王祠

竊見吴越國廣陵郡王錢元璙及其子節度使文倖（奉），以英威果毅之資，當干戈搶攘之日，忠君舉義，相父開牙，一破黄巢之鯨鯢，三出姑蘇於水火，遂承朝命，乃建國。公列戟中吴，敷恩萬姓，部軍撩淺，通溝洫以利農，依禮士諮，謀選賢才而昌國賓。盡心綏奠，竭力經營，子父承勳，兵農一體。遂能銷金革於百年，富完安樂；保編民於五代，歌舞嬉游。當有宋之開基，得全土而歸，納部鮮民，命脱屣邦封，致令改運之園池，儼以昔時之臺榭。迨於文正請建學宫，繼厥子之拓恢，成毓才之館宇，後人懷德，皆已立祠，推此地之由來，實元璙之創辟。苟非勳伐之難泯，豈能廨屋之特存。觀請建之賢，既臨俎豆；何創辟之主，獨缺粢牲？開一方禮儀之區，流千載衣冠之澤，況以勞定國，大患克除，在祭法所不遺於人心而必報者也。伏乞俯循輿議，丕振士風，考郡乘以稽功，順人情而作廟，並修墓宇，重立碑銘，則公論無幽而不揚，禮文雖久而益著矣。

原載錢林修《新鐫吴越錢氏續慶系譜》卷八《詩文》，清康熙四年木刻本。據朱炯《譜牒中的錢德洪佚文輯釋》（《餘姚文博》二〇一七年春夏卷，總第二十八期）移録。

議王祠合祭

先王德澤在民，英爽不泯。有司士民建祠，復祀忠烈，表著子孫，又得聚族合祭。遺訓昭宣，庶足以發幽光而延世澤矣。然譜系不續，無以承前而繼後；碑圖不刻，無以聯親而别疏；贍田不置，無以主祠而奉祀。此三者，事理之決不可緩而廢者也。

今與諸族子孫之賢者相聚定議，祠後慶系堂立石碑三，左右神板二。中碑刻《大宗譜》圖，使知受姓之所自來，則諸族合祭得所本矣。左碑刻慶系諸圖，使諸族根本於台之賜第，親疏辨矣。右碑刻《續慶系譜》圖，每圖刻各支始遷之祖以及首事之子孫。不入圖者，不得與合祭矣。左右神板，則列武肅王後顯名史册者，則各支有賢者出，得續名於後矣。《續譜》則本於《慶系譜》。蓋《慶系譜》作於魏國忠靖公，凡十世，故《續譜》則始於十一世，以至於二十五世。各支始遷之祖，前乎十一世則列名於總圖，後乎十一世則列位於《續譜》，上下統同，無相斷絶也。其贍田則如祭田，議各置田於本支，以爲輪年辦祭及往來公費。惟買田一畝於本祠，以爲春秋有司臨祭之費，則主奉祠祀者得常守也。

吾年力衰憊，日不如前，惴惴焉，惟恐不得克終先人之志，故思與諸賢亟圖之。子孫之賢，繼我而出者，世必有人。但即今不爲文獻廢缺，而欲責成於後人，蓋亦難矣。此吾日夜之所遑遑者，惟諸賢亮察。

原載錢林修《新鐫吴越錢氏續慶系譜》卷八《詩文》，清康熙四年木刻本。據朱炯《譜牒中的錢德洪佚文輯釋》（《餘姚文博》二〇一七年春夏卷，總第二十八期）移録。

卷三　書札

上甘泉

良知天理原非二義，以心之靈虛昭察而言謂之知，以心之文理條析而言謂之理。靈虛昭察，無事學慮，自然而然，故謂之良；文理條析，無事學慮，自然而然，故謂之知。然天曰靈虛昭察，則所謂昭察者，即文理條析之謂也。靈虛昭察之中，而條理不著，固非所以爲良知；而靈虛昭察之中，復求所謂條理，則亦非所謂天理矣。今曰良知不用於理，則知爲空知，是疑以虛元空寂視良知，而又似以襲取外索爲天理矣，恐非兩家立言之旨也。

復王龍溪

久庵謂吾黨於學，未免落空。初若未以爲然，細自磨勘，始知自懼。日來論本體處，説得十分清脱，及徵之行事，疏略處甚多，此便是學問落空處。譬之草木，生意在中，發在枝幹上，自是可見。

答傅少巖

人生與世情相感，如魚游於水，隨處逼塞，更無空隙處。波蕩亦從自心起，此心無所牽累，雖日與人情事變相接，真如自在，順應無滯，更無波蕩可動。所謂「動亦定、靜亦定」也。若此心不免留戀物情，雖兀坐虛齋，不露風線，而百念自來熬煎，無處逃避。今之學者，纔遇事來，便苦攪擾，便思靜處，及到靜處，胸中攪擾猶昔。此正不思動與不動，只在自心，不在事上揀擇。致知格物工夫，只須於事上識取，本心乃見。心事非二，內外兩忘，非離却事物，又有學問可言也。

復龍溪

吾心本與民物同體，此是位育之根，除却應酬，更無本體，失却本體，便非應酬。苟於應酬之中，隨事隨地不失此體，眼前大地何處非黄金？若厭却應酬，必欲去覓山中，養成一個枯寂，恐以黄金反混作頑鐵矣。

與季彭山

龍溪之見，伶俐直截，泥功夫於生滅者，聞其言自當省發。但渠於見上覺有著處，開口論説，千轉百折不出己意，便覺於人言尚有漏落耳。執事之著，多在過思，過思則想像亦足以蔽道。

獄中寄龍溪

親蹈生死真境，身世盡空，獨留一念熒魂。耿耿中夜，豁然若省。乃知上天爲我設此法象，示我以本來真性，不容絲髮掛帶。平時一種姑容因循之念，常自以爲不足害道，由今觀之，一塵可以蒙目，一指可以障天，誠可懼也。噫！古人處動忍而獲增益，吾不知增益者何物，減削則已盡矣。〔二〕

答聶雙江

夫鏡，物也，故斑垢駁雜得積於上，而可以先加磨去之功。吾心良知，虚靈也，虚靈非物也，非物則斑垢駁雜停於吾心何所？則磨之之功又於何所乎！今所指吾心之斑垢駁雜者，非以氣

〔二〕劉鱗長《浙學宗傳·明緒山先生錢德洪》所載略有異。載曰：「上天爲我設此法象，本來真性，不容絲毫掛帶，乃知平時學問，大未得力。古人處動忍而獲增益，不知增益者何物，減削則已盡矣。」

拘物蔽而言乎？既曰氣拘，曰物蔽，則吾心之斑垢駁雜，由人情事物之感而後有也。既由人情事物之感而後有，而今之致知也，則將於未涉人情事物之感之前，而先加致之之功，則夫所謂致之之功者，又將何所施耶？

與張浮峰

龍溪學日平實，每於毀譽紛冗中，益見奮惕。弟嚮與意見不同，雖承老師遺命，相取爲益，終與入處異路，未見能渾接一體。歸來屢經多故，不肖始能純信本心，龍溪亦於事上肯自磨滌，自此正相當。能不出露頭面，以道自任，而毀譽之言，亦從此入。舊習未化，時出時入，容或有之，然其大頭放倒，如群情所疑，非真信此心千古不二，其誰與辨之。

與陳兩湖

格物之學，實良知見在功夫。先儒所謂過去未來，徒放心耳。見在功夫，時行時止，時默時語，念念精明，毫釐不放，此即行著習察實地格物之功也。於此體當切實，著衣喫飯，即是盡心至命之功。

復周羅山

先師曰：「無善無惡心之體。」雙江即謂：「良知本無善惡，未發寂然之體也。養此，則物自格矣。今隨其感物之際，而後加格物之功，是迷其體以索用，濁其源以澄流，功夫已落第二義。」論則善矣，殊不知未發寂然之體，未嘗離家國天下之感，而別有一物在其中也。即家國天下之感之中，而未發寂然者在焉耳。此格物爲致知之實功，通寂感體用而無間，盡性之學也。

復何吉陽

「人有未發之中，而後有發而中節之和。」此先師之言，爲注《中庸》者説也。注《中庸》者，謂「未發之中，人皆有之，至發時，而後有不中節」。曰：「此未知未發之中也。未發之中，譬若鏡體之明，豈有鏡體既明，而又有照物不當者乎？」此言未爲不確，然實未嘗使學者先求未發之中而養之也，未發之中竟從何處覓耶？離已發而求未發，必不可得。久之，則養成一種枯寂之病，認虚景爲實得，擬知見爲性真，誠可慨也。故學者初入手時，良知不能無間，善惡念頭雜發難制，或防之於未發之前，或制之於臨發之際，或悔改於既發之後，皆實功也。由是而入微，雖聖人之知幾，亦只此功夫耳。

以上録自黄宗羲《明儒學案》卷十一《緒山論學書》，清康熙三十二年賈樸紫筠齋刻本。

復楊斛山書

來教承舉「無善無惡」與「感物而動」二言之疑，如兄所辨，更復奚辭。竊意先賢立言，各有所指，於人所不疑之中，發其疑端，正欲使人反思而有得耳。千古聖賢立言，人各不同，夫豈不欲相襲成説？以一人之聽聞，大抵皆因時設法，自不能以盡同耳。雖曰因時設法，其此心之體，本來如此，未嘗有所私意撰説其間以苟一時之效也。以兄之高明，少離成説，精研此體於湛寂之地，必有超然獨悟，沛決江河，而莫之能與御者矣。如以《辭》而已矣，則如兄所舉數條，前人論説既詳，信而無疑矣，又何必爲是殊方之論，以起紛紛之辨耶？人之心體一也，指名曰「善」可，曰「至善」可也，曰「至善無惡」亦可也，曰「無善無惡」亦可也。曰「善」，曰「至善」，人皆信而無疑矣，又爲「無善無惡」之説者何也？至善之體，惡固非其所有，善亦不得而有也。至善之體，虚靈也，猶目之明、耳之聰也。虚靈之體不可先有乎善，猶明之不可先有乎色，聰之不可先有乎聲也。目無一色，故能盡萬物之色；耳無一聲，故能盡萬物之聲；心無一善，故能盡天下萬事之善。今之論至善者，乃索之於事事物物之中，先求其所謂定理者，以爲應事宰物之則，是虛靈之内先有乎善也。虛靈之内先有乎善，是耳未聽而先有乎聲，目未視而先有乎色也。塞其聰明之用，而窒其虛靈之體，非至善之謂矣。今人乍見孺子入井，皆有怵惕惻隱之心，怵惕惻隱是謂善矣。然未見孺子之前，先加講求之功，預有此善以爲之則耶？抑虛靈觸發，其機自不容已耶？目患不能明，不患有色不能辨；耳患不能聰，不患有聲不能聞；心患不能虛，不患有感不能應。虛則靈，靈則因應無方，萬感萬應，萬應俱寂，是無應非善，而實未嘗有乎善也。其感也無常形，其應也無定迹，來無所迎，去無所將，不識不知，一順帝則者，虛靈之極也。赤子匍匐將入井，自聖人與塗人，並而視之，其所謂怵惕惻隱者，聖人不能加而塗人未嘗減也。但塗人擬議於乍見之後，已涬入於納交要譽之私矣。然則乍見之發，豈非生於不識不知之中；而涬入之私，豈非蔽於擬議之後耶？然則，塗人之學聖人也，果憂怵惕惻隱之不足耶，抑去其蔽以還其乍見之初心也？凡人心之有，皆私也。程子曰：「君子之學，莫若廓然而大公，物來而順應。」夫所謂廓然者，不蔽其虛靈之謂也。虛靈之蔽，不但邪思惡念，雖至美之念，先横於中，積而不化，已落將迎意必之私，而非時止時行之用矣。故自惻隱以保四海，自孩提以達天下，自赤子以至大人，實無俟取足於外，而本來真體，渾然全具，學問之功，雖自人一以至己百，人十以至己千，亦不過反其初焉已矣。真體之上，固未嘗有所增益也。後之學聖人者，不思反復其初，而但恐吾心之聰明不足以盡聖人之知見，倀倀焉求索於外，假借影響測憶之似，自信以爲吾心之真得，是蒙其目以擬天下之色，塞其耳以憶天下之聲；影響測憶之似，拘執固滯之迹，適足以塞吾虛靈之真體，礙吾順應之妙用，其去至善也益遠矣。鑒之照物，而天下莫逃以妍媸者，以其至空也。衡之稱物，而天下莫欺以輕重者，以其至平也。衡能一天下之輕重，而不可加以銖兩之積；鑒能別天下之妍媸，而不可留夫一物之形；心能盡天下之善，而不可先存乎一善之迹。太虛之中，日月星辰，風雨露雷，噎霾絪緼，何物不有，而未嘗一物爲太虛之有。故曰一闔一闢謂之變，往來不窮謂之通。日往則月來，月往則日來，而明自生；寒往則暑來，暑往則寒來，而歲自成。往者屈也，來者伸也，屈伸相感而利自生。故曰天下何思何慮，天下殊塗而同歸，一致而百慮。夫既曰百慮，則所謂何思何慮者，非絶去思慮之謂也。千思萬慮，而一順乎不識不知之則，無逆吾明覺自然之體，是千思萬慮，雖謂之何思何慮亦可也；此心不可先有乎一善，是至善之極，雖謂之無善亦可也。故先師曰「無善無惡者心之體」，是對後世格物窮理之學爲先乎善者立言也。特因時設法，不得已之辭焉耳。然至善本體，本來如是，固亦未嘗有所私意撰説其間也。告子以性爲無善無不善，蓋其認義爲外，認性爲内，守其空寂之虛體，頑制不動，以速一時之效，内外兩截，已失至善之體矣，非先師立言之旨也。感物而動之動，即動於欲之動，非動静之動也。動静二字之義，有對舉而言者，亦有偏舉一字而二義備者。周子主静之静，是兼動静而言也。其自注曰：「無欲故静。」夫無欲故静，是有欲即動也，動則失其至静之體矣。《記》曰：「人生而静，天之性也。」即静一言，已盡夫性體寂感之理。感於物而動，是動則失其至静之體，涉於欲也。故程子曰：「人生而静已上不容説，才説性，便已不是性矣。」謂求其性於既動之後，非性之真也。故静之一言，實千古聖學之淵微，然非精凝湛寂、自得於神領獨悟之中者，未易以言説窮也。洪之得於所聞者若是，然先師去我久矣，亦不知昔日所聞者，果若是否耶？姑據此心，以求正耳。

來諭達道無五，達德無三，皆即一也。愚謂一誠而貫三、五則可，無三無五則不可。蓋心之誠，譬如水之澄，然無雜三，則無雜自明，無雜自純，無雜始終，如一五，譬則一樣人來照還他一樣形，五樣人來照還他五樣形，自是無差。故曰五本於三，三只是一，一只是此心無雜，人心只爲私意所雜，所以失却至一之體耳。失却此體，所以不明不純而有息，故發之應感，隨處皆差。故曰天下之達道五，所以行之者三，天下之達德三，所以行之者一，正指道與德之端，欲人得其體也。得其體，名言俱忘矣。幸賜裁教，不吝往復，至愛至荷。〔一〕

〔一〕該文録自周汝登《王門宗旨》卷十《錢緒山語抄》，然文末「來諭……忘矣」一段《宗旨》未載，兹據《楊忠介集・附録》卷三移録。《附録》在該文末尾尚有楊紹武按語，曰：「此錢先生復書也，出先生《會語集》中。先生繫獄數年，與公同講學圜中，《處困記》稱其爲同志舊友，則夫未入獄，既入獄，與夫既出獄，其往來論訂亦非一二言明矣。而概同佚闕，可勝慨歟！」（載文淵閣《四庫全書》集部第一二七六册，第一五四頁）彭國翔《錢緒山語録輯逸與校注》將此書中大部分内容録於《語録》第三十五條中，然其所録語録，根據的是《聖學宗傳》第三條和《理學宗傳》第一條，並有多處遺漏。比較諸本，當以《王門宗旨》所收之《復楊斛山書》及《楊忠介集・附録》所收之同文最爲完整，其他皆只能作爲參考。《明儒學案》卷十一《緒山論學書》有部分收録。

與趙大洲書

洪昔幸侍，未盡請益，繼遭罪難，頗覺有所省悟。思出而就正左右，兄又先我遠去矣。忽忽歲月，會晤無期，耿耿中夜，何有窮已？洪賦質魯鈍，向來習陋未除，誤認意見爲本體。意見習累，相爲起滅，雖百倍懲克，而於此體終隔程途，無有灑然瞭徹之期。耽擱歲月，渾不自知。上天爲我憫念，設此危機，示我生死真境，始於此體豁然若有脱悟，乃知真性本來自足，不涉安排。徵之於事，始覺無處可罷，始覺有才可竭。昭昭哲訓，不我誣也。但舊習尚熟，或時怠緩，便會攙入，從此兢業保持，日消月化，遮可免於大惡耳。向承指示，想只在此。洪愚未能領受，今亦不能記憶，正有可質，人遠日疏，安得不切寤寐也邪？吾人雖出處殊時，南北異路，皆謂了此大事出世。望諸兄大振法門，主張道脈，以幸斯世。更望時賜教言，啓我離索，顒俟顒俟。是月陳明水來自臨川，會於天真，龍溪、念庵、南山、鹿園俱從荆川期會。舍弟行，併此附告。

復袁文輝、屠淳卿、高國重、屠羲民書

獅巖夏會，諸君書來，見朋友雖不能如期翕聚，其中二三君子，向裏真切，問辨詳審。若此，則知葉落根存，生意凝固，種而復生，條肆預可想也。喜慰喜慰！學問功夫，只求自盡，朋友聚

散，未足爲憂，但自己一人志定功勤，同志自相觀而起，況二三諸君已同德乎？覺即是善，不覺即是利，此是千古夢覺關。人於一日之間，鷄鳴而醒，目即見物，耳即聽物，心思即思物，無人不然。但主宰不精，恍惚因應，若有若無，故遇觸即動，物過即留，雖已覺興，猶爲夢晝。見性之人，真機明察，一醒即覺，少過不及，覺早反亟。明透之人，無醒無覺，天則自著，故耳目聰明，心思睿智，於遇無觸，於物無滯，易簡而天下之理得矣。善利之辯，此爲未知學者分辨界頭。良知既得，又何擬議於意像之間乎！此中機緘，愈密則愈微，愈精則愈徹，纔著擬議，便涉安排，毫釐間隔，千里殊途，在諸君默而識之，言語非所及也。〔一〕

書徐調元卷

楚人有夢獵者，誤入虎穽，機發檻落，四閉如錮幽囚，僂攣伸縮不掉。外有豺貙叫哮之恐，內有陰崖鬼瞯之悸。憂愁傴抑，不知所出，乃大呼而覺，夢也。噫！吾觀今之求富貴聲利者，非皆夢穽也邪！憂愁傴抑，覺奚有焉？夢不覺則穽不出，覺則無夢無穽；無夢無穽與自夢自穽，相去奚遠哉？覺與不覺之間耳。不求而自得者，天之性也；富貴聲利四者，非性也。定命於冥

〔一〕黄宗羲《明儒學案》卷十一《緒山論學書》有部分載録，題爲《與寧國諸友》。

漠，其來儻然也，其去儻然也。一入於意，務求必得，是役智於無益，攖情於妄希，挾其所本無者，以累其所本有者，寧非大夢也邪？徐子調元嘗從東廓子游，札其晤語以歸。有曰：「富貴聲利者，居庸關也。過則夏，不過則夷。」徐子歸，棲於震澤之陂，三年得夷夏之辨焉。尤患居庸之未過也。復見緒山子而請其方。曰：「嘻，子豈夢居庸關邪？居庸能限人南北乎哉？子，夏人也，又奚以夷憂？毋亦自崇其墉、自列其限，以自穽己矣。墉不崇，限不列，則關不夢，夷奚有焉？」徐子力學有年，嘉其夢之將覺，而或未之知也，故又示以楚人夢穽之説。

以上録自周汝登《王門宗旨》卷十《錢緒山語鈔》，《四庫全書存目叢書》子部第十三冊。

與羅洪先答論《年譜》書[一] 凡十篇

一

承兄下榻，信宿對默，感教實多。兄三年閉關，焚舟破釜，一戰成功，天下之太宇定矣。斯

[一] 此爲錢德洪與羅洪先答論《陽明年譜》書。羅洪先有《與錢緒山論年譜》（見「附録」）。原文無「與羅洪先」四字，據內容補入。

道屬兄，後學之慶也，珍重珍重！更得好心消盡，生死毁譽之念忘，則一體萬化之情顯，盡乎仁者，如何如何？師《譜》一經改削，精彩迥别，謝兄點鐵成金手也。東去，《譜》草有繼上，乞賜留念。外詩扇二柄，寄令郎以昭，並祈賜正。詩曰：「我昔游懷玉，而翁方閉關。數年論睽合，豈泥形迹間？今日下翁榻，相對無怍顔。月魄入簾白，松標當户閑。我默鏡黯黯，翁言玉珊珊。劍神不費解，調古無庸彈。喜爾侍翁側，傾聽嶷如山。見影思立圭，植根貴删繁。遠求憂得門，況乃生宫闈。毋恃守成易，俯惟創業艱。」又書會語一首：「程門學善静坐，何也？曰：其憫人心之不自覺乎？聲利百好，擾擾外馳，不知自性之靈，炯然在獨也。稍離奔鶩，默悟真百感紛紜，而真體常寂，此極深研幾之學也。入聖之幾，庶其得於斯乎？」

二

奉讀手詔，感惓惓别後之懷。心同道同，不忘爾我，一語不遺，其徹心髓，真所謂「同心之言，其臭如蘭」也，感愓如之何？年來同志凋落，慨師門情事未終，此身悵悵無依。今見兄誕登道岸，此理在天地間，已得人主張；吾身生死短長，烏足爲世多寡，不覺脱然無繫矣。此番相别，夫豈苟然哉，宜兄之臨教益切也。師《譜》得兄改後，謄清再上，尚祈必盡兄意，無容遺憾，乃可成書。令郎美質，望奮志以聖人爲己任，斯不辜此好歲月耳。鄉約成册，見兄仁覆一邑，可以推之天下矣。信在言前，不動聲色，天載之神也。餘惟嗣上不備。

三

別後沿途阻風，舟弗能前。至除夜，始得到龍光寺。諸友群聚，提兄「丕顯待旦」一語爲柄，聽者莫不聳然反惕。謂兄三年閉關，即與老師居夷處困、動忍熟仁之意同。蓋慨古人之學必精詣力究，深造獨得，而後可以爲得，誠非忽慢可承領也。諸生於是日痛發此意。兄雖在關，示道標的，後學得所趨矣，喜幸喜幸！城中王緝諸生，夙辦柴米，爲久留計，供應不涉有司。五日一講會，餘時二人輪班，代接賓客，使生得靜處了《譜》，見其志誠懇，姑與維舟信宿以試之。若果如衆計，從之；若終涉分心，必難留矣。二書承示周悉，同體之愛也。今雖久暫未定，必行兄意，不敢如前堅執硬主也。柏泉公讀兄《年譜》，深喜。經手自別，決無可疑，促完其後。昨乞作序冠首，兄有書達，幸督成之。留稿乞付來人，蓋欲付人謄真也。

四

兄於師《譜》，不稱門人，而稱後學，謂師存日，未獲及門委贄也。兄謂古今稱門人，其義止於及門委贄乎。子貢謂：「得其門者或寡矣。」孔子之徒三千人，非皆及門委贄者乎。今載籍姓名，七十二人之外無聞焉，豈非委贄而未聞其道者與未及門者同乎？韓子曰：「道之所在，師之所在也。」夫道之所在，吾從而師之，師道也，非師其人也。師之所在，吾從而北面之，北面道也，非北面其人也。兄嘗別周龍岡，其序曰：「予年十四時，聞陽明先生講學於贛，慨然有志就業。父母憐恤，不令出户庭。然每見龍岡從贛回，未嘗不憤憤也。」是知有志受業，已在童時，而不獲通贄及門者，非兄之心也，父母愛護之過也。今服膺其學既三紀矣，匪徒得其門，且升其堂、入其室矣，而又奚歉於稱門人耶？昔者方西樵叔賢與師同部曹，僚也；及聞夫子之學，非僚也，師也，遂執弟子禮焉。黄久庵宗賢見師於京師，友也；再聞師學於越，師也，非友也，遂退執弟子禮。聶雙江文蔚見先生於存日，晚生也；師没而刻二書於蘇，曰：「吾昔未稱門生，冀再見也，今不可得矣。」時洪與汝中游蘇，設香案告師稱門生，引予二人以爲證。汪周潭、尚寧始未信師學，及提督南贛，親見師遺政，乃頓悟師學，悔未及門而形於夢，遂謁師祠稱弟子，遺書於洪、汝中以爲證。夫始未有聞，僚也，友也；既得所聞，從而師事之，表所聞也。始而未信師學於存日，晚生也；師没而學明，證於友，形於夢，稱弟子焉，表所信也。吾兄初疑吾黨承顔本體太易，並疑吾師之教。年來翕聚精神，窮深極微，且閉關三年，而始信古人之學丕顯待旦，通晝夜、合顯微而無間。試與里人定圖徭册，終日紛囂，自謂無異密室。乃見吾師進學次第，每於憂患顛沛，百煉純鋼，而自徵三年所得，始洞然無疑。夫始之疑吾師者，非疑吾師也，疑吾黨之語而未詳也；今信吾師也，非信吾師也，自信所得而徵師之先得也。則兄於吾師之門，一啓關鑰，宗廟百官皆故物矣。稱入室弟子，又何疑乎？《譜》草，承兄改削，編述師學，惟兄與同。今《譜》中稱門人，以表兄信心，且從童時初志也，其無辭。

五

南浦之留，見諸友相期懇切，中亦有八九輩，肯向裏求入，可與共學矣。亦見其中有一種異説，爲不屬少年，助其愚狂，故願與有志者反覆論正，指明師旨，庶幾望其適道。諸生留此，約束頗嚴，但無端應酬，終不出兄所料。已與柏泉公論別，決二十日發舟登懷玉矣。兄第五簡復至，感一體相成之愛，無窮已也，仰謝仰謝！精詣力究，昨據兄獨得之功而言，來簡揭出四字以示，更覺反惕。謂：「康節收手太早，若在孔門，自不容停脚矣。」實際之言，真確有味，聞者能無痛切乎？別簡謂：「孟子不得爲孔子徒，蓋嘆己不得親炙，以成速肖也。」誦言及此，尤負慚恐。親炙而不速肖，此弟爲兄罪人也。兄之所執，自有定見，敢不如教？閑中讀兄《夜坐》十詩，詞句清絶，造悟精深，珍味入口，令人雋永。比之宋儒感興諸作，加一等矣，幸教幸教！然中有願正者，與兄更詳之。吾黨見得此意，正宜藏蓄，默修默證，未宜輕以示人。恐學者以知解承功未至，而知先及本體，作一景象，非徒無益，是障之也。蓋古人立言，皆爲學者設法，非以自盡其得也。

故引而不發，更覺意味深長。然其所未發者，亦已躍如。何也？至道非以言傳，至德非以言入也。故歷勘古訓，凡爲愚夫愚婦立法者，皆聖人之言也。爲聖人説道，妙發性真者，皆賢人之言也。與富家翁言，惟聞創業之艱。與富家子弟言，惟聞享用之樂。言享用之樂，非不足以歆聽而起動作也，然終不如創業者之言近而實也，此聖賢之辨也。調息、殺機、亥子諸説，知兄寓言，然亦宜藏默。蓋學貴精，最忌駁。道家説「性命」，與聖人所間毫釐耳。聖人於家、國、天下同爲一體，豈獨自遺其身哉？彼所謂「術」，皆吾修身中之實功，特不以微軀繫念，輒起絶俗之想耳。關尹子曰：「聖人知之而不爲。」聖人既知矣，又何不爲耶？但聖人爲道，至易至簡，不必别立爐竈，只致良知，人已俱得矣。知而不爲者，非不爲也，不必如此爲也。夫自吾師去後，茫無印正。今幸兄主張斯道，慨同志凋落，四方講會雖殷，可與言者亦非不多，但爐中火旺，會見有融釋時，毫釐滓化未盡，火力一去，滓復凝矣；更望其成金足色，永無變動，難也；而況庸一言之雜其耳乎？兄爲後學啓口容聲，關係匪細，立言之間，不可不慎也。故敢爲兄妄言之，幸詳述以進我。情關血脈，不避喋喋，惟兄其諒之。

六

前月二十五日，舟發章江。南昌諸友追送，阻風樵舍。五日入撫州，吊明水兄。又十日而始出境。舟中特喜無事，得安静構思，《譜》草有可了之期矣。乏人抄寫，先録庚辰八月至癸未二月稿奉上，亟祈改潤，即付來手。到廣信，再續上。出月中旬，計可脱稿也。龍溪兄玉山遺書謂：「初以念庵兄之學偏於枯槁，今極耐心，無有厭煩，可謂得手。但恐不厭煩處落見，略存一毫知解，雖無知解，略著一些影子，尚須有鍼線可商量處，兄以爲何如？」不肖復之曰：「吾黨學問，特患不得手，若真得手，『良知』自能鍼線，自能商量。苟又依人商量而脱，則恐又落商量知解，終不若『良知』自照刷之爲真也。」云云。昨接兄回書，云：「好心指摘，感骨肉愛。」只此一言，知兄真得手矣：真能盡性盡仁，致踐履之實，以務求於自慊矣。滄海處下，盡納百川，而不自知其深也；泰山盤旋，淩出霄漢，而不自知其高也。「良知」得手，更復奚疑？故不肖不以龍溪之疑而復疑兄也，兄幸教焉何如？舟中諸生問：「如何是知解？如何是影子？」洪應之曰：「念翁憫吉水瑶賊不均，窮民無告，量己之智足與周旋，而又得當道相知，信在言前，勢又足以完此，故集一邑賢大夫、賢士友，開局以共成此事。此誠出於萬物一體、誠愛惻怛之至情，非有一毫外念參於其中也。若斯時有一毫是非毁譽、利害人我相參於其中，必不能自信之真而自爲之力矣。比非盡性盡仁，『良知』真自得手，烏足與語？此或有一毫影子，曰：我閉關日久，姑假此以自試，即是不倚静知解。終日與人紛紛，而自覺無異密室，此即是不厭動知解。謂我雖自信，而同事者或未可以盡信，不信在人，於我無污，此即是不污其身之知解。謂我之首事，本以利民，若不耐心，是遺其害矣。我之首事，本以宜民，若不耐心，是不盡人情矣。我之首事，本承當道之託，若不耐心，無以慰知己，此又落在不耐心之知解也。『良知』自無是非毁譽、利害人我之間，自能動静合一，自能人我同過，自能盡人之情，慰知己之遇。特不由外入，起此知解，毫釐影子與『良知』本體尚隔一塵。一塵之隔，千里之間也。」諸生聞之，俱覺惕然有警，並附以奉陳左右，亦與局中同事諸君一照刷，可以發一笑也。幸教幸教！

七

連日與水洲兄共榻，見其氣定神清，真肯全體脱落，猛火爐煆，有得手矣。自是當無退轉也。但中有一種宿惑，信夢爲真，未易與破耳。久之當望殊途同歸，然窺其微，終有師門遺意在也。師門之學，未有究極根柢者。苟能一路精透，始信聖人之道至廣大，至精微，儒、佛、老、莊更無剩語矣。世之學者，逐逐世累，固無足與論。有志者又不能純然歸一，此適道之所以難也。吾師開悟後學，汲汲求人，終未有與之適體承領者。臨别之時，稍承剖悉，但得老師一期望而已，未嘗滿其心而去也。數十年來，因循歲月，姑負此翁。所幸吾兄得手，今又得水洲共學，師道尚有賴也。但願簡易直截，於人倫日用間無事揀擇，便入神聖，師門之囑也。《大學》一書，此是千古聖學宗要，望兄更加詳究；略涉疑議，便易入躐等徑約之病也，慎之慎之！即日上懷玉，期完《譜》尾，以承批教，歸日當卜出月終旬也。

八

《譜》草苟完，方自懷玉下七盤嶺，忽接手教，開緘宛如見兄於少華峰下，清灑殊絶，感賜深也。四卷所批，種種皆至意。先師千百年精神，同門逡巡數十年，且日凋落，不肖學非夙悟，安敢輒承？非兄極力主裁，慨然舉筆，許與同事，不敢完也。又非伯泉公極力主裁，名山勝地，深居廩食，不能完也。豈先師精神，前此久未就者，時有所待耶？伸理冀元亨一段，如兄數言簡而賅，後當俱如此下筆也。聞老師遺冀行，爲劉養正來致濠殷勤，故冀有此行，答其禮也。兄所聞賅，幸即裁之。鋪張二字，最切病端，此貧子見金而喜也。平時稍有得，每與師意會，便起讚嘆稱羨。富家子只作如常茶飯，見金而起喜心者，貧子態也。此非老成持重，如兄巨眼，安能覷破？兄即任意盡削之，不肖得兄舉筆，無不快意，決無護持疼痛也，信之信之！教學三變諸處，俱如此例，若不可改，盡削去之。其餘所批，要收不可少處，此弟之見正竊比於兄者。自古聖賢，未有不由憂勤惕勵而能成其德業。今之學者，只要説微妙玄通，淩躐超頓，在言語見解上轉。殊不知老師與人爲善之心，只要實地用功，其言自謙遜卑抑。《大學》「誠意」章：「惟不自欺者，其心自謙，非欲謙也，心常不自足也。」兄所批教處，正見近來實得與師意同也。

舒國裳在師門,《文録》無所見,惟《行福建市舶司取至軍門》一牌。《傳習續録》則與陳維濬、夏于中同時在坐問答語頗多。且有一段,持紙乞寫「拱把桐梓」一章,欲時讀以省。師寫至「至於身而不知所以養」之句,因與座中諸友笑曰:「國裳中過狀元來,豈尚不知所以養,時讀以自警耶?」在座者聞之,皆竦然汗背。此東廓語也。

又丙午年游安福復古書院,諸友説張石盤初不信師學,人有辯者。張曰:「豈有好人及其門耶?」辯者曰:「及門皆好人也。」張曰:「東廓豈及門乎?」辯者曰:「已在贛及門矣。」又曰:「舒國裳豈及門乎?」曰:「國裳在南昌及門矣。」張始默然俯首,後亦及門。是年,石盤攜其子會復古。其子舉人□□,至今常在會,未有及門之説。昨南昌聞之諸友,相傳因問律吕元聲,乃心服而拜,蓋其子侄輩叙其及門之端也。昨見兄疑,又檢中離《續同志考》,舒芬名在列。則其諸所相傳者不誣也。如兄之教,去前「不欲」一段,存後「問元聲」語可矣。

徐珊嘗爲師刻《居夷集》,蓋在癸未年,及門則辛巳年九月,非龍場時也。

繼後可商量處甚多,兄有所見,任舉筆裁之。兹遣徐生時舉持《全集》面正門下。弟心力已竭,雖聞指教,更不能再著思矣。惟兄愛諒之。

九

不肖五月季旬到舍下，又踰月十日，始接兄二月四日峽江書。一隔千里，片紙之通，遂難若此，感慨又何深也！玉體久平復，在懷玉已得之柏泉兄。兹讀來諭，更覺相警之情也。深入究竟，雖父子之間，不能一語接，誠然誠然！此可與千古相感，而不可與對面相傳，在有志者自究自竟之耳。天根亥子，白沙詩中亦泄此意。達「性命」之微者，信口拈來，自與道合。但我陽明先師全部文集，無非此意，特無一言攙入者，爲聖學立大防也。兄之明教究悉，然於此處幸再詳之。兄卧處卑濕，早晚亦須開關，徑行登眺，以舒泄蔽鬱之氣，此亦去病之一端也。徐時舉來，師《譜》當已出稿，乞早遣發，遠仰遠仰！

十

春來與王敬所爲赤城會，歸天真，始接兄峽江書，兼讀師《譜》考訂，感一體相成之心，慶師教之有傳也。中間題綱整潔，增録數語，皆師門精義，匪徒慶師教之有傳，亦以驗兄閉關所得，默與師契，不疑其所行也。

去年歸自懷玉，黄滄溪讀《譜》草，與見吾、肖溪二公互相校正，亟謀梓行。未幾，滄溪物故，見吾閩去，刻將半矣。六卷已後，尚得證兄考訂。然前刻已定，不得盡如所擬，俟番刻，當以兄考訂本爲正也。中間增採《文録》《外集》《傳習續録》數十條，弟前不及録者，是有説，願兄詳之。

先師始學，求之宋儒不得入，因學養生，而沉酣於二氏，恍若得所入焉。至龍場，再經憂患，而始豁然大悟「良知」之旨。自是出與學者言，皆發「誠意」、「格物」之教。病學者未易得所入也，每談二氏，猶若津津有味。蓋將假前日之所入，以爲學者入門路徑。辛巳以後，經寧藩之變，則獨信「良知」，單頭直入，雖百家異術，無不具足。自是指發道要，不必假途傍引，無不曲暢旁通。故不肖刻《文録》，取其指發道要者爲《正録》，其涉假藉者則釐爲《外集》。《譜》中所載，無非此意。蓋欲學者志專歸一，而不疑其所往也。

師在越時，同門有用功懇切而泥於舊見、鬱而不化者，時出一險語以激之，如水投石，於烈焰之中，一擊盡碎，纖滓不留，亦千古一大快也。聽者於此等處，多好傳誦，而不究其發言之端。譬之用藥對症，雖芒硝大黄，立見其效，若不得症，未有不因藥殺人者。故聖人立教，只指揭學問大端，使人自證自悟，不欲以峻言隱語，立偏勝之劑，以快一時聽聞，防其後之足以殺人也。

師殁後，吾黨之教日多歧矣。洪居吴時，見吾黨喜爲高論，立異説，以爲親得師傳，而不本其言之有自。不得已，因其所舉而指示立言之端，私録數條，未敢示人。不意爲好事者竊録。

甲午主試廣東，其録已入嶺表。故歸而删正，刻《傳習續録》於水西，實以破傳者之疑，非好爲多述，以聳學者之聽也。故《譜》中俱不採入，而兄今節取而增述焉。然删刻苦心，亦不敢不謂兄一論破也，願更詳之。

室遠，書札往復甚難，何時合併，再圖面證，以了未盡之私。德教在思，寤寐如見，惟不惜遐音，仰切仰切！是書復去，念庵隨以訃報，竟不及一見，痛哉痛哉！

録自《王文成公全書》卷三十六《年譜附録二》，謝廷傑明隆慶六年刻本。

與一松先生書

一

朋友自貴處來者，比稱德卿〔一〕居家，學有進益，於同志中而獨能持守不變，講究不懈，聞之幸喜殊甚！貴處同志者既多，而學有造就者不止數輩矣。而又得如德卿者，後先相應，亦何慮

〔一〕德卿是盧可久（一五〇三——一五七九）的字，號一松，浙江永康儒堂人。二十一歲赴紹興拜王陽明爲師，後又數赴越城求學，受到王門師友包括錢德洪的指點和熏陶。嘗主持永康五峰書院近五十年，對浙中王門的發展貢獻頗多。

於學之不明也哉！手札取喻趨時之志，誠切此言，誠爲妄語。難聞者道，易失者時，不一猛發，終無進步。德卿嚮在時，已知學有頭腦，苟能常念此趨時之意，旦夕不懈，雖不在於師友之間，當隨地有得。後有會，當持片言以待一宿之覺，豈不快哉！子明歸，便聊此通意諸同志，弗及，弗及！

二

居越方叙來款，而去杭又非別懷，抱歉尤甚於未見之初，此固吾德卿之情，而亦區區之所同然者也。如何？如何？嚮時相凶，足知學者進益，手教所及，又承惓惓爲同志慮，是非一體之情以斯道爲己任者，安足知此？區區雖不敏，安敢不爲吾德卿勉力？所論工夫大概如是，如此不急，久當會有脱然處。俟再會，與德卿面盡，當必更有相悉也。德明歸，便聊此少致諸同志。不能一一。

原載永康《范陽盧氏宗譜》，作者不詳，清光緒元年木活字本。現據程朱昌、程育全編著《增訂五峰書院志》卷十二《藝文》（中國文史出版社二〇一〇年版，第三七三頁）移録。按：此篇原本題作「與一松先生書，兩篇，（明）錢仲寬，字德宏，餘姚人，刑部主事」。「錢仲寬」當爲「錢寬」之誤。

辭别何吉陽書

湖山浪迹，忽逢雅會，塔中晤語，仰見千古道心，不肖何幸遂此傾渴，慶慰！慶慰！所論静坐工夫，邇來與同志言，更覺如何？先師過辰州時，亦嘗以此立教，謂：「學者平時放心未收，借此一段以補小學之功。」又謂：「人有世情俗染，積集於心，如斑垢駁蝕之鏡，必須先知刮磨，盡去駁蝕，復還全體，而後纖塵不容，纔拂易去，乃謂至此已是見得仁體矣。」後歸越，朋友有以是問者，曰：「吾在南都已前，俱以是方爲學者入門一著，學者一時晤見本體，頗收速效，後見漸落喜静厭動之病。蓋是意原從静坐中得來，一涉多事，便覺紛亂，不在紛亂中體悟真體，却罪静坐未足。又思静坐以求之動静，不成片段，邇來『良知』二字，更覺簡易直截。良知一明，無動静可分，無物我可間，雖千事萬感，良知妙應，莫非帝則；雖毫髪邪妄，良知炯然，無容住著。此真所謂『赤日當空，而陰崖鬼魅自無遁形矣』！向欲舉此求正，客冗未盡披露，如何？如何？」

録自陳廷鈞纂修《安陸縣志補正》卷上，收入《中國地方志集成·湖北府縣志輯》，江蘇古籍出版社二〇〇一年版，第十三册，第五二一頁。據楊正顯《王陽明佚詩文輯釋——附徐愛、錢德洪佚詩文輯録》（《中國文哲研究通訊》第二十一卷第四期）移録。

與台守譚二華書

某抱罪南還，與舍侄應揚棲遲原野，不涉人世久矣。事有切衷，不敢以自避者，情有所激也。

先世吴越武肅王六世孫諱景臻，墓在天台縣十四都之鳳凰山，宋駙馬會稽郡王也。子孫太師忱，丞相諱端禮，諱簹，諱象祖等，俱以國公敕葬，凡四墓。列孫附葬，凡九墓。敕建護國寺，招僧供奉香燈，世世無替。嘉靖初年，寺僧中微，某與台孫舉人楞告縣，給示禁約，而土民不敢肆侮。癸巳，敝同年提學林退齋雲同立碑於墓前，吕涇野補題曰「會稽郡錢王墓」。又八年，庚子，寺僧走，比京生與諸族之仕京者，爲之給牒請度，錢氏之與寺僧世恩亦厚矣！邇來力稍競，有僧名大慶者，遂潛發諸墓，得壙中所藏，大建樓房，塞墓前之塘八處以爲田。今年某月，與鄉中豪家陰謀風水，盗掘端禮公墓壙，發其財寶，毁其塋域，滅其碑碣，竊各墓石以自築生壙，意將潛滅古迹，羅重價以售人作葬地也。某等地遠，賴土人褚天宇首告於縣，而縣家見錢氏子孫散處，偏聽僧囑，未與明正典法。夫錢氏三世四王頗有微勳於吴越，而郡王子孫忱與端禮、象祖俱爲宋名臣，史可考也。立寺招僧，爲修持香火，今不思世恩，而反盗發之，使先王先公枯骨不保，游魂無依，爲之子孫者枕戈誓仇，其能一日帖席於牖下耶？所賴明公在上，控訴有地，世有趙清獻，則錢氏墳廟必不使行道之人過而流涕，某等屬舊又忍自蔽其私，不爲公求伸於臺下耶？先遣台孫庠生錢梧、錢大壯進狀，萬望親提大慶師徒到案，開驗墳壙，以正國法，仍令修復各墓舊規，則公之澤及枯骨，錢氏子孫世世感德於無窮矣。萬賜俯照。

原載錢林修《新鐫吴越錢氏續慶譜系》卷八《詩文》，清康熙四年木刻本。據朱炯《譜牒中的錢德洪佚文輯釋》（《餘姚文博》二〇一七年春夏卷，總第二十八期）移録。

與節推陳公書

先王當唐末初保障兩浙之民，父祖子孫，相繼百年。至宋有天下，乃挈其全土而歸之，曾無吝色，蓋恐無辜之民罹兵刃耳。故五代群盜爲虐，掠人爲糧，而錢塘之民獨稱富麗，且築塘捍海，蠲租救荒，遺澤浸沃十三州之民，亦既深且長矣。賴當道諸公吊古論世，一旦興復祠祀。夫先王挈十三州之地棄若敝屣，今欲棲魂於抔土，且承其故苑，尚有據之而不讓者，其人之賢不肖相去何若是遼也。靈芝寺之舍也，始於先王，盛於宋高、孝時，以及我朝永樂、正統，國初三出聖僧，皆蒙驛召諭，祭碑可稽也。殿宇數百間，喬木桑梓，黄門張方洲記可考也。其廢也，侵於沈氏。苟非興復有會，則先王以全土棄之，爲之子孫者，故尺寸而争之，則亦淺矣。童（重？）省祭，兩院委官也，一旦置之死地，心何忍乎？事幸屬之臺下，威名所照，群奸無匿，必有崇大義以屈衆志者，亦奚俟於不肖之言？但先王無知，而不肖輩又不能一一辨恩怨，於情若有所不忍者。旦日東渡，先此縷縷，萬賜俯察。

原載錢林修《新鐫吴越錢氏續慶譜系》卷八《詩文》，清康熙四年木刻本。據朱炯《譜牒中的錢德洪佚文輯釋》（《餘姚文博》二〇一七年春夏卷，總第二十八期）移録。

謝劉養吾

一

辱承雅愛，賤目作疼，不能從容晤對，别來殊懷耿耿。先祖王妃周氏墓，乃三世祖忠懿王妃、彭城郡王諱惟治之母也。忠懿王朝宋歸錢塘，妃薨於道，遂於崇德縣千乘鄉依祖祠葬焉。後以子貴，追贈彭城郡夫人，《縣志》《家乘》可詳，稱錢林者重妃葬也。墓塋崇廣，享殿嚴飭，歲更八百世，易七朝，非其生享禄位之崇，没荷人民之戴，安能變變以至今日也哉？徐氏子孫，爲王家奴，世受國恩，爲子孫者依兹抔土，富勝於鄉，何修而得之也，忍心害理，乃一至此極耶？蘇文忠公《表忠觀碑》謂：「諸王妃夫人子孫墳廟不治，父老有過而流涕者。」夫所謂不治，有司失於修葺，尚無恙也。今周氏之墓，發其財而屋其域，貨其宇而薪其木，以八百載之遺，而蕩滅於數年之間。父老過之，其流涕又當何如也？不肖子孫仇不共天，必與枕戈荷戟，不亟其宰，焉能安枕而食也？尚賴父母孔邇，神人所仰，威明折斷，罪獄昭然，必使豪奴爲不肖完塋表墓，立石以記明公興復之迹，庶幾慰先靈於地下，快民心於域中，豈特俾不肖子孫得以抗顔天日，爲足私感也哉！念非明公，誰與控之成之？臨發不勝拳切。

二

昨承豐範，歸見部院。諸當道訴及先王墳廟，證以《志》《乘》，莫不嘆王澤廢興有時。上賴賢大夫在位，不泯幽光，復宣今日。《志》中所稱文僖公惟演者，彭城郡王惟治之弟也。使相忱者，文僖之孫，秦魯國大長公主長子也。公主者，會稽郡王諱景臻所尚宋仁宗女也。作秦王行祠者，彭城郡王與文僖公順土民之情，且爲其母墓在而作，亦以妃朝宋道卒，秦王注意所在也。掌祀事者，皆公主後、秦王裔也。不肖某者，公主十三世，秦王十七世孫也。《家乘》載掌祀甚詳，越五百年，不肖某展省其地，睹遺迹猶不泯焉。某雖非劣，尚賴文獻足徵，命運有待，若非人之私智所及。但崇德錢氏爲忠獻王後，於妃墓近而情疏。吾姚子孫爲妃嫡派，於墓情親而地遠。情疏，則目擊其廢而勢不激；地遠，則耳聞其廢而情不奮。因循至今，不肖子孫之罪也。夫何尤夫材以錢林名？古者帝王墓曰陵，侯王墓曰林，文宣王墓曰孔林者，可證也。錢林之名，爲妃墓而立，村民世受王澤，豈能忘所自哉？祖廟與妃墓歷年八百，在寺僧，則念祠像之廢，思飭後殿以居王；在徐氏，則毁掘墓塋，發其材，占其地。事之淑慝，人之賢不肖，何相去之遠若是也？

部院諸當道聞之，莫不爲某扼腕。明公折獄明允，邦人稱平，臨台數語，已破徐氏之膽，而服邑人之心矣。尚望親臨其地，稽諸《志》《乘》，質諸父老，正徐氏以法，而盡逐其族，收墓塋、祠址、祭田，擇寺僧之賢者世守之，以供香燈之役，則善惡分而賞罰明，子孫慰而人情悦，先王遺魂庶得安妥於地下矣。北面稽顙，惟明公亮之。

原載錢林修《新鐫吴越錢氏續慶譜系》卷八《詩文》，清康熙四年木刻本。據朱炯《譜牒中的錢德洪佚文輯釋》（《餘姚文博》二〇一七年春夏卷，總第二十八期）移録。

與鮑南衡書

不肖抱罪山棲，性馴麋鹿久矣。邇來群賢在位，吊古論世之餘，上尋往迹，下順輿情，輿復表忠祠宇而尸祝之。三年之内，聿成壯觀，先王遺靈復得血食舊土。此趙清獻昧死以聞之朝，蘇文忠磨石記事之日也。不肖叨承末胄，躬逢盛舉，其能已於銘心刻骨乎？故復變其麋鹿之性，周旋當道諸公間，情有所激，義不容於終遁矣。今大業垂成，所虧惟一簣之功。恭遇先生新政，精明博大，民神共仰，給示曉諭，將飾先祠之未備。揚旌惠顧，異成當道之奇功，此王者封墓式廬之仁，報功崇德之端也，敢不佩服？夫九仞之功難成，而一簣之功尤切，片瓦不葺，棟樑貫朽，一竇不塞，鬼瞰其廬。昨承顔色，而未敢遽以請者，嫌未同之言，復承言示之事，又不汲汲圖，惟其何當雅情而竣廟事也。敢謹具未完工次進呈臺下，惟公少加意焉。則先祠永終有賴，不肖且得以早返，偃息於麋鹿之區，以歌詠太平之盛，死且不休，先王亦死且不朽。

原載錢林修纂《新鐫吴越錢氏續慶系譜》卷八《詩文》，清康熙四年木刻本。據朱炯《譜牒中的錢德洪佚文輯釋》（《餘姚文博》二〇一七年春夏卷，總第二十八期）移録。

贈祝君叔龍甫書

緒山居士餘姚錢德洪洪甫贈書於蘭溪之瀫江舟中。

祝君叔龍甫，德興逸民也，好讀《楊慈湖先生遺書》，恍見心體。聞予講學於懷玉山，遣二子眉壽、樫壽見焉。命之曰：「吾少願學，苦乏師資，吾心或見或亡，茫無可即，歲月倏除，一毛見矣。古人學貴及時，爾其念哉。倘幸有聞，歸以告我，庶幾輔吾，以樂餘年。」二子距而答曰：「謹受教。」乃踰文麓，躡金光嶺，謁從者委贄焉。自春徂冬，晨夕在侍，且往來洪都姚越之間。歸以所聞告，君省然若有契焉，且曰：「吾耳聞似矣，不若面覿之爲真也。」今年三月，東廓鄒先生期四方同志來臨懷玉，諸生侍易簡堂百十人，叔龍與焉。諸生離席請問戒懼之功，先生曰：「戒懼之功有三：有戒懼於事爲者，矯持文飾以求無過於人，得其末矣，是睹聞外著也；有戒懼於念慮而其功近矣，然善惡雜發，生滅不已，未知體之一也，是睹聞内著也。本體戒懼，無睹無聞，隱而見，微而顯也，在念慮爲大公，在事爲順應，是之謂率性之學，不離道須臾也。」叔龍瞿然起而謝曰：「心之本體，若是乎哉！吾之恍見者執其象也，宜其不能久也。昔之求心也，凝精於睹聞；今之求心也，昭察於冥寞，顯微一，内外忘，非自得其性者，孰與命之？」於是諸生相賀叔龍爲有聞。明年辛酉二月八日，君再臨初度，王生守勝、應善、守成、嘉會、良臣，程生德美、一麟、一龍、尚仁等乞言預爲賀，緒山子曰：「壽莫樂於得聞一，莫樂於聞道。叔龍老不倦，得跋踄山溪以求師資，樂聞道也。諸生之賀，孰加焉？」乃爲之書以勗二子，庶其歸以輔君之樂。

據《暖水祝氏族譜》卷之二「列傳」附《叔龍公傳（公房耀）》：「奉政公名鯨，字叔龍，彥德公子。幼從學方僉憲定入膠庠，以執父暨母璩之喪，過哀目眚，遂棄去，一意教子。嘗潛立窗外聽書聲，子夜而後歸。嘉靖己未，懷玉書院初辟，督學敬所王公聘緒山錢先生、巾石呂先生爲山長，公攜子眉壽、檉壽登山問學焉。公少治《易》，又以《易》授二子。一登懷玉，嘆曰：『吾平生之於《易》，其猶醯鷄之未發覆耳。』後以子眉壽貴，贈奉政大夫、常州府同知。配新建程氏，性行慈淑，贈宜人。」附《國子監祭酒東廓鄒守益贈》：「萬峰如畫聳峻嶒，暖水魚龍欲化騰。六十年來春自在，更從高士覓傳燈。束書千卷付兒曹，孝友時將淑俊髦。要識聖門真壽訣，長知致盡是人豪。」附《太僕寺卿巾石吕懷賦》：「萬峰積翠鳥聲幽，暖水溪邊日夜流。看取桃花春片片，不知何處是丹丘。萬峰何處隱丹丘，直出雲霞天際頭。花甲履長春一線，乘風栽寄鳳毛游。」附《龍溪王畿贈》：「少華山高一萬丈，中有避世之幽人。松響似聞終日語，蝶飛誰其百年身。自甘抱甕忘機事，不用還丹守穀神。五十知非今漸化，草堂得主往來頻。」

録自《暖水祝氏宗譜》木活字本，清光緒二十五年德興縣皇塘祝氏七柱重修譜。

簡松巖公

去夏卒别，不意相隔如許，喜學問日新，足慰懸懸。川上道體之諭，深佩新益。末指今之講學者，以日用與知與能、不學不慮爲現現成成，一任其流行，以爲自然，恐亦沿襲此見，未知就裏入微，盡性實學，誠然！誠然！良知本現現成成，不學不慮，一任其自然流行，則愚夫愚婦之與知與能與聖人同，更復奚疑？但學者不免從言詮入，以意見圓融，遂自以爲真得，不知與此尚隔幾層，執其空見，自謂有得，真認他人爲己子也。耽擱歲月亦奚益之有也！匪徒無益，爲本體害多矣。丈誠有激乎言之也。今得朋友肯樸實用功，從良知真體實證實修，默然熔鍛，以底純金，不作虚見虚想以自復，豈非學問大快也耶！願益向諸友振勵之。舟次局促，不備，願正，跂切！跂切！春仲二十八日德洪頓首。

録自《暖水祝氏宗譜》木活字本，清光緒二十五年德興縣皇塘祝氏七柱重修譜。

舟過簡沈石山

德洪頓首啓：昨舟過貴鄉，聞執事村居路遠，且洪爲廣行期迫，城中諸相知俱不通及，用是懷歉。書院聞林秀水建制以龍渚，可賀可賀！劉龍陽天真經度，頗悴心力。王禎一議得時，便於事或有所濟，然必得權，藉有力乃可恃耳。非執事任之，將誰責耶？龍陽書來，執事必有復也。毛梅莊，洪亦附去一簡矣。行次匆匆，布此草草，不盡所請。侍弟錢德洪頓首拜石山沈大人先生道契丈，貴鄉諸同志均乞致謝。幸幸。初八日，具餘。

原載卞永譽《式古堂書畫匯考》卷二十七，草書，紙本，清康熙二十一年刻本。據朱炯《錢德洪集》（寧波出版社二〇一九年版）移録。原題作《舟過札》。

謝江廣諸當道書

冬暮，寬、畿渡錢塘，將趨北上。適廣中有人至，報父師陽明先生以病告，沿途待命，將踰庾嶺矣。即具舟南迎，至蘭溪，忽聞南安之變。慌怖三問三疑，奔至龍游，傳果實矣。死乎，何至此極邪！吾師以王事馳驅，盡心亶力，今果勤事而野死矣乎？在吾師以身許國，死復何憾，獨不肖二三子哀恨之私，有不能一日解諸懷耳。夫自講學四十餘年，從之游者遍海内，没乃無一人親含襚，殮手足，以供二三子之職，哀憫何甚！

寬、畿北面有年矣，教我撫我，誘我翼我，實有罔極之恩，而今若此，無涯之戚，誰則任之？兼程至貴溪，始得憑哭其棺，間乃詢之厮吏，始知臨終之地，長途空寂，前後弗及。幸我大人先生有預事之謀，載棺相隨，使永訣之晨，得以時殮襚。是雖子嗣、門人親臨其事，當無踰此，誠死生而肉骨者也，恩孰大焉？夫吾師有罔極之恩，而没則貽我以無涯之戚，今賴大人得少慰焉，是大人之恩於二三子，實有無涯之戚矣。夫野死而無悔者，夫子之忠也；無歸而殯者，大人之仁也。斯二者固皆天下之公義，而區區之恩，感不與焉？特吾二三子兒女之情，至此皆不能已於無言耳。剖心刻骨，有言莫盡。詩云：「中心藏之，何日忘之。」荒悖布情不悉，惟憐而終教之。

録自王守仁《王文成公全書》卷三十七《世德記》，明隆慶六年謝廷傑刻本。

再謝汪誠齋書

父師之喪頗德庇，於二月四日奠於堂矣。感公之私，與日俱積。乃弟乃子，頗能承襲遺規，弗至踰禮。四方同門亦日來奔，頗具執事。是皆先生倡厚德於前，故子弟門人知激勸於後，不敢以薄自處，重獲罪於大君子之門也。所諭父師軍中羨餘銀兩，責其官賫送嗣子，是執事哀死之情，推及遺孤，此恩此德，非特其子弟知感，在門人小子，佩刻亦殊深矣。但父師嗣子方及四齡，未有知識；親弟守儉、守文、守章，繼子正憲欲代之言，顧其中有願言而不敢盡者。生輩恃在舊愛，敢代爲之言，惟執事其終聽焉。

父師兩廣事宜，間嘗詢之幕士矣，頗有能悉其概者。謂奏凱之日，禮有太平筵宴及慶賀贐送之儀，水夫門子供具中，有情不得却與例不必却者，收貯賞功所謂之羨餘，以作公賞之費。成功之後，將歸，乃總其賞功正數，所給公帑不過一萬餘兩，皆發梧州矣。正數之外，有此羨餘，仍命並發梧州。從者又以沿途待命，恐遲留日久，尚有不時之需，姑攜附以行，俟隨地遣發。不意未至南安，罹此凶變。病革之晨，親命僕隸檢遺書，治行篋，命賞功官勞其勤勞，而歸羨餘於公，此實父師之治命也。當事者既匿其情，不以告夫先生，而先生又切哀死之情，篤遺孤之愛，案官吏之請，從合得之議，謂：「大臣驅馳王事，身殞邊陲，痛有餘哀，禮當厚報。況物出羨餘，受之不爲傷義。」故直以事斷而不疑其爲私，其恩可謂厚矣。特弟子登受之餘，尚不免於惶惑。蓋以父師既有成命，前日之歸是，則今日之受非矣。苟不度義而私受之，恐拂死者之情，終無以白於地下也。且子弟之事親，平時一言罔敢踰越，況軍旅之事，易簀之言，顧忍違忘而私受乎？夫可以與者，大人之賜；可以無取者，父師之心。取之，惟恐違死者之命而重生者之罪，則又其子弟衷由之情。用是不避呵叱，謹勒手狀，代爲先生布。並原銀五百三十二兩，託參隨州判龍光、原義男添貴送復臺下。伏望驗發公帑，使存殁之心，可以質諸天地鬼神。是則先生無窮之賜，幽明共戴之恩也。不勝冒犯殞悼之至。

録自王守仁《王文成公全書》卷三十七《世德記》，明隆慶六年謝廷傑刻本。

再謝儲谷泉書

寬、畿不率，弗祐於天，遽奪吾師之速。黄髮乳口，失所保哺，皇皇然無所歸。時聞凶訃，又恨未及相隨以趨曳杖之歌，天喪斯文，後死者終弗與聞矣乎？既而奔喪貴溪，馮哭之餘，水漿不入於口，奄奄氣息，若無復可生於人世矣。間乃詢其後事，乃知諸君子殫心瘁力，送死無憾，而先生左右維持之力居多。愚以爲相知之情，至此亦云足矣。及凡所經歷，舟未入境，而執事之戒命已先。哭奠虔慤，雖有司好德之同，而激勸之機，不無所自，哀感何言。僕且私告曰「公慮吾主君家事也」云云，曰「公慮吾主君勳業未著」云云。已而朋友又私相語曰「公慟吾夫子者，悼其教未明於天下也」云云。生輩矍然而起曰：「有是哉？何公信愛之至有如此也。」

噫！天下之愛吾夫子者有矣，嘆之而已矣；信我夫子者有矣，感之而已矣；孰有如吾執事精神心思，周旋曲折，實以見之行事者乎！必其平日相孚默契，有甚不得已者藏於其中，是未可聲音笑貌爲也。吾儕小人自失所恃，遽恐吾道終底於阨塞，不知天下大君子有如先生者出於其間。斯道雖重，主盟得人，吾何以懼乎哉？孟子曰：「然而無有乎爾，則亦無有乎爾。」今兹有乎爾矣！今茲有乎爾矣！於是自衢以下，順流而歸，慷慨激亢，無復爲兒女之情。是先生不言之教，起我跛躄於顛躋之中，吾當何以爲報哉！

二月四日，已妥靈於堂。乃弟乃子，頗知自植，四方同門，又日來至，喪事聊此議處，不復敢遠嬰先生之懷矣。蕭尚賢事略具汪公別紙，並奉請教。小廝輩以小嫌構辭，致煩案牘。在先生寬仁之下，當必有處。然是人亦無足過責者。夫子用之，所謂略其全體之陋，以用其一肢之能，故其報死之情，亦如是而已矣。今欲望之大過，是又若以其一肢之得，而復責其全體之失也，難矣。恃在推愛，妄敢喋喋，荒悖不恭，萬罪萬罪！

録自王守仁《王文成公全書》卷三十七《世德記》，明隆慶六年謝廷傑刻本。

卷四　序跋

《續刻傳習録》序

古人立教，皆爲未悟者設法，故其言簡易明白，人人可以與知而與能。而究極所止，雖聖人終身用之，有所未盡。蓋其見道明徹，先知進學之難易，故其爲教也循循善誘，使人悦其近而不覺其入，喜其易而各極所趨。夫人之良知一也，而領悟不能以皆齊。有言下即能了悟者矣；有良知雖明，不能無間，必有待於修治之功者矣；有修治之功百倍於人，而後其知始徹者矣。善教者不語之以其所悟，而惟視其所入，如大匠之作室然，規矩雖一，而因物曲成，故中材上下，皆可與入道。若不顧其所安，而概欲强之以其所未及教者，曰：「斯道之妙也如是。」學者亦曰：「斯道之妙也如是。」彼以言授，此以言接；融釋於聲聞，懸解於測億，而遂謂道固如是矣，寧不幾於狂且惑乎？

吾師陽明先生，平時論學，未嘗立一言，惟揭《大學》宗旨以指示人心。謂《大學》之教，自帝堯明德睦族以降，至孔門而復明。其爲道也，由一身以至家國天下，由初學以至聖人；徹上徹下，通物通我，無不具足，此性命之真，幾聖學之規矩也。然規矩陳矣，而運用之妙，則由乎人。故及門之士，各得所趨，而莫知其所由入。吾師既没，不肖如洪，領悟未徹，又不肯加百倍之功。同志歸散四方，各以所得引接來學，而四方學者漸覺頭緒太多。執規矩者，滯於形器，而無言外之得；語妙悟者，又超於規矩之外，而不切事理之實；願學者病焉。年來同志亟圖爲會，互相劘切，各極所詣，漸有合異同歸之機。始思師門立教，良工苦心。蓋其見道明徹之後，能不以其所悟示人，而爲未悟者設法。故其高不至於淩虚，卑不至於執有，而人人善入。此師門之宗旨，所以未易與繹也。

洪在吴時，爲先師裒刻《文録》。《傳習録》所載下卷，皆先師書也。既以次入《文録》書類矣，乃摘《録》中問答語，仍書南大吉所録以補下卷。復采陳惟濬諸同志所録，得二卷焉，附爲《續録》，以合成書。適遭内艱，不克終事。去年秋，會同志於南畿，吉陽何子遷、初泉劉子起宗，相與商訂舊學，謂師門之教，使學者趨專歸一，莫善於《傳習録》。於是劉子歸寧國，謀諸涇尹丘時庸，相與捐俸，刻諸水西精舍。使學者各得所入，庶不疑其所行云。時嘉靖甲寅夏六月，門人錢德洪序。

録自佐藤一齋《傳習録欄外書》，收入岡田武彦監修《佐藤一齋全集》第五卷，明德出版社一九九八年版，第三七七—三七八頁。

《陽明先生詩録》序

右録以履歷爲次者，蓋以見吾夫子情隨所遇，辭以時發也。以滁陽後爲正，而前附之，見吾夫子所學益精，辭益粹，誠之不可掩也。讀是録者，以意逆志而有會焉，而興焉，而求其所以精，得其所以粹，無以其辭焉而已矣。則是録之傳，庶其不繆矣乎？嘉靖庚寅五月望日，門人錢寬謹識於錢塘勝果寺之中峰閣。

録自日本九州大學文學部藏《陽明先生詩録》卷首，明嘉靖九年錢德洪序刻本。

《陽明先生文録》序

古之立教有三：有意教，有政教，有言教。太上之世，民涵真性，嗜欲未涉，聖人者特相示以意已矣，若伏羲陳奇偶以指像是也。而民遂各以意會，不逆於心，群物以游，熙如也，是之謂意教。中古之民，風氣漸開，示之以意，若病不足矣。聖人者出，則爲之經制立法，使之自厚其生，自利其用，自正其德，而民亦相忘於政化之中，各足其願，日入於善，而不知誰之所使，是以政教之也。自後聖王不作，皇度不張，民失所趨，俗非其習，而聖人之意日湮以晦，懷世道者憂之，而處非其任，則嘵嘵以空言覺天下，是故始有以言教也。

噫！立教而至於以言則難矣！昔者孔子之在《春秋》也，其所與世諄諄者皆性所同也。然於習俗所趨無徵焉，乃闋起而異之曰：「是將奪吾之所習，而蹶吾之所趨也。」或有非笑而詆訾之者。三千之徒，其庶幾能自拔於流俗，不與衆非笑詆訾之者乎？然而天下之大也，其能自拔於俗，不與衆非笑詆訾者，僅三千人焉，豈非空言動衆，終不若躬見於政事之爲易也？夫三千之中稱好學者，顏氏之外又無多聞焉。豈速肖之士知自拔於俗矣，尚未能盡脱乎俗習耶？一洗俗習之陋，直超自性之真，而盡得聖人千古不盡之意者，豈顏氏之所獨耶？然而三千之徒，其於夫子之言也，猶面授也。秦火而後，掇拾於漢儒者多似是而失真矣。後之儒者復以己見臆説，盡取其言而支離決裂之。噫！誠面授也，尚未免於俗習焉，並取其言而亂之，則後之懷世道者，復將何恃以自植於世耶？

吾師陽明先生，蚤有志於聖人之道，求之俗習而無取也，求之世儒之學而無得也，乃一洗俗習之陋、世儒之説，而自證以吾之心焉。殫思力踐，竭精瘁志，卒乃豁然有見於良知，而千古聖人不盡之意，復得以大明於世。噫！亦難矣。世之聞吾先生之言者，其皆肯自拔於流俗，不與衆非笑詆訾之乎？其皆肯一洗俗習之陋、世儒之説，而獨證以吾之心乎？夫非笑詆訾，在孔子猶不免焉，於當世乎奚病，特病其未之或聞焉耳。如其有聞也，則知先生之所言者，非先生之言也，吾之心也。吾心之知，不以太上而古，不以當世而今；不待示而得，不依政而行；俗習所不能湮，異説所不能淆；特在乎有超世特立之志，自證而自得之耳。有超世特立之志者，而一觸其知，真如去目之塵沙以還光也，拔耳之木楔以還聰也，解支體之束縛以自舒也，去污穢而就高明，撤蔽障而合大同，以復中古之政，超太上之意，亦已矣。又奚以俗習之陋、世儒之説爲哉？

先生之言，世之信從者日衆矣。特其文字之行於世者，或雜夫少年未定之論。愚懼後之亂先生之學者，即是先生之言始也。乃取其少年未定之論，盡删而去之，詳披締閲，參酌衆見，得至一之言五卷焉。其餘或發之題詠，或見之政事者，則釐爲《外集》《别録》。復以日月前後，順而次之，庶幾知道者讀之，其知有所取乎！雖然，是録先生之言也，特入珍藏之扃鑰也。珍藏不守，乃屑屑焉扃鑰之是競，豈非舍其所重，而自任其所輕耶？兹不能無愧於是録之成云爾。

録自王守仁《王文成公全書》卷首，明隆慶六年謝廷傑刻本。

刻《文録》叙説

德洪曰：嘉靖丁亥四月，時鄒謙之謫廣德，以所録先生文稿請刻。先生止之曰：「不可。吾黨學問，幸得頭腦，須鞭闢近裏，務求實得，一切繁文靡好，傳之恐眩人耳目，不録可也。」謙之復請不已。先生乃取近稿三之一，標揭年月，命德洪編次，復遺書曰：「所録以年月爲次，不復分别體類者，蓋專以講學明道爲事，不在文辭體制間也。」明日，德洪掇拾所遺復請刻。先生曰：「此愛惜文辭之心也。昔者孔子删述《六經》，若以文辭爲心，如唐、虞、三代，自《典》《謨》而下，豈止數篇？正惟一以明道爲志，故所述可以垂教萬世。吾黨志在明道，復以愛惜文字爲心，便不可入堯、舜之道矣。」德洪復請不已。乃許數篇，次爲《附録》，以遺謙之，今之廣德板是也。

先生讀《文録》，謂學者曰：「此編以年月爲次，使後世學者知吾所學前後進詣不同。」又曰：「某此意思賴諸賢信而不疑，須口口相傳，廣布同志，庶幾不墜。若筆之於書，乃是異日事，必不得已然後爲此耳。」又曰：「講學須得與人人面授，然後得其所疑，時其淺深而語之。纔涉紙筆，便十不能盡一二。」戊子年冬，先生時在兩廣，謝病歸，將下庾嶺。德洪與王汝中聞之，乃自錢塘趨迎。至龍游聞訃，遂趨廣信，訃告同門，約每越三年，遣人哀録遺言。明日又進貴溪，扶喪還玉山，至草萍驛，戒記書篋，故諸稿倖免散逸。自後同門各以所録見遺，既七年壬辰，德洪居吳，始較定篇類。復爲《購遺文》一疏，遣安成王生，自閩、粤由洪都入嶺表，抵蒼梧，取道荆、湘，還自金陵，又獲所未備。然後謀諸提學侍御聞人邦正入梓以行。《文録》之有《外集》《别録》，遵《附録》例也。

先生之學凡三變，其爲教也亦三變：少之時，馳騁於辭章，已而出入二氏，繼乃居夷處困，豁然有得於聖賢之旨，是三變而至道也。居貴陽時，首與學者爲「知行合一」之説；自滁陽後，多教學者静坐；江右以來，始單提「致良知」三字，直指本體，令學者言下有悟；是教亦三變也。讀《文録》者，當自知之。先生嘗曰：「吾始居龍場，鄉民言語不通，所可與言者，乃中土亡命之流耳。與之言知行之説，莫不忻忻有入，久之，並夷人亦翕然相向。及出與士夫言，則紛紛同異，反多扞格不入，何也？意見先入也。」德洪自辛巳冬，始見先生於姚，再見於越，於先生教，若恍恍可即，然未得入頭處。同門先輩有指以静坐者，遂覓光相僧房，閉門凝神净慮，倏見此心真體，如出蔀屋而睹天日。始知平時一切作用，皆非天則自然，習心浮思，炯炯自照，毫髮不容住著。喜馳以告。先生曰：「吾昔居滁時，見學者徒爲口耳同異之辯，無益於得，且教之静坐，一時學者亦若有悟。但久之漸有喜静厭動，流入枯槁之病，故邇來只指破致良知工夫。學者真見得良知本體，昭明洞徹，是是非非，莫非天則。不論有事無事，精察克治，俱歸一路，方是格致實功，不落却一邊。故較來無出『致良知』話頭無病，何也？良知原無間動静也。」德洪既自喜學得所入，又承點破病痛，退自省究，漸覺得力。「良知」之説，發於正德辛巳年。蓋先生再罹寧藩之變，張、許之難，而學又一番證透。故《正録》書凡三卷，第二卷斷自辛巳者，志始也。格致之辯，莫詳於《答顧華玉》一書，而「拔本塞源」之論，寫出千古同體萬物之旨與末世俗習相沿之弊。百世以俟，讀之當爲一快。

先生嘗曰：「吾『良知』二字，自龍場已後，便已不出此意，只是點此二字不出，於學者言，費却多少辭説。今幸見出此意，一語之下，洞見全體，直是痛快，不覺手舞足蹈。學者聞之，亦省却多少尋討功夫。學問頭腦至此，已是説得十分下落，但恐學者不肯直下承當耳。」又曰：「某於『良知』之説，從百死千難中得來，非是容易見得到此。此本是學者究竟話頭，可惜此體淪埋已久，學者苦於聞見障蔽，無入頭處，不得已與人一口説盡，但恐學者得之容易，只把作一種光景玩弄，孤負此知耳。」

甲申年，先生居越。中秋月白如洗，乃燕集群弟子於天泉橋上。時在侍者百十人，酒半行，先生命歌詩。諸弟子比音而作，翕然如協金石。少間，能琴者理絲，善簫者吹竹，或投壺聚算，或鼓棹而歌，遠近相答。先生顧而樂之，遂即席賦詩，有曰「鏗然舍瑟春風裏，點也雖狂得我情」之句。既而曰：「昔孔門求中行之士不可得，苟求其次，其惟狂者乎？狂者志存古人，一切聲利紛華之染無所累其衷，真有鳳凰翔于千仞氣象。得是人而裁之，使之克念，日就平易切實，則去道不遠矣。予自鴻臚以前，學者用功尚多拘局，自吾揭示良知頭腦，漸覺見得此意者多可與裁矣。」

先生自辛巳年初歸越，明年居考喪，德洪輩在侍者踪迹尚寥落。既後，四方來者日衆。癸未已後，環先生之室而居，如天妃、光相、能仁諸僧舍，每一室常合食者數十人。夜無卧所，更番就席，歌聲徹昏旦。南鎮、禹穴、陽明洞諸山、遠近古刹，徙足所到，無非同志游寓之地。先生每臨席，諸生前後左右，環坐而聽，常不下數百人。送往迎來，月無虚日，至有在侍更歲，不能遍記其姓字者。諸生每聽講出門，未嘗不踴躍稱快，以昧入者以明出，以疑入者以悟出，以憂憤愊憶入者以融釋脱落出。嗚呼休哉！不圖講學之至於斯也。嘗聞之同門，南都以前，從游者雖衆，未有如在越之盛者。雖講學日久，孚信漸博，要亦先生之學益進，感召之機亦自不同也。今觀《文録》前後論議，大略亦可想見。

先生嘗語學者曰：「作文字亦無妨工夫。如詩言志，只看爾意向如何。意得處自不能不發之於言，但不必在詞語上馳騁。言不可以僞爲，且如不見道之人，一片粗鄙心，安能説出和平話？總然都做得，後一兩句露出病痛，便覺破此文原非充養得來。若養得此心中和，則其言自别。」

門人有欲汲汲立言者。先生聞之，嘆曰：「此弊溺人，其來非一日矣。不求自信而急於人知，正所謂以己昏昏，使人昭昭也。耻其名之無聞於世，而不知知道者視之，反自貽笑耳。宋之儒者，其制行磊犖，本足以取信於人，故其言雖未盡，人亦崇信之，非專以空言動人也。但一言之誤，至於誤人無窮，不可勝救，亦豈非汲汲于立言者之過耶？」

或問：「先生所答示門人書稿，删取歸併，作數篇訓語，以示將來，如何？」先生曰：「有此意。但今學問自覺所進未止，且終日應酬無暇。他日結廬山中，得如諸賢有筆力者，聚會一處商議，將聖人至緊要之語發揮作一書，然後取零碎文字都燒了，免致累人。」德洪事先生，在越七年，自歸省外，無日不侍左右，有所省豁，每得於語默作止之間。或聞時訕議，有動於衷，則益自奮勵以自植。有疑義即進見請質，故樂於面炙，一切文辭俱不收録。每見文稿出示，比之侍坐時精神鼓舞，歉然常見不足。以是知古人「書不盡言，言不盡意」，非欺我也。不幸先生既没，謦欬無聞，儀刑日遠，每思印證，茫無可即。然後取遺稿次第讀之，凡所欲言而不能者，先生皆爲我先發之矣。雖其言之不能盡意，引而不發，躍如也。由是自滁以後文字，雖片紙隻字，不敢遺棄。四海之遠，百世之下，有同此懷者乎？苟取《正録》，順其日月以讀之，不以言求，而惟以神會，必有沛然江河之決，莫之能禦者矣。

《別録》成，同門有病其太繁者。德洪曰：「若以文字之心觀之，其所取不過數篇。若以先生之學見諸行事之實，則雖瑣屑細務，皆精神心術所寓，經時贊化，以成天下之事業。千百年來，儒者有用之學，於此亦可見其梗概，又何病其太繁乎？」

昔門人有讀《安邊八策》者，先生曰：「是疏所陳，亦有可用。但當時學問未透，中心激忿抗厲之氣。若此氣未除，欲與天下共事，恐於事未必有濟。」

陳惟濬曰：「昔武宗南巡，先生在虔，奸賊在君側，間有以疑謗危先生者，聲息日至，諸司文帖，絡繹不絶。請先生即下洪，勿處用兵之地，以堅奸人之疑。先生聞之，泰然不動。門人乘間言之，先生姑應之曰：『吾將往矣。』一日，惟濬亦以問。先生曰：『吾在省時，權豎如許勢焰，疑謗禍在目前，吾亦帖然處之，此何足憂？吾已解兵謝事乞去，只與朋友講學論道，教童生習禮歌詩，烏足爲疑？縱有禍患，亦畏避不得。雷要打，便隨他打來，何故憂懼？吾所以不輕動，亦有深慮焉爾。』又一人使一友亦告急。先生曰：『此人惜哉不知學，公輩曷不與之講學乎？』是友亦釋然，謂人曰：『明翁真有赤舄几几氣象。』」愚謂《別録》所載，不過先生政事之迹耳。其遭時危謗，禍患莫測，先生處之太然，不動聲色，而又能出危去險，坐收成功。其致知格物之學至是，豈意見擬議所能及？是皆《別録》所未及詳者。洪感惟濬之言，故表出之，以爲讀《別録》者相發。

《復聞人邦正書》：哀刊《文録》，諸同門聚議不同久矣。有曰：「先生之道無精粗，隨所發言，莫非至教，故集文不必擇其可否，概以年月體類爲次，使觀者隨其所取而獲焉。」此久庵諸公之言也。又以「先生言雖無間於精粗，而終身命意，惟以提揭人心爲要，故凡不切講學明道者，不録可也」。此東廓諸公之言也。二説相持，罔知裁定。去年廣回舟中，反復思惟，不肖鄙意，竊若有附於東廓子者。夫傳言者，不貴乎盡其博，而貴乎得其意。得其意，雖一言之約，足以入道；不得其意，而徒示其博，則泛濫失真，匪徒無益，是眩之也。且文別體類，非古也，其後世侈詞章之心乎？當今天下士，方馳騖於辭章，先生少年亦嘗没溺于是矣，卒乃自悔，惕然有志于身心之學。學未歸一，出入於二氏者又幾年矣，卒乃自悔，省然獨得于聖賢之旨。反復世故，更歷險阻，百鍊千磨，斑瑕盡去，而輝光焕發，超然有悟于良知之説。自辛巳年已後，而先生教益歸於約矣。故凡在門墻者，不煩辭説而指見本體，真如日月之麗天，大地山河，萬象森列。陰崖鬼魅，皆化而爲精光；斷溪曲徑，皆坦而爲大道。雖至愚不肖，一觸此體，真知皆可爲堯舜。考三王，建天地，質鬼神，俟百世，斷斷乎知其不可易也。有所不行者，特患不加致之之功耳。今傳言者不揭其獨得之旨，而尚吝情于悔前之遺、未透之説，而混焉以誇博，是愛其毛而不屬其裏也，不既多乎？既又思之，凡物之珍賞于時者，久而不廢，況文章乎？先生之文，既以傳誦於時，欲不盡録，不可得也。自今尚能次其月日，善讀者猶可以驗其悔悟之漸。後恐迷其歲月，而概以文字取之混入焉，則並今日之意失之矣。久庵之慮，殆或以是與？不得已，乃兩是而俱存之。故以文之純于講學明道者裒爲《正録》，餘則别爲《外集》，而總題曰《文録》。疏奏批駁之文，則又釐爲一書，名曰《别録》。夫始之以《正録》，明其志也；繼之以《外集》，盡其博也；終之以《别録》，究其施也：而文稽其類，以從時也。識道者讀之，庶幾知所取乎，此又不肖者之意也。問難辯詰，莫詳於書，故《正録》首書，次記，次序，次説，而以雜著終焉。諷詠規切，莫善于詩賦，故《外集》首賦，次詩，次記，次序，次説，次雜著，而傳志終焉。《别録》則卷以事類，篇以題别，先奏疏而後公移。刻既成，懼讀者之病于未察也，敢敬述以求正。乙未年正月。

録自王守仁《王文成公全書》卷首，明隆慶六年謝廷傑刻本。

《陽明先生年譜》序

嘉靖癸亥，夏五月，《陽明先生年譜》成，門人錢德洪稽首叙言曰：昔堯、舜、禹開示學端，以相授受，曰：「允執厥中，四海困窮，天禄永終。」噫！此三言者，萬世聖學之宗與。「執中」，不離乎四海也。「中」也者，人心之靈，同體萬物之仁也。「執中」而離乎四海，則天地萬物失其體矣。故堯稱「峻德」，以自親九族以至和萬邦；舜稱「玄德」，必自定父子以化天下。堯、舜之爲帝，禹、湯、文、武之爲王，所以致唐虞之隆，成三代之盛治者，謂其能明是學也。後世聖學不明，人失其宗，紛紛役役，疲極四海，不知「中」爲何物。伯術興，假借聖人之似以持世，而不知逐乎外者遺乎内也。佛、老出，窮索聖人之隱微以全生，而不知養乎「中」者遺乎外也。教衰行馳，喪亂無日，天禄亦與之而永終。噫！夫豈無自而然哉。寥寥數千百年，道不在位，孔子出，祖述堯、舜，顔、曾、思、孟、濂溪、明道繼之，以推明三聖之旨，斯道燦燦然復明於世。惜其空言無徵，百姓不見三代之治，每一傳而復晦，寥寥又數百年。

吾師陽明先生出，少有志於聖人之學，求之宋儒不得，窮思物理，卒遇危疾，乃築室陽明洞天，爲養生之術。静攝既久，恍若有悟，蟬脱塵坌，有飄飄遐舉之意焉。然即之於心若未安也，復出而用世。謫居龍場，衡困拂鬱，萬死一生，乃大悟「良知」之旨。始知昔之所求，未極性真，宜其疲神而無得也。蓋吾心之靈，徹顯微，忘内外，通極四海而無間，即三聖所謂「中」也。本至簡也而求之繁，至易也而求之難，不其謬乎？征藩以來，再遭張、許之難，呼吸生死，百鍊千摩而精光焕發，益信此知之良，神變妙應而不流於蕩，淵澄静寂而不墮於空。徵之千聖，莫或紕繆，雖百氏異流，咸於是乎取證焉。噫！亦已微矣。始教學者悟從静入，恐其或病於枯也，揭「明德」、「親民」之旨，使加「誠意」、「格物」之功，至是而特揭「致良知」三字，一語之下，洞見全體，使人人各得其中。由是以昧入者以明出，以塞入者以通出，以憂憤入者以自得出。四方學者，翕然來宗之。噫！亦云兆矣。天不憖遺，野死遐荒，不得終見三代之績，豈非千古一痛恨也哉！

師既没，吾黨學未得止，各執所聞以立教，儀範隔而真意薄，微言隱而口説騰。且喜爲新奇譎秘之説，淩獵超頓之見，而不知日遠於倫物。甚者認知見爲本體，樂疏簡爲超脱，隱幾智於權宜，蔑禮教於任性。未及一傳，而淆言亂衆，甚爲吾黨憂。邇年以來，亟圖合併，以宣明師訓，漸有合異統同之端，謂非良知昭晰，師言之尚足徵乎？《譜》之作，所以徵師言耳。始謀於薛尚謙，顧三紀未就。同志日且凋落，鄒子謙之遺書督之，洪亦大懼湮没，假館於史恭甫嘉義書院，越五月，草半就，趨謙之，而中途聞訃矣。偕撫君胡汝茂往哭之，返見羅達夫閉關方嚴，及讀《譜》，則喟然嘆曰：「先生之學，得之患難幽獨中，蓋三變以至於道。今之談『良知』者，何易易也！」遂相與刊正，越明年正月，成于懷玉書院，以復達夫。比歸，復與王汝中、張叔謙、王新甫、陳子大賓、黄子國卿、王子健，互精校閲，曰：「庶其無背師説乎！」命壽之梓。然其事則核之奏牘，其文則稟之師言，罔或有所增損。若夫力學之次，立教之方，雖因年不同，其旨則一，洪竊有取而三致意焉。噫！後之讀《譜》者，尚其志逆神會，自得於微言之表，則斯道庶乎其不絶矣。僭爲之序。

録自王守仁《王文成公全書》卷三十六《年譜附録二》，明隆慶六年謝廷傑刻本。

《傳習録》中卷序

德洪曰：「昔南元善刻《傳習録》於越，凡二册。下册摘録先師手書，凡八篇。其《答徐成之》二書，吾師自謂：『天下是朱非陸，論定既久，一旦反之爲難。二書姑爲調停兩可之説，使人自思得之。』故元善録爲下册之首者，意亦以是歟！今朱、陸之辨明於天下久矣。洪刻先師《文録》，置二書於《外集》者，示未全也，故今不復録。其餘指『知行之本體』，莫詳於《答人論學》與《答周道通》、《陸清伯》、《歐陽崇一》四書，而謂『格物爲學者用力日可見之地』，莫詳於《答羅整庵》一書。平生冒天下之非詆推陷，萬死一生，遑遑然不忘講學，惟恐吾人不聞斯道，流於功利機智，以日墮於夷狄禽獸而不覺；其一體同物之心，譊譊終身，至於斃而後已，此孔、孟已來賢聖苦心，雖門人子弟未足以慰其情也。是情也，莫詳於《答聶文蔚》之第一書。此皆仍元善所録之舊。而揭『必有事焉即致良知功夫,明白簡切,使人言下即得入手』,此又莫詳於《答文蔚》之第二書,故增録之。元善當時洶洶,乃能以身明斯道,卒至遭姦被斥,油油然惟以此生得聞斯學爲慶,而絶無有纖芥憤鬱不平之氣。斯録之刻,人見其有功於同志甚大,而不知其處時之甚艱也。今所去取裁之,時義則然,非忍有所加損於其間也。」

録自《王文成公全書》卷二《語録二》卷首,謝廷傑明隆慶六年刻本。

《傳習録》中跋

《答原静書》出,讀者皆喜,澄善問,師善答,皆得聞所未聞。師曰:「原静所問,只是知解上轉,不得已與之逐節分疏。若信得良知,只在良知上用工,雖千經萬典,無不脗合,異端曲學,一勘盡破矣。何必如此節節分解?佛家有撲人逐塊之喻,見塊撲人,則得人矣,見塊逐塊,於塊奚得哉?」在座諸友聞之,惕然皆有惺悟。此學貴反求,非知解可入也。〔一〕

録自王守仁《王文成公全書》卷二《語録二》,明隆慶六年謝廷傑刻本。

〔一〕佐藤一齋曰:「南本無此跋,蓋錢緒山所書。張問達冒以『南元善曰』,妄矣。」(《傳習録欄外書》,收入岡田武彦監修《佐藤一齋全集》第五卷,明德出版社一九九八年,第三六七頁)

《傳習録》下卷黄直録跋

先生初歸越時，朋友踪迹尚寥落，既後四方來遊者日進。癸未年已後，環先生而居者比屋，如天妃、光相諸刹，每當一室，常合食者數十人，夜無卧處，更相就席，歌聲徹昏旦。南鎮、禹穴、陽明洞諸山，遠近寺刹，徙足所到，無非同志游寓所在。先生每臨講座，前後左右環坐而聽者，常不下數百人。送往迎來，月無虚日，至有在侍更歲，不能遍記其姓名者。每臨别，先生常嘆曰：「君等雖别，不出在天地間。苟同此志，吾亦可以忘形似矣。」諸生每聽講出門，未嘗不跳躍稱快。嘗聞之同門先輩曰：「南都以前，朋友從遊者雖衆，未有如在越之盛者。」此雖講學日久，孚信漸博，要亦先生之學日進，感召之機，申變無方，亦自有不同也。

録自王守仁《王文成公全書》卷三《語録三》，明隆慶六年謝廷傑刻本。

《傳習録》下卷跋

嘉靖戊子冬，德洪與王汝中奔師喪至廣信，訃告同門，約三年收録遺言。繼後同門各以所記見遺，洪擇其切於問正者，合所私録，得若干條。居吴時，將與《文録》並刻矣，適以憂去未遂。當是時也，四方講學日衆，師門宗旨既明，若無事於贅刻者，故不復營念。去年，同門曾子才漢得洪手抄，復傍爲采輯，名曰《遺言》，以刻行於荆。洪讀之，覺當時采録未精，乃爲删其重複，削去蕪蔓，存其三之一，名曰《傳習續録》，復刻於寧國之水西精舍。今年夏，洪來遊蘄，沈君思畏曰：「師門之教，久行于四方，而獨未及于蘄。蘄之士得讀《遺言》，若親炙夫子之教，指見良知，若重睹日月之光，惟恐傳習之不博，而未以重復之爲繁也。請哀其所逸者增刻之，若何？」洪曰：「然。師門致知格物之旨，開示來學，學者躬修默悟，不敢以知解承，而惟以實體得。故吾師終日言是而不憚其煩，學者終日聽是而不厭其數，蓋指示專一，則體悟日精，幾迎於言前，神發於言外，感遇之誠也。今吾師之殁未及三紀，而格言微旨，漸覺淪晦，豈非吾黨身踐之不力，多言有以病之耶？學者之趨不一，師門之教不宣也。」乃復取逸稿，采其語之不背者，得一卷，其餘影響不真，與《文録》既載者皆削之，並易中卷爲問答語，以付黄梅尹張君增刻之。庶幾讀者不以知解承，而惟以實體得，則無疑于是録矣！嘉靖丙辰夏四月，門人錢德洪拜書于蘄之崇正書院。

録自王守仁《王文成公全書》卷三《語録三》，明隆慶六年謝廷傑刻本。

《朱子晚年定論》引

《定論》首刻於南贛。朱子病目静久，忽悟聖學之淵藪，乃大悔中年注述，誤己誤人，遍告同志。師閲之，喜已學與晦翁同，手録一卷，門人刻行之。自是爲朱子論異同者寡矣。師曰：「無意中得此一助！」隆慶壬申，虬峰謝君廷傑刻師《全書》，命刻《定論》附《語録》後，見師之學與朱子無相謬戾，則千古正學同一源矣。並師首叙與袁慶麟跋凡若干條，洪僭引其説。

録自王守仁《王文成公全書》卷三《語録三》，明隆慶六年謝廷傑刻本。

《文録續編》序

德洪葺師《文録》，始刻于姑蘇，再刻于越，再刻于天真，行諸四方久也矣。同志又以遺文見寄，俾續刻之。洪念昔葺師録，同門已病太繁，兹録若可緩者。既而伏讀三四，中多簡書墨迹，皆尋常應酬、瑣屑細務之言，然而道理昭察，仁愛惻怛，有物各付物之意。此師無行不與，四時行而百物生，言雖近而旨實遠也。且師没既久，表儀日隔，苟得一紙一墨，如親面覿。况當今師學大明，四方學者，徒喜領悟之易，而未究其躬踐之實，或有離倫彝日用，樂懸虚妙頓以爲得者，讀此能無省然激衷？此吾師中行之證也，而又奚以太繁爲病邪？同門唐子堯臣僉憲吾浙，嘗謀刻未遂。今年九月，虬峰謝君來按吾浙，刻師《全書》，檢所未録盡刻之，凡五卷，題曰《文録續編》。師胤子王正億，嘗録《陽明先生家乘》，凡三卷，今更名《世德紀》，並刻於《全書》末卷云。

隆慶壬申一陽日，德洪百拜識。

録自王守仁《王文成公全書》卷二十六《續編一》，明隆慶六年謝廷傑刻本。

《大學問》引

吾師接初見之士，必借《學》《庸》首章以指示聖學之全功，使知從入之路。師征思、田，將發，先授《大學問》，德洪受而録之。

《大學問》跋

德洪曰：《大學問》者，師門之教典也。學者初及門，必先以此意授，使人聞言之下，即得此心之知，無出於民彝物則之中；致知之功，不外乎修齊治平之内。學者果能實地用功，一番聽受，一番親切。師常曰：「吾此意思，有能直下承當，只此修爲，直造聖域，參之經典，無不吻合，不必求之多聞多識之中也。」門人有請録成書者。曰：「此須諸君口口相傳，若筆之於書，使人作一文字看過，無益矣。」嘉靖丁亥八月，師起征思、田，將發，門人復請，師許之。録既就，以書貽洪曰：「《大學或問》數條，非不願共學之士盡聞斯義，顧恐藉寇兵而賫盜糧，是以未欲輕出。」蓋當時尚有持異説以混正學者，師故云然。師既没，音容日遠，吾黨各以己見立説。學者稍見本體，即好爲徑超頓悟之説，無復有省身克己之功。謂「一見本體，超聖可以跂足」，視師門誠意格物、爲善去惡之旨，皆相鄙以爲第二義。簡略事爲，言行無顧，甚者蕩滅禮教，猶自以爲得聖門之最上乘。噫！亦已過矣。自便徑約，而不知已淪入佛氏寂滅之教，莫之覺也。古人立言，不過爲學者示下學之功，而上達之機，待人自悟而有得，言語知解，非所及也。《大學》之教，自孟氏而後，不得其傳者幾千年矣。賴良知之明，千載一日，復大明於今日。兹未及一傳，而紛錯若此，又何望於後世耶？是篇鄒子謙之嘗附刻於《大學》古本，兹收録《續編》之首，使學者開卷讀之，思吾師之教平易切實，而聖智神化之機固已躍然，不必更爲别説，匪徒惑人，祇以自誤，無益也。

録自王守仁《王文成公全書》卷二十六《續編一》，明隆慶六年謝廷傑刻本。

《五經臆説十三條》序

師居龍場，學得所悟，證諸《五經》，覺先儒訓釋未盡，乃隨所記憶，爲之疏解。閲十有九月，《五經》略遍，命曰《臆説》。既後自覺學益精，工夫益簡易，故不復出以示人。洪嘗乘間以請。師笑曰：「付秦火久矣。」洪請問。師曰：「只致良知，雖千經萬典，異端曲學，如執權衡，天下輕重莫逃焉，更不必支分句析，以知解接人也。」後執師喪，偶於廢稿中得此數條。洪竊録而讀之，乃嘆曰：「吾師之學，於一處融徹，終日言之不離是矣。即此以例全經，可知也。」

録自王守仁《王文成公全書》卷二十六《續編一》，明隆慶六年謝廷傑刻本。

《與滁陽諸生書並問答語》跋

德洪曰：滁陽爲師講學首地，四方弟子從遊日衆。嘉靖癸丑秋，太僕少卿吕子懷，復聚徒於師祠，洪往遊焉，見同門高年，有能道師遺事者。當時師懲末俗卑污，引接學者，多就高明一路，以救時弊。既後漸有流入空虚，爲脱落新奇之論。在金陵時，已心切憂焉。故居贛則教學者存天理、去人欲，致省察克治實功。而征寧藩之後，專發「致良知」宗旨，則益明切簡易矣。兹見滁中子弟，尚多能道静坐中光景。洪與吕子相論「致良知」之學無間於動静，則相慶以爲新得。是書孟源伯生得之金陵，時聞滁士有身背斯學者，故書中多憤激之辭。後附問答語，豈亦因静坐頑空，而不修省察克治之功者發耶？

録自王守仁《王文成公全書》卷二十六《續編一》，明隆慶六年謝廷傑刻本。

《家書墨迹四首》引

四首墨迹，先師胤子正億得之書櫝中，裝制卷册，手澤燦然，每篇乞洪跋其後。

録自王守仁《王文成公全書》卷二十六《續編一》，明隆慶六年謝廷傑刻本。

《與克彰太叔》跋

克彰，號石川，師之族叔祖也。聽講，就弟子列；退坐私室，行家人禮。惡念者，習氣也；善念者，本性也。本性爲習所勝、氣所汩者，志不立也。痛懲其志，使習氣消而本性復，學問之功也。噫！此吾師明訓昭昭，告太叔者，告吾人也，可深省也夫！德洪爲億弟書。

録自王守仁《王文成公全書》卷二十六《續編一》，明隆慶六年謝廷傑刻本。

《與徐仲仁》跋

仲仁即曰仁，師之妹婿也。

海日翁爲女擇配，人謂曰仁聰明不逮於其叔，海日翁捨其叔而妻曰仁。既後其叔果以蕩心自敗，曰仁卒成師門之大儒。噫！聰明不足恃，而學問之功不可誣也哉！德洪跋。

録自王守仁《王文成公全書》卷二十六《續編一》，明隆慶六年謝廷傑刻本。

《上海日翁書》跋

右吾師逢寧濠之變，上父海日翁第二書也。自豐城聞變，與幕士定興兵之策，恐翁不知，爲賊所襲，即日遣家人間道趨越，至是發兵於吉安，復爲是報，慰翁心也。且自稱姓者，别疑也。嘗聞幕士龍光云：「時師聞變，返風回舟。濠追兵將及，師欲易舟潛遁，顧夫人諸、公子正憲在舟，夫人手提劍别師曰：『公速去，毋爲妾母子憂。脱有急，吾恃此以自衛爾。』及退還吉安，將發兵，命積薪圍公署，戒守者曰：『儻前報不利，即舉火爇公署。』時鄒謙之在中軍，聞之，亦取其夫人來吉城，同誓國難。人勸海日翁移家避讐，翁曰：『吾兒以孤旅急君上之難，吾爲國舊臣，顧先去以爲民望耶？』遂與有司定守城之策，而自密爲之防。噫！吾師於君臣、父子、夫婦之間，一家感遇若此，至今人傳忠義凜凜。是書正億得於故紙堆中，讀之愴然，如身值其時；晨夕展卷，如侍對親顔。嘉靖壬子，海夷寇黄巖，全城煨燼。時正億游北雍，内子黄哀惶奔亡，不攜他物，而獨抱木主圖像以行，是卷亦幸無恙。噫！豈正億平時孝感所積，抑吾師精誠感通，先時身離患難，而一墨之遺，神明有以護之耶？後世子孫，受而讀之，其知所重也哉！德洪拜手跋。

録自王守仁《王文成公全書》卷二十六《續編一》，明隆慶六年謝廷傑刻本。

《嶺南寄正憲男》跋

正億，初名聰，師之命名也。嘉靖壬辰秋，依其舅氏黄久庵寓留都，值時相更名于朝，責洪爲文告師，請更今名。當時問眠食如何，今正億壯且立，男女森列矣。噫！吾何以不負師託乎？方今四方講會日殷，相與出求同志，研究師旨，以成師門未盡之志，庶乎可以慰遺靈於地下爾，是在二子。嘉靖丁巳端陽日，門人錢德洪百拜跋于天真精舍之傳經樓。

録自王守仁《王文成公全書》卷二十六《續編一》，明隆慶六年謝廷傑刻本。

《又與克彰太叔》跋

祖母岑太夫人百歲考終時，海日翁壽七十有五矣，尤煢煢苫塊，哀毁踰制。師十二失恃，鞠於祖母，在贛屢乞終養弗遂，至是聞訃，已不勝痛割，又聞海日翁居喪之戚，將何以爲情？「欲濟無梁，欲飛無翼」，讀之令人失涕。師之學，發明同體萬物之旨，使人自得其性，故於人義天常，無不懇至，而居常處變，神化妙應，以成天下之務，可由此出。其道可以通諸萬世而無弊者，得其道之中也。録此可以想見其概。德洪跋。

録自王守仁《王文成公全書》卷二十六《續編一》，明隆慶六年謝廷傑刻本。

《寄正憲男手墨二卷》序 附鄒守益、陳九川跋

正憲，字仲肅，師繼子也。嘉靖丁亥，師起征思、田，正億方二齡。託家政于魏子廷豹，使飭家衆，以字胤子。託正憲于洪與汝中，使切磨學問，以飭内外。延途所寄音問，當軍旅倥偬之時，猶字畫遒勁，訓戒明切，至今讀之，宛然若示嚴範。師没後，越庚申，鄒子謙之、陳子惟濬來自懷玉，奠師墓于蘭亭，正憲攜卷請題其後。噫！今二子與正憲俱爲泉下人矣，而斯卷獨存。正憲年十四，襲師錦衣蔭，喜正億生，遂辭職出就科試。即其平生，鄒子所謂「授簡不忘」，「夫子於昭之靈，實寵嘉之」，其無愧于斯言矣乎！

東廓鄒守益曰：「先師陽明夫子家書二卷，嗣子正憲仲肅甫什襲藏之。益趨天真，奠蘭亭，獲睹焉，喜曰：『是能授簡不忘矣。』書中『讀書敦行，日進高明』；『矜束下人，謹守禮法』；及切磋道義，請益求教，互相夾持，接引來學，真是一善一藥。至『吾平日講學，只是致良知三字。仁，人心也。良知之誠愛惻怛處便是仁，無誠愛惻怛，亦無良知可致』，是以繼志述事望吾仲肅也。仲肅日孳孳焉，進而書紳，退而服膺，則大慰吾黨愛助之懷，而夫子於昭之靈，實寵嘉之。」

明水陳九川曰：「此先師廣西家書，付正憲仲肅者也。中間無非戒諭家人，謹守素訓，至致良知三字，乃先師平素教人不倦者。云『誠愛惻怛之心，即是致良知』，此晚年所以告門人者，謹見一二於《全集》中，至爲緊要，乃於

家書中及之。可見先師之所以丁寧告戒者，無異於得力之門人矣。仲肅宜世襲之。」

録自王守仁《王文成公全書》卷二十六《續編一》，明隆慶六年謝廷傑刻本。

《上國游》序

是卷，師作于弘治初年，筮仕之始也，自題其稿曰《上國游》。洪葺師録，自辛巳以後文字，釐爲《正録》；已前文字，則間采《外集》而不全録者。蓋師學静入于陽明洞，得悟于龍場，大徹於征寧藩，多難殷憂，動忍增益，學益徹，則立教益簡易，故一切應酬諸作，多不彙入。是卷已廢閣逸稿中久矣。兹刻《續録》，復檢讀之，見師天禀夙悟，如玉出璞，雖未就追琢，而闇闇内光。因嘆師禀夙智，若無學問之全功，則逆其所造，當只止此。使學者智不及師，肯加學問之全功，則其造詣日精，當亦莫禦。若智過於師，而功不及師，則終無所造，自負其質者多矣。乃復取而刻之，俾讀師全録者，聞道貴得真修，徒恃其質，無益也。嘉靖辛酉，德洪百拜識。

録自《王文成公全書》卷二十九《續編四》，謝廷傑明隆慶六年刻本。

《三征公移逸稿》序

德洪昔裒次師文，嘗先刻奏疏、公移凡二十卷，名曰《别録》，爲師征濠之功未明於天下也。

既後刻《文録》，志在删繁，取公移三之二而去其一。沈子啓原沖年即有志師學，搜獵遺文若干篇，録公移所遺者，類爲四卷，名曰《三征公移逸稿》，將增刻《文録續編》，用以補其所未備也。出以示余。余讀而嘆曰：「吾師學敦大源，故發諸政事，瀾湧川決，千態萬狀，時出而無窮。是稿皆據案批答，平常説去，殊不經意，而仁愛自足以淪人心髓，思慮自足以徹人機智，文章又足以鼓舞天下之人心。若金沙玉屑，散落人世，人自不能棄之，又奚病於繁耶？」乃爲條揭其綱以遺之，使讀者即吾師應感之陳迹，可以推見性道之淵微云。隆慶庚午八月朔日，德洪百拜識。

録自《王文成公全書》卷三十《續編五》，謝廷傑明隆慶六年刻本。

《陽明先師詩刻》序

德洪索居海隅，念哲人之既遠，懼舊學之無徵，乃偕王子汝中，求輔四方同志，舟抵蕪湖，訪何子性之於行臺。時何子門人葛璽數十輩，翀然來集，相與登覽嘉麗，究析舊聞，油油然樂也。夜宿蟂磯，見陽明先師二詩於壁間。明晨循水涯，復見紀時手刻於石上。恭誦之餘，慨然興感。夫二詩作於弘治之壬戌，正孝廟全盛時也，顧有崩頹及今之憂。石刻紀於正德之庚辰，武廟南征，正人情洶洶之時也。而顧閲覽徐行，刻石紀歲，若將無介於衷者，抑何説也？

夫自壬戌距正德改元，纔二三歲耳。遂有逆豎亂政之禍，寧藩倡叛之謀，幾危社稷，崩頹及今之憂，是豈有所逆睹而然耶？南征之日，權姦懷蓄異圖，誣搆忠良。先生趨行在，蔽不得見，漂泊江上游。假宴游之迹，若處以無事，卒之潛消姦謀，默定禍本，而身亦得以保全。則石刻之紀，又豈一時漫游寄興者爲也！炳幾於事變未形之日，息患於禍機已著之後，吾於先生是重有感矣。行將登九華，涉匡廬，與諸同門合併爲公，以終先生未盡之志。知先生閱歷之地，所紀當益多，而所以興感者，當益深也。因謀何子，刻二詩於瑁碑，傍石刻而亭其上，敢僭序事，委於下方，後之讀是詩是刻者，知良工苦心，亦以見先生臨機應變之略，皆實學所徵也。

原載柯願《蜈磯山志》卷上《序》，收入《四庫全書存目叢書》史部第二三七册，第四三八—四三九頁。據楊正顯《王陽明佚詩文輯釋——附徐愛、錢德洪佚詩文輯録》（《中國文哲研究通訊》第二十一卷第四期）移録。

懷玉書院重刻《朱子晚年定論》引

嘉靖戊午冬，懷玉書院工告成。廣信知府鑒塘周君俶建議飭工延師，瞻士百慮，周集故土，樂有寧宇，以安其學。既將入覲，以其事屬其僚黄君紋。已而考績以最聞，擢雲南按察副使。鑒塘寓書黄君曰：「吾將遠別，不得視諸生成，所貽俸餘若干，爲我置書於局，使院生日親先哲，猶吾教也。」

時中庵讀《朱子晚年定論》有感，謀諸斤石吕子曰：「書院復朱子草堂之舊，書生登朱子堂，瞻朱子稟餘，進之以朱子之學，可乎？」夫諸生所誦讀朱子者，中年未定之説也，而不知其晚年之悟之精且徹也。予昔聞知行之説，自謂入道次第，進無疑矣。今讀《定論》，寧知致知者，致吾心本然之知，其與守書册、泥言語，討論制度、較計權術，意趣工夫迥然不同也。昔聞存省之説，自謂動静交修，功無間矣。今讀《定論》，寧知本然之知，隨觸發，無少停息，即寂之中感在寂，即感之中寂在感耶。夫學莫先於識性之真，而功莫切於順性之動。知不求於口耳影響，而求諸吾心之本然，是得性之真矣。静而常覺，動而常止，譬之四時，日月流而不息，不見造化聲臭之形，是顯微無間，順性之動而無違也。斯朱子《定論》發吾道之微幾，楬造聖之規範也。以是而進諸生，亦足以慰鑒塘之教乎！斤石子曰：「富哉！善推鑒塘公之心也。」朱子晚年病目静坐，洞悟性真，昔其門人無有受其意而昌其説者。今得陽明先生，而朱子之學復顯明於天下。以是而授諸生，則鑒塘之心匪徒足以淑院生，將達之天下後世無窮矣，不亦善乎！於是黄君命上饒丞章子經，糾工鋟梓，置板院局，以惠諸士，乞洪書其事。洪嘗增刻《定論》於南畿，因兹請，乃復爲引其端云。嘉靖己未夏仲端陽日，後學餘姚錢德洪書。

録自《朱子晚年定論》卷首，明嘉靖三十八年懷玉書院周傚重刻本。據永冨青地《錢德洪〈朱子晚年定論〉について》（《人文社會研究》第四十七號，早稻田大學人文社會研究會二〇〇七年刊）移録。

增刻《朱子晚年定論》序

適道者如京師然，所入之路，雖不能無遲速之殊，然能終期於必到者，定志於先也。苟無定志，中道氣衰，怠且止矣，烏能望其必至耶？洪業舉子時，從事晦翁先生之學，自謂入聖塗轍，必在是矣。及叩師門，恍若有悟，始知聖人之道，坦夷直截，人人易由，乃疑朱子之説契悟未盡，輒生忽易之心焉。二十餘年，歲月既去，毛髮更矣，而故吾如昨，始歉然知懼。遭歷罪獄，動忍憂惕，始於師門指受，日見親切。復取晦翁之書讀之，乃知其平時所入不無意見之偏，但其心以必造聖人爲志，雖千迴百折，不敢怠止。稽其實，其立朝也，以開悟君心爲切；其莅政也，以民受實惠爲功；其接引後學也，惟恐不得同躋聖域爲懼。及其晚年病目，静坐有得，則盡悔平時注述誤己誤人，與其門人，務求勇革，勿避譏笑，且使遍告同志，其胸中磊犖，真如日月之麗天，其過其更，人人得而仰睹。噫！若是而可以忽易觀之哉？宜其推重於當時，傳信於後世。是信之者，非徒信其言也，信其人之有徵也。但世之信先生者，皆有求爲聖人之志矣乎？其格物窮理之説，似有近吾詞章記誦之習，而注疏章句之便，又足以安其進取利禄之心。遂執其中年未定之説，號於人曰「吾能忠於朱門也」云云。若是而欲立朱子之門墻，麾斥且不暇矣，而況欲爲其效忠耶？苟有出是者，亦不過執其持敬力行之説，以爲矜名競節之規，亦未聞有終疑其所入而得其悔者，是亦未有必爲聖人之志，安於一善止也，又烏足以爲深信朱子耶？

《朱子晚年定論》，吾師嘗有手録，傳刻於世久矣。史生致詹讀之，若有契焉，欲翻刻以廣惠同學。洪爲增刻，得一卷焉。蓋吾師取其晚年之悔，以自徵其學不畔於朱説。洪則取其悟後之言，徵朱子之學不畔於聖人也。使吾党之疑朱子者，勿以意見所得，輒懷忽易之心；信朱子者，毋安於其所悔，以必求其所情，庶不畔於聖人，是謂真信朱子也已。嘉靖壬子夏五月，後學餘姚錢德洪撰。

録自《朱子晚年定論》卷首，明嘉靖三十八年懷玉書院周倣重刻本。據永冨青地《錢德洪〈朱子晚年定論〉について》（《人文社會研究》第四十七號，早稲田大學人文社會研究會二〇〇七年刊）補入。

陽明師《與晉溪書》跋

昔觀政吏部，有同年曰潘高者，晉溪公門婿也，嘗與予道公與吾師感遇之奇。師在贛，每進捷音疏，公見之，必稱奇才。平生不見師面，客有進師像者，懸之中堂，焚香對坐，左手抱孫兒，右手執師奏，讀至關緊，則擊節賞嘆，顧兒曰：「生兒當如此輩奇男子。」明日入朝，必盡行師請。南、贛賊平，欲繳還旗牌，適聞中有叛軍報，即奏師往視之，旗牌隨行，不准繳還，時人莫之知也。師歸，舟至豐城，猝遭寧藩之變，即以旗牌便宜集義兵，破洪都，告變未及聞，而罪人已先得矣。江西既平，群姦在君側，挾武宗出南征，久駐留都。晝則蕩舟蕪湖江上，網魚以肆樂；夜則盡撤擁衛，單騎以宿牛首，天下洶洶。師當讒譖百出，且奉旗牌練兵於上游。群姦挾謀，終不敢逞。武宗還京，内宫之變，不發於牛首，而發於豹房。乃駕迎新天子，執玉以朝四海，偃然而莫知其自者，公之智有以豫定於先也。夫勘叛軍，細事也，而顧遣大臣親視之；賊平繳還旗牌，舊例也，而顧加命地方，有草寇竊發，即便宜處置。其身雖在朝，而心無日不在師右。同智相成，如桴應鼓，卒能捍大災、定國是。天下不知師之歸功於晉溪，而尚疑師成功之太易。古今稱知遇之難者，睹此不可以發大概耶？蓋公之忠誠愛國，默與師會。公則有請必行，師則無言不酬，師與公自知之爾。余感師與公會遇之奇，皆本於忠誠之素合，乃紀所聞以跋於後，使論世者知所本焉。

原載陳龍正《陽明先生要書》附録卷二，明崇禎八年刻本。現據朱炯《錢德洪集》（寧波出版社二〇一九年版）移録。

陽明師勒石《太極圖説》《中庸修道説》跋

右《太極圖説》與夫《中庸修道説》，先師陽明夫子嘗勒石於虔矣。今兹門人聞人公詮，以監察御史督學南畿，嗣承往志，乃謀諸郡守王公鴻漸、縣尹朱君廷臣、賀君府，摹於姑蘇學宮之六經閣，俾多士瞻誦，知聖學之所宗云。嘉靖乙未歲三月朔日，門人餘姚錢德洪識。

録自《陽明學》第一五三號，日本大正十一年四月刊。

《客星紀略》序

《客星紀略》者，允齋嚴公集獻言以徵世德也。羊裘釣叟與天子共卧，而客星犯帝座焉，豈偶然哉？蓋子思之於繆公，師道也；先生之於光武，友道也。君臣師友，其義一也，不可偏廢也。光於史册，後人躡之，因以名其所居之里曰「客星里」，歸藏之山曰「客星山」，山前有橋曰「客星橋」，而家之祠、墓之庵，皆以是名矣。代遠道喪，勢競風漓，表墓式閭，迹稀響絶，無惑也；亦其支庶，僑散兩浙，燕石罔辨，文獻孰徵？佞者藉以誣正，而强右售弋，莫之抑矣。允齋懼而輯《内紀》，《内紀》成則源委著，僞者不得亂真也。又輯《外紀》，《外紀》成而先生之學、平田之迹不可得而泯也。又作《績紀》，叙後系以辨昭穆，志近迹以昭繼述，欲使後之視今，若今之視昔，其不匱之思乎！總名曰《紀略》，猶歉於未備也。然觀此者，尊尊親親之心可以油然生矣。予乘秋清，訪允齋於嚴公山北之退谷山房，談仁義之學，而工人鋟《紀略》將竟，遂爲之題諸首簡云。大明萬曆二年甲戌秋八月既望，緒山錢德洪序。

録自《姚江嚴氏宗譜》，清咸豐三年輔義堂木活字本。按：嚴壽祺編纂的《姚江下河嚴氏支譜》卷二《藝文前編》（民國九年務本堂木刻活字本）亦有録。

《突兀集》跋

洪不敏，竊嘗受業於小野倪先生之門，迨後陽明王先生聚徒講學於龍泉山之中天閣，遂從而卒業焉。兩先生之文章、理學，洪皆嘗心契其微，而不能强分優劣，猶之乎日月二曜之經天，人縱欲高下其議論而不可得也。至王先生謂：「先生詩文逼近陶、杜，近日何、李諸公，遠不可逮。」因是知先生平日爲王先生所推服久矣。《突兀集》四卷，王先生所選録也。洪即以王先生之言附識於後，世之讀先生之詩者，其亦可以知所以寶矣。受業門人錢德洪謹識。

原載倪宗正《倪小野先生全集》卷首，清康熙四十九年清暉樓刻本；光緒《餘姚縣志》卷十七《藝文上》亦有録。據束景南《王陽明佚文輯考編年》（增訂本）（上海古籍出版社二〇一五年，第八〇四頁）按語：「小野有《突兀稿》，實爲陽明所選編，並爲此詩集作評點。……陽明選編評點《突兀稿》應在嘉靖元年中。」

《峴山社會圖》序

嘉靖庚戌仲春二十二日，洪自武林寄書一庵唐子，將尋峴山之盟，在湖州南郭，距武林二百里，非易日不至。晨發北關，葦航布席，迅風如駛，未晡時，忽見峴山。余訝曰：「是何神速？」

一庵聞余至，喜而迎曰：「兄來時哉！明晨爲社於峴山，諸鄉老至矣。」洪曰：「異哉！天假片帆，詎知有異在兹耶？」明發登峴山，見同郡而至者十人，主期會者顒然白髮，尚書公石庵蔣翁也。有越省而至者一人，昆山石川張公也。有越郡而至者一人，海鹽東濱徐公也。東南同志聞峴山之社久矣。去年秋，洪與龍溪王子將趨會，以事阻弗克。今日之會，適出不意，而座中皆東南名流，況中間故舊，或三四年，或五六年，或至十年，有不及一見者。一旦即席晤語，登高擇勝，雅歌微吟，神飛意動，思不自禁。乃執爵而頌曰：「博哉！斯會之義乎可以廣思矣。古之君子，出則以身明其政，入則以身明其教，耄不亂禮，耆不倦德，亦其知所程也。」石翁年幾衛武，執禮秉德，終日欽欽。翁老矣，其志且然，則年又少於翁者，其能以無思乎？一歲二會，迹雖若梳，然未會思會，既會思離，會以考德，離思定業，精神常若流貫。況春秋二社相禪，離未久，會倏至，則競時歲、惜景光者，又能以無思乎？朝無老成，鄉乏耆德，有國之憂也。風化不新於天下，動率者無其人耳。諸老顒然在位，子弟不敢乞言而心自肅，則觀化於下者，又能無思乎？世好下趨，名驅利逐，惟日不足，越數百里趨會，非理舟楫、具資斧、行假歲月不至。二公越省越郡惠然來思，則爲婢子牽裾，老死尋丈之間，不能一出户庭以通天下之志，聞二公之風，又不能以無思也。夫會以考德，則德日起而會益親，是知今日峴山之會，非特備耆英、樂真率爲一時燕好也。百世之下，苟同斯志，想見遺事，其又能已於思乎？夫一會舉而衆思集，所以宣風教，貽後世，敢不祗勖以無忘吾子之言？乃出繪圖，請書之，以徵夫將來者。

原載張睿卿編纂《峴山志》卷四《社會上》，收入《四庫全書存目叢書》史部第二三四册，第九十—九十一頁。據楊正顯《王陽明佚詩文輯釋——附徐愛、錢德洪佚詩文輯録》（《中國文哲研究通訊》第二十一卷第四期）移録。

《漸齋詩草》後序

《漸齋詩草》者，余同年友趙子衡尊人參政公所作也。公名漢，字鴻逵，平湖縣人，漸齋其號也。《詩草》凡若干首。余未仕時，即聞漸齋名矣。嘉靖壬辰，與子衡同殿對，論學有契，往來日數，故得盡叩公平生。及余裦皐歸農，公先謝政家居矣。始得操几杖以從公游，挹其風致，與平日所聞，殊不相似，心甚訝之。公自推盱江都諫工科，出參西藩之政，綱條節概，振策紆謨，表表譽聞，炳耀當世。今與公居，嗒然若據槁梧，若御泠風，瀟瀟物外，如平生與世不相涉者。叩其藴，武庫珍藏，非得其扃鑰，則緘縢深錮，淵然莫測其端。與之久處，令人渾脱垢污，曠朗沕穆之鄉，容與沖虚之業，蓋不知天地之高深與萬物之滙萃也。夫由疇所聞則如彼，由今所見則若此，抑何居邪？

今年夏，子衡遺二子秩、程，遺公《詩草》命余序。余受讀之，起而嘆曰：「噫！公其知道者乎。夫道無定方，隨時變化，四時之運，發散翕聚，錯行而不悖者，時也。公之道，身與時俱，行與職異，故其爲文也，辭與情遷。羲皇之世，恬漠無爲，三代之教，禮樂政治，時在無爲，無爲即道，時在政治，政治即道，無定方也。後世道術不明，慕羲皇之世者，離絶民義，窮索隱微，自謂獨悟性真而不知日已遠於倫物，佛、老之學是也。慕三代之制者，泥情器數而不知推本於性命之微，逐逐芻狗土苴而無資深自得之實，世儒之學是也。公當少壯有爲之時，身任三王之治，邃志職思，必求自盡而不以爲勞。及謝政桑閈，與時休止，游心淵泱而不以爲逸。如造化錯運，屈伸維時，非其通方於道術而不擬其迹者，其孰能與於斯？」余讀公《夢石僧》詩，謂：「聖人之道，以實心行實事。佛氏説心説性説命，吾未知其異同，但力求自得。道體之真，雖老而不倦耳。噫！此公之自狀平生，晚年悟道益深而人莫之測者歟？」公聞而笑曰：「之言也，是邪？非邪？吾不得而知之。吾率吾性焉已矣。」於是二子請書以復，使世之讀《詩草》者，因其文而得其人，庶於余言爲有徵。

嘉靖乙卯秋九月望，餘姚錢德洪書。

原載趙漢《漸齋詩草》卷首，明嘉靖三十四年刻本，收入《四庫全書存目叢書》集部第六十八册，第五十一—五十二頁。

《峽江縣志》序

古之人，政行於一時而澤流於千百世。夫一時之政，烏足以及千百世哉？有千百世之心也。心忠者，宰乎天地民物者也。無久暫，無遐邇，無古今，通極而無間者，心之謂也。故君子身在於當時，而其心則究乎千百世，雖没世而民不可忘焉。得其心也。予讀《峽江新志》，而知石庵何子之善推其心矣。峽江者，臨江郡新立邑也。石庵子以府倅視邑篆，纔數月耳，興利剔蠹，政釐民和，翕然與邑命維新焉。乃嘆曰：「民心易治若此，吾焉得使民久安吾治乎？」乃稽往事，視將來，創爲《新志》。山水人物，租賦庸調，政體風化，乃三屬意焉。以告新令尹，使之開卷，而一邑之政，掌可示也。噫！豈非身居一時而心究於千百世乎？

東廓鄒子、念庵羅子聞而言曰：「《峽江新志》，何子署政，且報政不出數月，而文足以表世，是何神也？」乃取其《志》相與序諸首，以相其成。予赴青原同志會，與石庵子晤於同江、永和之間，見石庵子氣温而志剛，心仁而政肅。與之論學，及「人心道心」之旨，予曰：「『人心道心』者，一念之分也。『道心』發於天則，不動聲臭，故曰『微』；『人心』生於有我，歉然不安，故曰『危』。『一』則純乎『道心』而無二也，『精』則惟恐有『人心』之雜而不忘精擇之功也。念念精擇，念念純一，此堯、舜相傳之密旨也。」石庵聞之，灑然若有宿契焉。乃知石庵子之政得於學矣。夫學也者,所以純其心也,千百世之心者,有千百世之學也。後之治斯邑者,思其政則思其心,思其心則思其學。噫!石庵子之澤,庶其流於千百世而無窮矣乎。

嘉靖己未秋七月廿五日,餘姚緒山居士錢德洪書於玄潭觀之雪浪閣。

原載喬大椿等修、王金英等纂《峽江縣志》卷首,清乾隆三十二年刊本,臺北成文出版社一九八九年版,第十三—十六頁。據楊正顯《王陽明佚詩文輯釋——附徐愛、錢德洪佚詩文輯録》(《中國文哲研究通訊》第二十一卷第四期)移録。

賀黎蛟池序略

世之論學者,謂學非敏穎則契悟不速,非篤實則操履不堅,二者每病於不能兼,此中行之所以難也。噫!此以氣質言性,非性之真也。性也者,維天之命,人人之所同知而同行者也。其體也虚而寂,而未嘗離乎人情庶物之感也;其用也順而則,而未嘗不本於念慮之微也。故自蒸民之不識不知,而帝則昭察焉,故不事契悟而常自明;自孩提之愛親敬兄,而仁義達之天下焉,故不事操履而常自行。在知性者順而率之,無間於欲焉已矣。彼恃敏穎以爲知者,執言詮爲了達,是以知解見性,非自然之良知也。恃樸厚以爲質者,執持守以爲功,是以刻意爲行,非自然之良能也。故美質可幸而不可恃,至道可得而不可聞。噫!非古之知性者,其孰能辨之？

録自周汝登《王門宗旨》卷十《錢緒山語鈔》，《四庫全書存目叢書》子部第十三册。

賀程後臺序

三代而上，無講學之會，師友之道，寓於君臣、父子、昆弟、夫婦之間。其爲教也素明，其爲學也有本，故自灑掃應對以至詩書禮樂，無一非教；自順親敬兄以至經世贊化，無時非學；自閨闥衽席比閭州黨以至宗廟朝堂，無地非會。故雖無講會之名，而有講會之實。後世士之所趨，日流於富貴聲利之習，而道德性命之理日微。任道者憂之，乃出而綱紀道脈，指悟人心，而四方同志翕然歸德，故鄒、魯、濂、洛而降，天下始有講會之名矣。吾師倡明《大學》宗旨，數十年來，四方同志講會日博，有司之良任風化之責者，又能爲厚廩餼、廣齋舍，以作成之。夫學莫難於虚己，教莫切於身率，道莫大於同善，後臺率是三者以先多士，又豈待勸之而後進、令之而後行哉？充是不懈，雖使師友之道浸入於此，比閭山谷靡不孚被可也。觀於鄉而見王道之易易，寧不爲此生大快也邪？

録自周汝登《王門宗旨》卷十《錢緒山語鈔》，《四庫全書存目叢書》子部第十三册。

《五代史吴越世家疑辯》序

古者豪傑之興，志存乎爲民，其必有倉卒制變之才，因時達權之智，始終一心之忠，夫然後足與銷禍亂、續民命，以綱紀四方也。唐丁未造，群盜蜂起，黄巢擁衆二十萬，所過州郡，屠剪焚蕩，民無孑遺。當是時，吾祖武肅王，決策率鄉里子弟數十騎御之，賊遂宵遁，兩浙賴以保全，其倉卒制變，可謂神矣。既而僖昭蒙塵，中國無主，乃削平草竊，慎固封守，以俟天命。迨及宋興，遂率其土地人民，以歸正統。父子若孫，三世一心，可謂忠矣。作史者列《十國世家》，乃等吴越於竊據之例，不已過乎？夫謂之「竊據」云者，私其土地人民而有之也。當時吴、閩、蜀、漢乘時僭號，力抗王師，使民積骸釁血，力窮國滅，若是而謂之竊據可也。吴越之肇基也，皆取之群盜之手；其受封也，皆出自朝廷之命。五季無可託國，及有宋受命，遂先納款，歐陽文忠謂其知尊中國、效臣順矣，而又等之竊據，可乎？讀史者不明大端，顧曰錢氏嘗違昭宗赦董昌矣，嘗自改元於國中矣。夫當時昭宗播遷，政柄下移，民失所恃，王惟以保全生民爲重也。昌之僭亂，不赦之罪也。楊行密爲之奏，自爲己地也。改元之説，無有的據，且當朱梁、後唐革命之晨，中國未有共主之日也。夫苟以民命爲重也，則雖不從亂命，拓封疆，以自固可也。曆數未有所屬，雖自紀年亦可也。是皆識時達權，真正大英雄所爲，豈規規小信足與擬乎哉？夫古今有不易之理，人心、公論是也。吴越之民，自唐以來七百有餘歲矣，其愛戴錢氏之心，有如一日，是非有刑驅勢迫之也。其遺澤在人，故没世而民不能忘也。作史者至謂其剥民而民不堪命，非厚誣乎？當時天下遭黄巢、契丹之亂，人至相食，有呼宰人所曰「舂磨寨」、曰「宰殺務」者，慘毒不可言矣。歐陽子作《有美堂記》，特稱錢塘之民，獨得富完安樂，邑屋華麗，十萬餘家，斯實録也。司馬温公《通鑒》，大書錢氏蠲租赦荒，不一而足。趙清獻公奏修錢氏墳廟，謂父老過之而流涕者。王荆公讀東坡《表忠觀碑》，謂其筆直事核。一時論定，罔有異言。厥後朱文公特書於《綱目》，胡致堂論辯於《管見》，豈非人心、公論有終不容泯滅者乎？若文忠者，固一代良史也，而爲説獨自相抵牾如此，則史之闕文傳疑，豈《春秋》之後可易得哉？昔者蘇子容爲父辯謗，欲奏改草頭木脚之語。洪念先德不白，往來於懷，然而歷考諸先正，則有若不待奏改，而大義固已暴乎天下後世矣。用是授簡於門人馬蓋臣，爲集諸家語在吴越者彙次之，爲《吴越世家疑辯》，使讀史者得據爲案，以訂史文之疑，非敢爲一家之書也。時大明嘉靖三十九年歲次庚申春三月朔日，賜同進士出身、刑部陝西清吏司員外郎、前國子監監丞、詔冠帶閒住、吴越國武肅王第十九世孫德洪頓首百拜撰。

録自馬蓋臣《五代史吴越世家疑辯》卷首，明嘉靖三十九年錢德洪刻本，收入《四庫全書存目叢書》史部第一六三册，第三一一—三一二頁。又見於錢林修纂《新鐫吴越錢氏續慶系譜》，清康熙四年木刻本。按：馬本所缺二字（「所過州郡屠剪焚蕩」之「屠」字、「吾祖武肅王決策率鄉里子弟」之「率」字），據錢本補（朱炯《譜牒中的錢德洪佚文輯釋》,《餘姚文博》二〇一七年春夏卷總第二十八期,第二十五頁)。馬本與錢本字句多有出入,今據馬本,不出校記。

《錢氏慶系譜圖》序

慶系譜之宗,魏國公者,譜作于文僖公,而修于魏國公也。自忠懿王籍土歸宋,賜第於汴京,緦麻以上親,詔授以官政,故族屬隨至汴京者三千人,佩印綬者過半。自是子孫八十年不得展省於吴越,而墳廟蕪穢,致動父老之流涕焉。七世祖榮國公與六世伯祖大夫公,熙寧間始以使相來浙,訪輯諸祠墓。而趙清獻乃奏改表忠觀於錢塘,繼奉其母賢德大長公主,扈宋而南,賜第於台之臨海縣。榮國公子三人,端仁公生於汴京賜第,其子孫家於常熟;端義公生於台之賜第,四世孫亞父府君諱璋遷於姚;端禮公亦生於台之賜第,三世孫隨孫公遷於越。惟魏國公爲端禮公之孫,其子孫亦葉於台。賜第臨海者,又吾姚、越之首丘也。而魏國公世爵,又以譜延期族屬,故姚、越宗之。而大夫公之孫宇之公,隨父尚文公而遷於剡西,子孫散居者衆矣。明賜進士刑部員外郎十九世主奉表忠諸祠孫德洪百拜圖識,二十一世孫汝榮沐手敬書。

録自錢以法編修《剡北錢氏宗譜》,浙江嵊縣民國十五年忠義堂刊本。據朱炯《錢德洪集》(寧波出版社二〇一九年版)移録。

《續錢氏慶系譜圖》序

續慶系譜之宗，吾父心漁翁者，譜續于德洪也。吾父，本支族長，嘗略吾王祖遺訓以迪子姓。而譜族世系，歷歷口述，洪蓋獲耳詳焉。自魏國忠靖公修慶系譜，而猶序各族之倫次。逮元之亂，宗族南北奔竄，家室焚蕩，而宗籍不守。惟吾台、姚、嵊、越，券丹、譜像褒然獨全。越譜有續而惟詳於越，台譜有續而惟詳於台，不與台、越者俱不及焉。洪自入仕以來，四十餘年承父口傳，稽諸舊譜，爰遍詢諸族，必親至其地，親睹其人，親睹其風習，親核其鄉人，而後取其譜而證之。信其人，不疑其譜。然亦有其譜殘缺，而口傳有自，則信其人，不疑其傳。亦有譜詳之，徵其子孫不競，則信其譜，不疑其人。於是據其口傳，以徵吾父平日之所聞，則其斷者可續也。因其譜之殘缺，以參吾之舊譜有徵焉，其缺者可補也。然其譜雖可據，而吾未嘗詣其地，則存其圖而不敢録，闕疑也。蓋傳信傳疑，史有闕文，興滅繼絶，亦三代之遺政也。故通兩浙以及各省族譜若干圖，殆將大統同聯族脈，發先德之休光，啓後人之似續焉耳。意以我王祖千百年之遺澤，而遐邇子孫，裨將於今日，以吾父子數十年之精神，而諸族倫序，燕序於一堂，非世延文獻，奚足取證？後之展閲是圖者，其毋忽乎哉！維明嘉靖四十四年歲次乙丑八月上浣之吉，德洪氏謹識。

録自錢以法編修《剡北錢氏宗譜》，浙江嵊縣民國十五年忠義堂刊本。據朱炯《錢德洪集》（寧波出版社二〇一九年版）移録。

魯氏重修世譜序

古者統一人心，各有所分守，天子分守以四海，諸侯分守以封内，卿大夫以禄，士庶以田，故各得所依，以相弈世，綱紀立而治法彰，親疏辨而民族睦，治得其道也。後世上不揆道，下無法守，封建廢而國無世土矣，仕無世禄矣，井田廢而民無世田矣，世土禄田廢而天下無世族矣。秦漢而降，一二大家所以衍弈葉之緒於不替者，惟世譜一事而已。夫世譜之傳，亦非空文之足恃，必先祖有王公之貴、賢聖之尊，或卿佐之顯，斯道德功業表著於當時，流光於後世。苟無其人，則澤易斬而子孫微矣，故譜之遺，必先祖得人而後可傳也。先祖有人矣，使繼體不續，則文獻無徵，亦不足以稽前而啓後，故世譜之遺，必子孫得人而後可承也。子孫得人矣，然所居或都會之衝、戰争之地，又不免播遷焚擄之慘，故世譜之遺，必居得其地而後可久也。吾姚稱世族之盛，蓋自扈宋南遷，定居者多王公賢聖之後，且山水完會，世出聞人，雖鄰島夷，然城邑之固，山澤之邃，民亦足以自守。三者備，而譜牒之傳獨盛於天下。

景橋魯氏者，周公之苗裔也。其先有諱居仁者，爲宋翰林，承旨，世居汴州京。六世而曰雲、曰雷，以部郎諫議，扈宋遷居秀州。雲之六世曰鍴者，又由會稽卜地於姚而居焉。景橋去邑北十里，平郊衍陌，四山環翠，其族繁庶，五六里無雜姓。鍴之子曰允實、允直，助築邑城，而世已顯著。八世而養素君，曰懷恒者，尚德好義，試計然之策，累貲具，表先塋，賑貧乏；慮宗黨之盛，易侈而肆也，乃聯約束，以鎮雅静，而族之囂訟好鬬之風消。其子西北君，曰廷楷者，又從而敷大之，開菊圃以延賢士大夫，立族約以屬賢子弟，而族之衣冠進退之風起矣。且置贍田，以崇先祖祀；續世譜而梓之，以惠布諸族。譜成，乞予序譜首。

予維世族之在古今，猶河漢之光天，川瀆之麗地，精華血脈，經絡緯劃，千載如一日，雖其中不無絶續疑信，然據後世子孫繁著，則自委以遡源，其來能無自而然耶？魯氏自承旨而上，雖未能盡據，然其子孫更世已二十有五矣。據後而觀，信其爲王公賢聖之後無疑也，況世顯卿佐文獻之足徵乎？西北君表揚先烈，而又以義率人，世譜之刻，寓意深遠，非徒文獻足徵於時；布列之廣，家藏一帙，有金匱石室固焉，是非繼體得人，光裕前後，其能若是乎？後世子孫讀是譜者，其將侈先祖之美，以自高其門第乎？抑思先祖之美，而求以繼其志也？吾錢氏祖姑，與魯三世締姻，子孫出自錢氏者三居其一焉。予讀是譜，其情非漫然者，故樂爲之序，且以爲魯氏子孫勗云。時嘉靖戊午正月望日，賜進士第刑部陝西清吏司員外郎緒山居士錢德洪洪甫撰。

録自魯森標等編纂《姚江景嘉橋魯氏宗譜》卷首，清光緒二十二年孝思堂木活字本。按：該譜卷首尚載有王華撰於明弘治七年的譜序一篇、像贊一則，卷三則載有王陽明撰於嘉靖六年的《廷璽公像贊》一則。故知餘姚王氏、錢氏家族與魯氏家族的關係均較爲密切。

《涇邑水東翟氏宗譜》序

涇之西南八十里,有村曰水東,翟氏居焉。重巒邃谷,廣陌澄潭,渺然如隔人世。漢以前無所聞,唐李白嘗訪汪倫,有「桃花潭水深千尺」之句,水東之名遂聞於天下。翟氏初與異姓雜處自和,二公而下,族屬繁衍,異姓日微,已而盡歸翟氏。所與錯居者,惟蒼頭輿從爾。族尚孝友,真樸雅素,不矜世譁,不慕榮禄,至八世而人文益盛。惟時子弟之在郡邑庠者數十人,游胄監者二十人,廪食者四五人,舉科貢第進士者相繼接踵,偉然江南一巨族也。

嘉靖甲寅,予與寧國同志講學於水西,在侍者數百人,而翟氏子弟三居其一焉。是年,予游水東,沿溪踏花,恍入武陵探桃源,忽自忘其歸路也。父老相迎者百十輩,楚楚冠服,秩秩禮容。予顧而樂之,諸弟子或泛舟,或和歌,或清嘯,以娱父兄之樂。夜則會宿一堂,津津問學。予嘆曰:「山川淳樸,未散此隆古之治也。」雖然,二三子文日盛矣。文之盛,質之漓也。二三子,其慎之哉!

翟思平臺,第己未進士,聞母喪,歸,懼族屬蕃盛,惴惴焉存日中月盈之戒,乃與同志修葺水西書院,率昆弟子姓,漬礪舊學,以明趨向。與父老立族約,以謹禮讓;立宗譜,以著親親。曰:「由親盡而上追初祖,油然興孝思者,莫善於宗譜乎!」今年春,臺持譜趨予天真山請序,且商其例。予與酌歐、蘇二氏譜法而贏縮之，刻譜傳，録其行義可範者，以詔後人，以附食初祖。立傳草各書其年行婚葬，以備子孫之私考。臺之上凡八世，其下四世，皆可考而詳者，傳信也。其先有翟府教，世傳翟氏皆其後，而文獻無徵，不敢入者，傳疑也。予讀而嘆曰：「翟氏其興乎！天地之氣，磅礴一方。其精元粹積，既漸且久。其發也，當盛而昌。翟氏真樸不散，積之既厚。今茲講學聞道，以昌其世，名賢世科，必有能倡其學以澄斯世者。據今豐而知憂，滿而思損，學日新而命有常，翟氏其興乎！臺其勉之。」乃爲之序其首。

時嘉靖四十一年歲次壬戌春三月吉旦，賜進士出身、刑部陝西司清吏司員外郎、吴越國武肅王十九世主祠孫錢德洪洪甫謹撰。

録自翟臺纂修《涇川水東翟氏宗譜》，上海圖書館藏清咸豐七年翟金生泥活字本。

宗譜序

自魏國忠靖公修輯慶裔譜圖，倫次秩然。厥後遭元之亂，宗姓南北奔竄，室家焚蕩，而宗譜不守。惟吴與越券册譜像，裒然獨全。然吴譜有續，而惟詳於吴；越譜有續，而惟詳於越；不與吴、越者，俱不及焉。洪自入仕以來，四十餘年，承父口傳，稽之舊譜，爰遍詢諸族，必親至其地，親覿其人，親觀其風籍，親核其鄉人，而後取其譜而證之，信其人不疑其譜。然亦有其譜殘缺而口傳有自，則信其人不疑其譜。亦有譜牒足稽，其子孫不競，則信其譜不疑其人。於是據其口傳，以徵吾父平日之所聞，則其斷者可續也。因其譜之殘缺，以參吾之舊譜，有徵焉，其缺者可補也。然其譜雖可據，然吾未至其地，則存其圖而不敢録，闕疑也。蓋傳信傳疑，史有闕文，興滅繼絶，亦三代之遺政。故通吴、越以及各省，搜輯族譜，殆將大統同、聯族脈，發先德之休光，啓後昆之似續焉耳。噫！以我王祖千百年之遺澤，而遐邇子孫夥將於今日；數十年之精神，而諸族倫序燕序於一堂，非世延文獻，奚足取證？後之展閲是圖者，其無忽乎哉！嘉靖四十四年八月穀旦，武肅王十九世孫德洪百拜謹識。

録自錢培楨纂修《錢氏世譜》卷首，清乾隆十三年錦樹堂刊本，收入國家圖書館分館編《中國國家圖書館藏早期稀見家譜叢刊》，第三十七種，綫裝書局二〇〇二年版，第一册，第一頁。

壽徐横山夫人五十序

孔門七十子，獨稱顔淵能發聖人之藴，夷考六籍。載孔門之言者莫詳於齊、魯《論》，而孔顔授受微言不少概見，又惡據以徵其善發耶？夫顔子雖終日如愚，退省足發，喟然之嘆，千古聖道之微徵焉，如見立卓，其在竭才之後乎？是顔子發聖人之藴者身也，言論非所與也。

吾十七八歲時讀《傳習録》，聞師門有横山子者，今之顔子也。後十年侍師於越，横山子已遺世五年矣。當是時，四方同志日進，吾師每嘆曰：「孔門得一顔子而門人益親，吾於諸士安得起曰仁之游乎？」而日聞吾師訓言，皆因人答問，然能根極理要者，或寡矣。有觸其機，如川流瀾湧，端緒略見，則又愀然作曰：「是意也，吾嘗與曰仁言之，年來不易及也。」同門退而竊嘆者亦曰：「是意也，吾嘗與曰仁侍，幸聞之，年來不易及也。」噫！是横山子之聞於吾師者，非聖道之微者耶？已而聞諸其家孺人王，少寡而無子，門内之政肅肅，門外之政雍雍。横山厥考古真翁在堂，孺人躬具晨羞，寒暑靡變，曰：「此吾先子之遺戚也。」四方同志登其堂賓門者，御事惟恪，曰：「此吾先子之與游也。」有遺言輯而成書，梓惠同志，曰：「此吾先子之遺志也。」孺人者，冢宰海日翁女、吾師之妹也。貴而不驕，富而有制，茹蔬服浣，人皆難之，則又曰：「此吾先子之遺矩也。」古真翁得少子采，孺人慈鞠若母，嚴迪若師，曰：「徐嗣庶其賴乎！」噫！是横山子之徵於家者，非皆私省之實也耶！

吾聞聖人之道無二，而中行獨難。高明之士，超悟頓覺，若可與言聖道之微矣，然其淩虚簡脱，徵諸彝理，往往疏略而不究。謹厚之士，刻意篤行，若可與履聖道之實，然了悟未真，□之渾化渣滓，盡透精要，則又見二而未融。斯二者皆非得於中行者也。横山子遠矣！吾雖不及與游，然其道至今未墜，想見其爲人如和風煦日，冥悟道真，而又日見於行事，民彝物則藹如也。噫！身發吾師之藴，如古之所謂中行，可與者非耶？信乎横山子者，今之顔氏子也。

孺人今年壽五十，七月六日寔惟誕辰，釆遺書曰：「先生知吾兄者也，釆生也晚，大懼吾兄之澤日湮，敬徵一言以圖不朽，且將以爲嫂氏壽。」予曰：「横山之道刑諸家，孺人既足徵矣。然要諸久遠，信於後世，使必傳而無疑，非釆其誰望耶？是在吾子。」

録自周汝登《王門宗旨》卷九《徐曰仁語抄》，《四庫全書存目叢書》子部第十三册。

壽誥封一品夫人王母趙内君六十序

誥封一品夫人王母趙内君者，南京吏部尚書致仕、進封新建伯龍山先生餘姚王公之配，今新建伯、（南京）兵部尚書陽明伯安公之繼母也。六月十六日，夫人懸帨之期，是年蓋甲子一周矣。陽明之門人錢進士寬與其同志者走狀問壽。錢進士曰：「夫人受性孝謹，年甫及笄，不出閨閤，異姓兄弟，鮮見其面，有古閨門之肅焉。既歸龍山先生，恭順日茂，相待如賓友，有古饁耨之敬焉。妾媵雖衆，恒事績紡，諸子勸沮，愀然不樂，深示戒辭，有古主績之儉焉。人苟非己子，絮蘆而守。奈陽明幼年倜儻，庭訓甚嚴，夫人曰：『此兒聰慧，後當大成。』委曲保育，無所不至，不慈而能之乎？人苟欲利己，分荆而鬥禽，伯叔早逝，遺孤咸幼未大，夫人念之不置也，乃攜入京師，撫若己出，不義而能之乎？人苟欲私國，攝隱以俟桓。龍山先生爲少宗伯時，例應蔭子入監，時守文幼，守儉雖長，庶出也，先生欲遲之，以屬守文，夫人曰：『守儉獨非吾子邪？』不公而能之乎？然則夫人之壽也，當何若？」曰：「性者，命之所以定也；志者，氣之所以行也；德者，年之所由建也。其性存者其命立，其志傳者其氣完，其德大者其年永。夫肅則固而不弛，敬則貞而不違，儉則節而有常，慈則均而不妬，義則廣而不貪，知公其榮則嗣緒遠：六者皆婦人之難也，而夫人兼之，此其壽又可量乎！聞之云：天壽敬，地壽肅，日壽慈，月壽義，鬼神壽儉，松柏壽其榮。天地、日月、鬼神、草木蓋將於德是壽，况其他乎！雖然，碩果在樹不食，猶一果也；惟種之於土，則生生化化之妙，歲月不可得而計矣！昔者孟子輿之母固賢也，微子輿明孔子之道，發六經之旨，以覺後世，則其母之壽又安能偕之以至今存哉！夫陽明子行茂而不倦，功高而不伐。雖當投戈之際，輒講藝之不輟；雖於白首之年，務赤子之不失。此其風固可以淑四方，而其學亦將以啓方來。當其志，固欲使夫人之壽偕之以至千百祀遠也。」

録自吕柟《涇野先生文集》卷五，明萬曆二十年李楨刻本。

卷五　記傳

瀛山三賢祠記

余讀晦庵朱先生《方塘詩》，乃嘆曰：「此朱子悟道之言乎？其所以上承千聖之緒，下啓後學之端，盡見於是詩矣。」今年五月，遂安方應時、方世義等持其鄉達詹侍御理事狀，乞余作《三賢祠記》。余閱之，乃知方塘在遂安瀛山之麓，晦庵嘗自婺訪詹虚舟儀之，往來論學於斯，既後門人築書院于方塘之上，名之曰「瀛山書院」。歲久榛廢，晦庵遺教亦絶響矣。邑尹周子恪來莅遂，訪求方塘遺址，心悦之，乃謀於諸生，創復書院而亭其上，又築祠於書院後，安朱子位於中堂，以崇祀事。

所謂三賢者，左列詹子儀之而虚其右，爰念周侯德教，將尸而祝之，以效畏壘之情。周子少事其兄太常君怡，繼從余與龍溪王子游，深信師門之學，奮然以聖學爲己任。下車未及期，政蠹弊革，民懷其德，士趨其教，暇則與鄉達彦士論學於方塘之上，關、閩、洙、泗之氣象復見於今日，則周子倡學之功與朱子等，生祀之以衍其教於無窮宜已。

余少業舉子，從事晦庵《集注》《或問》諸説，繼見吾師陽明夫子，省然有得于良知，追尋朱子悔悟之言，始信朱子學有原本，達聖道之淵微矣。故嘗增刻《朱子晚年定論》，使晦庵之學大顯於天下。觀其《方塘》之詠，一鑒澄清，雲影天光，上下掩映，想見其胸中空洞，萬象森列。噫！亦何自而得此哉？源頭活水，流而不息，言有本也。夫學莫貴於自得，斯逢源資深，道義之出無窮。今周子政根於學，學本於心，故臨政未久而民知德。諸生服膺朱子，不泥其中年未定之説，而復因周子之政，以追原王門之學，自率其身以達之政，斯無愧於是祠之築矣。

余老矣，不能策杖與邑之鄉達彦士歌游於勝地，因二生之請，姑叙其説而歸之用，以寄吾之思云。隆慶庚午五月，緒山居士錢寬撰。

録自劉從龍、方象璜、方象瑛纂修，劉闓儒、毛升芳等續修《遂安縣志》卷十六，清康熙十二年刻本，二十四年增修本。據蘭軍、鄧洪波《書院文獻編纂與尊朱辟王實踐》：「錢氏該記文在康熙《遂安縣志》已有收録，光緒《嚴州府志》、民國《遂安縣志》續收且内容與之相同。錢氏記文因在言語、意圖上較王（畿）氏《瀛山書院記》委婉含蓄，被收録於乾隆《四刻瀛山書院志》，但在内容上却遭删改（見下篇）。」（收入《湖南大學學報》二〇一七年第三期）現二文皆收，以作備考。

三賢祠記

予讀晦庵《方塘詩》，乃嘆曰：「此朱子悟道之言乎！其所以上承千聖之緒，下啓後學之端，盡見於是詩矣。特不知方塘在何地，後世亦有踵其芳躅而繼發其餘韻者乎？」今年五月，遂安庠生方應時、方世義等持其鄉達詹侍御理事狀，乞予作《三賢祠記》。予閱之，乃知方塘在遂安瀛山之麓，晦庵嘗自婺訪詹虚舟先生，往來論學于其上，名曰「瀛山書院」。迨歷宋元之間，歲久榛廢，晦庵遺教亦絶響矣。戊辰夏月，宛陵邑尹周子恪奉簡命莅遂，訪求邑中舊事，得方塘遺址，心悦之，乃謀諸生方應時，創復書院而亭其塘。耆民方志達等又築祠於書院後，安朱子位于中堂，以崇祀事。

謂三賢者，左列詹子儀之而虚其右，爰念周侯德教，將尸而祝之，以效畏壘之情。周子少事其兄太常君怡，奮然以聖學爲己任。下車未及期，即政釐弊革，民懷其德，士趨其教。暇則與鄉達彦士論學于方塘之上，諸生躍躍然來歌來游，追想關、閩、洙、泗之氣象，復見於今日，則周子倡學之功與朱子等，宜生祀之以衍其教于無窮也。夫朱子學有原本，達聖道之淵微，觀其《方塘》之詠，一鑒澄清，雲影天光，上下掩映，想見其胸中空洞，萬象森列，此即唐虞之光被四表，格於上下；即孔門之鳶飛魚躍，洋洋乎如在其上，如在其左右；即孟子之存神過化，上下與天地同流；即程子之見周茂叔，吟風弄月以歸，有吾與點也之意。噫！亦何自而得此哉？源頭活水，流而不息，言有本也。夫學莫貴於自得，渣滓渾化，全體丕顯，斯逢源資深，道義之出無窮矣。今周子政根於學，學本於心，故臨政未久，而民知三代之政可徵，士信聖人之學可至，爲有本也。今諸生服膺朱子教，則思其平生以必爲聖人爲志，而深造于聖學之淵微，爰率其身以達之政，斯無愧于是祠之築矣。

余老矣，不能策杖與邑之諸鄉達彦士歌游于勝地，因二生之請，姑序其説而歸之用，以寄吾之思云。隆慶庚午五月，緒山居士錢寬撰。

録自方宏綬輯《四刻瀛山書院志》卷六《記》，清乾隆三十九年刻本。

後瑞雲樓記

瑞雲樓者，吾師陽明先生降辰之地也。樓居餘姚龍山之北麓，海日公微時，嘗僦諸莫氏，以居其父竹軒公與母太夫人岑。海日公夫人鄭，妊先生既彌十四月，岑夜夢五色雲中，見神人緋袍玉帶，鼓吹導前，抱一兒授岑曰：「與爾爲子。」岑辭曰：「吾已有子，吾媳婦事吾孝，願得佳兒爲孫。」神人許之。忽聞嗁聲，驚悟，起視中庭，耳中金鼓聲隱隱歸空，猶如夢中。蓋成化壬辰九月三十日亥時也。竹軒公異之，即以「雲」命名。後先生五歲尚未言，有道士至其家，戒竹軒公曰：「天機不可洩。」竹軒公覺之，乃更先生名。自是諱言夢矣。先生一日忽誦竹軒公所讀過書，公驚問之，曰：「聞公讀時，口雖不能言，已先默記矣。」及先生貴，鄉人指其樓曰「瑞雲樓」。他日公既得第，先子復僦諸莫氏居焉。弘治丙辰，某亦生於此樓。及某登第進士，樓遂屬諸先子。先師之生協諸夢,天降至人,誠非偶然。某不肖,辱登先師之門,而生也又辱與諸樓。今幸遺址尚存,恐後世失所稽證,使先生弧矢之地泯焉無聞,是不可以無記。敢敘述遺事,謀諸左右,使行道之人過茲地者,指之曰:「此先生平鄉陬邑也。」庶其有睹宫墻而興思者矣。蓋亦公之餘教也。

録自周炳麟修、邵友濂等纂《餘姚縣志》卷十四《古迹》,清光緒二十五年刻本。按:原文無篇名,系編者所加。

修復慈湖書院記

先生祠祀之在慈者,考諸邑乘,其來舊矣。没之日,門人建祠慈湖之南,率鄉人爲私祀者凡六姓。至咸淳間,制置使劉文忠公黼始奏改爲書院,置山長學員,以典祠教人。元提刑侍其君佐,復擇地改建如宋制,今湖北遺址是也。明興,議革天下山長,歸學徒於縣學,而先生之祠祀遂廢。嘉靖乙巳,泰和劉子逢愷以進士尹慈,首倡道教,風勵士庶,睹祠之廢,慨然興咨。乃上議於知府魏子良貴,葺修祠像。祠後爲燕堂,堂後爲横經閣,前爲扉軒,左右爲齋舍,凡若干楹,樸斫藻繪,焕然一新。乃更請於學使孔君天引、監察御史楊君九澤,始克復其祀事。而六姓之後若劉侍御安者,復相與聯其鄉之縉紳,贊其尸祀,以修歲臘享會之禮,而後生學士翕然思服先生遺教，皆來駿奔，於是弘規茂制，燦然大備於舊矣。

劉子爰與邑之大夫士聚講於斯，復命先生裔孫淡請德洪記其事。德洪嘗伏讀先生遺書，乃竊嘆先生之學直超上悟者乎。其始未悟也，求心之體不得，聞象山舉扇訟，豁然有覺，曰：此心之體，至止靜而至變化，至明達而至自然。故循其自然，視自能明，聽自能聰，言自能義，動自能和，事親自能孝，事君自能忠，不識不知，而帝則自察者，心之體也。惟起乎意，便涉安排，故視横意則昏，聽横意則塞，言横意則殆，動横意則乖，將迎固必，私智紛錯，而帝則日漓者，失其體也。故先生教人嘗曰「不起意」，又曰「心之精神是謂聖」。謂心之精神凝聚則明，而分散則昏病起意也。先生賦質英粹，其平生不濡世紛，不染習陋，故一觸其機，能洞徹心源如此。但其教人，已如此入，亦即如此示人。蓋直指本心而欲超頓以入。根性利者，則能覿體承接，若江河之沛泱；其次資悟不齊，則階級懸隔矣，聞其説而不入，往往疑其或近於禪。夫禪之説與先生之書具在，其私已同物之心，區然辨也。乃惟聖門詳於下學而不竟其説，就人所至以俟其自化，故人人樂得所趨。而先生愛人過切，立言過盡，容或有之；謂其學非性情而疑訾之，則吾性昭然，斷斷乎不可誣也。

德洪方有感於先生之學，深慶諸君子今日之舉，誠有徵於心之同然者，乃敢僭叙其事，而因及其學，使後之主祀於兹土者，庶亦知所從事云。

原載楊正筍修、馮鴻模纂《慈溪縣志》卷四，清雍正八年刻本。據陳谷嘉、鄧洪波主編《中國書院史資料》移録，浙江教育出版社一九九八年版，第五四七—五四八頁。該記文《四明叢書》第四集《慈湖遺書·新增附録》有節録，文末附有張壽鏞按語：「嘉靖乙巳，知縣劉逢愷修祠，請復春秋二祀，載在祀典，以至於今。錢德洪爲之記。」

二賢書院記

二賢者，宋鄱陽程氏端蒙與其從曾孫珙，師事晦翁，朱門高弟也。程氏世出梁忠壯，與河南二程夫子分宗南北，在鄱陽者，南宗也。端蒙字正思，號蒙齋；珙字仲璧，號柳湖。家學相承，篤志濂、洛遺緒。淳熙間，僞學釁萌，朝臣目端士爲邪，且言於上，曰是屬能亡人國。端蒙既薦名於朝，司文衡者，舉王、蘇、程之學策士，以陰詆晦翁，諸生駭愕閣筆，端蒙獨奮策正言，謂：「紹孔、孟之傳，闢異端，息邪説，以弘先聖之道者，程學也。若夫王氏學，雜佛老，壞人心術。蘇氏立朝，氣節可觀，特學術未純，不免出入戰國之遺智。」同事者止之，曰：「天下豈有面慢其師而尚可與共事者耶？」遂投策而歸，不復出，與其友董銖、王過，聯師樹聲，倡率同志，年四十九病革，遺書晦庵曰：「端蒙死不恨，特恨不得卒業師門耳。」晦庵慟其任道勇而用志專，親爲表墓像贊，取其遺書《性理字訓》《學則》等篇校閲之，且親爲之序跋，蓋嘉其教足以啓來學而振末俗也。紹熙五年十一月，晦庵赴召，再過玉山，邑令司馬邁設師席於學宫，時珙率諸生羅集壇下，質疑義，辨異同。晦庵爲發孔、孟仁義之旨，使學者各求心悟，以孚實行，今之《玉山講義》是也。晦翁往來懷玉，鵝湖之間，珙周旋侍席，故饒、信、閩、婺同學日衆，珙與有力焉。所著書有《易説》《九疇》《策疏》行於世。寶祐以來，副使王佖及我朝知縣俞玘、許公高相繼立祠，以崇殷祀，曰「蒙齋書院」，曰「柳湖書院」，提學副使王宗沐亦各爲題其匾額。今年，裔孫生員程一麟、一龍、尚仁等問學於懷玉，因聞師門宗教，以悟晦庵之學，歸以尋繹其祖訓，省（一作瞭）如也。乃率其宗黨生員德美等，謀啓（一作議）於邦人之良，合二祠而爲一，名曰「二賢書院」，以便歲時享祀，因以合同志叙睦族之義焉。一麟、一龍、尚仁乃偕院生王守勝、王嘉會、祝眉壽等，追送予於天真，請記其事。

洪維朱子蚤年志學，旁搜力究，剖悉精微，使門人即物以通理，因博以歸約，晚年静坐，忽悟性真，自取逢源，沛決莫御，乃喟然嘆曰：「非全放下，終難湊泊。若寄情於故紙堆中，而期其豁然貫通，是猶採枝葉以綴本根，欲其血脈流通，蓋亦難矣！」是意也，當時門人未有承其志而敷明其説者。四百年後，吾師陽明先生追求先哲，乃得朱子晚年之悟，表爲《定論》以告同志，而朱氏不傳之秘，復顯明於天下。但當二賢之時，天下方諱言學，朱子挺然身任斯道，及門之士又確守師模，飭身礪行，表著當時，施法後世，雖遭時擯斥，終身不用，不肯稍徇時好，以違初志，其艱難百折，扶植世教，千百年後，想望豐概，生氣懔懔，可謂難矣！譬之開荒啓廢，以成菑畬之田，雖未及五穀之熟，而收工於他日者，反追其原，豈不艱且大邪！洪嘉二賢之志，足以遺淑於後人，且慶諸生之舉，足以繼承乎先業，乃爲之請於巡撫吉陽何公、東泉鄭公、左布政浮峰張公、提學滄溪黄公，檄府縣以題其門額。噫！昔魯僖作《閟宫》，諸人頌其能順邦人之情，是舉也，雖其子孫之賢，亦以順上下仰止之情也歟！乃復爲之記。

原載沈良弼修、董鳳笙纂《德興縣志》卷九《藝文志·記》，清同治十一年刻本，民國《德興縣志》卷七《藝文志·文徵》亦有録。現據胡榮明《錢德洪佚文兩篇輯録與注釋——兼論德興地區陽明學的發展》（《國際陽明學研究》第貳輯，上海古籍出版社二〇一二年版，第三一七—三二八頁）移録。按：編者曾將錫德修、石景芬等纂的《饒州府志》卷七《學校志·書院》（清同治十二年刻本）所載《二賢書院記》一文（《江西通志》卷二十二亦有録）輯録於《徐愛·錢德洪·董澐集》（鳳凰出版社二〇〇七年版，第一七三—一七四頁）。然《饒州府志》及《江西通志》所録並非全文，缺「因以合同志叙睦族之義焉」以後至文末「乃復爲之記」近四六〇字，且與《德興縣志》所載該文相校亦有多字不同。胡榮明按：據同治十一年《德興縣志》卷四《學校志·書院》所載，二賢書院乃由程端蒙裔孫程德美、程一麟、程一龍、程建、程萬里、程仁縣、程天瑞等於嘉靖間敦請合建。有都御史何遷、御史鄭本立、左布政使張元沖、參政王宗沐、按察使陸穩、提學副使黄國卿等提額，知府王健移文本縣致祭，錢德洪撰記，鄒守益、張寰各有題詠。另據同書所載，二賢書院乃是由蒙齋書院、柳湖書院合建而成，其中蒙齋書院之建應早於嘉靖三十七年，而柳湖書院更是早在嘉靖十年就由知縣俞玘請建。

環溪書院記

環溪者，祝孟高崇文號也。溪在德興暖水鄉，祝氏居焉。祝氏在宋甲第爲盛，入我明，其裔又以理學顯。崇文叔自明僉憲浙藩，汝明知登州府，兄孟獻爲太僕少卿。崇文以布衣興學，咀嚅道真，攝躡理奧。見族屬既庶且穀，每懷日中之憂，曰：「與其禄位顯於一時，澤不下究，不若風化沿於一方，教可遠日及。」乃築家塾，遂群子弟而師聯之。又以三代化民有術，先置田里，使固其恒心，而後驅之趨善也易。乃出贍田若干，凡肄業於學者，皆優其廩餼焉。於時彬彬然禮讓成俗，而化亦漸於鄉國矣。縣尹陳遜請於當道，名曰「崇文義學」，嘉其志也。

嘉靖己未，裔孫眉壽、㮊壽與其昆弟惟敬、惟歆、惟徽、顯祖、紹祖、耀祖、傅壽、堯壽，奉其父叔龍問學於懷玉書院，歸與族屬黔光、善正、鴻逢、獠鏻、濟利、萬鎰等，恢宏義學之制，於是溪環之教大振。總制柏泉胡君改題曰「環溪義學」，尊其號也。越六年甲子，眉壽首發江西解，請於巡按御史古厓楊君柏、副使賓厓何君鎧，又改題曰「書院」，復名其堂，曰：「光裕旌公之光，自他有耀也。」眉壽請予記其事。

予曰：「若環溪者，殆三代之遺乎，其學有本而教有端。公之才足以顯世，然不事禄位，而教自行於當時，以垂於後世，非其學有本與？先固民之恒心，而後驅之爲善，得三代化民之術，非其教有端與？今觀叔龍之學由静入，不出户庭而聲名昭於鄉邑。眉壽之學以悟入，嘐嘐古人而方進未已，其發者解餘緒耳。夫君之子澤五世而斬，公之傳凡幾世矣。其教愈久而益光，自非所積厚、所操要而能然乎？古今稱三代善治，封建、井田、學校也。封建、井田，善治之迹，不可復矣。學校，善治之原，聖賢者作，必任情焉。師道立而賢才衆，治化所由出也。後世若范文正公，置義田以贍宗族，亦法井田遺意也。然齎志二十年，位極宰相，且父子相繼。而始遂讀錢公輔記，未嘗不嘆其難。環溪一介儒素，非有宰輔之崇，贍田數頃，非有禄秩之富。而道術行於當時，義聞耀於今日，得與文正公義田相垂於悠久。非其善法三代，不泥其迹而循其源，其能光耀之久若是耶？後世子孫能知此義，雖千百世可沿也。予故樂爲之記，且以表當道之賢，有志扶世教者，必以風化爲先。

録自《暖水祝氏宗譜》，清光緒二十五年德興縣皇塘祝氏七柱重修木活字本。篇首有「餘姚錢德洪洪甫撰記」。後附有賜進士中順大夫南京太僕寺少卿前翰林院中允國子監司業永豊巾石吕懷撰銘：「我聞在昔，有崇文氏。芒履布衣，隱居弗試。環溪置學，教行於鄉。雍雍鯉教，希聖慕賢。摳衣鼓篋，問學争光。予曰噫嘻，學本天性。性道不立，氣質爲病。氣質在人，起自軀體。弗循天則，偏勝爲惡。氣變質化，人泯天定。生生不息，天人交應。變化維何，戒懼慎獨。動静有常，已克禮復。孔子求人，孟曰集義。物格知致，變化同例。打破機關，頭頭是路。隔靴爬癢，徒爲自誤。諸子曰唯，示我矱矩。銘刻不忘，請事斯語。」

仰止祠記

嘉靖三十五年五月，湖廣兵備僉事沈寵建仰止祠於崇正書院，祀先生。書院在蘄州麒麟山。寵與州守同門谷鍾秀建書院，以合州之選士，講授師學。是年，與鄉大夫顧問、顧闕迎洪于水西。諸生鍾沂、史修等一百十人有奇，合會於立誠堂。寵率州守首舉祀事，屬洪撰《仰止祠記》。其略曰：

二三子，爾知天下有不因世而異，不以地而隔，不爲形而拘者，非良知之謂乎？夫子於諸生，世異、地隔、形疏，而願祠而祀之，尸而祝之，非以良知潛通於其間乎？昔舜、文之交也，世之相後，千有餘歲；地之相去，千有餘里；揆其道則若合符節者，何也？爲其良知同也。苟求其同，豈惟舜、文爲然哉？赤子之心與大人同，夫婦之愚不肖與聖人同，蒸民之不識不知與帝則同。故考諸往聖而非古也，俟諸百世而非今也。無弗同也，無弗足也。故歷千載如一日焉，地不得而間也；通千萬人如一心焉，形不得而拘也。三代而降，世衰道微，而良知真體迥然不滅。故夫子一登其端，而吾人一觸其幾，恍然如出幽谷而睹天日。故諸生得之易而信之篤者，爲良知同也。雖然，諸生今日得之若易，信之若篤矣，亦尚思其難而擬其信之若未至乎？昔者夫子之始倡是學也，天下非笑詆訾，幾不免於陷阱者屢矣。夫子憫人心之不覺也，忘其身之危困，積以誠心，稽以實得，見之行事。故天下之同好者，共起而以身承之，以政明之。故諸生之有今日，噫，亦難矣！諸生今日之得若火燃泉達，能繼是無間，必信其燎原達海，以及於無窮，斯爲真信也已。是在二三子圖之。

録自王守仁《王文成公全書》卷三十五《年譜附録一》，明隆慶六年謝廷傑刻本。按：此仰止祠在蘄州麒麟山之崇正書院内，嘉靖三十五年五月湖廣兵備僉事沈寵建，「屬洪撰《仰止祠記》，其略曰」，故知該文系編者之摘録。又嘉靖年間，應青田混元書院范引年的請求，緒山還撰有《仰止祠碑記》（《王陽明全集》，上海古籍出版社一九九二年，第一三三五頁），内容不詳。然該仰止祠建在台州青田，祀王陽明，范引年半野没，「即附食焉」（《姚江書院志略》卷上《附議》，《中國歷代書院志》第九册，第二九〇頁）。故知《仰止祠記》與《仰止祠碑記》並非同文。

增築道山記

道山之築，予不知其何始。簣土成崗，引石爲峰，據郡學之右，掖以挹四望，蓋勝萃也。嘉靖壬辰歲，予典教事於兹，二三子講誦之暇，從予振躡其上，曠觀遐寓，神怡思逸，若將有啓予者，緬懷古人創築命名意，或有所取乎。特慨其歲久不理，土圮石堙，且古制尚有遺勝也。乃命工壘基拓勢，緝而宏之，臨深以爲巖，因高以爲臺，嘉木四植，鬱乎葱蒨。於是二三子益從予，曰：「登而樂也。」相與歌嘯游憇，對四時之勝萃庶類之和，或巖棲以習静，或臺眺以極遠，物各自適，予亦忘吾，蓋莫得其所上也。噫，繼是游者尚其有取於兹乎！斯無負乎是山之樂云爾。

明嘉靖癸巳春三月，賜同進士出身教授蘇州餘姚錢德洪撰，訓導樂平周冕、湯溪胡時向、臨淄張一澄立。

録自蘇州中學道山亭碑刻。《蘇州金石志》題作「增築道山亭記」。

敬愛堂記

太學生吴汝功甫築室於永豐之太極鄉，塏爽面陽，階位既就，名其堂曰「敬愛」。見緒山於北雍，及愛敬之道焉。緒山子曰：「善哉！子之名堂乎。」吴子曰：「成嘗事吾大父敬齋公，飭恭謹節，式閭里，一峰羅子稱之曰『能敬』。吾父愛園先生，體國惠家，志存經濟，晚事休暇，報甕以適，雙江子嘗爲號曰『愛園』。故愛敬之取吾堂者，志先德也。」緒山子曰：「善哉！子之名堂乎，可以論愛敬之道矣。」曰：「請問焉。」緒山子曰：「《記》有之，先祖有是美而弗彰，是弗仁也。『彰』之云者，非侈其辭説以誇詡於世也。顯之於身，以及天下，以及後世之謂耳。愛敬之道，始於孩提，形於既長，達於天下，通極於千百世，則種種桐禪，其生意之無窮已也。愛敬也者，人之生意也，不學而知，不慮而能者也。自親長以達之天下，良知良能之上，未嘗有所加也。有所學焉，培溉之以達其根，芟刈之以去其翳，無戕其生而已。今子幼得庭訓，芽甲全矣。去其翳以達其性，由是，雖通極於千百世，誰得而御之？是在吴子也矣！」吴子拜手而言曰：「至哉！愛敬之道乎！成不敏，敢不夙夜以祗事？豈惟成也，將吴氏之世世實豐其植。請記之以昭其堂。」

原載王建中等修，劉繹等纂《永豐縣志》卷三十三《藝文志·明記》，臺北成文出版社一九八九年版，第二二六三—二二六四頁。據楊正顯《王陽明佚詩文輯釋——附徐愛、錢德洪佚詩文輯録》（《中國文哲研究通訊》第二十一卷第四期）移録。

省方亭記

奉川四山羅延，巋然獨中峙者，錦屏山也。盤旋井落之間，邑治負焉。余昔游天姆、華頂，嘗道其境，環睹層巒疊嶠，渺天際目，殊不可窮狀。及一登錦屏之巔，不藉車輿陟涉，四顧之下，諸勝攢萃，坐可俯而有也。歲嘉靖丁酉，縣尹錢君竹梧報政之五年，民人浹和，政治休暇，每退食，與其邑中之賢達者，與賢達之游寓邑中者，偕登錦屏，徘徊瞻眺，道論古今，諮諏政治得失。百姓喜，公車出，老稚擁觀隘巷，壯者附趨後先，或争持酒醪餔果以輔歡劇。一日，與吾友俞子思齋、邑劇翁子愧崖酒酣而樂，顧二子曰：「是山當諸勝之萃，是巔又當兹山之萃，不有名亭，曷羨嘉境？」乃命工柱石而亭之，請二子名。二子曰：「君出游而民樂，君游樂而治益進。是游無非事者，請以『省方』名亭，如何？」君曰：「諾。」於是二子以書請予記其事。

緒山子曰：「古者天子巡行方嶽，諸侯會朝燕聘，憑軾結紉，車轂之聲軋於道而民不稱病。文王以民力爲臺爲沼，康矢歌音於《卷阿》，裨諶謀政在野，子賤寄興於琴，是何政治之暇且豫也！後世規規於纏繳之中，身勞於智，事竭於謀，然而略而涉迹於山水觀游，則百姓競胥怨詛，執法者從而議其後矣。是何古今之不相及也！豈論治者未有其端耶？是故治天下者如治絲，繹其端，毋攖其亂焉已矣。古今之善爲治者，正其身而教存，順其時而事存，因其俗而化存，繹其端也，故治常逸。吾聞竹梧之治奉川也，潔己以廉，示民之無欲也；惠下以勤，示民之無倦也；事上以正，示民之不援也；接士以禮，示民之有敬也。宜其治益久，政益暇。日嶺、隱潭、雪竇諸名勝，踪迹所到，風物具存，下不以爲病，上不以爲疑，政最日聞於上，誦聲交作於下，其庶幾古之逸道者乎！是不可以無記。愧崖名桂，閩人；思齋名大本，與余同邑，俱已應聘南宮。竹梧名璠，海虞人，其先與余俱出吴越武肅後云。」

原載李前泮修、張美翊等纂《奉化縣志》卷三十七《古迹》，清光緒三十四年刻本。據張如安《錢德洪佚文補輯》（《中國文哲研究通訊》第十六卷第三期）移録。

悠遠堂記

予嘗求夫悠遠之義大矣哉！天地之覆載，日月之照臨，四時之運行，與夫人之所充積涵養，建業立功，著於當時，傳於後世無窮者，莫不有悠遠之道焉。吾六世祖始家白兔塘，號曰南山祖，宋淳祐八年，卜築白雲山下七宅，以至於今，四百餘年，堂屋二十一間獨存，世守弗替，是非積累之厚、繼述之美，曷克致此？余乃名曰「悠遠堂」，蓋以表其先世之德，使後之子孫景仰而興起焉。今六世孫諱元傑、號雲山兄者居之，作文以記之。

夫悠遠即悠久之義，悠久者，天地之道所以成物者也。故人生天地間，亦莫不有悠遠之理。自我養生以寡欲，居易以俟命，此一身之悠久也。積善基於前，樹德承於後，此一家之悠久也。自我先王以忠孝之胄，衍慶垂裕於其子孫者，固爲深厚，宜乎後人之益蕃且盛，而不至於失墜其先業，此豈非深知夫悠久之理而能得夫悠久之道者乎？名堂之義，蓋不外是矣。世固有閥閲第望，赫然而興，震耀當時，自常情觀之，蓋以非尋常所及，然不數世而曾不一傳，則泯焉寂焉，無復有聞於世矣。如此者，其無悠久之德也。爲先王之子孫若雲山者，可謂賢矣。紹先業以光其後，斯堂之存，非雲山修緝防範之功，焉能有今日之存也。每於墓祭之時，一登斯堂，揭雲山之翠，酌白兔之泉，與雲山叙悠久之説，慕祖敬宗之意，藹然而生。親親之義益篤，豈不樂哉！故爲之記。

録自錢文選編《錢氏家乘》卷八《遺文》，上海書店出版社一九九六年版，第一九六頁。

湖山先生遺思碑記

嘉靖癸巳，予教授姑蘇，徐子子駿受學。未幾，予遷刑曹，忤權繫獄逾三載。子駿以進士來令暨邑，聞予恩詔歸田，遣二三子聘予講學紫山。予忻然就道，抵紫山禮教堂，發明先師之學。諸子循循雅飭，氣度雍雍，其感也易入；其教速從，英才樂育，日晡忘倦。

二三子引余自作聖堂登紫山絶巘，心曠神怡，乘月浩歌，秉燭至求放心堂，覽求放心説，誦《養正碑記》。静坐呷茗，詢厥所由。黄子頓起而言曰：「吾師湖山尹夫子，師門高弟，科薦洪都，筮仕吾邑，首良知，敦行不怠，敷教有方，多士雲集，隘莫能容。節推陳侯，按郡雅重，爲闢紫山，創建精舍。是紫山之勝，吾師講學之區也。」郭子從萃、酈子琥繼起而言曰：「吾師好義樂施，分俸周乏，朋儕日稠，廪餼益冗，罄貲以助，勢莫能支。宗師徐存翁允有司之請，膳田百七十畝有奇。是膳田之藉，吾師講學之資也。」徐子秉衡、郭子從蒙等，更起而言曰：「吾聞聆韶樂者，思舜德；睹河洛者，思禹功。敬業樂群者，不能不思永乎師之教。然崇安膳田，得晦翁之文而不墮；白鹿書院，以東萊之文而益新。今則貞瑁骨澤，仰異鴻文，以垂不朽。」

緒山子曰：「嘻嘻，有是哉！其感之人而教之從者，非予也。湖山子之教，作之於其先也。譬之開荒鋤廢，以成菑畬之田，雖未及五穀之熟，而成功於他日者，遹溯其源，豈不大耶？二三子益致其良知，不忘師訓，登禮教及求放心堂，崇禮遏欲，一或隨物牽馳，即爾存省，則作聖之功，端在是矣。雖非金石之勒，而先師之學，得湖山授受於暨，以遠追洙泗何極也！是在二三子，二三其勖之。」

先生名一仁，字任之，江西安福人，舊同吏陽明先師，詳於龍溪、予記云。明嘉靖二十五年員外郎錢德洪。

録自尹光濤、尹耀東編寫《中華尹氏通志》第一分册，《族史文獻》，尹氏族史研究所一九九八年刊行，下編，第九四三—九四四頁。

諸暨縣廟學告成記

姑蘇徐君子旋以進士宰暨，至則憫夫民俗之弗協也，人文之弗振也。夙夜憂思，乃喟然嘆曰：「吾欲政先風化，舍士誰與哉？」維時廟學圮壞，顧歲弗登，役未易興也。乃先緝紫山精舍，請於學政文谷孔公，掄秀茂廪食之，循其舊學，誘以微旨，而屬訓導侯崇學、陳頡，日夕礱礪之，士乃翕然以興。明年，歲復大祲。君夙夜憂思，又喟然嘆曰：「吾欲修起黌舍，而民病若兹。吾聞歲饑，役民可佐元元之急，吾將乘之事事矣。」乃盡捐歲俸，募饑者赴役，於是懸貲一呼，餓夫蟻集。邑之向義者，又皆朋來偕役，君乃屬丞李之茂及典史陳儀董率之。於是修廟庭，修兩廡、齋堂、廨舍，修六經閣，徹其壅閼，復閣後射圃之没於民者，牓其門曰「觀德」，徙學門於欞星門左。中闢甬路，建啓聖、鄉賢、名宦諸祠於甬路左，新敬一亭於諸祠前，亭後疏爲方沼，周以曲闌，規芹湖千尺以爲泮璧。左平齧蝕爲岸，右絶窪水爲堤，環植嘉木，石欄亘之。復城北過以數百丈，導芹湖之水入於浣。始於嘉靖乙巳三月朏，用土木之工凡若干，饑者奮於得食，義者喜於奏功，不匝月而工遂訖。於是規制中程，丹雘增焕，而廟學大治矣。

初，暨士以比歲科薦不與昔等，乃病廟學規制不法，議欲遷之。君爲相地卜新弗食，故則食，至是用卜，底於成績，士皆快睹，翕然頌曰：「何侯之能，拓故爲新若斯耶？侯於造士之心，庶其慰矣。」予曰：「二三子思有以慰侯乎哉？其蚤夜自奮，庶幾有三代之英者，應期而出，以爲世用，是足以慰侯矣。」皆再拜曰：「敢弗祗若兹訓。」侯乃大會師生賓幕，召襄役者，脯而落之；遣受募之民，使歸就麥。觀射於後圃，張組於前楹，登閣以延山，臨湖以瞰流，環堤橋而觀者數千人，乃大和會。是日丁未，行釋菜禮，告厥成功。

大明嘉靖二十四年，歲在乙巳夏四月望，餘姚錢德洪洪甫撰並書。

録自陳遹聲、蔣鴻藻纂修，諸暨縣地方志編纂委員會編《國朝三修諸暨縣志》卷十二《學校》，浙江人民出版社一九九三年，第五四九—五五〇頁。末尾「大明……撰並書」句，據楊正顯《王陽明佚詩文輯釋——附徐愛、錢德洪佚詩文輯録》（《中國文哲研究通訊》第二十一卷第四期）補録。

諸暨縣復修廟學記略

賜進士第、刑部陝西清吏司員外郎、兩奉特詔進階朝議大夫致仕、餘姚緒山錢德洪譔文。賜進士第、大中大夫、湖廣布政使司右參政、前提督學校廣東按察司副使、南京吏科給事中、餘姚紫塾陳塏書丹。賜進士出身、亞中大夫、河南布政使司撫民右參政、山陰柯峰張思聰篆額。

予昔講學紫山書院，暨生出湖山尹子「求放心説」請問緒山子，曰：「心爲天地百物之靈，主宰乎天地百物者也。故心存則主宰靈，家國天下得其理矣，治之所由出也。心放則主宰昏，家國天下失其理矣，亂之所由生也。堯、舜立萬世聖學之宗，兢兢業業，以事其心，故其光被四表，格上下五典，從而萬邦協（此處疑有脱字），三王丕顯，待旦以至日中昃，乾乾不息於誠，故三代之政，後世莫及焉者，得心教也。」於是諸生皆知誦法師訓，求其心而不敢放。

隆慶丁卯，石渠粱君以進士出宰暨。其爲政，以開悟人心爲本，潔身澡德，貞志立教，未朞月而政平民熙。日進諸生於館下，語之曰：「爾諸生嘗聞求放心之學矣，寧知求放心之外無遺學乎？放其心而不知求者，未立作聖之志也；放其心而後知求者，未悟聖學之微也。精底力造，洞悟性真，始知此心不容一刻之放，而亦無心之可放，斯謂能求其放心已矣。」於是學諭王子汝振偕其寮廖子致道、畢子諾，相與興發此意，諸生渢渢然學知所宗。君乃大恢廟學規制，以居師生，當道以最薦，趨臺選而去。三師遺書於洪曰：「梁侯臨政之美，不勝紀矣，而政莫大於修崇廟學；修學規制之美，不勝紀矣，而學莫大於啓悟人心。」暨學自徐古石重拓舊制，而士之科貢不絶，邇年規制漸廢，士亦不顯。繼事者乃謀遷學於郭外，侯相度新宫，風氣不聚，且師生不可以野處。舊學自設科以來，前輩名賢繼出，邇來文章諫議表顯當時，亦奚病而改作？特制度虧缺，不可不講耳。乃請於當道，屬縣尉曾君應祐，引南濠之水入泮池，而通北濠之塞，出污納新，而池影澄璧；豎櫺星門以臨池，與白楊文筆遠近輝暎；樹崇樓於右翼，以補艮方之缺。修建廟廡亭閣，垣圍庖湢，燦然大備。皆捐俸貲，上不輸公，下不損民，不數月而工告成。時有長山文光數十丈之禎，諸生陳相、沈資走天真請予記。予昔嘗與徐子作《廟學記》，乃序經始之詳而未及論學。今石渠若將有啓予者，乃爲詳序論學之端而略其制，使諸生知侯之修學非爲觀美，將以求得其心也。遂爲記。

時隆慶四年歲次庚午秋九月吉，諸暨縣縣丞冒承祖、主簿彭懷初同立。

原載陳遹聲、蔣鴻藻纂修《諸暨縣志》卷四十四《金石志中·輯存》，清宣統三年刊本，第十七—十九頁。據楊正顯《王陽明佚詩文輯釋——附徐愛、錢德洪佚詩文輯録》（《中國文哲研究通訊》第二十一卷第四期）移録。同《諸暨縣志》卷十二《學校》謹按：「隆慶初，知縣梁子琦復修之，亦錢德洪爲之記，略曰：……」所記同於此篇。

涇縣儒學明塘碑記

學塘者，涇縣儒學之泮璧也。其爲廣也，幾百幾丈；其爲畝也，二十三有奇。學對承流山，其狀元峰，與蓮花、望雲諸峰相聯，如翠幙之外，秉圭端立，下與塘光相掩映。脈則從天馬降勢，中支則入爲縣治。右支循溪而北，逆跳與縣址相構，而塘於縣爲後襟，于學爲前襟。於通邑論之，如人身爲氣海，毓育元和，疏洩穢惡，蜿蜒左出，與涇溪會流，則是塘雖於學爲鍾秀之地，寔一邑風氣所關也。舊半屬民，有司每圖復，未獲。歲嘉靖癸丑正月，郡守劉公起宗，奉部檄丈六邑之田，以平民賦。涇令丘君時庸適當覲行，難其人，應山黄公鉦以部曹謫貳郡事，公喜曰：「涇民得所矣。」遂請諸督學方泉趙公，來治篆，鳩諜訪士，定智畫方，推誠布惠，彌月而功告成。既謁文廟，士進議，公曰：「吾將圖之，償以直。」沈麟氏者，且庠士也，願爲輸税而辭其直。公義之，爲之立券，塘則盡屬于學，水則量給沈氏濟荒，以勵尚義之風。公將離政，學諭程君學顔、訓導黎君文啓，率諸生張問政、王文炯，請予紀其事，而久未有以應也。適今學諭鄭君煒，偕學訓劉君諫，端軌立範，式興文教，如修飭廟廡齋舍，題名立碑，屏墻創制，凡有裨于學政者，加意修舉，復申請學塘之文。

予惟古之名士，身游一方，則一方之民必假物以識其思，如吳之范蠡、李太白之郎官湖，與涇之秋霜閣、桃花潭諸勝，不必其德澤功業加諸民，雖一時流寓宴適，民必相傳爲勝事，是豈徒侈一時之好哉？尚其人也。吾聞黄公之立朝也，秉躬抗志；其爲政也，潔身惠民。特嚴厓峻節，往往不與時宜。其人品之高，使其流寓於涇，尚當與太白諸賢遺後人之思，況其一月報政，不動聲色，而遂爲涇民定百世之業，則民之思其遺德也，又能以自已乎？故塘之記，匪徒存一時之廢舉，而士民之心，當必有所寓焉爾。況鄭公縣宰，方創建水西精舍，與學師率諸生講明性命之學，而保甲之法，與鄉之父老鼓禮讓之風。其立政也，則先養而後教，教則先士俗而及民俗，施爲次第，燦然具舉。而君之履畝以成賦，廣學以興士，適與之後先相應，則民之致其思也，其又能已于世世乎？君已行矣，而師生之請遑遑不怠，是雖公實德所召，而亦以見涇風俗之厚，不以公去留而爲阻勸也。又鄭君之修舉學政，昭然可觀，皆不可以不書，乃遂爲記。

嘉靖三十九年歲次庚申秋八月望日之吉，賜進士第承德郎刑部員外郎餘姚錢德洪撰文，賜進士第中憲大夫江西南安府知府前兩京户部郎中行人司司正邑人王廷榦書丹。

録自李德淦主修、洪亮吉總纂《涇縣志》卷七《學校》，清嘉慶十一年刻本。

彭祖庵碑記

世傳彭祖即老子，其本傳所謂古先生者是也。予甚疑之，盍亦論其世乎。《世紀》載：彭祖姓籛，名鏗，歷仕夏、商、周，爲國師。在商，封彭城伯，故世稱彭祖。壽七百九十七歲，子五十四人。第二十八子孚，爲周文王之師，去竹氏錢，爲吾錢氏受姓之始。後世道家者流，見彭祖永年，乃援入《神仙通鑑》及《道經·夷武志》諸書，皆附會命術之説，鄙誕不經。武肅王作《大宗譜》，止録《世紀》所載，不增一字，至十世魏國公作《慶系譜》，即增「其導引術，得道往流沙」語，蓋徇道流之説，而信其爲神仙祖師也。

予謂：祖爲三代國師，則三代之教，聖人之學也；三代有道之長，後世莫尚焉。周文王，大聖人也，而師孚公，則父子以聖學相授受，較然明矣。稽其世，孚公之後，在漢爲讓公，以忠諫武功封富春侯。在唐爲武肅，以至忠懿，皆保民衛國，忠順繼世，不失聖學之家風。若老子所傳曰莊、列，曰赤松，曰伯陽，平叔，皆自師其學，與聖道區然別矣。孔子曰：「述而不作，信而好古。」竊比於我老彭，謂彭祖之所學，即二帝三王之道，而吾之所傳，即彭祖之所述，不敢有所作也。若老子背六經以言道德，則作而不述矣。孰謂彭祖而可以老子擬乎哉？夫彭祖爲聖人之學，亦得以延壽八百，則太上所紀壽數，與堯年舜壽俱可證也，又安得聖學之不爲人仙耶？特爲聖學者，未用其極耳。聖人之學，順性命之理，性與天地萬物同體，故亦以天地萬物進退盈縮爲命，是所爲大道也。在身爲修己，在家、國、天下爲治人。堯舜三王之治，其效至於鳥獸草木，咸若其性，而況於吾之一身神與氣精有不得其理者乎？後世聖學不明，世趨俗染，紛囂馳逐，愛河欲海，枯髓竭精，日求死路而趨之。故清修高明之士悲之，出爲修生之術以救世，其所謂觀妙竅以歸元冥，收攝保持以和神氣，亦于道奚甚遠者，即彭祖處世久持，亦豈無術以制其身哉？特其道不出人倫庶物，但見其述而不見其作，爲後聖法。今之修生者，一以生死繫念，輒欲遺世絶物，以遂其自利之私心，毫釐千里，有不容於不辨耳。故敢述孔子之言，以證聖人之學不同於老子。據彭祖之壽，以證聖人之學，未始或遺乎仙術，則庶乎學聖人者志專，歸同天下之學出於一，經正而民行興，邪慝息矣。庵在錢塘西湖之濱，先王表忠觀左方。通政東彙吕公、太僕玉陽史公，相與度材圭位，擇報先寺僧性天首其事。殿堂齋室，凡若干楹，扁曰「壽域重開」。又擇其弟性旋爲開山主。又治東堂，以奉其師碧峰慧忠。蓋三子墨名皆能道修生之術，將逃於楊而歸於儒。吾深有取焉，乃爲申明彭祖之學，以紀其成。

録自錢文選編《錢氏家乘》卷八《遺文》，上海書店出版社一九九六年版，第一九四—一九五頁。按：錢日煦編纂《錢氏家書・祠宇彙志》（清光緒四年刊本，收入中國社會科學院歷史研究所圖書館一九八六年《中國家譜》二B—八八，第九種，第十—十一頁）亦有録。據《錢氏家書》記：「錢王祠……嘉靖十六年，裔孫錢士元、德洪等又請於巡按周公冷堂，即命知府湯紹恩重建。」

合葬墓圖記

先六世祖宋駙馬都尉、會稽郡王暨賢穆大長公主合葬之墓，在天台縣西北三十里，護國寺東五百步，鳳凰山之陽。謹按：郡王以靖康元年十月六日薨於汴京賜第，年七十二。未幾，金人入汴，二帝北巡，高宗即位於南都。建炎二年五月，王長子榮國公忱等，奉母賢穆與郡王靈輴奔江南，權厝於丹徒縣之南山，以一弟守之，即奉母避浙東，旋還台州。高宗既定鼎杭州，即台城賜公主營第。紹興二十年冬，皇太后鑾輿北歸，賢穆歡乎大喜，乃求入覲。或謂主年高，恐攖寒暑。主曰：「吾蒙上恩至深，自恨老矣，不獲春秋時見。今國有大慶，可即安不一賀天子乎！」既至臨安，見上並見太后，相爲涕泣。上與太后遣使勞問，相望於道。居數日，主寢疾，上趣國醫診視，疾少間。十一月壬寅，忽索衣冠，命湯沐，端坐而薨，年八十有四。其明年九月十三日，先有旨遷郡王靈輴，與賢穆合葬焉。

録自錢文選編《錢氏家乘》卷八《遺文》，上海書店出版社一九九六年版，第一九五頁。

餘姚錢王表忠祠記

表忠祠在縣北二里許，有山曰勝歸，其麓爲人字崗，湖流縈帶，四水匯於右，萬山合於前，文筆雙參，玉屏重擁，而祠中麗焉。祠置三龕，中龕列《慶系圖》，而神板自始祖吴越武肅王至弘祖公，凡十世。六世王封，四世公爵，示世澤之所自來也。左龕列始遷之祖吴亞八府君諱璋，以及子孫之顯名於時者，凡若干人。本宗及各宗有大慶，則祭府君於宗支堂，而以諸賢配食，以存里社之義，示世德之相承也。右龕列高祖以至考，每年冬至祭府君，而以四親位附食。不及各宗者，祠建於本宗；且力未逮，示有待也。

吾姚錢氏有世廟久矣。唐末之亂，中原群盜肆毒，而越民遭宏昌暴虐，民不聊生，武肅遣將顧全武誅宏昌。貞明三年，袁郊以餘姚來歸，既而封王第八子元瓘爲餘姚侯。於是姚有武肅行祠。七世祖榮國公奉其母賢穆大長公主南來，賜第於台州。嘉定年間，弘祖公知紹興，卒於官。兹亞八府君從教授王宰輔先生，先生，姚人也，見府君豐姿偉麗且重王孫，以女妻之，遂分自賜第，而家姚焉。於是建世廟於鄧巷，既而遷毁，某始營室。於是嘉靖庚申，當道建復表忠觀於錢塘，少保胡公宗憲題世廟爲「錢王表忠祠」，捐資助買祭田於開元鄉，而因以名其籍。又五年丙寅，總督軍門劉公畿匾祠眉曰「賜第分宗」，優祭田而復其差，於是世廟遺制燦然復矣。仰而嘆曰：「物之興廢有時，而終始歸於一德。」自吾三世祖忠懿王歸宋，賜第洛陽，緦麻之親，皆依賜第而居焉。吴越之墳廟不治者八十餘年，趙清獻公奏建表忠觀於錢塘，而榮國公賜第於台，錢氏子孫復振。宋亡，元不仕，表忠觀毁於兵。明興，太祖御極，古訓公首舉洪武甲戌進士，而諸族以賢良文學顯者彬彬而出,自是錢氏子孫復振。邇年,遭倭寇之亂,吴越祠墓漸爲土民所據。今請於當道,次第清復,吴越之諸祠墓皆得復祭於有司。其廢也,遭時之亂;其興也,遇世之隆;是豈人力之所及哉?先王德澤深入民心,愈久而不能忘,故因興以存祠,因廢以舉祀,好德之念通於神明,自有所不容已耳。後之子孫亦將何以承之,惟修其德焉已矣。《詩》曰:「無念爾祖,聿修厥德。」吾與諸子孫勖之。賜進士第、刑部陝西司員外郎、特詔進階朝列大夫致仕、武肅王十九世孫德洪撰。

原載錢林修《新鐫吴越錢氏續慶系譜》卷八《詩文》,清康熙四年木刻本。據朱炯《譜牒中的錢德洪佚文輯釋》(《餘姚文博》二〇一七年春夏卷,總第二十八期)移録。

鐵券記

洪武二年八月,太祖高皇帝大建武功,定勳行賞,下禮官議鐵券制度。翰林學士危素奏唐和陵時嘗有鐵券賜錢武肅王鏐,其十五世孫錢尚德實寶藏之。上命使者訪焉。臣尚德奉詔,櫝券及五王遺像以進。上御外朝,與丞相宣國公臣李善長、禮部尚書臣牛諒、主事臣王肅觀之。上情豫悦,明日賜宴於中書省,命鏤木爲式,還其券與像,仍以禮敦遣之。三十一年,十六世孫錢克邦以大臣薦赴闕。正月十五日,吏部引見,因以錢氏納土至今尚存,諭北方歸降者。十八日，引見東宮殿下，亦問到今幾代，恩諭備至，遂授江西建昌府知府。後都察院查勘任内税糧，其子錢汝賢持券像詣闕自陳，都察院引見奉天殿，欽奉聖旨：「着孩子靠前來。當五代時天下大亂，各據偏方，爾祖能保兩浙之民，不識兵革。到宋朝來，知道太祖、太宗是個真主，便將土地歸附，可延賞也。券像復與爾歸守。」永樂五年正月二日，禮部爲禮儀事，欽奉成祖文皇帝聖旨：「唐宋時封吴越王錢鏐的鐵券，他子孫見收着，恁部家差人馳驛去，同他親人來看。欽此。」差行人曹潤至台州府，十七世孫廣西左參政錢性，同行人捧券馳驛上京，蒙御覽畢，以禮遣還。欽差總督浙直、福建、江西等處軍務兼巡撫浙江地方、少保兼太子太保、兵部尚書、都察院右都御史胡宗憲，欽差巡按浙江監察御史崔棟，欽差巡按浙江等處監察御史袁淳。

明嘉靖四十年歲次辛酉冬十月吉旦，刑部陝西司員外郎、吴越武肅王十九世臣德洪謹識。

原載錢槐等輯《誠應武肅王集》卷五，清嘉慶十六年刻本，收入《中華歷史人物别傳集》，綫裝書局二〇〇三年版，第十三册，第一九七—一九八頁。亦載於錢日煦編纂《錢氏家書·墨寶款識》，清光緒四年刊本，收入中國社會科學院歷史研究所圖書館一九八六年刊《中國家譜》二B—八八，第五種，第六—七頁。現據楊正顯《王陽明佚詩文輯釋——附徐愛、錢德洪佚詩文輯録》（《中國文哲研究通訊》第二十一卷第四期）移録。

新建程母寵命傳

程母鍾孺人，懿德格天，承寵命也。予平時憫幽德弗彰，每聞婦行有奇節，特□□□，以俟觀風者采焉。積又成帙，爲好事者梓行，名曰《婦行録》，急風教也。自吾家婦少遭霜居，傷悼死者，遂絶筆於斯。年嘉靖己未，德興一麟問學懷玉山，陳其祖母志節請傳。予不忍聞，拒之。明年庚申，東廓鄒丈合江、浙同志會於懷玉，一麟持狀扶其父德寵君來申前請，予拒之。又四年甲子，一麟謁予天真山。年來見吾孤孫能持《婦行録》爲其母讀，以怡母顔，母亦喜其能讀祖父書，暇則令其玩誦以自慰。予嘆曰：「録非特足以俟觀風，亦足以輔寡居之志。」始許讀一麟狀。狀稱：程母孺人鍾氏，年二十七而喪夫。夫曰琬成，有道行。孺人初未舉子，自歉氣弱，請納妾，不許，又私畜淑女於閨中使當夕，怒逐之。舅氏希福聞而喜曰：「爾夫婦正年少，媳婦才且賢，吾見又能以禮自率，彼蒼者天，必佑寵命，無相負也！」及期，孺人果生一男子，舅氏喜曰：「此呱呱者非天之寵命耶？」遂命名曰「德寵」。寵方一齡，喪其父，孺人哀慟不止，又自慰曰：「天錫寵命，早抱遺息，死者猶存也，吾得肆其哀乎！」遂自節振飭家政，言笑不露，内外恭肅，人皆服其嚴；承上睦下，各得其情，人皆服其和。俗有攘田，不較而復，處族以禮，雖匱，人皆服其義。迪子有方，愛而能勞，人皆服其教。子親課業，日工舉子，命之曰：「讀書能記姓名足矣，爾鮮兄弟，經營四方非爾職也。」德寵君乃退就家政，人皆服其斷。及見一麟生長而且才，孺人謂之曰：「吾昔抱爾父呱呱在手，如駕一葉之舟以涉大川，茫然未知所抵，今見爾父能立又見爾長，吾願足矣，雖卒死何恨？」又祝曰：「爾祖行義拔俗，短於壽；爾父才足有爲，限於勢。今及爾身，恢宏志業，以光前人，非爾責乎？」於是一麟入邑庠，强學謏聞，文聲籍籍。生三子曰：必前、必進、必先。與宗人築二賢書院，復先世蒙齋、柳湖之祀典，以衍朱晦翁之學永。與其友人王守勝、王嘉會、王良臣、祝眉壽及弟一龍、尚仁等築文麓講舍，合同志百十人，扶其父謁東廓鄒丈、巾石吕丈，以講明王門之學。於是又德聲籍籍，稱程門二賢之後有人。噫！孺人祝命於天，無願不酬，而且繼後者方興未艾也。非其夫婦居室一念之微，誠通冥漢，其徵也如執左券，誰謂天命靡常乎哉？

予嘗謂人有異時而同情寡居誓志之婦，抱其子而私祝曰：「吾見其能言乎！」能言矣。曰：「見其能步趨乎！總角乎！聘娶以時而有子乎！」天既酬之矣。又期之曰：「宏志遠業，以光前人之休德，此古今之常情也。」今聞孺人之風，使有期而未及者，信天命之足恃；有期而既及也，信天命之有徵。則紀如人之事，下足以輔寡居之志乎。爲作《寵命傳》。大明嘉靖甲子年夏四月既望之（大吉），賜進士出身、刑部員外郎兼掌懷玉書院教授、通家眷侍生錢德洪緒山氏頓首拜撰於天真山閣。

據二〇一七年九月二十四日江西省德興記憶館展品徵集工作組在德興市新崗山鎮新建村徵集到的清乾隆三十一年所刻《新建程母龐命傳》石刻檔案移録。按：碑刻高一六九厘米，寬七十六厘米，末尾有「乾隆三十年歲次丙戌仲秋月穀旦植下衆孫百拜同立，十世孫夢祖熏沐敬書，徽婺王亨文鐫」。

程溥傳(略)

程溥，字廣初，德興人。父士宏，洪武初因督圖籍觸諱論死，溥以身代。至京，遇詔得免死，黥，役赴鳳陽。役歸，守者贈以金，不受，曰：「吾爲父來，今得生還見吾父，足矣。」人以其黥面，稱爲鐵面佛。

原載謝旻等修、陶成等纂《江西通志》卷八十九引《錢緒山集》。據朱炯《錢德洪集》(寧波出版社二〇一九年版)移録。

符氏雙節傳(略)

李氏，符景第妻也。年十八歸景第，逾年而自稱曰：「吾病羸弗勝，子盍納妾以輔吾？」符從之，卜錢塘楊姓女，納之側室，以妹呼之。既而李舉子，名曰驗。八歲景第亡，李年二十有六，楊年二十有四。李逆其心能同己，謂之曰：「吾病羸，不能事事。」乃率其子與其内外政盡屬之，楊亦欣代其勞，然必禀命而後行。家日豐裕，立義田以贍宗族。縣尹議旌於朝，李命驗，固辭止之，乃旌其堂曰「雙節」。

原載李衛等修、沈翼機等纂《浙江通志》卷二〇四《列女三·符氏二節》。據朱炯《錢德洪集》（寧波出版社二〇一九年版）移録。

慈節婦傳（略）

丁行母也，年二十三而夫亡。長子任方二齡，行孕未彌月，茹饑服寒，治麻枲爲食。二子長，修贄使求陽明弟子事之，任又早世。歲乙卯，倭寇入，行負母以逃，賊至，縛行，母奮身救護，賊斷其左臂，死之。行血淚交下，賊亦動容，遣之歸葬。

原載李衛等修、沈翼機等纂《浙江通志》卷二一〇《列女九·紹興府·丁時妻孔氏》。據朱炯《錢德洪集》（寧波出版社二〇一九年版）移録。

王節婦傳（略）

棋之祖譒、父渭皆夭。祖母胡，母嚴，少寡食貧，棋又短折。婦年二十二生子練，甫數月。瘠田數畝，量所入爲十二分，每月用米一分，煮粥作糜，沉者奉姑，浮者自食。苟是月有意外之需，借月米措給，則忍餓勤作，以補不足，不移餘月之儲。糠粃糟蘖，樹根蓏實，莫不遍食以自度，又掩覆其事以慰姑心。練長，教之持書，隨人問字，久乃出課童子以助母食。嚴壽終，婦割田易資以終喪葬，積勞成病而歿，得壽五十有八。

原載李衛等修、沈翼機等纂《浙江通志》卷二一〇《列女九·紹興府·王棋妻朱氏》。據朱炯《錢德洪集》(寧波出版社二〇一九年版)移録。

陸節婦傳(略)

名葵，年二十歸陸。八年而夫亡，時子順中在妊，哀頓屢絶。先是生子皆不育，及生順中，憂不彌月，病鬱成瘕，常指誓曰：「吾身視此子爲存歿。」比長，病亦漸間。欲延徐右山爲順中師，人曰：「行峻難近。」對曰：「嚴師所以尊道也。」延徐數年，不就他塾。卒年五十有六。

原載李衛等修、沈翼機等纂《浙江通志》卷二一三《列女十二·金華府·陸榮妻勞氏》。據朱炯《錢德洪集》(寧波出版社二〇一九年版)移録。

卷六　雜著

訃告同門

去年季冬十九日，寬、畿西渡錢塘，將北趨殿封。二十二日，有人自廣來，傳夫子以病告，將還庾嶺。聞之且喜且疑，即日舟迎至蘭溪。傳言夫子已逝，相顧駭怖，不知所出。且相慰曰：「天爲吾道，必無此事。」兼程夜抵龍游，驛吏曰：「信矣，於十一月二十九日午時，終於江西之南安。」聞之昏殞憒絶，不知所答。及旦，反風且雨，舟弗能前，望南而哭。天乎，何至此極邪！吾生如偃草棘薪，何益於世，胡不使我百身以贖，而顧萎吾夫子邪？日夜痛哭，病不能興。除夕，至常山，又相與自解曰：「命也已矣，天實爲之，奈之何哉！」

斯道晦冥幾千百年，而昭明靈覺之體終古不磨，至吾夫子始盡發其秘。同志相承，日孚以博，乃有今日，亦云兆矣。天子聖明，注眷日殷，在朝諸老又更相引汲，使其得遂同心，則其未盡之志當更展矣。今若此，天意若將何哉？或者三代以降，氣數薄蝕，天道之秘，既以其人而發泄之，又旋而撲滅之乎？遡觀孔、孟，已莫不然。夫孔、孟之不得身行其學者，上無君也。今有君矣，而夫子又若此，果何謂邪？

前年秋，夫子將有廣行，寬、畿各以所見未一，懼遠離之無正也，因夜侍天泉橋而請質焉。夫子兩是之，且進之以相益之義。冬初，追送于嚴灘請益，夫子又爲究極之説。由是退與四方同志更相切磨，一年之别，頗得所省，冀是見復得遂請益也，何遽有是邪？嗚呼，别次嚴灘，踰年而聞訃復於是焉，云何一日判手，遂爲終身永訣已乎？

夫子勤勞王家，殉身以道，古固有勤事而野死者，則亦何憾，特吾二三子不能以爲生耳。向使吾人懵然無聞，如夢如醉以生於世，則亦已矣。聞道及此，而遽使我止此焉，吾何以生爲哉？人生不聞道，猶不生也；聞道而未見其止，猶不聞也。夫子教我、發我、引我、翼我，循循拳拳而不倦者幾十年，而吾所聞止此，是夫子之没，亦吾没也。吾何以生爲哉？嗚呼！命也已矣，天實爲之，奈之何哉！

所幸四方同志信道日衆，夫子遺書之存，《五經》有删正，《四書》有傍注，傳習有録，文有文録，詩有詩録，政事有政事録，亦足恃矣。是夫子雖没，其心在宇宙，其言在遺書，百世以俟聖人，斷斷乎知其不可易也。明發踰玉山，水陸兼程，以尋吾夫子游魂，收其遺書。歸襄大事於稽山之麓，與其弟侄子姓及我書院同志，築室於場，相勉不懈，以冀成吾夫子之志。尚望我四方同志，爰念根本之地，勿爲暇遺，乃大慰也。

昔者孔子之道，不能身見於行，没乃光於萬世者，亦以其門人子弟相守不變耳。三年之外，門人治任將歸，入揖子貢，相向失聲，是非兒女之情也。三年之聚，亦以精其學也。子貢反，築室獨居三年，則益粹於進矣。凡我同志，遠者仕者，雖不必居三年，其亦肯間相一聚，以庶幾相期於成乎？

踰月之外，喪事少舒，將遣人遍采夫子遺言及朋友私録，以續成書。凡我同志，幸於夫子片紙只語，備録以示。嗣是而後，每三年則復遣人，一以裒吾夫子之教言，不至漫逸；一以驗朋友之進，足爲吾不肖者私淑也。荒悖恍惚，不知所云。水陸茫茫，預以陳告。惟吾同志，憐念憐念。

録自王守仁《王文成公全書》卷三十六《世德記》，明隆慶六年謝廷傑刻本。周汝登《王門宗旨》卷十《錢緒山語鈔》（《四庫全書存目叢書》子部第十三册）亦收録。

遇喪於貴溪書哀感

嘉靖戊子八月，夫子既定思、田、賓、潯之亂，疾作。二十六日，旋師廣州。十一月己亥，疾亟，乃疏請骸骨。二十一日，踰大庾嶺，方伯王君大用密遣人備棺後載。二十九日，疾將革，問侍者曰：「至南康幾何？」對曰：「距三郵。」曰：「恐不及矣。」侍者曰：「王方伯以壽木隨，弗敢告。」夫子時尚衣冠倚童子危坐，乃張目曰：「渠能是念邪？」須臾氣息，次南安之青田，實十一月二十九日丁卯午時也。

是日，贛州兵備張君思聰、太守王君世芳、節推陸君府奔自贛，節推周君積奔自南安，皆弗及訣，哭之慟。明日，張敦匠事，飾附設披，積請沐浴於南野驛，親進含，王、陸同殮襚。又明日，南贛巡撫汪公鋐來莅喪紀，士民擁途哀號，汪爲之揮涕慰勞。十二月二十日，喪至南昌，有司分道而迎，巡按御史儲君良材、提學副使趙君淵哭，士民皆哭，聲載於道。乃挽喪留於南浦，請改歲而行，以盡士民之哀。趙日至三踴哭，有問之，曰：「吾豈爲乃公哭邪？」己丑改歲，六日，將發舟，北風厲甚。儲焚香虔祝於柩曰：「公弗行，豈爲士民留邪？公黨有子嗣門人，亦望公久矣。」即時反風，不四日，直抵信州。

嗚呼！夫子没而諸大夫之周旋者至矣。是因夫子盛德所感，亦諸大夫好德之誠也。二三子弗身承其勞，聞其事，能弗以爲思乎？詳述之，用以告吾同門者。

録自王守仁《王文成公全書》卷三十六《世德記》，明隆慶六年謝廷傑刻本。

書稽山感別卷

人有異常之恩於我者，君子感乎？異常之恩，不可恩也；不可恩，不可感也。是故稽顙再拜，頌言煩悉，報之微也；適館受飧，左右以贐，惠之微也。其遭也無自，其合也不媒，其聚弗親，其離弗違，無致而至，莫知其以，此恩之至也，感之極也。今夫龍興而雲從，雲非恩乎龍而從也，嘘吸爲變，莫之致也。計功量者，孰爲恩，孰爲感，悉悉而數之則薄矣。吾於贛城楊君竹溪之於夫子何以異，吾固不能忘情於恩感，固亦無以爲恩感也。

昔者夫子奉命南征，以不殺之仁，綏思、田之頑民。維時荷戈持戟之士，其孫謀吴略，勇力拔衆者，爲不少矣。及成功之日，乃皆一時歸散，環視諸庭，依依不忍去。若左廣之武和齋、吉水之龍北山、贛之劉易齋及君者，乃皆退然若弗勝衣之士，是四君者，豈有意而相遭邪？必其所存有以近吾夫子不殺之仁，故不謀而自合。至夫子待命北巡，忽爲南安之變也，君皇皇然親含襚，扶輿親，行則與蒸徒共揖，止則與二三同門麻衣布絰，並就哭位，是固何自而然哉？夫仁，人心也，通幽明，忘物我，不以生而親，不以死而忘，無致而至，雖四君亦莫之知也。四君且莫之知，吾又得而恩感乎哉？故吾欲稽顙再拜，頌言煩悉，以報其情，而其情終不可報；吾欲適館受飧，左右以贐，以惠其去，而其去終不可惠，故相率歸於無言。噫！無言之感，洞徹千古，吾亦無如之何也已。雖然，君去而能益篤吾夫子不殺之仁，則吾之無言者，尚有無窮之言也。因其去，吾復能已於言乎？是爲書。

録自王守仁《王文成公全書》卷三十六《世德記》，明隆慶六年謝廷傑刻本。

師服問

夫子既没於南安,寬、畿奔喪廣信,擬所服於竹峰邵子。邵子曰:「昔者孔子没,子貢若喪父而無服,制也。」寬、畿曰:「然。然則今日若有間也。夫子没於道路,執喪者弗從。寬也父母在,麻衣布絰,弗敢有加焉。畿請服斬以從,至越則釋;麻衣布絰,終葬則釋。寬居越則絰,歸姚則否,何如?」邵子曰:「亦宜。」於是畿也服斬以行。

録自王守仁《王文成公全書》卷三十六《世德記》,明隆慶六年謝廷傑刻本。

惜陰會語略

錢緒山德洪《惜陰會語》〔一〕曰:「戊申與龍溪赴青原、復古會,今九年而再至,窮鄉邃谷,田夫野老,皆知有會,莫不敬業而安之,是豈笑貌聲音之足徵乎哉?蓋吾師以人人同得之心啓於前,諸先達以人人同得之心發於後,道有本,教有端,入而得,行而成,諸子弟夙膺父師之教,亦嘗究及卓立乎!學不及微,非入也;遇物而反,非得也;人我未同,非行也;無傳於後世,非成也。不究

〔一〕「惜陰會語」四字原本闕,據《四庫全書存目叢書》補。

其初，無以見斯道之明；不要其終，無以考斯學之相。引於無窮，此先達所爲諄諄也。」

王龍溪譏曰：「良知之説，立此便是立誠，定此便是素定，加減不得，此外更求寂體，即是加，即二氏也；此外略徇知見，即是減，即是世俗之學。今謂功行疏淺不足以盡良知，則可；謂良知不足以盡學，則不可。謂愚夫之知，暫開暫閉，被嗜欲所纏，不能出頭，則可；謂此知與聖人之知不同，則不可。」

鄒文莊《惜陰申約》曰：「邇者緒山、龍溪二君，自浙中臨復古，大聚青原，考德問業，將稽師門傳習之緒，而精進者寡，因循者衆，是忽實修而崇虚談，意者相規〔二〕相勉之有未至歟！」羅文恭松原答龍溪，則規之也。當時古風如此。

兩峰劉公曰：「發與未發，非判然二之也，能致其知，則寂感一矣。」七宿松原與羅文恭極論此旨，始未嘗而終契。〔三〕

録自方以智編撰《青原志略》卷三《書院》，清康熙八年刻本，華夏出版社二〇一二年版，第六十二—六十三頁。又載《四庫全書存目叢書》史部第二四五册，第五六一—五六二頁。

〔二〕原本作「觀」字，據《四庫全書存目叢書》改。
〔三〕「兩峰劉公曰……始未嘗而終契」句，原本無，據《四庫全書存目叢書》補。

惜陰會語

余昔自戊申，嘗與龍溪王子赴青原復古會，今九年而再至，見窮鄉邃谷，雖田夫野老，皆知有會，莫不敬業而安之，是豈笑貌聲音之足徵乎哉？蓋吾師以人人同得之心啓之於前，諸先達以人人同得之心發之於後，諸父老子弟以人人同得之心率之於躬，故導之而從，鼓之而奮，以有今日。夫道有本，教有端，入而得，行而成，諸子弟夙膺父師之教，亦嘗究極師門，知其得之之不易也，尚思其有入乎？物情世故交錯於前，其能卓立不反，亦將有所得乎？苟有得矣，妙詣獨造，亦可通之於夫婦之愚乎？法行於當時，亦可傳之於後世乎？夫學不及微，非入也；遇物而反，非得也；人我未同，非行也；無傳於後世，非成也。不究其初，無以見斯道之明；不要其終，無以考斯學之相。引於無窮，此先達所爲諄諄，亦諸子弟之各思其職者也。

原載姚濬昌等修、周立瀛等纂《安福縣志》卷十八《藝文·雜著》，清同治十一年刻本，臺北成文出版社一九八九年版，第一九六五—一九六六頁。據楊正顯《王陽明佚詩文輯釋——附徐愛、錢德洪佚詩文輯録》(《中國文哲研究通訊》第二十一卷第四期)移録。

書婺源葉氏家會籍

自吾師倡學而天下始有同志之會。始會於師門，既會於四方，邇年以來，各率族黨子弟以會於家。夫道始於家邦，終於四海，三代之常也。絶斈難興，應志而起者，非超世特立不可得，故始會於師門尚寥寥也。會於四方，則信乎者博，無擇地矣；會於家族，則信乎者益博，無擇人矣。周子曰：「家難而天下易。」斈徵於日用，難者既乎而易者自不容已焉，得道之常也。

余自水西赴婺源福山會。福山者，覺山，諸君子合六邑同志之會也。葉生茂芝率其家會弟子，邀予於家。予見其童子咸集，藹藹然和氣之相襲焉，彬彬然德讓之相宣焉。婺源當萬山之中，而葉氏居窮谷之邃，年來世發顯科，而子弟又賢且衆多，浸浸於道若此。喜同志之會不擇於窮谷，斯道之慶也。明日，諸生稽顙懇乞一言，以規會籍。

予進而語之曰：「二三子，爾知會之爲羨矣乎？知同志之會在四方，而不知自求其所會，其會也欺；知同志之會在家族，而不知自求會之端，其會也誣。天有二氣、五運，會而爲人；人有五類、四體、七竅，會而爲心。心之神明，靈觸靈通，主宰造化，綱紀百物，散爲萬殊，歸而爲一。心也者，萬理之會也。故心一，則神明察而萬理時出；心二，則神明蔽塞，萬理乖隔。會也者，以求自一其心也。一其心者，自得其所會也。自得其所會，會之實也。人人皆得其所會焉，會之成也。

《易》曰：『觀其會通，以行其典禮。』知會則知通矣。是故心二求會以自一也，心疑求會以自明也，心散求會以自凝也。一其心，亦以懲人之二也；明其心，亦以開人之疑也；凝聚吾心之精神，亦以萃夫人之渙散也。得其會，而物我皆通會之成也。不知會者反是奸其會之名而不思其實，自欺也；襲其會之始而不思要其成，自誣也。既欺且誣，人亦以誣欺應之，行于妻子且不能，而況於家乎？而況於天下乎？二三子識之。」明日，師泉劉子會合於福山，會畢，茂芝持會籍請書，乃書而歸之。

録自《新安理學先覺會言》卷一。按：《新安理學先覺會言》二卷，卷首有「安徽省圖書館館藏印」，抄本，安徽大學謝光宇提供。該抄本所用紙爲「安徽通志館稿紙」，卷首有萬曆癸巳初秋謝存仁撰寫的《新安理學先覺會言》、范淶撰寫的《答徵先覺會言序帖》和汪循撰寫的《附新安師友文集序》、《答徵先覺會言序帖》，内收録王畿、鄒守益、錢德洪、劉邦采、羅汝芳、鄒善等人的文章。此本有許多倒置和缺漏，正文與目録亦多有不一致處，甚至有正文收録而篇名不見於目録者。

緒山講院會籍

德興王生守勝、嘉會，程生一麟，祝生眉壽，率其會友，蹐懷玉，問所學焉。日侍講席，若將得所省也。相與謀曰：「吾嘗谷處僻陋，不聞君子大道久矣。今幸見先生，吾心如揭雲霧而見天日，朗然光霽，足破千古昏憒矣。使吾常日侍顔範，奚疑於嚴憚之資，若退而索居焉，其能免移於舊習乎？」遂相鳩工，築精舍於文川之陽，立日月以爲會期，且乞予一言，懸諸會堂，省誦之，庶其肅衆志而相厥成乎。予聞而心悦，未之與處也。他日，予赴青原同志之期，程、祝二生偕陳生維新、潘生應奎侍予於南浦，復申前請，予唯之而未與處也。既還懷玉，釋奠先師，告歸。守勝等數百里跣足徒步，扶予歸，與過草坪，抵常山廣濟溪上，復申前請，予唯之而未有與處也。於是程、祝二生復偕陳生維新及徐生，侍予歸姚。

予進四子而言曰：「爾諸生謂吾言之足以肅衆志而相厥成乎。譬之吾穀，吾言者，種植之方也；播種耕耘，敏厥終畝，以收刈獲之功者，己之力也。吾言復奚與乎哉？古者憲老而不乞言，示民之所承也。子輿子曰：『有所待而興者，凡民也；無所待而興者，豪傑也。』興非病於凡民，病其興而有所待也。夫乞言亦待也。興也者，性之不容已也，作聖之機也。機存於中，隨感而發，日用於是而不知者，凡民也；無俟於感而機自不能已者，豪傑也；不容自已而不息其功焉，豪傑而聖賢也。今諸生築室以圖會，徒跣足以忘勞，千里而侍予者，皆性之不容已也。苟得其性，則築室圖會者，勤切磋也；百里徒跣者，堅初志也；千里侍予者，精所入也。果若是，則雖離予於千里之外，猶常侍於几席之間，羹墻立輿，恒自見其真面目焉。復奚待於言耶？苟非自得，則待予而興者，能無離予而返乎？誦予言而興者，豈無違予言而背乎？予之不貴於乞言者，非有所隱也，欲諸生自知所承也。」四子聞之，惕然躍，省然得，默默者久之，起而謝曰：「今日始見先生真面目矣！奚待於言然哉！」雖然，諸生之乞言者，非自爲也，將以肅衆志也，予又奚惜於言？乃爲之書，使歸而懸於會堂，庶幾相期以有成也乎。

原載沈良弼修、董鳳笙纂《德興縣志》卷九《藝文志・文徵・雜著》，清同治十一年刻本。據胡榮明《錢德洪佚文兩篇輯録與注釋——兼論德興地區陽明學的發展》（《國際陽明學研究》第貳輯，上海古籍出版社二〇一二年版，第三一七—三二八頁）移録。胡按：據同治十一年《德興縣志》卷八《學校志・書院》載：緒山講院在德興十七都上田，原爲德興生員王守勝、王嘉會、王良臣、祝眉壽於嘉靖戊午在十五都文川集會論學之所，後經錢德洪移當道都御使吉陽何公賜匾「文麓精舍」。嘉靖辛酉御史浮峰張公更名緒山講院。萬曆乙未年祝惟敬同友改建於十七都上田。史稱鄣守益、錢德洪著有教語。

致遠説

王生道夫自新昌來學於半野范君。范君以「致遠」爲請益之，贈其友人，且册而書之。姚之士夫皆屬言以識之，而復濫於餘。予何言哉？然而，范君從陽明先生游，王生者又范君之所與游，其志同者也，予敢肆其説？

曰：「道果遠乎？」曰：「致而未嘗遠也。」「近乎？」曰：「近而未嘗近也。」「可致乎？」曰：「致而莫之致也。」「不遠？」曰：「遠而未嘗遠也，近而未嘗近也，是道不可以方體求也。

致而莫之致也，是不以方體求道也。今夫天蒼蒼者，不可以階矣。水土草木何適非是？昧者泥焉渺焉，以窮其高，則罔悉悉；以數其繁，則勞天體劣矣。爲道而泥其遠近也，何以異？」曰：「然則終莫之致乎？」曰：「致而莫之致也，斯真致矣。昔者顔子欲見道之的，而未免方體之求也，故高堅前後弗之得矣。及聞夫子博約之訓而循循焉，則如見卓立而卒莫得其所從，顔子至是而始真致矣。後之爲道者，吾惑焉。馳其心思於渺茫恍惚之中，自誣以爲已得；溺其見聞於事物器數之末，自信以爲已精。吾懼道之日遠日離也。」王生有致遠之詢，姑述所聞，用是以取證焉。

嘉靖己丑五月望後三日，賜進士第爐峰山人錢德洪洪甫書於龍山觀日臺之中天閣。

原載《南屏王氏宗譜》，民國二十二年刻本。據朱炯《譜牒中的錢德洪佚文輯釋》（《餘姚文博》二〇一七年春夏卷，總第二十八期）移録。

天成篇

吾人與萬物混處於天地之中，爲天地萬物之宰者，非吾身乎？其能以宰乎天地萬物者，非吾心乎？心何以能宰天地萬物也？天地萬物有聲矣，而爲之辨其聲者誰歟？天地萬物有色矣，而爲之辨其色者誰歟？天地萬物有味矣，而爲之辨其味者誰歟？天地萬物有變化矣，而神明其變化者誰歟？是天地萬物之聲非聲也，由吾心聽，斯有聲也；天地萬物之色非色也，由吾心視，斯有色也；天地萬物之味非味也，由吾心嘗，斯有味也；天地萬物之變化非變化也，由吾心神明之，斯有變化也；然則天地萬物也，非吾心則弗靈矣。吾心之靈毁，則聲、色、味、變化不得而見矣。聲、色、味、變化不可見，則天地萬物亦幾乎息矣。故曰：「人者，天地之心，萬物之靈也，所以主宰乎天地萬物者也。」

吾心爲天地萬物之靈者，非吾能靈之也。吾一人之視，其色若是矣，凡天下之有目者，同是明也；一人之聽，其聲若是矣，凡天下之有耳者，同是聰也；一人之嘗，其味若是矣，凡天下之有口者，同是嗜也；一人之思慮，其變化若是矣，凡天下之有心知者，同是神明也。匪徒天下爲然也，凡前乎千百世已上，其耳目同，其口同，其心知同，無弗同也；後乎千百世已下，其耳目同，其口同，其心知同，亦無弗同也。然則明非吾之目也，天視之也；聰非吾之耳也，天聽之也；嗜非吾之口也，天嘗之也；變化非吾之心知也，天神明之也。故目以天視，則盡乎明矣；耳以天聽，則竭乎聰矣；口以天嘗，則不爽乎嗜矣；思慮以天動，則通乎神明矣。天作之，天成之，不參以人，是之謂天能，是之謂天地萬物之靈。

吾心爲天地萬物之靈，惟聖人爲能全之，非聖人能全之也，夫人之所同也。聖人之視色與吾目同矣，而目能不引於色者，率天視也；聖人之聽聲與吾耳同矣，而耳能不蔽於聲者，率天聽也；聖人之嗜味與吾口同矣，而口能不爽於味者，率天嘗也；聖人之思慮與吾心知同矣，而心知不亂於思慮者，通神明也。吾目不引於色，以全吾明焉，與聖人同其視也；吾耳不蔽於聲，以全吾聰焉，與聖人同其聽也；吾口不爽於味，以全吾嗜焉，與聖人同其嘗也；吾心知不亂於思慮，以全吾神明焉，與聖人同其變化也。故曰：「聖人可學而至，謂吾心之靈與聖人同也。然則非學聖人也，能自率吾天也。」

吾心之靈與聖人同，聖人能全之，學者求全焉。然則何以爲功耶？有要焉，不可以支求也。吾目蔽於色矣，而後求去焉，非所以全明也；吾耳蔽於聲矣，而後求克焉，非所以全聰也；吾口爽於味矣，而後求復焉，非所以全嗜也；吾心知亂於思慮矣，而後求止焉，非所以全神明也。靈也者，心之本體也，性之德也，百體之會也；徹動靜，通物我，亘古今，無時乎弗靈，無時乎或間者也。或生而知之，或學而知之，或困而知之，皆自率是靈以通百物，勿使間於欲焉已矣。其功雖不同，其靈未嘗不一也。吾率吾靈而發之於目焉，自辨乎色而不引乎色，所以全明也；發之於耳焉，自辨乎聲而不蔽乎聲，所以全聰也；發之於口焉，自辨乎味而不爽乎味，所以全嗜也；發之於思慮焉，萬感萬應，不動聲臭，而其靈常寂，大者立而百體通，所以全神明也。人一能之，己百之；人十能之，己千之；必率是靈而無間於欲焉，是天作之，人復之，是之謂天成，是之謂致知之學。

録自王守仁《王文成公全書》卷三十五《年譜附録一》，明隆慶六年謝廷傑刻本。據彭國翔考證：「日本東北大學圖書館藏有《緒山先生天成篇》。今本《王陽明全集》（中）《年譜附録一》二十九年庚戌正月條下有『《天成篇》揭嘉義堂示諸生』亦收録四段文字，内容完全同於吉田公平所録緒山語録第一九、二〇、二一、二二條，但未説明作者，或不免令人誤以爲陽明之作。」（《錢緒山語録輯逸與校注》，《中國文哲研究通訊》第十三卷第二期，二〇〇二年六月，第一九頁）然從《年譜》所載之上下文看，該文作者是顯而易見的，似未存在彭先生所説的誤認。

又按：《天成篇》周汝登《王門宗旨》卷十《緒山語抄》收録，文字略有差異。

大績公炬廬文

東冶之墟，溪山寥寂，爰有孝子廬於其親之墓側。既將終喪，哀裾不忍離其側，緒山子進而言曰：「子濁外攻，盤鬱内積，病入腠理，疰羸柴瘠，膚骨熕烝，神氣恍惻。」友人緒山子離其母之殯，匍匐往勸之歸。孝子方皇皇屺陟，望之如弗見，慕之如弗得，咿咿如孺子牽曳慈母之衣求乎。子以事父未能也，子尚以其之事親也，早以善養聞，子昔之養親也，將以養其親體乎？抑將養其志乎？《傳》曰：「事死如事生。」子昔之事生也，子哀毁以擯於死地乎？抑自節以全其生乎？子之親志，見其子之哀毁以擯於死也，不戚心而悲乎？見其子之節以全其生也，不怡顔而悦乎？子之養志也，將以親之志願，其必欲使其親恒怡顔於堂上，而今之事死也，則欲使其親恒戚心於地下，其得謂之事死乎？孝子方皇皇屺陟，聽而弗繹。緒山子又進而言曰：「子不信親之念己也，盍思己之滅？四顧闃寂，一身孤卧，百病交劇，歲其身於空山叢棘，與虎狼鹿豕交道合蹟。月露之晨，冰雪之夕，悲風號於木杪，哀猿嘯於窮谷，廬煙夙念其子乎？己之念其子也，謂子置月既深，妻孥悒憶，使子視之，將喜而然之乎？抑怒而否之乎？孔子曰：『所號未息，自卧自毁。』悲思怨憶，嵐化天長地久。不知晨夜大化，茫茫匪爲人詫，子尚咿咿不忍捨去，將俟親復於是也。三閱歷矣，死者日遠，藏日者之墓乎？」是月病大作，伯兄柏塘子迎醫奔視之。醫者曰：「非離卑鬱，不可理。」伯兄乃慰泣背負出山，舟載之歸，緒山子曰：「孝子之愛其親，性也。吾黨欲割之，非利刃不斷。」乃借約友南坡吴子、半野范子、半山翁子、曉江蔡子、龍岡胡子、南屏管子與其侄叔陵子，往牽其廬，以膏火一炬而焚之。孝子病間趨墓視之，廬已灰燼。孝子乃伏墓慟哭，親族兄弟群與迎親之靈歸，奠於家廟，臨去逡巡，一步三顧，乃慟哭進謁，廟入就，妻子之養如初。孝子鄒氏名大績，自是東冶之民相與志其墓處，曰「鄒孝子廬」云。

原載鄒元瀛編《餘姚北城鄒氏宗譜》卷一，清光緒六年敦睦堂木活字本。據朱炯《譜牒中的錢德洪佚文輯釋》（《餘姚文博》二〇一七年春夏卷，總第二十八期）移録。

題翟氏譜傳草

譜，家史也。史以傳信，信則傳，傳則可久；不信則疑，疑則玩，玩而思傳，難矣。雖有孝子，不能加親之美；雖有慈孫，不能掩親之惡。人心至公，不可得而私也。故人子自修其德，所以揚親之善也；自遠其惡，所以蓋親之愆也。愛其人而忘其親之惡，孝之至也。作《譜傳草》者，傳其人之言行婚葬，以備其本支子孫私考也。若夫其人，生爲世範，死爲世規，則傳其實，以附刻宗譜，爲附食初祖之徵，所謂七世之廟，可以觀德，而民俗從此起矣。民信未專者，弗濫刻也；集譜者，其慎之哉！緒山居士題。

録自翟臺纂修《涇川水東翟氏宗譜》，上海圖書館藏清咸豐七年翟金生泥活字本。

萬鹿園修路題詞

玉山砌路之舉，鹿園憫僕夫行路苦艱也。初議時，人憂功浩難成，予曰：「在得人耳！」既而選於道衆得明曉、僧衆得天霖，人曰：「得人矣！」然工浩難成也。予曰：「在辨〔二〕真心耳！」今己酉二月，予自廣游，過是路，將畢功，且建亭宇以休憩倦客，曠然成勝概矣。噫！能辨真心，事無有不成者，吾黨辨真心以爲學者，其亦有不成者乎？

原載萬承式、萬福纂修《濠梁萬氏宗譜》卷十四《遺蹟考》，清乾隆三十七年刻本，收入《清代民國名人家譜選

〔二〕辨，原刻本作「辦」。王門中有「辨真心」說而無「辦真心」語，故「辦」疑爲「辨」之誤。下同。

刊續編》，北京燕山出版社二〇〇六年版，第一〇七册，第八六三頁。據楊正顯《王陽明佚詩文輯釋——附徐愛、錢德洪佚詩文輯録》（《中國文哲研究通訊》第二十一卷第四期）移録。

終命

初先生在廣，奏凱之日，禮有太平筵宴及慶賀贐送之儀，其中有情不得却與例不必却者，收貯賞功所謂之羨餘。及病革，召賞功官，勞其勤勞，而命歸羨餘於官。既卒，督撫汪誠齋鋐按官吏之情，以原羨銀五百三十二兩致其嗣子正億。時正億方四齡，而先生弟守儉輩又不敢辭。德洪乃手狀代布，託參隨州判龍光、原義男添貴，送復汪公簡發公帑，略言可以與者，大人之賜可以無取者。先師之心，易簀之頃，儼然治命，不忍違也。

録自陳龍正輯《陽明先生要書》八卷附録卷四《遺言逸事》，明崇禎八年刻本。據朱炯《錢德洪集》（寧波出版社二〇一九年版）移録。朱炯按：該書所録錢德洪記録的《終命》有二則，其中《疾將革》一則，已見於《王文成公全書》卷三十八錢德洪《遇喪於貴溪書哀感》一文中，故不録。

天真書院勒石

嘉靖庚寅秋，天真精舍成。中爲祠堂，後爲文明閣，爲載書室，□又爲望海亭。左爲嘉會堂,左前爲游藝所、傳經樓。右爲明德堂,爲日新館,餘爲齋,周以石垣。界則東舍止浄明,西界天龍,北暨天真,南抵龜田路。是舉也,承陽明夫子遺志,四方同志協而成之,勒之石,俾世守者稽焉。門人薛侃、錢寬、王畿謹識。

原石刻立於杭州玉皇山麓天真書院遺址,現據鶴成久章《陽明學聖地的殘留石刻——「天真精舍勒石」考》(《儒學天地》二〇一四年第一期總第二十六期)移録。鶴成久章按:此石刻文可能是先由薛侃撰成草稿,後經錢德洪、王畿修改,遂以三人共同署名。據此可將此文視爲薛侃、錢德洪、王畿三人所共撰。薛侃《薛中離先生全書》(民國四年排印本)卷十二亦收録此文,篇名同,有數字相異,無文末「門人……謹識」句。

征宸濠反間遺事

龍光云:是年六月十五日,公於豐城聞宸濠之變,時參謀雷濟、蕭禹在侍,相與拜天,誓死起兵討賊。欲趨還吉安,南風正急,舟不能動,又痛哭告天,頃之,得北風。宸濠追兵將及,潛入小漁船,與濟等同載,得脱免。舟中計議,恐宸濠徑襲南京,遂犯北京,兩京倉卒無備,圖欲沮撓,使遲留半月,遠近聞知,自然有備無患。乃假寫兩廣都御史火牌云:「提督兩廣軍務都御史楊,爲機密軍務事。准兵部咨,及都察院右副都御史顔咨,俱爲前事。本院帶領狼達官兵四十八萬,齊往江西公幹,的於五月初三日,在廣州府起馬前進。仰沿途軍衛有司等衙門,即便照數預備糧草，伺候官兵到日支應。若臨期缺乏誤事，定行照依軍法斬首」等因。意示朝廷先差顏等勘事，已密於兩廣各處起調兵馬，潛來襲取宸濠，使之恐懼，遲疑觀望，不敢輕進。使濟等密遣乖覺人役，持火牌，設法打入省城。宸濠見火牌，果生疑懼。

十八日，回至吉安，又令濟等，假寫南雄、南安、贛州等府報帖，日逐飛報府城，打入省下，一以動摇省城人心，一以鼓勵吉安效義之士。又與濟等謀，假寫迎接京軍文書云：「提督軍務都御史王，爲機密軍務事。准兵部咨，該本部題，奉聖旨：『許泰、張永，分領邊軍四萬，從鳳陽等處陸路，徑撲南昌；劉暉、桂勇，分領京邊官軍四萬，從徐州、淮安等處，水陸並進，分襲南昌；王守仁領兵二萬，楊旦等領兵八萬，秦金等領兵六萬，各從信地分道並進，刻期夾攻南昌。務要遵照方略，並心協謀，依期速進，毋得彼先此後，致誤事機。欽此。』等因。咨到職，除欽遵外，照得本職先因奉敕前往福建公幹，行至豐城地方，卒遇寧王之變，見已退住吉安府起兵。今准前因，遵奉敕旨，候兩廣兵齊，依期前進外。看得兵部咨到緣由，係奉朝廷機密敕旨，皆是掩其不備，先發制人之謀。其時必以寧王之兵尚未舉動。今寧王之兵已出，約亦有二三十萬，若北來官兵不知的實消息，未免有誤事機。以本職計之，若寧王堅守南昌，擁兵不出，京邊官軍遠來，天時地利，兩皆不便，一時恐亦難圖。須是按兵徐行，或分兵先守南都，候寧王已離江西，然後或遮其前，或擊其後，使之首尾不救，破之必矣。今寧王主謀李士實、劉養正等，各有書密寄本職，其賊淩十一、閔廿四，亦各密差心腹，前來本職遞狀，皆要反戈立功報效，可見寧王已是衆叛親離之人，其敗必不久矣。今聞兩廣共起兵四十八萬，其先鋒八萬，係遵敕旨之數，今已到贛州地方。湖廣起兵二十萬，其先鋒六萬，係遵敕旨之數，今聞已到黄州府地方。本職起兵十萬，遵照敕旨，先領二萬，屯吉安府地方。各府知府等官，各起兵快，約亦不下一萬之數，共計亦有十一二萬人馬，盡已彀用。但得寧王早離江西，其中必有内變，因而乘機夾攻，爲力甚易。爲此今用手本，備開緣由前去，煩請查照裁處。並將一應進止機宜，計議停當，選差乖覺曉事人員，與同差去人役，星夜回報施行。須至手本者。」既已寫成手本，令濟等選差慣能走遞家人，重與盤費，以前事機陽作實情，備細密切説與，令渠潛踪隱迹，星夜前去南京及淮揚等處，迎接官兵。又令濟等尋訪素與宸濠交通之人，厚加結納，令渠密去報知寧府。宸濠聞知，大加賞賜，差人四路跟捉。既見手本，愈加疑懼，將差人備細拷問詳悉，當時殺死。因此宸濠又疑李士實、劉養正，不信其謀。

又與龍光計議，假寫回報李士實書，内云：「承手教密示，足見老先生精忠報國之本心，始知近日之事，迫於勢，不得已而然，身雖陷於羅網，乃心罔不在王室也。所喻密謀，非老先生斷不能及此。今又得子吉同心協力，當萬萬無一失矣。然幾事不密則害成，務須乘時待機而發乃可。不然恐無益於國，而徒爲老先生與子吉之累，又區區心所不忍矣。況今兵勢四路已合，只待此公一出，便可下手，但恐未肯輕出耳。昨淩、閔諸將，遣人密傳消息，亦皆出於老先生與子吉開導激發而然。但恐此三四人者皆是粗漢，易有漏泄，須戒令慎密，又曲爲之防可也。目畢即付丙丁，知名不具。」與劉養正亦同。兩書既就，遣雷濟設法差遞李士實，龍光設法差遞劉養正，各差遞人皆被宸濠殺死。宸濠由是愈疑劉、李，劉、李亦各自相疑懼，不肯出身任事。以故上下人心互生疑懼，兵勢日衰。

又遣素與劉養正交厚指揮高睿，致書劉養正，及遣雷濟、蕭禹，引誘内官萬鋭等，私寫書信與内官陳賢、劉吉、喻木等，俱皆反間之謀。又多寫告示及招降旗號，開諭逆順禍福，及寫木牌等項，動以千計，分遣雷濟、蕭禹、龍光、王佐等，分役經行賊壘，潛地將告示粘貼，及旗號木牌四路標插。又先張疑兵於豐城，示以欲攻之勢。又遣雷濟、龍光，將劉養正家屬在吉安者，厚加看養，陰遣其家人密至劉養正處傳遞消息，亦皆反間之謀。

初時，宸濠謀定六月十七日出兵，自己於二十二日在江西起馬，徑趨南京，謁陵即位，遂直犯北京。因聞前項反間疑沮之謀，遂不敢輕出。故十七等日，先遣兵攻南康、九江，而自留省城。賊兵等候宸濠不出，亦各疑懼退沮，久駐江湖之上，師老氣衰，又見四路所貼告示及插旗號木牌，人人解體，日漸散離，以故克心攻鬬。其後宸濠探知四路無兵，前項事機已失，兵勢已阻，人馬已散，多有潛來投降者。我師一候宸濠出城，即統伍知府等官兵，疾趨攻破省城。度宸濠顧念根本之地，勢必歸救，遂預發兵，迎擊於鄱陽湖。大戰三日，罪人斯得。

右反間始末，嘗聞諸吉水致仕縣丞龍光。光謂德洪曰：「昔夫子寫楊公火牌將發時，雷濟問曰：『寧王見此，恐未必信。』曰：『不信，可疑否？』對曰：『疑則不免。』夫子笑曰：『得渠一疑，彼之大事去矣。』既而嘆曰：『宸濠素行無道，殘害百姓，今雖一時從逆者衆，必非本心，徒以威劫利誘，苟一時之合耳。縱使奮兵前去，我以問罪之師徐躡其後，順逆之勢既判，勝負預可知也。但賊兵早越一方，遂破殘一方民命，虎兕出柙，收之遂難。爲今之計，只是遲留宸濠一日不出，則天下實受一日之福。』」

光又言：「夫子捷疏，慮繁文太多，一切反間之計，俱不言及，亦以設謀用詭，非君子得已之事，不欲明言示人。當時若使不行間計，遲留寧王，寧王必即時擁兵前進，正所謂迅雷不及掩耳，兩京各路，何恃爲備？所以破敗寧王，使之坐失事機，全是遲留寧王一着。所以遲留寧王，全是謀行反間一事。今人讀奏册所報，皆是可書之功，而不知書不能盡者，十倍於奏册。」

又言：「寧藩事平之後，京邊官軍南來，失其奸計，由是痛恨夫子，百計搜尋羅織，無所泄毒，擠怒門人冀元亨與濟、禹、光等，俱欲置之死地。冀元亨被執，光等四竄逃匿，家破人亡，妻子離散，直伺官軍離却省城，方敢出身回家。當時光等粘貼告示，標插旗號木牌，皆是半夜昏黑，衝風冒雨，涉險破浪，出入賊壘，萬死中得一生。所差行間人役，被宸濠要殺者，俱是親信家人。今當事平之後，議者不究始原，並將在册功次亦盡削去。此光等走役微勞，雖皆臣子本分，不足深惜。但賞罰若此，繼後天下倘或再有事變，人皆以光等爲鑒戒矣，誰肯復效死力哉？」

又言：「夫子應變之神，真不可測。時官兵方破省城，忽傳令造免死木牌數十萬，莫知所用。及發兵迎擊宸濠於湖上，取木牌順流放下。時賊兵既聞省城已破，脅從之衆，俱欲逃竄無路，見水浮木牌，一時争取散去，不計其數。二十五日，賊勢尚鋭，值風不便，我兵少挫，夫子急令斬取先却者頭。知府伍文定等，立於銃炮之間，方奮督各兵，殊死抵戰。賊兵忽見一大牌，書『寧王已擒，我軍毋得縱殺』，一時驚擾，遂大潰。次日，賊兵既窮促，宸濠思欲潛遁，見一漁船，隱在蘆葦之中，宸濠大聲叫渡，漁人移棹請渡，竟送中軍，諸將尚未知也。其神運每如此。」

又言：「嘗聞雷濟云：夫子昔在豐城聞變，南風正急，拜受哭告曰：『天若憫惻百萬民命，幸假我一帆風！』須臾，風稍定，頃之，舟人讙譟回風。濟、禹取香煙試之舟上，果然，久之，北風大作。宸濠追兵將及，時夫人、公子在舟，夫子呼一小漁船，自縛印敕，令濟、禹持米二斗、鬱魚五寸，與夫人爲别。將發，問濟曰：『行備否？』濟、禹對曰：『已備。』夫子笑曰：『還少一物。』濟、禹思之不得，夫子指船頭羅蓋曰：『到地方無此，何以示信？』於是又取羅蓋以行。明日，至吉安城下，城門方戒嚴，舟不得泊岸。濟、禹揭羅蓋以示，城中遂讙慶曰：『王爺爺還矣。』乃開門羅拜迎入。於是濟、禹心嘆危迫之時，暇裕乃如此。」

德洪昔在師門，或問：「用兵有術否？」夫子曰：「用兵何術？但學問純篤，養得此心不動，乃術爾。凡人智能，相去不甚遠，勝負之決，不待卜諸臨陣，只在此心動與不動之間。昔與寧王逆戰於湖上，時南風轉急，面命某某爲火攻之具。是時前軍正挫卻，某某對立矍視，三四申告，耳如弗聞。此輩皆有大名於時者，平時智術，豈有不足，臨事忙失若此，智術將安所施？」

又嘗聞鄒謙之曰：「昔先生與寧王交戰時，與二三同志坐中軍講學。諜者走報前軍失利，坐中皆有怖色。先生出見諜者，退而就坐，復接緒言，神色自若。頃之，諜者走報賊兵大潰，坐中皆有喜色。先生出見諜者，退而就坐，復接緒言，神色亦自若。」

又嘗聞陳惟濬曰：「惟濬嘗聞之尚謙矣。尚謙言昔見有侍於先生者，自稱可與行師。先生問之。對曰：『某能不動心。』曰：『不動心可易言耶？』對曰：『某得制動之方。』先生笑曰：『此心當對敵時，且要制動，又誰與發謀出慮耶？』又問：『今人有不知學問者，盡能履險不懼，是亦可與行師否？』先生曰：『人之性氣剛者，亦能履險不懼，但其心必待强持而後能，即强持便是本體之蔽，便不能宰割庶事。孟施舍之所謂守氣者也。若人真肯在良知上用功，時時精明，不蔽於欲，自能臨事不動，不動真體，自能應變無方。此曾子之所謂守約，自反而縮，雖千萬人，吾往者也。』」

又嘗聞劉邦采曰：「昔有問：『人能養得此心不動，即可與行師否？』先生曰：也須學過。此是對刀殺人事，豈意想可得？必須身習其事，斯節制漸明，智慧漸周，方可信行天下。未有不履其事而能造其理者，此後世格物之學所以爲謬也。孔子自謂『軍旅之事未之學』，此亦不是謙言。但聖人得位行志，自有消變未形之道，不須用此。後世論治，根源上全不講及，每事只在半中截做起，故犯手脚。若在根源上講求，豈有必事殺人而後安得人之理？某自征贛以來，朝廷使我日以殺人爲事，心豈割忍，但事勢至此。譬之既病之人，且須治其外邪，方可扶回元氣，病後施藥，猶勝立視其死故耳。可惜平生精神，俱用此等没緊要事上去了。」

昔者德洪事先生八年，在侍同門每有問兵事者，皆默而不答，以故南贛、寧藩始末俱不與聞。先生殁後，搜録遺書七年，而奏疏文移始集。及查對月日，而後五征始末具見。獨於用間一事，昔嘗概聞，奏疏文移俱無所見。去年德洪主試廣東，道經江西，訪問龍光，始獲間書間牌諸稿，並所聞於諸同門者，歸以附録云。時嘉靖乙未八月，書於姑蘇之郡學。

録自王守仁《王文成公全書》卷三十八《世德記·附録》，明隆慶六年謝廷傑刻本。

平濠記

初贛州在官吏書門宅，及在門軍民，陰陽占卜，皆與賊通，日在官府，左右詞覘，不待言出於口，凡意向顏色之間，賊必先知之。公知其然，在此則示以彼，在彼則示以此。每令陰陽擇日，日者占卜，或已吉而不用，或欲用而中止。每勵兵蓐食，令俟期而發兵，竟不出其後，一出而成功。黄綰記，下四條同。

公至豐城門，濠變，亟欲遡流趨吉安。舟人聞宸濠發千餘人來劫公，畏不敢發，以逆流無風爲辭。公密禱於舟中，無何，北風大作，舟人猶不肯行，拔劍馘其耳，遂發。薄暮，度勢不可前，潛覓漁舟，以微服行，留麾下一人服己冠服在舟中。濠兵果犯舟，而公不在。欲殺其代者，一人曰：「何益？」遂捨之。故追不及。是夜至臨江，知府戴德孺喜甚，留公入城調度。公曰：「臨江居大江之濱，與省城相近，且當道路之沖，莫若吉安爲宜。」又以三策籌之，曰：「濠若出上策，直趨京師，出其不意，則宗社危矣。若出中策，則趨南都，大江南北亦被其害。若出下策，但據江西省城，則勤王之事尚易爲也。」行至中途，恐其速出，乃爲間諜，假奉朝廷密旨先知寧府將反，行令兩廣、湖、襄都御史楊旦、秦金及兩京兵部，各命將出師，暗伏要害，以俟襲殺。復取優人數輩，各與數百金以全其家，令至伏兵處飛報竊發日期，將公文各縫置袷衣絮中。將發間，又捕捉僞太師李士實家族至舟尾，令其覘知。公即佯怒，牽之上岸處斬，已而故縱之，令其奔報。宸濠邏獲優人，果於袷衣絮中搜得公文，遂疑不發。踰數日，公調度已定，乃移檄遠近，暴濠罪惡。濠始悟爲公所欺。

公既拔南昌，知濠將還救，遣伍文定、邢珣、徐璉、戴德孺，共(各)領精兵五百，分道迎擊，出其不意。濠亦先使精悍千餘人從間道，欲出公不意，攻復省城，偶遇於某處。我兵失利，報至，公怒甚，欲以軍法斬伍文定等，自帥兵親戰。或以敵鋒方交，若即斬之，兵無統領，俟各奮勵以圖後效。明日，各帥兵奮死以戰，大敗之。

此事《年譜》不載，以爲先生失計也。何所失？不料濠亦取間道出奇兵也。然能不以小衄挫氣，及因而激勵其麾下轉敗爲功，則是即短見表，而足以垂法於行師矣！

江彬等初至，公往見。彬輩，皆設席於傍，令公坐。公佯爲不知，遂坐上席，轉傍席於下以坐彬輩。彬輩銜之，出語誚公。公以常行交際禮諭之。左右皆爲公解，遂無言。公非争一坐也，恐一受節制，則事機皆將聽彼而不可爲矣。

公見張永與之語，知其忠，以濠付之。復上捷音，以爲宸濠不軌之謀已踰一紀，旬月就俘，皆欽差總督威德指示方略所致，以此歸功總督軍門，以止上江西之行。稱病净慈寺。永在上前備言公盡心爲國，及彬等欲加害意。既而公赴君奔龍江關，忠等又阻之，使不見，公乃以綸巾野服入九華山。永聞，又力言於上，曰：「王守仁實忠臣，今聞衆欲争功，欲並棄其官，入山修道。」由是上益信公。

此條載《年譜》中，然歸功總督，則止駕中倫，綸巾野服，則舉止中慮。故永得因以進言而解上疑，此譜所未及詳也。並著。

公於豐城聞變，時參謀雷濟、蕭禹在侍，相與計議，恐宸濠徑摯南京，遂犯北京，欲使遲留半月，遠近聞知，自然有備無患。乃假寫兩廣都御史楊火牌，爲機密軍務事。准兵部及都察院在右都御史顏咨,俱爲前事。本院帶領狼達官兵四十八萬,齊往江西公幹,的於五月初三日,在廣州府起馬。仰沿途軍衛有司,照數預備糧草,伺候支應。若臨期缺誤,定依軍法斬首。意示朝廷先差顏等勘事,已密於兩廣各處提調兵馬,潛來襲取宸濠。將發,聞雷濟問曰:「寧王見此恐未必信。」曰:「不信,可疑否?」對曰:「疑則不免。」公笑曰:「得渠一疑,事去矣。」既而嘆曰:「宸濠素行無道,殘害百姓,今雖從逆者衆,必非本心,徒以威劫利誘,苟合一時。縱之前去,我以問罪之師徐躡其後,順逆既判,勝負預可知也。但賊兵早越一方,遂破殘一方民命,虎兕出柙,收之遂難。爲今之計,只是遲留宸濠一日不出,則天下實受一日之福。」遂密遣乖覺人役,持火牌,設法打入省城。濠果疑懼。十八日,回至吉安,又令濟等,假寫南雄、南安、贛州等府報帖,日逐飛報府城,打入省下,一以動摇省城人心,一以鼓勵吉安致義之士。又與濟等謀,假寫迎接京軍文書云:「提督軍務都御史王,爲機密軍務事,准兵部咨本部題奉聖旨:許泰、郤永,分領邊軍四萬,從鳳陽等處陸路,徑撲南昌;劉暉、桂勇,分領京邊官軍四萬,從徐州、淮安等處水陸並進,分襲南昌;王守仁領兵二萬,楊旦等領兵八萬,秦金等領兵六萬,各從信地分道並進,刻期夾攻南昌,毋得彼先此後。本職先往福建公幹,因遇寧王之變,見已退住吉安府起兵。今遵前敕,候兩廣兵齊,依期前進外,看得兵部咨到緣由,皆是先發制人之謀。當時必以寧王兵未舉動。今其兵已出,約亦有二三十萬,若北來官兵不知的信,有誤事機。以本職計之,若寧王堅守南昌，擁兵不出，官軍遠來，天時地利，兩皆不便，恐難猝圖。須按兵徐行，或分兵先守南都，候其已離江西，然後或遮其前，或擊其後，使之首尾不救，破之必矣。今寧王主謀李士實、劉養正等，各有書密寄本職，賊將淩十一、閔廿四，亦各密差心腹，前來遞狀，皆要立功報效。可見寧王已是衆叛親離之人，敗必不久。今聞兩廣共起兵四十八萬，其先鋒八萬，已到贛州。湖廣起兵二十萬，其先鋒六萬，已到黄州。本職起兵十萬，先領二萬，屯吉安府。各府知府等官各起兵快，約亦不下一萬之數，共計見有十一二萬，儘已足用。但得寧王早離江西，必有内變，因而乘機夾攻，爲力甚易。爲此備開緣由，煩請酌定。一應進止機宜，選乖覺曉事人員，同差去人役，星夜回報，寫成手本。」令濟等選慣能走遞家人，重與盤費，以前事機陽作實情，備細密切説與，令渠潛踪隱迹，星夜前往南京及淮、揚迎接官兵。又令濟等尋訪素通宸濠之人，厚加結納，令密報寧府。宸濠聞知，大加賞賜，差人四路跟捉，果獲手本，將差人拷問詳悉，當時殺死。因此又疑劉、李，不信其謀。又與龍光計議，假寫回報士實書云：「承手教，足見老先生報國本心，始知近日之事，迫於不得已，身雖陷於網羅，乃心罔不在王室也。所諭密謀，非老先生斷不能及此。又得子吉同心協力，當萬無一失矣。然事機不密則害成，務須待機而發。不然，恐無益於國，而徒爲老先生與子吉之累，又區區心所不忍也。況今兵勢四路已合，只待此公一出，便可下手。昨淩、閔諸將，遣人密傳消息，亦皆出於老先生與子吉開導激發而然。但恐此三四將人皆是粗漢，易有洩漏，須戒令慎密，又曲爲之防可也。閲畢即付丙丁。知名不具。」與劉養正亦同。兩書既就遣，雷濟設法差遞士實，龍光設法差遞養正。各差遞人皆被宸濠殺死，宸濠由是愈疑劉、李，劉、李亦各相疑，不肯出身任事。又遣素與劉養正交厚指揮高睿，致書養正，及遣濟、禹，引誘内官萬鋭等，私寫書信與内官陳賢等，皆反間之謀。又多寫告示及招降旗號，開諭逆順禍福，及寫木牌等項，動以千計，遣雷濟、龍光、蕭禹、王佐等，分行賊壘，潛將告示粘貼，及旗號木牌四路標插。又先張疑兵於豐城，示以欲攻之勢。又將養正家屬在吉安者，厚加看養，陰遣其家人密至正處傳遞消息，亦皆反間之謀。初，宸濠謀定六月十七日出兵，自於二十二日在江西起馬，徑趨南京，謁陵即位，遂直犯北京。因入前間，不敢輕出。十七等日，先遣兵出攻南康、九江，而自留省城。賊兵候濠不出，亦各疑懼，久駐江湖之上，師老氣衰，又見四路所貼告示及插旗號木牌，人人解體，無心攻鬭。其後濠探知四路無兵，前項事機已失，兵勢已阻，人馬已散，多有潛來投降者。濠至七月初三日始出兵，距初擬之期已踰半月。及事平，報捷疏内，一切反間之計俱不言及，亦以設謀用詭，非君子得已之事，不欲明言示人。當時若使不行反間，寧王必即時擁兵前進，兩京各路何恃爲備？所以使之坐失事機，全是遲留寧王一着；所以遲留寧王，全是謀行反間一事。今日讀奏册所報，皆可書之功，而不知書不能盡者，十倍於奏册。濠既就擒，江彬、許泰等悵恨失計，無所泄毒，欲置冀元亨與濟、禹、光等於死地。元亨被執，光等四竄，伺官軍離省，方敢歸家。當時粘告示，插旗牌，皆風雨黑夜，出入賊壘，萬死中得一生。所差行間人役，被濠殺者，俱是親信家人。今議者並將在册功次削去，恐繼此有變，人皆以光等爲鑒戒矣。龍光說，下條同。

按：先生有言：「孔子修《春秋》，於凡陰謀詭計之事皆削之，以杜奸。」故平藩用間不形於奏，不宣於語，門弟子皆不聞，亦斯意焉。然不著其顛尾，後世將不知反掌取濠之故，雖有忠誠體國之士，或臨事而易視。惟觀其成功者如是，則一切謀計皆所以濟其忠誠。在他人爲陰詭者，在先生爲變化隨時而有以發體國者之智慧，雖存之以杜奸，未爲不合也。

公應變如神，不可測識。方破省城時，忽傳令造免死木牌數十萬，莫知所用。及發兵迎擊濠於湖上，取木牌順流放下。時賊兵聞省城已破，協從之衆欲竄無路，見水浮木牌，一時争取散去，不計其數。翼日伍文定等方督兵殊死戰，賊兵忽見一大牌，書「寧王已擒，我軍毋得縱殺」，一時驚擾，遂大潰。濠兵既屢敗窮促，思潛遁，見一漁船隱蘆葦中，濠大聲呼渡，漁人移棹請渡，竟送中軍，諸將尚未知也。

漁人縛送與捷疏所載頗殊。蓋濠泣別妃嬪之後，遁就漁舟。漁舟則知縣王冕所轉使耳，疏中不便詳述，與不載反間諸謀同意。又蔡文述：贛州父老言濠爲葉芳所擒。當時芳出濠不意乘之，故濠窮而思遁，雖王冕預備漁舟伺候縛送，實芳促之之力也。

公在豐城聞變，南風正急，拜天哭告。風稍定，頃之，舟人讙譟回風。濟、禹取香煙試之舟上，果然，久之，北風大作。濠追兵將及，時夫人、公子在舟，公呼一小漁舟，自縛，敕令濟、禹持米二斗，鱉魚五寸，與夫人爲別。將發，問濟曰：「行備否？」濟、禹對曰：「已備。」夫子笑曰：「還少一物。」濟、禹思之不得，夫子指羅蓋曰：「到地方無此，何以示信？」明日至吉安城下，城門方戒嚴，舟不得泊岸。濟、禹揭羅蓋以示，城中遂讙慶曰：「王爺爺還矣。」乃開門羅拜迎入。於是濟、禹心嘆危迫之時，暇裕乃如此。雷濟說。

寧藩一事，讒先生者有二，曰：「始通寧府，後知事不可成，從而剪之。」又曰：「寧府財寶山積，兵入其宮，悉取以歸。」當時至形諸章奏，有識皆知其必無，而莫悉其無之故；皆知其絕無可疑，而無以破人之疑。余移官入贛，當時故老尚有存者，咨訪纍月，乃知先生計慮之深，規模之遠，有非常情所能測也。逆藩當時所憚獨先生耳，殺之不得，必欲致之。故致惓惓於先生，而先生亦示以不絕，機有所待也。峒酋葉芳，有衆萬人，感不殺之恩，樂爲用。先生間示以意，芳叩首踴躍，待報而發。逆藩亦屬意於芳，嘗以厚貲啗芳。芳不卻，有以聞於先生者。先生憮然，久之，搏安起曰：「今日視義當爲，成敗禍福不計也。」及起兵，芳密使人告曰：「吾以疑彼也。今日之事，生死惟命。」先生大喜，即攜以往。鄱湖之戰，逆藩望芳來，芳乘之，遂就擒。大難之平，芳實有力。先生語芳曰：「吾請於朝，以官償汝。如何？」芳叩首曰：「芳土人，不樂拘束，願得金帛作富家翁耳。」遂入宫，籍所有以獻，餘以予芳，滿其欲焉。蔡文記。

文非先生門下士，不惟信先生之記，兼欲使天下皆白先生之迹，又欲使先生識制叛之機、用夷之妙，亦有心人哉！

德洪昔在師門，或問：「用兵有術否？」夫子曰：「用兵何術？但學問純篤，養得此心不動，乃術耳。凡人智能，相去不甚遠，勝負之決，不待卜諸臨陣，只在此心動與不動之間。昔與寧王逆戰於湖上，南風轉急，面命某某爲火攻具。是時前軍正挫却，某某對立矍視，三四申告，耳如弗聞。此輩皆有大名於時，平日智術，豈有不足，臨事忙失若此，智術將安所施？」

又嘗聞鄒謙之曰：「昔先生與寧王交戰時，與二三同志坐中軍講學，諜者走報前軍失利，坐中皆有怖色。先生出見諜者，退而就坐，復接緒言，神色自若。頃之，諜者走報賊兵大潰，坐中皆有喜色。先生出見諜者，退而就坐，復接緒言，神色亦自若。」

又嘗聞陳惟濬述薛尚謙之言曰：「昔見有侍於先生者，自稱可與行師。先生問之，對曰：『某能不動心。』曰：『不動心可易言耶？』對曰：『某得制動之方。』先生笑曰：『此心當對敵者，且要制動，人誰與發謀出慮？』又問：『今人有不知學問者，盡能履險而不懼，是亦可與行師否？』先生曰：『人性氣剛者，亦能履險而不懼，但其心必待强持而後能，即强持即是本體之蔽，便不能宰割庶事。孟施舍所謂守氣也。若人真肯在良知上用功，時時精明，不蔽於欲，自能臨事不動，不動真體，自能應變無窮。此曾子所謂守約也。』」

又嘗聞劉邦采曰：「昔有問：『人能養得此心不動，即可與行師否？』先生曰：也須學過。此是對刀殺人事，豈意想可得？必須身習其事，斯節制漸明，智慧漸周，方可信行天下。未有不履其事而能造其理者。孔子自謂『軍旅之事未之學』，亦非謙言。但聖人得位行志，自有消變未形之道，不須用此。後世論治，根源上全不講及，每事只在半中截做起，故犯手脚。若在根源上講求，豈有必事殺人而後可安人之理？某自征贛以來，朝廷使我日以殺人爲事，心豈割忍，但事勢至此。譬既病之人，且須治其外邪，方可扶回元氣，病後施藥，猶勝立視其死故耳。可惜平生精神，俱用在此等没緊要事上。」

昔者德洪事先生八年，在侍同門每有問兵事者，皆默而不答，以故南贛、寧藩始末俱不與聞。先生没後，搜録遺書七年，而奏疏文移始集，及查對月日，而後五征始末具見。獨於用間一事，昔嘗概聞，奏疏文移俱無所見。去年面訪龍光，始獲間書間牌書稿，並所聞於諸同門者，悉彙而録焉。

録自《平濠記》，北京大學圖書館藏清抄本，收入《四庫全書存目叢書》史四九，第一四七——一五三頁。《平濠記》一文，多數内容已見於《征宸濠反間遺事》中，惟有黄綰所記及部分錢德洪之評語未見於《征宸濠反間遺事》，遂將全文移録，以備查考。

卷七　銘贊

明故先妻敏惠諸孺人墓志銘

嘉靖甲子年十二月十六日，葬我妻敏惠孺人及長子應度、次子婦王氏，墓在勝歸山麓玉屏峰下〔一〕人字岡表忠世廟後壟也。〔二〕嗚呼！敏惠之没，哭冢子也，而不知身没之後又□子婦同窆也。應度没後喪其長女，王氏没後喪其季子，五年之内，五喪相仍，誰兹卜兆，三喪並舉且同穴也。使我以垂老之年臨之，將何以爲情耶？造化昭茫，無心相值；入我以無何有之鄉，示我以未始有生之始；其死若夢，其生若覺；覺夢代禪，晝夜相錯；誰毁而成，孰悲而樂；惟吾良知，超生出死；爲萬物紀，歷千載而無今昨；吾又烏能以爾動吾之衷，齪齪索索，爲呰爲唶也乎哉！

〔一〕原文缺「山麓玉」三字，據乾隆版《紹興府志》及錢德洪《餘姚錢王表忠觀祠記》補。
〔二〕「表忠世廟」，乾隆版《紹興府志》作「表忠祠」。

敏惠姓諸氏,生於開元鄉之舊族,其才且賢,嘗爲狀其略矣。應度幼篤聞道,早輔吾學,同游日親,臨没有悟,賫志而往。子曰人元,爲吾父心漁公嫡曾孫也。王氏,吾次子應樂妻,錦衣紫溪先生王正憲女,吾師陽明夫子長孫女也。能承家學,執婦道,生子人宗、人會。繼娶趙氏,生子人官、人英。葬敏惠虚其左壙,以須吾息。應度左附虚左壙,從其妻蔡氏請也。

銘曰:敏惠之没,身殉子死。一日三窆,我心曷已?造化無心,孰興孰圯?視爾無生,我生亦寄。爾寧其歸,我慎生理。爾窆我銘,我作爾止。順天之休,與道終始。子孫仍仍,庶延爾遐祉。

嘉靖四十四年正月吉旦,孝男錢應樂、孫人元立,緒山居士錢德洪撰。

録自周炳麟修、邵友濂等纂《餘姚縣志》卷十六《金石下》,清光緒二十五年刊本。

黄石田墓志銘

嘉靖丙午,予主教於紫山書院,時門人黄璽、酈琥、應思敬,以學試孔文谷天允、徐令履祥命,來聘於姚。璽與其弟璧、璋相隨,問學靡懈,將若有所聞者。予嘉之,問起所自,對曰:「璽等獲事師門,承父命也。」曰:「爾父誰氏?」酈琥曰:「石田先生氏。」予問如何?對曰:「先生秉質天成,不事學慮而行自程,不事雕琢而器自形。少年讀書,聞一格言讜論,必求諸心而程諸事，雖綜核百事，不以誇文美也。事於父兄而父兄悦，處於鄉人而鄉人悦，人人各得其情，非所以崇鄉譽也。剛毅嚴恪，與人無假，雖君子見之，畏其嚴而不敢怠；辭遜謙抑，與人同過，雖小人見之，化於德而不敢欺。賢愚皆得，非所以媚世好也。」予聞之，訝曰：「有是哉？此古之聞人也。請徵其實。」思敬曰：「先生有弟弱而愚，父母恒憂之，先生出私貲以腴其田業；無後，則以次子嗣之；既早世，妻嫁，則公其田産而不之私。其怡親志也每如此。鄉人有以事敗者，先生面折之，其人愧悔思改，則憐其志而輔翼之，又從而褒揚之。其取人之善類如此。」

府司李陳侯讓、邑侯張行吾、學師尹一仁，首建紫山書院，講明王氏致知之學。當時方諱言學，聞者莫不駭且詈，先生獨不疑，曰：「講學以指吾良知，明吾所有也，夫何疑？」乃身率子弟，崇信師教。今日通邑之雲集師門者，皆先生倡於前也。嘗云：「教子舉業以求進，豈專以科第爲榮哉？求其進，思量其所入；得其志，使善其所由。若徒以美文辭、博記誦，縱盡得其所之，將何以繼其終乎？」於是璽也博學而不求聞於時，其尚志有如此。先生首讀《論語》，即曰：「學習將以求心之悦樂，毋藏愠焉已矣，若不見悦樂，徒怏怏以尤人，學何事哉？」予嘆曰：「古稱巖穴多奇士，先生其人哉！予遍游天下，見都會之士多浮，山居之士多慤，爲耳目無所牽，得完其真也。使先生而並列於師門，如出壙之金，火力一至，即成足色矣。」

今年八月，璽趨天真，見予而泣曰：「吾父違世十五年矣。昔嘗獲知於門墻，非得先生之文，不幾以掩其幽。」予聞而惻然曰：「鄉乏老成人，何以範俗？先生之行，可以表世。予爲爾銘。」

按：先生諱池，字蓄之，號石田，其世祖有諱汝楫者，善教子。五子登甲第，宋高宗有御詩贊曰：「昔日燕山竇，今朝浣水黄。」先生即其裔也。晚年鍾世業，欲推明文公《家禮》：延賓冠其少子璋；立祭田，開義塾，鄉之子弟盡習三王之道，以成其俗。惜丁亥遭回禄，不得盡酬其經畫而殁。取翁氏，子五人。長即璽，入胄監，授王府經歷，孫文充、文言；仲子瑩，孫文焕、文耀、文煒、文熢、文熷；季子璧，庠生，孫文尚、文光；四子玠；五子璋，孫文瀾、文德、文清。一女適靈泉朱格，任增城縣幕。孫女五：長適東隅袁，次適東隅陳，餘尚幼。先生生於弘治癸丑正月廿四日卯時，卒於嘉靖壬子四月初三日丑時。以丙寅九月十九日葬開化鄉大門靈芝山之原。

銘曰：質以天成，學以質明。如金在壙，纖滓莫攖。有子繼志，邑人思興。賫志未就，動垂法程。靈芝掩土，其輝自呈。子孫千億，林立雲礽。達人奕世，慰此幽冥。

原載沈椿齡等修、樓卜瀍等纂《諸暨縣志》卷四十三《藝文九》，清乾隆三十五年刻本。臺北成文出版社一九八三年版，第一八八六—一八九一頁。據楊正顯《王陽明佚詩文輯釋——附徐愛、錢德洪佚詩文輯録》（《中國文哲研究通訊》第二十一卷第四期）移録。

黄石田墓志略

先生姓黄氏，諱池，字蓄之，號石田。秉質天成，不事學慮而行自程，不事雕琢而器自形。少年讀書，聞一格言讜論，必求諸心而程諸事。事於父兄，父兄悦；處於鄉人，鄉人悦。君子見之，慕其德而不敢怠；小人見之，化於德而不敢欺，其素所樹立然也。先生有弟弱而愚，父母恒憂之，先生護持維謹，友愛之情獨摯，無後則以次子嗣之。府司李、陳侯讓、邑令張侯行吾、司教尹師一仁，首建紫山書院，講明王氏致知之學。當時方諱言王學，先生獨不疑，曰：「講學以指吾良知，明吾所有也，夫何疑？」卒聘余主講席，身率子弟，崇信師教，且云：「教子以求精進，豈專事科第哉？」讀《論語》首章，嘗云：「學習將以求心之悦樂，毋藏慍焉已矣，若不見悦樂，徒快快以尤人，學何事焉？」余嘆曰：「古稱巖穴多奇士，先生其人哉！」晚年鍾世業，欲推明文公《家禮》延賓冠。其少子璋立祭田，開義塾，使先人享祀豐腆，而鄉之子弟咸陶淑以成其材，惜不得盡酬其經畫而歿，悲夫！

取翁氏，子五人。長璽，恩貢生，徽府經歷；次瑩；次璧，歲貢生，太倉州州判；次玠；次璋。女一。孫十有二人，孫女五人。先生生於弘治癸丑正月廿四日卯時，卒於嘉靖壬子四月初三日丑時。以丙寅九月十九日葬於開化鄉大門靈芝山之原。

原載陳遹聲修《諸暨縣志》卷六《山水志》,清宣統二年刻本。據《諸暨市志》編輯部編《光緒諸暨縣志》(浙江古籍出版社二〇一六年版,第六十四頁)移録。

明故廣初公墓表

《經》言舜處父子兄弟之間,負罪引慝。夫聖如大舜至矣,又何罪慝之可引耶?舜不曰:「吾無罪慝也,致親之罪慝我者,即吾之罪慝也。」象日以殺舜爲事,怨怒可藏宿也。舜不曰:「可怨怒也,將殺己者,非弟之本性也。爵陶扭怩者,乃其本性也。怨怒且不有,而又何藏宿之可去耶?」於是蒸蒸以乂,卒底親口定父子而化天下,萬世稱大孝焉。余讀廣初孝之傳,慨三代之下其亦與舜同。其孝者乎,惜未有語舜之學耳!

廣初者,德興人,程氏,名溥。洪武初,身代父死之京,父使其兄擕金以資其行,兄私其金,不去,歸以紿其父,父不知也。又使其弟擕金往探其死,弟私其金,不去,歸以紿其父,父不□□。□遇釋,詔得免死,黥役赴鳳陽,守者代其□□□弟子師,役滿,以金資其歸,不受。兄弟知其生還,私迎於路,囑勿泄。廣初歸,拜於堂,父問之,一如兄弟言,父悦。後事漸泄,父大怒,欲置兄弟死。廣初挽泣曰:「一子生而二子死,是誰之罪與?」晝夜呼號不絶。父憐之,宥死,遠逐之。廣初又跪而泣曰:「□□□而二子逐,是誰之罪與?」仍晝夜呼號不絶,□□□置之終身不受其養。君子曰，廣初之孝其□□□矣乎，身代親死，爲之兄弟者，不能自勸而□□□金，可怨怒也，而卒無怨怒。父殛子，逆己□□□，自引罪匿，必得其請而後免於號泣，其與□□父子兄弟之間何以異。且聞浮篋觸舟，啓篋而得路費，是天之所助也。代役延師，且資其歸，是人之所助也。真誠所通，天人交感，其與舜之致誠感神，又何以異耶？使之與聞精一之學，蒸蒸以乂，必終底親豫，以還兄弟之本性，風四方而化天下，不□□。

嘉靖己未，其裔孫德美等從余懷玉，與論精□□（一之）學。今春復登懷玉，一麟偕弟一龍，扶其父□□□日踢日達，來陳其祖之孝義，乞表其墓。予□□□，孝義昭於當時，傳誦於今日，其自表於世者□□（無窮）矣，余言亦奚益哉？雖然，爾祖孝義能與舜同者，□□之近於道也，尚祈於聞者。學之所以充其□□，張子厚氏曰：「不弛勞而底豫，舜其功也。」□□既有聞矣。使不馳其勞，精一無閑，集簡□□，未逮則法當時傳後世者，舜之事也，又何止□□於鄉人已耶？所以表其世於無窮者，又豈一□□止耶？余言亦奚益哉？二三子拜手稽首而謝□□，不祗事以遺前人光，乃爲之普，以致於□□□。世系之盛，事狀之備，則載諸譜傳，不詳及□□。

録自江西省德興市新崗山鎮新建村編《新建村志》，二〇二一年一月印刷，第二一六頁。

墓墳祭文

維王垂慶後人，七百有餘年矣；可教宗承末裔，二十有一世矣。然流風乎古者，倫敘不失乎當今。子侄蕃敷，若星之布列於九道；精神通貫，如水之同會於一源。豈非積厚流光，仁深澤固，動業永著於人心，譽問相傳於不朽。當夫唐社既屋，宋郊未起，中原蕩析於巢兵，五季昏承於竄主。惟兹吴越，商無易市而農不休耕，士女嬉游於歲時，桑麻遍沃於原野。國家□運，雖限百年，民不知兵，晝如一日。可教派别郡王，延族京口，念臨安之遺事，慨苕水之瀠流。石鏡埋光，感哀猿於落日；錦鄉蕪蹟，嘶石馬於悲風。所賴懷土未夷，走村翁之伏臘；壠楸新植，籍賢宰之封培。殘碑宛見於元岡，宗祏不迷於芳草。百年轉省，千里嬰情；舉酒臨風，陳詞涕淚。尚饗。十九世孫刑部員外郎德洪撰文敬祭。

原載錢日煦編纂《錢氏家書·儀範繪真》，清光緒四年務雲閣活字本；收入中國社會科學院歷史研究所圖書館一九八六年《中國家譜》二B—八八，第二種。據楊正顯《王陽明佚詩文輯釋——附徐愛、錢德洪佚詩文輯録》（《中國文哲研究通訊》第二十一卷第四期）移録。

奠王艮文

良知之明，萬古一日。濂洛既遠，此意幾熄。惟我陽明，獨指其的。吾黨信疑，或未協一。惟我心齋，克踐其迹。志果而確，功專而密。求志安豐，匪徒隱逸。勉仁樂道，偲偲切切。卓爾心齋，海濱豪傑。同志依歸，斯文羽翼。嗚呼已矣，無窮之戚。天喪斯文，哲人斂迹。臨風一奠，寫此衷臆。

録自《明儒王心齋先生遺集》卷六《譜餘》，民國六年袁承業刻本。此奠文雖由錢德洪與戚賢、劉魁、孫應魁等十八人合撰，然亦代表錢氏心願，故以緒山逸文收録。

陽明先師像贊

昔侍師顔，相承以心；師既逝矣，相證以言。惟日究乎精微，見師造之淵泉。未酬師志，何以假幸；懼惟日之不足，庶相屬乎後賢。門人錢德洪百拜贊。

録自王守仁《王文成公全書》卷首，明隆慶六年謝廷傑刻本，篇名係編者所加。佚名輯《王陽明先生遺像》（收入《中華歷史人物别傳集》，線裝書局二〇〇三年版，第二十一册，第二七七頁）亦有録。按：拙編《徐愛・錢德洪・董澐集》（鳳凰出版社二〇〇七年版）本誤將謝廷傑編修的《王文成公全書》卷首（明隆慶六年刻本）所録的王正思贊文當作錢德洪贊文，贊云：「思自孩童，即聞至教。言詞動履，並皆心妙。學問由成，中和體効。功業所就，仁義肯要。千聖一心，良知孔竅。俯仰古今，至誠合道。侄子正思百拜贊。」

明旌表孝子龍陽二尹聞齋鄒公像贊

堂堂峨冠，肅肅華裾。睹公之像，我思渺如。儀無醜服，名不浮行。孝有明旌，民懷德政。父顯子繩，繫於子孫。誼範家聲，藹藹閭里。龍山嵸嵸，姆嶺於於。兕虎同歌，馴于舊廬。

賜進士第刑部員外郎姻友緒山居士錢德洪書。

原載鄒元瀛編《餘姚北城鄒氏宗譜》卷首，清光緒六年敦睦堂木活字本。據朱炯《譜牒中的錢德洪佚文輯釋》（《餘姚文博》二〇一七年春夏卷，總第二十八期）移録。

觀濤先生像贊

曲水之嗣，少尹之繼。陽明之徒，方伯之婿。志向登庸，屢科不第。存養恬真，樂道忘世。涵育三子，薰陶成器。兩望以《詩》名，兩懷以《易》名，兩涵以《書》名，要皆賢父所致。

嘉靖壬辰，進士刑部員外窗友緒山錢德洪贈。

原載黄慶曾、黄中範等編纂《餘姚竹橋黄氏宗譜》卷首《像贊》，民國十五年悴倫堂刻本；收入中國社會科學院歷史研究所圖書館一九八六年版《中國家譜》二B—二十九，第六十八頁。據楊正顯《王陽明佚詩文輯釋——附徐愛、錢德洪佚詩文輯録》（《中國文哲研究通訊》第二十一卷第四期）移録。按：觀濤先生即黄中心，字以静（見束景南《王陽明年譜長編》，上海古籍出版二〇一七年版，第一四二四頁）。

笑亭徐公像贊

君諱漢，肅夫公子也。學紹箕裘，良知冥契，所與友善者，獨陽明夫子一人。性辟于茶，情陶於詩，讀書中天，詠龍山二首，具載《縣志》，名垂千載，而惜以庠士終。

贊曰：生挺神奇，清高逸俊。心悟真知，道從先進。悠悠雅趣，茗啜詩成。蕩蕩襟懷，雪飛風迅。噫！天雖不畀之寵榮而名紀邑志，世與龍山共峻。

嘉靖壬寅歲，刑部主事錢德洪撰。

原載徐仝慶、徐華潤編纂《姚江徐氏宗譜》卷五，民國五年刻本，收入中國社會科學院歷史研究所圖書館一九八六年版，《中國家譜》二B—二十一，第二十六頁。據楊正顯《王陽明佚詩文輯釋——附徐愛、錢德洪佚詩文輯録》（《中國文哲研究通訊》第二十一卷第四期）移録。

武肅王像贊

於鑠王祖，創業南服。允文允武，受天百禄。爰築海塘，浙民之福。功業烜赫，謚號武肅。

貽厥孫謀，永葉三祝。

十九世孫德洪拜題。

原載錢日煦編纂《錢氏家書·儀範繪真》，清光緒四年務雲閣活字本，收入中國社會科學院歷史研究所圖書館一九八六年版，《中國家譜》二B—八十八，第二種。據楊正顯《王陽明佚詩文輯釋——附徐愛、錢德洪佚詩文輯録》（《中國文哲研究通訊》第二十一卷第四期）移録。

受姓之祖泉府上士像贊

商彭祖伯二十八子爲周文師，爲錢氏受姓之始。彭祖爲三代國師，而周文又師乎公，則父子以聖學相授受，較然明矣。節録《彭祖閣碑記》爲贊，刑部員外郎裔孫德洪書。

原載錢日煦編纂《錢氏家書·儀範繪真》，清光緒四年務雲閣活字本，收入中國社會科學院歷史研究所圖書館一九八六年版，《中國家譜》二B—八十八，第二種。據楊正顯《王陽明佚詩文輯釋——附徐愛、錢德洪佚詩文輯録》（《中國文哲研究通訊》第二十一卷第四期）移録。

裘芝像贊

義門孫子真象賢，早年聲價何隆然。胸中萬卷飽今古，筆端五色生雲煙。銓曹考最得顯擢，僉提文印還堯天。餘膏剩馥澤益溥，珪璋瑚璉煩磨鐫。君不見王通一布袍，河汾事業山斗高；又不見安定善講學，蘇湖教法弟子繇。古人不朽類如此，公乎公乎如二子。高官顯爵何足論，留取名垂國太史。

賜進士第奉政大夫刑部郎中餘姚緒山友生錢德洪贊。

原載中國國家圖書館分館編《裘氏重修家譜》，收入《中國國家圖書館藏早期稀見家譜叢刊》第六十種，線裝書局二〇〇〇年版。據楊正顯《王陽明佚詩文輯釋——附徐愛、錢德洪佚詩文輯録》（《中國文哲研究通訊》第二十一卷第四期）移録。楊按：裘氏字德聲，由貢士任長汀教諭。

卷八　詩録

文成祠

雲埋五嶺路悠悠，海上羅浮入夢愁。山月淒涼歸鶴夜，霜風颯瑟淚猿秋。百年著述圖書在，千載經綸草迹留。忍伐祠前蒼峽樹，春秋配食薦神羞。

録自唐若瀛修、邵晉涵纂《餘姚縣志》卷十四《祠祀》，清乾隆四十六年刻本。按：明萬曆《仁和志》和清王同編《杭州三書院紀略》（收入《中國歷代書院志》第九册，江蘇教育出版社一九九五年版，第一一四頁）亦有録，題作「天真精舍詩」。

西臺獄懷晴川斛山 三首

一

與君别未遠，咫尺殊棘園。與君别未久，再宿違令顔。咫尺今萬里，渺彌絶河關。再宿若三秋，寥寂孤燈殘。三秋豈云久，萬里亦奚艱。但憶同心人，離别胡足嘆。

二

楊子性耿介，劉子氣粹和。所禀各異質，柔剛正相磨。置我二子間，俯教肯不阿？我資雖獨下，所師良亦多。幽居各就正，相忘歲月過。今日忽參商，抱恨當如何？

三

心同道不二，千載還相求。況與子同時，遠離胡作憂？願各崇令德，毋爲歲月遒。世趨日從下，所障匪末流。聖學久無術，誰爲至道謀？憤激徒自傷，時運還相遇。安知今非昔，此理終不偷。孔顔不改樂，用行舍則休。吾生恐不逮，世趨亦何尤。

寄龍溪

桎梏念茲辰，勞人心草草。結髮營四方，立身苦不早。昔同燕冀游，所遵視周道。誰知行路艱，中途失相保。一葦航大川，渺茫入穹浩。窮陟無津涯，狂波逝瀾倒。世情樂久安，暝行惡皎皎。舉族嗤杞憂，而獨掬懷抱。鉛刀未成割，反傷亦不小。悠哉紫芝歌，慚愧商山老。

獄中遇白樓誕日

未蒙新詔發，何日釋縲囚。喜爾懸弧旦，濁醪過墻頭。燈前話平生，與君相勸酬。逢辰正多難，況乃歲月遒。闌署方流火，涼風忽素秋。繁華被零露，落葉辭芳丘。積疴悲易老，懷恩各未酬。知子抱忠耿，劍氣衝斗牛。時命有未然，何用頻蹙眸。愧我迂疏質，投時病不侔。自合遺閒散，狎與鷗鷺儔。春田理簑笠，濯足美滄洲。生材各異用，胡能固相求？

即景

涼飈吹散千峰雨，落日時聞秋樹聲。燕子差池辭社去，亂雲飛落晚山晴。天階氣肅風塵迴，閣道雲深紫燕飛。新雨去來秋意早，遠山凝望忽中違。

思龍山絶頂

龍山只在蕙江陽，僧梵悠悠燕雀翔。絶頂龍潛含雨氣，中天閣翠接江光。夢迴鄉國堂垂白，秋到東籬菊正黃。南望傷心一揮淚，錢塘野渡正蒼茫。

睡醒和馮南淮吕芹谷沈南泉壁間韻

是夜明星傍雪晴，諸君爲我動心驚。不堪壁上看詩句，翻憶當時對石枰。是夜再下錦衣獄，與芹谷對棋而別。點破生涯雲際鶴，唤殘春夢曉窗鶯。年來已得虚舟意，一任人間風浪生。

和劉晴川楊斛山春懷

佳人隔水路逶迤，月白沙明千頃陂。蕙帳蘭房臨貝闕，蜺旌羽蓋照瓊枝。相思欲寄青鸞杳，悵望空嗟白日移。舊約未終生别恨，銜恩延佇涕交垂。

和我來圜中行

我來圜中冬復秋，飄風落日悲西流。圜中猶有先到客，棘門重錮空白頭。頭白不改心中赤，憂時恒世情何極。丹精不返白日照，眼前誰是回天力？漫漫長夜狐鼠咻，白晝無光罔象游。夏臺霜飛六月冷，永巷雲霾慘不收。蘇君冥會意何窮，高情當在古人中。貨醫誰識寧俞苦，争死當年憶孔融。結交何須問相識，智眼塵埃成物色。人間把袂意氣新，白首論心還下石。蘇君此意與誰論，陰德惟求心上存。埋光默與扶世道，滿地宏開方便門。我來幸識春風面，古人只在今人見。欲與相傳作話名，恨無歐老一行傳。

富春留別次羅念庵韻

與君廿載定心期，短髮相看亦可悲。聖學久知非藝術，道心未許涉言辭。江涵宿雨潮生早，風斷行雲月上遲。打鼓行船中夜發，夢魂長託别離時。

謁蜀山東坡祠用秘圖韻

愛爾荆溪風日閒，偶來祠下拜遺顏。卜居先我期陽羡，種橘誰人繼獨山？去國尚留青簡在，謫鄉空見白雲還。可憐勝事傳村社，千載風流俎豆間。

訪唐荆川不遇戲題壁

閒攜羽客入名山，采藥春深不記還。兩袖白雲隨足去，一筇明月伴身閒。還將心訣酬佳侣，未用刀圭駐道顔。我亦當年曾脱屣，丹成原不離人間。

游獻花巖

融公説法虎參禪，此日巖頭問道緣。佛石謾勞僧避座，巖花又見鳥當筵。芙蓉月落還歸洞，銀杏風號不記年。日暮小星槎上座，隔林遥見一燈懸。

用晴溪壁間雪夜韻

白雪歌殘春又歸，雪堂曙色正輝輝。百年事業青菁飯，十載相逢白苧衣。對嶺孤松青入座，含風細竹翠成圍。閉關久已知君意，一語中宵聽者稀。

白蓮池

千歲蓮池不結華，白雲生處是吾家。三餐不受山僧供，只嚼峰頭一片霞。

游三祖寺赴沈古林顧日涯崇正書院之朝

西來密意幾何年，立化亭前一駐鞭。空外錫飛留異迹，山中衣去久無傳。石牛不化眠春雨，風井無心印月泉。寄與荆南諸學士，肯將吾道屬言詮。

宿五祖寺

真性人人原具足，漫將南北費評論。誰云半夜江邊渡，只許三更燈下聞。玉磵泉聲悲落日，蓮池月色對芳樽。欲留一偈酬知己，猶恐相傳一頓門。

過四祖寺沮雨

終歲驅馳路未休，吾生行脚爲誰謀？征途似逐歸衡雁，人世還同渡海舟。舊約未忘青鳥信，虚名真看白雲浮。倦游欲偕名山住，靈潤橋邊對瀑流。

以上原載黄宗羲輯《姚江逸詩》卷七，清康熙五十七年南雷懷謝堂倪繼宗重修本，據葉樹望《王陽明の後学銭徳洪について》（載《陽明学》第五號，日本二松學舍大學陽明學研究所刊，明德出版社一九九三年版）移録。按：「满地」，葉文作「隨地」；「四祖」，葉文作「五祖」，皆據原本改。

壘玉墩

仙人閒歲月，壘玉砌成墩。我亦千年客，溪聲月下聞。

録自翟臺纂修《涇川水東翟氏宗譜》，清咸豐七年翟金生泥活字本。此詩亦見於《涇縣志》卷十一《藝文考》

（清順治年間刻本）及《寧國府志》卷二十八《藝文志》（清康熙十三年刻本）。按：「壘」字《寧國府志》作「迭」。

水西用李太白韻

天宫集良朋，相攜出江郭。朝宿風光臺，暮躡秋霜閣。青崖日盤迴，白雲互漂泊。俯淪清泉流，坐看飛花落。嗒然忘去路，遺世若殞籜。誰當念道謀，千載同述作。便須共支茅，淩風振寥廓。人生會有期，百年定心諾。

録自李德淦主修、洪亮吉總纂《涇縣志》卷三一《詞賦》，清嘉慶十一年刻本。此詩亦見於魯銓、鍾英修，洪亮吉、施晉纂《嘉慶寧國府志》卷二十五《藝文志》。按：「俯淪」《嘉慶寧國府志》作「府聆」。

寄示水西諸生

自别天宫海上來，思君此日講筵開。幾宵晤語風前榻，一曲清歌月下臺。眼底流光真過隙，人間世味却殘杯。巖頭坐久忽忘去，遥見溪雲天際回。

録自李德淦主修、洪亮吉总纂《涇縣志》卷三一《詞賦》，清嘉慶十一年刻本。此詩亦見於魯銓、鍾英修，洪亮吉、施晉纂《嘉慶寧國府志》卷二十五《藝文志》。按：「真過隙」《嘉慶寧國府志》作「真過鳥」。

九里潭

潭上飛霞入錦屏,潭中流水寂無聲。若把人心擬潭水,寧知静處即流行。

録自李德淦主修、洪亮吉總纂《涇縣志》卷三一《詞賦》,清嘉慶十一年刻本。此詩亦見於翟臺纂修《涇川水東翟氏宗譜》,清咸豐七年翟金生泥活字本。

詩扇二柄寄念庵

我昔游懷玉,而翁方閉關。數年論睽合,豈泥形迹間。今日下翁榻,相對無怍顔。月魄入簾白,松標當户閑。我默鏡黯黯,翁言玉珊珊。

劍神不費解,調古無庸彈。喜爾侍翁側,傾聽嶷如山。見影思立圭,植根貴删繁。遠求憂得門,況乃生宫闌。毋恃守成易,俯惟創業艱。

録自《答論〈年譜〉書》一,收入王守仁《王文成公全書》卷三十七《世德記・附録》,明隆慶六年謝廷傑刻本。篇名係編者據《答論〈年譜〉書》所記而加。

自責

嗚呼昧學子，歲月待爾爲。四十已無聞，五十聿在兹。過時而弗悔，將同草木萎。虚聲不掩實，空談滋群疑。作室勤丹雘，而弗思築基。無曰莫予觀，爾心胡自欺。無曰一念小，至顯發至微。無曰出無心，弗敬神外馳。細行不足矜，終爲大德虧。從欲多後悔，順理恒自怡。北轅非適楚，却步無前期。千聖孰云遠，良知乃真師。

原載錢日煦編纂《錢氏家書·詩詞聚珍》，清光緒四年刊本，收入中國社會科學院歷史研究所圖書館一九八六年，《中國家譜》二B—八十八，第七種，第十三頁。錢林修《新鐫吴越錢氏續慶系譜》卷八《詩文》（清康熙四年木刻本）亦有録。現據楊正顯《王陽明佚詩文輯釋——附徐愛、錢德洪佚詩文輯録》（《中國文哲研究通訊》第二十一卷第四期）移録。

寶壽寺

微雨山徑深，連岡倚危壁。登眺出雲岑，邐迆懸蘿薜。古寺松檜陰，山房梯凳側。嘉朋曳履來，晤言見良覿。結念屬清樽，情深動歡趨。坎坎鼓聲淵，蹲蹲舞衣窄。清嘯發孤峰，芳塵寄瑶席。雲散不知還，班荆坐月夕。寧知後來者，相尋繼幽迹。

原載陳遹聲、蔣鴻藻纂修《諸暨縣志》卷五《山水志》，清宣統三年刊本，第十三頁，乾隆三十八年《諸暨縣志》卷三十五《寺觀》亦有録。據楊正顯《王陽明佚詩文輯釋——附徐愛、錢德洪佚詩文輯録》（《中國文哲研究通訊》第二十一卷第四期）移録。

五洩摩厓詩

草書，徑二寸餘至三寸不等。詩四行，行七字，題名一行。在五洩山。

五洩崖傾百尺流，半空雷動玉龍浮。來人莫惜躋攀力，不到源頭不是游。

案：緒山先生主講書院，時在嘉靖二十一二年，是時徐子旋方知縣事，酈仲玉其弟子也。三詩當時同時摩崖。

附徐履祥《五洩摩厓詩》：草書，徑二寸至三寸不等，詩六行，行字不等。年月題名各一行，字不等，徑寸餘。在五洩山。聞説兹山有異泉，攜朋坐向石崖邊。近看萬斛明珠噴，遠擬千尋瀑布懸。風急誤驚雷雨至，興豪盡洗俗塵緣。生平癖性於今遂，始信人間別有天。壬寅冬日毘陵□□□暨尹長洲徐履祥題。按：徐履祥於嘉靖二十一年到任，是年歲次壬寅，蓋即欲是年冬題也。

又附酈琥《五洩摩厓詩》：草書，徑二寸至三寸不等，詩四行，題名一行，行五字。在五泄。萬壑千重虛，二峰雙玉並。泉水奔清池，破睡煮佳茗。因崖酈琥書。按：琥字仲玉，號元厓，以貢生官績溪主簿，詳見《人物志》，緒山先生高弟子也。詩當與緒山同時作。

原載陳遹聲、蔣鴻藻纂修《諸暨縣志》卷四十四《金石志中·輯存》，清宣統三年刻本。據楊正顯《王陽明佚詩文輯釋——附徐愛、錢德洪佚詩文輯録》（《中國文哲研究通訊》第二十一卷第四期）移録。按：編者曾赴諸暨五泄作實地考察，未見錢德洪、徐履祥、酈琥三人摩崖詩。

奉陪水南張先生孤山宴集兼呈鑪山地主

張公有雅好，我幸江上逢。擊棹競朝渡，直躡孤山峰。主人設嘉燕，尊斝來江風。海霞浴赤日，萬里煙濤空。憑虛立危壑，曠望接鴻濛。造化顯圖象，寓目皆天工。静對兩無語，百川自歸東。天聲發巖底，聽者湊寰穹。不知繼游者，千載誰與同。

録自王叔杲、張秉鐸修，朱得之纂《嘉靖新修靖江縣志》卷七，收入《泰州文獻》第九册，鳳凰出版社二〇一四年版，第十六頁。篇首署「錢德洪，主事，餘姚人」。此詩《靖江縣志》卷七《附録》（明隆慶四年刻本，收入《稀見中國地方志彙刊》，中國書店一九九二年版，第十三册，第一〇〇二頁）亦有録。

題孤山 二首

一

江興濛濛接海潮，村中籬落午煙消。孤山登岸賢人集，好爲人間渡鐵橋。

二

百里鰲峰鎮地維，扶桑日上海潮歸。江風莫信隨波去，自有中流砥柱迴。

録自王叔杲、張秉鐸修，朱得之纂《嘉靖新修靖江縣志》卷七，收入《泰州文獻》第九册，鳳凰出版社二〇一四年版，第十六頁。又《靖江縣志》卷七《附録》（明隆慶四年刻本，收入《稀見中國地方志彙刊》，中國書店一九九二年版，第十三册，第一〇〇二頁）亦有録。

郊行訪近齋先生

和風扇郊原，草樹緑成綺。欣然出郭行，偶過柴桑里。新漲拍斷堤，初荷覆幽渚。隔岸桔槔翻，壠畔歌聲起。農夫饁茂陰，殷勤話晴雨。令拙民亦安，地僻俗猶美。高人川上居，開軒面流水。呼童具盤餐，相與論治理。日斜命駕歸，炊煙滿墟市。

原載鄭重修、袁元等纂《靖江縣志》卷十八《詩》，清康熙十一年刻本，收入《稀見中國地方志彙刊》，中國書店一九九二年，第十四册，第二六一頁。據楊正顯《王陽明佚詩文輯釋——附徐愛、錢德洪佚詩文輯録》（《中國文哲研究通訊》第二十一卷第四期）移録。

金波園集送鹿園先生入山 其七

朝出湖上游，暮宿煙霞寺。與君結初心，日辦山行事。君懷五嶽姿，遺我意如棄。振錫駕長虹，白露横秋氣。窮探會有時，萬里豈無際？收拾杖頭春，爲我發幽滯。

原載萬表《玩鹿亭稿·附録》，明萬曆三十年萬邦孚刻本，收入《四庫全書存目叢書》集部第七十六册，第一八二—一八三頁。據楊正顯《王陽明佚詩文輯釋——附徐愛、錢德洪佚詩文輯録》（《中國文哲研究通訊》第二十一卷第四期）移録。

卧病萬年寺

病夫高卧得天台，落木雲深是再來。三十峰頭借禪榻，月明飛錫下瓊臺。

一入天台便是僊，可憐塵世苦殘緣。三更月出夢初覺，真與人間隔幾年。

原載潘瑊編《天台勝蹟録》卷三，收入《中國佛教史志彙刊》第二輯，臺北明文書局一九八〇年版，第九册，第二四一頁。據楊正顯《王陽明佚詩文輯釋——附徐愛、錢德洪佚詩文輯録》（《中國文哲研究通訊》第二十一卷第四期）移録。

登紫山 二首

一

雲峰不可躋，邐迆淩空碧。梯蹬臨丹崖，巉巖履危石。絶棧蛛絲懸，連岡鳥道窄。俯蹈滄溟翻，仰攀北斗側。淩虚振羽翰，飄飖豁襟臆。我欲駕長虹，披雲叩元極。沅湘煙水迷，蒼梧澗道隔。化城不可居，岐陽久寥寂。玆意竟何如，臨風倚奎壁。

二

望望登高岑，芙蓉插空翠。躡足淩雲梯，峰頭振雙袂。乘虚御八極，嗒然遺下塊。有客不能從，匍匐攀蘿桂。初登跬步慳，臨高萬象會。譬彼始學人，窮探及高邃。勿憚道路難，行行志竟遂。勉哉千里足，爲爾正纚轡。

原載沈椿齡等修、樓卜瀍等纂《諸暨縣志》卷三《山川》，清乾隆三十五年刻本。臺北成文出版社一九八三年版，第一六六頁。據楊正顯《王陽明佚詩文輯釋——附徐愛、錢德洪佚詩文輯録》（《中國文哲研究通訊》第二十一卷第四期）移録。按：「蛛絲懸」原本作「珠絲懸」，「飄颻」原本作「飄鷂」，據陳遹聲纂《諸暨縣志》卷八《山水志》（清宣統二年刻本）改。

齊山歸贈柏軒丁丈

同游五十人

七十高懷學壯游，千峰踏遍放湖舟。堤橋月色歌聲發，笑倩兒孫勸酒壽。

原載陳蔚纂輯《齊山巖洞志》卷二十三《齊山湖》，清康熙年間刻本，收入《貴池先哲遺書》，臺北藝文印書館一九六一年版，第二十册，第二十五頁。據楊正顯《王陽明佚詩文輯釋——附徐愛、錢德洪佚詩文輯録》（《中國文哲研究通訊》第二十一卷第四期）移録。楊按：此詩又名《贈吴審言翁名訒》，見清張許等修、陳鳳舉等纂《蘭溪縣志》卷十七《藝文·詩》（臺北成文出版社一九八三年版，第一〇七七頁）。《貴池縣志》記云：「丁旦，字惟寅。……聞同里李呈祥賢，師事之，既通，更從鄒守益、王畿、錢德洪、歐陽德諸君子游。以私淑王守仁，轉相教授，大江以南，門徒最盛。」（見清陸延齡修、桂迓衡編纂《貴池縣志》卷二十六《人物志·儒林》，臺灣學生書局一九七〇年版，第一五五二——一五五三頁）。

更洞名翠華

千年洞在無人問,此日登臨始得名。莫道洞因名後顯,石門長對翠微屏。

原載劉權之修、張士範等纂《池州府志》卷六《貴池山川上》,清乾隆四十三年刻本,收入臺北成文出版社一九八五年版,第三四〇頁。記云:「左史洞(一名左使洞),在山北濱湖,廣如深巷,懸如肺,滴如珠。左史,李方玄也。」(見《池州府志》卷六《貴池山川上》,第三三九頁)據楊正顯《王陽明佚詩文輯釋——附徐愛、錢德洪佚詩文輯録》(《中國文哲研究通訊》第二十一卷第四期)移録。按:齊山「左使洞」洞口左上方,尚有一横式石刻,長約一米,寬〇點六米,爲陰刻,滿字一百一十八字。序文楷書小字爲:「遊齊山,始得翠華洞,因示楊時瑞、柯遠進、汝邦、倪邦守、丁惟寅、柯汝家、張維寅、葉汝靈、李肖之諸友,凡同遊者五十人。」然後是該詩,詩後有「嘉靖丙辰季春望,緒山錢德洪」十二字落款,字略小,係草書,雜以兩三個行書字。再後是鐫刻者和鐫工,爲小楷,陰刻,刻文爲「冬仲月望吉,池陽光嶽氣完祠元會、恒會,後學陳嘉貴等,門人楊風等同刻,鐫工淩監」。

贈沈祏

日日清溪上,清溪不斷流。野雲依石壁,涼月近沙鷗。静後天機活,閒中歲月優。高情隨地得,何用覓瀛洲。

原載沈祏《淳樸園稿》卷五《外集贈詩》，臺北傅斯年圖書館藏明崇禎七年刻本微卷，第十七頁。據楊正顯《王陽明佚詩文輯釋——附徐愛、錢德洪佚詩文輯録》（《中國文哲研究通訊》第二十一卷第四期）移録。按：沈祏，字天用，海鹽人。居海寧硤山，遂號紫硤山人。工詩，好交遊。有《淳樸園稿》，由王陽明作序，載明崇禎七年海鹽沈氏家刊本《淳樸園稿》卷首。此詩作者署名爲「爐峰山人錢寬」。

上懷玉

地絶人去未覺遐，歸途回首隔煙霞。七盤雲磴淩天寨，九疊溪聲落少華。翠谷有田堪種玉，深林無路自成家。游人到此俱仙侣，何必天台學飯麻。

録自夏浚《月川類草》卷六《易簡堂記》，收入《北京圖書館古籍珍本叢刊》，第一〇七册，第八十九頁。按：清朱承煦纂《懷玉山志》卷八《詩銘》（江西人民出版社二〇〇二年版，第八一〇頁）亦有録，題名「再上懷玉」；黄宗羲輯《姚江逸詩》（清康熙五十七年南雷懷謝堂倪繼宗重修本）卷七題名「再上懷玉山」。其中「地絶人去」，《姚江逸詩》作「地絶人寰」；「翠谷」，《姚江逸詩》作「翠峪」。

過草堂遺址

萬峰環玉草堂虚，先哲當年遺故墟。月落前山疑生嘯，雲吹飛瀑見飄裾。傳經有志期明道，病目無言廢著書。我已衰年悲舊學，肯將勝地競三餘。

同上。清朱承煦編纂《懷玉山志》卷八《詩銘》（江西人民出版社二〇〇二年版，第八一一頁）亦有録，文字略有異。按：草堂遺址在懷玉山下。南唐時玉山縣令楊文逸爲應夢驗，爲剛出世的孫子楊億選擇懷玉山金剛峰下的法海寺一間房爲讀書處，後稱楊億精舍。迨朱熹、陸九淵講學於此，乃立爲書院，名草堂書院。

攜諸生游蟠龍岡值霧四首（存三首）

一

霧裏看山興不孤，蟠龍岡上互相呼。漫嫌坐失千峰迴，還識當年混沌初。

二

萬壑泉聲天外來，白雲深處隱蓬萊。山容豈吝游人見，只恐難爲俗眼開。

三

雨後千峰雲自開，玉琊月色净無埃。入山已斷歸時路，還有游塵帶得來。

録自朱承煦編纂《懷玉山志》卷八《詩銘》，江西人民出版社二〇〇二年版，第八一〇頁。亦見於唐世徵等修、郭金臺等纂《玉山縣志》卷十《藝文·詩部》，清康熙二十一年刻本，臺北成文出版社一九八九年版，第八三〇—八三一頁。

昭慶寺講會示諸生

憶別溪山二十年，諸君音問亦蕭然。自慚真訣傳先覺，賴有斯文屬後賢。巖閣虚無含晚翠，雲峰突兀倚遥天。湖南萬樹茅堂静，好共新凉理斷編。

録自吴樹虚編《大昭慶律寺志》卷八《游集》，清乾隆二十七年刻本，杭州出版社二〇〇七年版，第一四一頁。

山門

山發千巖秘，門開一洞天。從兹堪却粒，何處覓瞿仙？崖斷路還轉，山空谷自鳴。巖花傳歷日，開落不知名。

録自魯銓、鍾英修，洪亮吉、施晉纂《寧國府志》卷二十五《藝文志》，清嘉慶二十年刻本。

月夜游萬寸潭 即桃花潭

石窟噴雲雲作毬，巖深簫鼓出中流。山頭月出波心見，壘玉墩邊放小舟。

録自翟臺纂修《涇川水東翟氏宗譜》，清咸豐七年翟金生泥活字本。

彩虹岡

松遼映潭水，跨足躡高峰。舉手招仙子，崖頭掛彩虹。

録自翟臺纂修《涇川水東翟氏宗譜》，清咸豐七年翟金生泥活字本。按：譜中題「緒山先生」作，其中「松遼」應作「松寮」，即松寮山，爲桃花潭畔一景。

九龍灘

萬峰青出峽，灝氣獨横洲。變化作霖雨，神功遍九州。

戲龍磯

澄潭臨絶壁，空翠落波明。下有蛟龍宅，時聞雷雨聲。

游魚龍潭 即羅浮潭

欲駕長虹渡激流，歌聲清澈玉龍浮。聯舟不藉篙師力，忽到桃花潭水頭。

游九里潭

麻川山色九龍灘，李白當年興未闌。今日與君潭上坐，不教詞賦出人間。

以上四首録自翟臺纂修《翟氏宗譜》，明嘉靖四十一年刻本，由翟臺後裔翟軍提供。按：嘉靖《翟氏宗譜·詩》收録「緒山先生八首」，排列順序爲：《壘玉墩》（鳳凰本已録）、《彩虹崗》、《九龍灘》、《戲龍磯》、《九里潭》（鳳凰本已録）、《游魚龍潭》即《羅浮潭》、《月夜游萬寸潭》即《桃花潭》、《游九里潭》。又據翟大程記曰：「錢德洪，號緒山，餘姚人。進士，官刑部員外。嘉靖間郡守劉公起宗置水西書院，延公與王公畿主教，學者數百人。公與王俱師事姚江，姚江嘗曰某資性沉毅，深器重之。」（翟大程輯、張霞雲整理《桃花潭文徵》卷五《流寓》，安徽師範大學出版社二〇一四年版）

寄仲實弟

爾來銜朔風，匹馬向幽燕。匪爲鶺原急，千里誰相憐。高堂辭白髮，倚門滋繫牽。白楊思豫章，回鳥悲殊遷。明發起躑躅，形影自相聯。四節欻西隤，白露隕朝妍。與爾隔園墻，園墻日幽玄。音容眇天末，跂望脰亦痟。悠哉憂患心，緬邈思前賢。

原載錢林修《新鐫吴越錢氏續慶系譜》卷八《詩文》，清康熙四年木刻本。據朱炯《譜牒中的錢德洪佚文輯釋》

（《餘姚文博》二〇一七年春夏卷，總第二十八期）移録。

聞應揚侄代巡嶺表

嶺雲鍾淑氣，敷文日宣崇。交桂新罷兵，優詔錫南封。持斧訊民瘼，行化代天工。猛獸誰當衢，豪貴行避驄。激流在清源，省方貴賁躬。江門有遺教，道屬白沙翁。端倪近何如，爲我問民風。

原載錢林修《新鐫吴越錢氏續慶系譜》卷八《詩文》，清康熙四年木刻本。據朱炯《譜牒中的錢德洪佚文輯釋》（《餘姚文博》二〇一七年春夏卷，總第二十八期）移録。按：錢林釋此詩謂：「緒山先生有《會語全集》二十五卷行於世，今止摘其門内之數章而已。」朱炯曰：「《新鐫吴越錢氏續慶系譜》修於康熙四年，我們有理由相信釋語中所説《會語全集》即是《緒山會語》。譜内收録詩文均出自《會語全集》，雖多涉及吴越錢氏家族之事，但因出自《會語全集》，更顯珍貴，雖吉光片羽，也可稍補《緒山會語》散佚之遺憾。通過對這些佚文的整理，亦可管窺《緒山會語》之大概。」（朱炯《譜牒中的錢德洪佚文輯釋》，《餘姚文博》二〇一七年春夏卷，總第二十八期，第二十二頁）

聞應揚侄謫判全州

苕苕雙梧樹，託根南山顛。修柯蔭四術，凝姿並春妍。問兹何能爾，同根氣相連。涼颸變秋節，渥露忽淒泫。高崗振落葉，飄泊隨風還。獨留直幹在，鸞鷟相棲遷。人乘運崇替，道與時周旋。母憂晷度違，但使省無愆。早花宜晚實，寒穀生温泉。物理苟可明，寥廓起高騫。

寄應度兒 二首

一

汝年將十五，當知祖訓言。緒山先生少時，心漁先生嘗命詩，有「汝年將十五，吾年幾五十」之句。喜汝頗能文，枝葉匪所先。大哉魯宣父，立志在斯年。志立及則聖，不及當爲賢。譬坡竅林木，志若芽甲鮮。及時藝培漑，條肆自敷妍。婉孌黄小兒，良知已昭然。夙知暮無成，只爲志不堅。勿以汝齡少，總角突而弁。勿以賦質良，弗學同愚焉。百尋始一簣，千里累纆牽。戒汝早立志，毋爲嗜欲遷。

二

吾年幾五十，齒髮漸疏下。八十老高堂，出入還腹我。昔聞良知訓，明發若觀火。超聖可跂足，誰云歲月墮？盛年不可恃，後悔亦已左。念汝初發蒙，如鷄始抱卵。既喜羽翼新，復懼失輕惰。堯舜本孝弟，上達躬掃灑。詩書存聖矩，禮義出賢者。戒汝立早覺，鞭影示良馬。

自憐示度、樂二兒

自憐秉質涼，趨庭賴豫養。及長涉世歧，俗學沉影響。良田蹊斜徑，虛室起塵坱。雖匪甘自淪，群趨且同往。中途逢至人，爲我勤指掌。彷佛及道涯，良知忽宣朗。始見面目真，如孩初出繈。一悟破群迷，汗洽媿虛長。困學忌因循，悦心貴力殫。便居苦熟路，回途尚漭瀁。真宰有良意，多難亦憂愴。困衡啓道腴，危懼陳法象。研精藉静專，切劘賴友黨。乾惕不自遑，宿滓盡滌蕩。往哉邁前修，歲月悲已晚。緊爾思及晨，勿恃來日遠。少壯如春花，倏忽成老懶。我徵思日邁，憤發不遑飯。爲爾正前驅，勿效窮途返。共惜此年華，馳暉不易挽。

以上三首原載錢林修《新鐫吴越錢氏續慶系譜》卷八《詩文》，清康熙四年木刻本。據朱炯《譜牒中的錢德洪佚文輯釋》(《餘姚文博》二〇一七年春夏卷，總第二十八期)移録。

長樂宗人留宴 二首

一

樽酒相酬樂意多，先王世澤若江河。綺堂畫燭笙歌沸，疑聽當年衣錦歌。

二

山樓觀宴興無涯，千載相親共一家。誰道先王流澤遠，錢塘石馬卧煙霞。

原載錢林修《新鐫吴越錢氏續慶系譜》卷八，清康熙四年木刻本。又見於錢王後裔在嵊州編纂小組編《錢王後裔在嵊州》之《詩存·外編二》，錢鏐研究會嵊州市聯絡處一九九八年發行，第二一五頁。據朱炯《譜牒中的錢德洪佚文輯釋》（《餘姚文博》二〇一七年春夏卷總第二十八期，第二十四頁）移録。

和王坦《赤城詩》

希平先生風雅清高，别號竹軒。一日會一山精舍，出《赤城詩》，因和贈之。

輕梢帶風聲，密葉陰添雨。逍遥几席間，宛面（回？）湘江水。湘江緑無邊，十二峰高起。

恨有塵外心，對此思千里。

原載王士楨編修《南屏王氏宗譜》，民國二十二年永思堂木活字本。據朱炯《譜牒中的錢德洪佚文輯釋》(《餘姚文博》二〇一七年春夏卷總第二十八期)移録。按：王坦，字希平，號竹軒，明成化年間出生於浙江新昌南山村的詩書禮樂之家，其祖父王鎮建南山樓，鄉間文人常在此談詩論酒，兒子王世儀「受業陽明之門，由太學生任四川按察司知事，有清望」，他自己則「結軒梅園，環以修竹，誦詠其中，陶然自樂」，交游的都是名重一時的文人雅士。除了錢德洪詩外，宗譜中尚有著名書畫家文徵明、五嶽山人黄省曾、越中才子楊珂、大理寺評事赤城居士夏鍭、尚書吕光洵等人的唱和詩(參見朱炯《譜牒中的錢德洪佚文輯釋》，《餘姚文博》二〇一七年春夏卷，總第二十八期，第三十三頁)。

緒山居士訓詞書示祝樫壽歸質尊人萬峰先生

樫壽常溪别，持紙乞我言。聖道本無傳，至覺非陳編。癡人不及覺，逐化擬諦筌。欲求明至道。良知在爾還。

録自《暖水祝氏宗譜》，清光緒二十五年德興縣皇塘祝氏七柱重修譜，木活字本。

贈王爵

希義晚有慕，拜我水西頭。悔愆忽已晚，清夜耿衷憂。承激繼以德，至言渺難酧。慮恐老無力，中道誠悠游。爾知本自足，靈光燭深幽。孩提非學慮，愛敬自充周。勿使外物遷，真機發天休。全身萃百順，遺後及孫謀。猛思勿退念，庶幾躡前修。

録自翟臺《明故處士郭洞王先生墓表》，收入《郭峰王氏世譜》卷二，明萬曆二十三年刻本，清康熙三年續修本，民國十一年重刻本。原文無標題，據文意加。按：王爵，字希義，號郭洞，安徽涇縣水南都人。「嘉靖庚戌（二十九年），越中緒山錢先生講明良知之學於水西，君往從之，即幡然改圖。既歸，築榻於郭洞山中，服膺師訓。……緒山先生贈以詩云……未幾而終，時辛未（隆慶五年）年十二月初一日也，享年七十八歲」（翟臺《明故處士郭洞王先生墓表》）。

附録

附録一：傳記、序跋類

傳記

刑部陝西司員外郎特詔進階朝列大夫致仕緒山錢君行狀

王畿

君諱德洪，字洪甫，初名寬，避先世諱，以字行。姓錢氏，吴越武肅王十九代孫，嘗讀《易》靈緒山中，門人稱爲緒山先生。父諱蒙，三歲瞽目，號心漁翁。世家鄧巷，被回禄，始僦莫氏屋以居。母馬孺人，夢天以祥雲覆列，綺繪款款，若聯空中，呼認太乙字，遂驚寤，君生。太乙天之吉星也，意爲傳説列星之兆云。

君自幼端嚴若成人，不作嬰兒之態。外舅陳善鑒心漁翁曰：「奇哉是兒，貌莊質粹，有儒者氣象。吾女有弱息，願與爲姻。」遂許聘，是爲朱〔二〕孺人。十五，出就里師，心漁翁曰：「吾未五十，筋力憊矣，百藝淡然，惟儒爲席上珍，吾所嗜也。」君慨然有繼述意，惟朱子集群儒大成，仰思俯誦，夢寐嘗若見之。性好博覽，而不長於記，讀未成誦，雖千百弗措也。一日誦讀有得，晝夜忘寢食，遂構危疾。已而悔之，銘其牖曰：「學貴精，不貴博。」自是功以序進。首取《學》《庸》，覃思四月，意有所得；徐取《傳注》〔三〕《或問》證之，六經四子以次而授。隨物觀理，充廣知識，積久俟其貫通，自信以爲朱氏之學在是矣。正德己卯，補邑庠弟子，舉業日有聲，屈其項輩。時友人鄭思敬領批主司，屬意以爲必中，及下第，嘆曰：「命之不可，必也如是。」遂輕進取，專心以學問爲事。讀《傳習録》，與所學未契，疑之，及陽明夫子平宸濠歸越，始決意師事焉。夫子還姚，君相率諸友范引年、管州、鄭寅、徐珊、吴仁、柴鳳等數十人，闢龍泉中天閣，請夫子升座開講，君首以所學請正。夫子曰：「知乃德性之知，是爲良知，而非知識也。良知至微而顯，故知

〔二〕錢德洪撰有《明故先妻敏惠諸孺人墓志銘》及行狀，曰：「嘉靖甲子年十二月十六日，葬我妻敏惠孺人及長子應度、次子婦王氏，墓在勝歸山麓玉屏峰下人字岡表忠世廟後壟也。……敏惠姓諸氏，生於開元鄉之舊族，其才且賢，嘗爲狀其略矣。」實爲避諱明朝皇帝朱姓而改姓「諸」。入清後，不再避諱朱姓，於是又將諸姓改回朱姓。王畿此行狀收録於《王龍溪先生全集》卷二十，有明萬曆十六年蕭良幹刻本和萬曆四十三年丁賓刻本傳世。入清後，爲編纂《四庫全書》，將該書徵録並重印，遂又改稱「朱孺人」。

〔三〕「傳」字，疑爲「集」字之誤。同樣之記載，緒山本人即記爲「集注」（見《瀛山三賢祠記》）。

微可與入德。唐虞受授，只是指點得一微字。《中庸》不睹不聞，以至無聲無臭，中間只是發明得一微字。」衆聞之，躍然有悟，如大夢之得醒，蓋君實倡之也。君篤信夫子之學，心漁翁恚曰：「爾固得所師矣，恐妨試事，奈何？」對曰：「男聞教以來，心漸開朗，科第逼予則有之，入試胡慮哉？」次年嘉靖壬午，果中式。追惟夫子還越，惟予與君二人最先及門，戴玉臺巾，服小中衣，睢睢相依，咸指以爲異言異服，共誹訕之，予二人毅然弗顧也。壬午、癸未以來，四方從學者始衆，時薛中離、鄒東廓、王心齋、歐陽南野、黄洛村、何善山、魏水洲、藥湖諸君，咸集館下。凡有來學者，夫子各以資之所近，分送會下，滌其舊見，迎其新機，然後歸之於師，以要其成，衆中稱爲教授師。丙戌，予與君同舉南宫，不就廷試而歸。夫子迎會，笑曰：「吾設教以待四方英賢，譬之店主開行以集四方之貨，奇貨既歸，百貨將日積。主人可無乏行之嘆矣。」自是四方來學者益衆，或默究，或行歌，或群居誦讀，或列坐講解。予二人往來參究，提醒師門宗教歸之自得，翕然有風動之機。

夫子之學，以良知爲宗，每與門人論學：「無善無惡心之體，有善有惡意之動，知善知惡是良知，爲善去惡是格物。」以此四句爲教法。君謂：「此是師門教人定本，一毫不可更易。」予謂：「夫子立教隨時，未可執定。體用顯微，只是一路，若悟得心是無善無惡之心，意即是無善無惡之意，知即無知之知，物即無物之物。〔二〕若是有善有惡之意，則知與物一齊皆有，而心亦不可謂之無矣。」君謂：「若是，是壞師門教法，非善學也。」予謂：「學須自證自悟，不從人脚跟轉，若執定師門教法，未免滯於言詮，亦非善學也。」丁亥秋，夫子將有兩廣之行。君謂予曰：「吾二人所見不同，何以同人？盍相與就正夫子？」晚坐天泉橋上，因各以所見請質。夫子曰：「正要二君有此一問。吾教法原有此兩端，四無之説，爲上根立教；四有之説，爲中根以下通此一路。汝中所見，我久欲發，恐人信不及，徒起躐等之病，故含蓄到今。今既已説破，豈容復秘！然此中不可執著，若執四無之見，中根以下人無從接授；若執四有之見，上根人亦無從接授。德洪資性沉毅，汝中資性明朗，故其悟入，亦因其所近。若能各舍所見，互相取益，使吾教法上下皆通，始爲善學耳。」自此海内相傳「天泉辨正」之論，始歸於一。夫子赴兩廣，予與君送至嚴灘。夫子復申前説，二人正好互相爲用，弗失吾宗。因舉「有心是實相，無心是幻相；有心是幻相，無心是實相」爲問。君擬議未及答。予曰：「前所舉是即本體證工夫，後所舉是用工夫合本體。有無之間，不可以致詰。」夫子莞爾笑曰：「可哉！此是究極之説，汝輩既已見得，正好更相切劘，默默保任，弗輕漏泄也。」二人唯唯而別。過江右，東廓、南野、獅泉、洛村、善山、藥湖諸同志

〔二〕「無知之知」、「無物之物」，明萬曆十六年蕭良幹刻本分别作「無善無惡之知」和「無善無惡之物」。

二三百人，候於南浦請益。夫子云：「軍旅匆匆，從何處説起？我此意畜之已久，不欲輕言，以待諸君自悟，今被汝中拈出，亦是天機該發泄時。吾雖出山，德洪、汝中與四方同志相守洞中，究竟此件事，諸君只裹糧往浙，相與聚處，當自有得，待予歸未晚也。」夫子既平思、田，移鎮南安待命，時戊子冬。予與君方治裝北行，途聞青龍之變，往迎喪，至廣信，議師服。君謂：「寬也父母在，麻衣布絰，弗敢有加焉。」畿請服斬衰以從。訃告四方同門，以爲生不聞道，猶不生也；聞道而未知其止，猶不聞也。夫子雖殁，其心在宇宙，其言在簡編，百世以俟聖人，知其不可易也。馳書心漁翁，具陳父生師教，願爲服喪。翁曰：「吾貧，冀禄養，然豈忍以貧故，俾兒薄其師耶？」許之。及歸越襄事，時權貴忌師德業之盛，盡革身後錫典。有司默承風旨，媒蝎其家。鄉之惡少，行將不利於胤子。内訌外侮並作，君與予意在保孤寧家爲急，遂不忍離。相與築室於場，妥綏靈爽，約同志數人，輪守夫子廬室，以備不虞。暇則與四方同志往來聚會，以廣師門教旨。時薛中離以行人會葬，恐同門離散，因夫子有天真卜築之期，相與捐貲聚財，構天真精舍，設夫子像於中堂。予二人迭爲居守，四方同志士友之來於浙者，得有所瞻禮。壬辰，始與君北行，終試事。觀政吏曹，部中同年數十人，日以五經約會，予東西坐廳，勝日出游，歌詠笑談，不知守部之困也。時臺諫部院諸同志，以吾二人頗有所聞，議舉月會，商究舊學，動以數十。舊會以官爲序，君與予告衆曰：「同志爲道而來，須以齒序爲宜。」衆曰然。至今相會以齒，予二人倡之也。未幾，君以親老便養，乞蘇學教授，至則定祀典，申學規，進諸生，諭曰：「古之學者，必先辨志，詞章篆刻之習，藝焉而已。」同門友聞人銓督學南畿，君圖刻《陽明文録》，頒布多士，示之向方。日坐道山亭開講，吴士翕然而興，謂有東魯沂水遺風。

君以進士授職，例得八品俸資夫皂，吏部咨諭所司，照例給與，君悉辭之，人尤以爲難。歲甲午，聘主廣東鄉試。時監試戴侍御與君同年，盡以試卷屬君，得梁津以下七十人。乙未冬，丁内艱，歸越，與親友修復中天閣之會。服闋，補監丞，申飭監規，群國學弟子，立省愆堂，諭以省愆之義：「悔則吉，吝則凶。」聞者愧服。尋陞刑部湖廣司主事。吏部缺大理丞，林文選春與君善，私謂曰：「君一往見乃公，可得也。」君嘆曰：「吾豈往見得官者哉？」循例轉陝西司員外郎。時武定侯郭勳逮事先帝於藩邸，加封翊國公，怙寵恣驕，勢傾中外。適上夜游西山，召不往。給事中高時劾其不領敕，下錦衣獄。尋密旨諭都指揮孫綱，去刑具而收。蓋先帝之意，止欲薄示以法，不欲寘之死也。已而自都察院解送刑部，勳戚貂璫，逮獄者四百人，舉司莫敢按。君曰：「法者朝廷之法，吾惟奉法，雖死何避焉。」嚴飭内外，按以違敕等罪，凡數十，狀當死。高時慮勳按死，必從八議，欲誣以不軌。君曰：「罪止於死，而誣以重罪，何以正法也？」奏入，上震怒，擲於地，不報，翌日復奏，不報。高諷給事中周亮，劾君律法不明，遂下鎮撫司，杖送都察院。君既逮，疏勳者日上不止，上益怒，再收錦衣獄。旨云：「既有旨『着去刑具而收』，如何又敢違旨？

即與不領敕者同罪，一勳罪也。」上心以處重爲譴，而群議以從輕爲嫌，可謂冤矣。時堂官憐君無辜，鞫曰：「爾特署司事耳。」問官何在？答曰：「問官亦某一人。」蓋思保全寮屬，不欲嫁禍以自免也。是冬，嚴冰坼地，積雪盈圜，君身嬰三木，自分必死，獨念親倚廬，無緣面訣，魂飛熒熒，遍照圜宇，乃自嘆曰：「吾在柙中，四肢且不能保，思親數千里外，不亦幻乎？」灑然一空，鼾聲徹旦，日與斛山楊待郎、白樓趙都督讀書談道。趙請曰：「霸勝受書獄中，願從子受《易》。」於是晨夕講《易》，吉凶悔吝之象，曠如也。與斛山辯無善無惡之旨：「人之心體一也，指名曰善可也，曰至善無惡亦可也，曰無善無惡亦可也。至善之體，本來虚寂，惡固非所有，善亦不得而有也。」著《困學録》：「生知者不見困，學知者不受困，困而學之，致命以遂其志，又次也，不學則爲下矣。」勳既死，君請曰：「臣罪當誅，親老，乞賜骸骨。」癸卯，詔革冠帶歸農。蓋君之學，得諸生死真境中，益覺自信。獄中嘗寄予書曰：「上天爲我設此法象，本來真性，不容絲毫掛帶，乃知平時學問大未得力。古人處動忍而獲增益，不知增益者何物，減削則已盡矣。」九廟成，詔復冠帶，閑住聽用。先是馬孺人卒於蘇，君痛未躋中壽，哀毁成疾，兹釋獄生還，拜膝下，恍若隔世人。君與二弟晨夕在侍，委曲承懽，以順親之心。心漁翁臨決時，問長兒何在。君偶出，亟歸。翁曰：「兒在吾喜。」言已即逝。君嘗嘆曰：「使親知我易，使親忘我難，吾父子之間，庶幾其忘矣。」

君既釋獄，予亦以言官論薦，致忤時宰，罷歸山中，聚處者二十餘年，心迹合併，益得以究極所聞，會歸於一。竊念吾人所志雖同，資性稍異，各有所得力處，亦各有受病處。予嘗謂：「君所造大概已堅慤凝定，中間形迹，未盡脱化，未可全道，功行未修，或者徹底透露處，尚有可商量在。」君謂：「徹底未盡透露，此正向來功行之未修耳。功行若修，更無可商量矣。先師云：『眼前利根之人不易。』學者未肯實用克己功夫，未免在意見上轉，遂謂本體可以徑造而得，乃於隨時實用功處，往往疏略而不精，流入於禪寂而不自覺，甚者恣行無忌，猶自信以爲本體自然。此吾黨立言之過，不可以不察也。」予謂：「君指點學者之病，大概了了，未可執以爲定見。司馬君實功行非不修，説者以爲未聞道。吾人所學，貴在得悟，若悟門不開，無以徵學，一切修行，秖益虚妄耳。此非言思所能及。姑默識之，以俟日後之證可也。」

君嘗與季彭山書曰：「兄與龍溪往復辨論，未免各執所見，非所以相取也。良知是千古靈竅，此處信得及，徹上徹下，何所不通？龍溪之見，伶俐直截，泥功夫於生滅者。聞龍溪之言，自當省發，是龍溪於吾黨學問頭腦，大有功力也。但於見上，微覺有着處，開口論説，千轉萬折，不出己意，便覺於人言尚有漏落耳。」觀此，君於予言，大段已無逆於心。着見之教，敢不自勉！夫子「互相取益」之言，庶幾不至辜負耳。

穆宗朝，給事中岑用賓、御史尹校，交章薦起，以爲潛心理學，可充輔導，用之以表儀朝著，足以贊盛世文明之化。當事者泥於朝著表儀之説，難以授職。優養老臣，清朝盛典，進階朝列大夫致仕，然以退爲進，固非君之願也。今上初即位，奉例復進階一級。君七十，作《頤閑疏》，馳告四方：「古人七十曰老而傳。少壯則思盡其職，以敬業也；衰疲則思安其身，以全養也。故七十在朝則致其仕，在家則傳諸子孫，皆因時命以順人心，雖不專事養生，而長生之道未嘗不在其中。譬之四時之序，成功者退，堯、舜耄期，亦倦於勤，非有所强也。」自是不復遠游，相期東南同志，每歲春秋時祭，會於天真，因爲湖上浹旬游處，共證交修。蓋君取友之志，未嘗以老而衰也。君善攝養，去冬始覺少衰。今年九月，念同志之會，忽戒僕束裝西渡，寓表忠觀，謝絶有司，以静養爲事，飲食言笑如常。十月廿六日，猶衣冠夙興。翌日丑時，趺坐，氣息忽微，奄然逝矣。嗚呼痛哉！

君篤毅悃誠，厚於倫理，處家庭上下，寧過於厚，不流於薄。居常無惰容，雖盛暑必衣冠而坐。與門人處，以意相授，有疑義時，啓其機，以待其自悟，不欲盡發也。待子弟嚴而有禮，有過則微示之向，使人之意自消。生平不親貨殖，逮歸田三十年，未嘗以私請入公門。人有冤負，則挺身爲之伸雪，不以嫌爲避。尤篤於孝友，與二弟周甫、充甫，雖各爨，同居二十餘年，産舍至今未嘗析。二弟雖老，事之若父母，亦不知其爲兄也。君善識人，大司馬胡梅林方尹姚，君曰：「必爲當今明（名）將。」勸其讀先師奏疏公移。乙卯，倭奴焚掠鄉居，君作《團練鄉兵議》，以贊成之。首薦門下士，今都督戚繼光、總兵梁守愚，卒賴其力，以成大功。梅林謝君曰：「始疑公儒門，不嫻將略，乃知善將將也。」

先是，陽明夫子年譜三紀未就，念庵遺書促之。登懷玉山，四月而譜成，復與予洎念庵，校而梓之，期於傳信而已。同志見示云：「是譜序學問處詳，序其事功處似略，何也？」君曰：「德業一也。舉盛德必云大業，舉崇德必云廣業，舉進德必云修業，非可以詳略論也。古云以至道治身，以緒餘土苴治天下國家，別而言之，猶二之也。」尚有奇迹奇論，非常情耳目所及者，疑於語怪，未及纂入。夫力亂與神，世之所有，何獨至於怪而無之？但非常道，恐滋世人之惑，故罕言耳。有《言行逸稿》一編，藏而未行，蓋將有待也。自奔喪卒葬，以至出仕歸田，無一日而忘師教也。念先世功德，恐致湮没，鋭意表章，恢復遺墓，建葺祠宇，置祭田，修祀事，每歲仲秋，大會台、杭、蘇、越族屬二十餘支，合祭表忠觀後寢，以證譜系，聯宗誼，載在《吴越世家》，無一日而忘親恩也。

君自聞學以來，無一息不在於道，切切以取友論學爲事。時江、浙、宣、歙、楚、廣會城名區，皆有講舍書院，隨地結會，同志士友，咸設臯比以待。予亦隨處參次論説大要，發明師教，辨析諸方論學同異之旨，使歸於一。時海内主盟道術，惟吾夫子與甘泉翁。夫子主良知，甘泉主天理。或問二教同異，君曰：「汝無求二教之同異，求自得焉已矣。言良知則實致其知，言天理則實造其理，所謂自得也，心一也，以其自然之明覺而言謂之良知，以其自然之條理而言謂之天理，良知天理豈容有二？先輩假此以示人，乃話柄耳。若夫致與體認之功，迂直煩簡，毫釐之機，存乎悟者之自得，非可以口舌争也。師門嘗以虚寂之旨立教，聞者閧然指爲異學。夫變動周流，虚以適變，無思無爲，寂以通感，《大易》之訓也。自聖學衰而微言絶，學者執於典要，泥於思爲，變動感通之旨遂亡，彼佛氏者，乘其衰而入，即吾儒之精髓，用之以主持世教。爲吾儒者，僅僅自守，徒欲以虚聲拒之，不足以服其心，言及虚寂，反從而避忌之，不知此原是吾儒家常飯，淪落失傳，以至此耳。譬之東晉、南宋之君，不能爲主，偏守一隅，甘將中原讓歸夷狄，不復敢與之抗，言及恢復之計者，群然目以爲迂，亦可哀已！」此皆君憂道苦心，不得已而有言者也。

君嘗紀夫子之學有三變：其始也泛濫於詞章，已而出入二氏，及居夷動忍，豁然有悟，乃始一意於聖人之學。其立教之法亦三變：貴陽以來，倡爲知行合一之説，知行二字，皆從功夫而言，真知乃所以爲行，不行不足謂之知也。滁陽以來，則恒教人静坐，道喪教衰，人不知所養，狂奔外馳，欲反其性情而無從入，不得已而教之静坐，亦以補小學一段功夫，蓋權法也。江西以來，則專提致良知三字，雖昏蔽之極，苟能一念自反，即得本心，固無間於動静也。觀於夫子之學與教，吾黨可以自考矣。

君子應樂，既扶櫬還姚，將以是年閏十二月初三日，葬勝歸山玉屏峰下，乃述君履歷生卒歲月並其世系子姓之概，乞狀於予。念予與君數十年交與之情，異形同心，知君莫如予，義不容辭。按：先世吴越武肅王六世孫、會稽郡王名景臻者，尚宋賢穆大長公主，南渡時賜第台州。五世孫璋，以父弘祖公守紹興，因贅餘姚王氏，遂家焉，是爲姚之一世祖也。四世祖上元尹伯英，入皇朝，與從子古訓，並以徵辟甲科顯。曾祖師摯，祖習，父即心漁翁，母馬孺人。君生於弘治丙辰十二月二十二日，卒於萬曆甲戌十月二十七日，享年七十有九。配朱氏，嘉靖戊午，先君卒。子二，長應度，邑庠生，早卒，娶蔡氏，成都經歷五臣女。次即應樂，舉人，娶王氏，陽明夫子繼子錦衣千户正憲女，繼娶趙氏。二女：長適同知史鵷孫舉人銓，次適御史鄭寅子庠生安元，側室任氏出。孫男六：人元，府庠生，娶任氏；人宗，邑庠生，娶丁氏；人宷，娶楊氏；人官，人寵，人寧。孫女二：長適侍郎龔輝孫庠生徹，次適知府嚴中子庠生用明。曾孫一，曾孫女二。

君負尚友之志，卓然已有所聞矣。雖經濟之業，未及概見。平生於此學，孜孜力肩，發明師門宗教，以同於人，所謂任重道遠、死而後已者非耶？君嘗謂曰：「古之人得志，澤加於民，不得志，修身見於世。見爲見龍之見，在田之龍，不以位而以德。吾人講明正學，以待將來，爲王者所取法，文明之徵也。」其志微矣！惟有道君子，幸惠一言以志之，使得信今而傳後。好德之懷，憂道之念，義兼之矣！謹狀。

録自王畿《龍溪王先生全集》卷二十，明萬曆四十三年丁賓刻本。

明故刑部陜西司員外郎特詔進階朝列大夫致仕緒山錢公墓志銘

呂本

緒山錢公之卒於錢塘表忠觀也，逾十日，其子應樂奉柩以歸于堂，又逾二月而舉殯以葬，乃持龍溪王公所著狀，請予銘諸墓石。予惟公與龍溪同學陽明公，數十年間發明致知之説，志同道合，相得驩甚，即司馬君實與范景仁不是過。君實、景仁相約爲傳，而後死者則志其墓。今讀龍溪書公事，無一字不可信而傳者。予辱從公舉進士，因此託名不朽，豈非至幸哉！

公諱德洪，字洪甫，初名寬，避先世諱，以字行，武肅王鏐十九世孫。武肅六世孫會稽郡王景臻者，尚宋賢穆大長公主，南渡時賜第台州。其五世孫璋，以父弘祖守紹興，因贅餘姚王氏，遂家焉，是爲姚之一世祖也。四世上元尹伯英，入國朝與從子古訓，以徵辟甲科顯。曾祖師摯，祖習。父蒙，三歲瞽目，號心漁翁。母馬氏。世居鄧巷，遭回禄，始僦莫氏樓以居。是樓爲陽明公降生之所，曰「瑞雲」。馬孺人夢祥雲覆列，綺繒款款，若門聯空中呼認太乙字，遂驚寤，而公生。兆與陽明公同，相傳以爲奇。公自幼重遲不戲，周旋中規矩，外舅陳公善相人，語心漁翁曰：「此兒不凡，當爲大儒。」因以妹之女許聘焉，是爲朱儒人。年十五，出就外傅，心漁翁曰：「吾不幸目無所見，然心之所珍，儒而已，他非其好也。」公毅然欲成其志，遂取朱子集注經書，早作夜思，夢寐常若見之，使文有未誦，而意稍窒疑，雖百倍其功，弗措也。又因讀詩過勞，遘危疾，題其牖曰：「學貴精，不貴博。」而識見益進於高明。心漁翁恒受從弟窘辱，惟勸翁含忍不較。其伯心古貧，子婦孀居，百計承父母意，分瞻而假貸之，不知力之不逮也。家事悉屬於弟周甫，惟率季弟充甫專意績學，嘗曰：「使得顯親食禄，何憂於外侮之侵、貧乏之不賙乎！」心漁翁聞之而喜，日與陳竹東、蔡一治、吴石山、倪小野立社唱酬，謂公必能成其志也。正德己卯，補邑庠弟子員，每試輒竣等，同輩不敢望，凡可以應有司之求者，不難矣。一日讀陽明公《傳習録》，與所學未契，疑之。陽明公又平宸濠歸越，始決意師事焉。及還姚，公率同志數十人龍泉中天閣，請陽明公升座開講。陽明公曰：「觀是何人，理非外得，知乃德性之知，是爲良知，非知識也。良知至微而顯，故知可與入德。唐虞授受只是指點得一微字，《中庸》不睹不聞，以至無聲無臭，中間只是發明得微字。」衆聞之躍然，有悟，公實倡之也。公篤信陽明公，盡棄其學而學焉。心漁翁患妨舉業，頗不樂。公曰：「未有理明而不中選者也。」明年壬午，果領鄉薦。癸未下第歸，晨夕在師側，四方來從游，如薛中離、鄒東郭、王心齋、歐陽南野、黄洛村、何善山、魏水洲、藥湖諸君，咸集館下；及聞風而來者，無慮數百人。必令引導，以端從入之途，皆稱公山中教授。丙戌舉南宮，不就廷試，又歸。陽明公曰：「吾道有賴矣。」喜甚。丁亥，陽明公將有兩廣之行。公與龍溪曰：「師教雖明，悟入則各因資之所近，盍共究守旨？」龍溪曰：「師之學以良知爲宗，每與門人論學，無善無惡爲心之體，有善有惡爲意之動，知善知惡爲良知，爲善去惡是格物，恐亦未是究竟語。蓋心亦有有善有惡時，意亦有無善無惡時，知亦有無知之知，物亦有無物之物，若滯言詮，非善學也。」公曰：「不然。心體原來無善無惡，今習染既久，覺心體上有善惡在，爲善去惡，正是復本體。」是晚，請問陽明公，坐天泉橋上。喜曰：「正要二君有此一問，王須用錢工夫，錢須透王本體，相取爲益，吾更無遺念矣。」自是，天泉辯正始歸于一。戊子冬，公與龍溪將北上，途聞陽明公有青龍之變，即回舟往迎喪至廣信，馳書心漁翁，具道父生師教，願爲服喪。翁泣曰：「吾貧，冀禄養，然吾豈以貧故俾兒薄其師耶？」許之。于時權貴忌陽明公德業之盛，盡革身後恤典。有司默承風旨，媒孽其家，鄉之惡少，將不利其胤子。公挺然曰：「保孤寧家，吾責也，願以身殉之。」消内變，禦外侮，殫厥心力。暇則與四方赴吊同志發天泉遺教，俾師學日明。胤子無恙，以俟後之封襲，公之功可謂大矣。壬辰，北上廷試，以親老乞恩便養，得教授姑蘇，至則定社典、申學規，修廢舉墜，捐俸助貧，黜鄉飲之濫與者若干人，然後進諸生而諭之曰：「學必先於辨志，詞章之習，藝焉爾矣。」同門友聞人銓督學南畿，公請其刻陽明公《文録》頒布多士。日坐道山亭開講，吴士翕然而興，有東魯沂水遺風。公以進士授職，例得八品俸皂，悉辭之，人尤以爲難。甲午，聘主廣東鄉試，御史戴君璟盡以簾内外卷付君取裁，得梁津等七十人。乙未，丁内艱，歸越，與同志修復中天閣之會。服闋，補北監丞，群國學弟子，立繩愆廳下，諭以悔吝吉凶之道，聞者悅服。尋升刑部主事，文選林君欲以大理丞擢公，一見執政可得，公笑而却之，未幾升員外郎。時翊國公郭勳，怙寵驕恣，勢傾中外，適上夜游西山，召不往，給事中高時劾其不領敕，下詔獄，密旨諭指揮孫綱去刑具而收，蓋上意不欲寘之死法也。已而自都察院解送勳戚，貂鐺逮繫者四百人，諸司莫敢問。公曰：「法者朝廷之法，吾爲法官，何避焉？」遂按以違敕等罪數十狀，當死。高意勳從八議，未必死，欲誣以不軌。公曰：「法止如是也。」奏入，上震怒，擲於地，不報，翌日復奏，又不報。高諷給事中周亮劾公律法不明，遂下詔獄，杖問。公既逮，論勳者日數上，上益怒，旨云：「既有旨着去刑具而收，如何敢違旨？即與郭勳不領敕者罪同。」上以處重爲怒，而群議以從輕爲嫌，可謂左矣。時堂官憐公無辜，曰：「爾特署司事耳。」問官何在？答曰：「問官亦某一人。」不欲駕禍寮屬以自免也。是冬寒甚，公身嬰三木，自分必死，獨念親倚廬懸望，無由面訣，哽咽者久之，旋自嘆曰：「吾在柙中，四肢且不保，而思親數千里之外，愚亦甚矣。」舍然一空，鼾聲達旦。日與趙都督、楊御史讀書談道，又爲趙講《易》，興至賡歌，以發幽思，累積盈帙，名曰《困學録》。勳既死，群黨盡竄，公請曰：「臣罪當誅，親老乞骸骨。」癸卯，詔革冠帶歸農。蓋公之學得之生死真境中，益覺自信。九廟成，詔復冠帶聽用。先是馬孺人卒于蘇，公以未躋中壽，哀毀成疾，兹得生還，拜翁膝下，恍然隔世人，與二弟晨夕在侍，委曲承歡。心漁翁臨終，問長兒何在，公偶出，亟歸，翁曰：「兒在，吾喜。」言訖即逝。公嘗嘆曰：「使親知我易，使親忘我難，吾父子之間，庶其忘矣乎！」明年，往廣南乞湛公甘泉志、江右鄒公東郭記、羅公念庵表，合葬父母于勝歸山。自是心無内顧，遍游宣、歙、江、廣間，隨地結會，風聲所召，雖深山邃谷，亦有願求一見，獲聞緒言，以没世者。如在韶，則陳豹谷延主明經書院；溧陽，則史玉陽聘主嘉義書院；宛陵，則劉初泉聘主獅子巖與水西精舍；蘄州，則沈古林聘主崇正書院；江右，則督學王敬所大闢講舍于懷玉山，群八邑士聘公爲山長，若沖玄，若斗山，若青原，若君山，若福田，若衢麓，若復真，若復古，諸書院往來敷教二十年，不可枚舉。各有《規約》，有《會語》，凡若干卷，載公《全集》中。年七十作《頤閑疏》馳告四方，不復遠游矣。每春秋仲丁，止會東南同志于天真書院，因爲湖上浹旬之游。穆宗御極，給事中岑用賓、御史尹校等，交章薦之，謂其潛心理學，可充輔導，以表儀朝著，蓋欲用公以不次之位也。吏部覆以年逾七十，不宜煩政事，僅進階朝列大夫致仕而已。今上登極，雖又進一階，人情未厭也。公善調攝，老而益强，去冬始覺少衰。應樂力勸公家居，就子婦養。今年九月，念同志之會，忽戒僕束裝西游，寓先祠表忠觀，飲食言笑如常。十月二十六日，猶夙興衣冠而坐，是夜丑時，氣息漸微，奄然逝矣。

公性本誠篤，而加以學問之功，忠信孝友，數十年來稱於宗族鄉黨者無間言。在己細行必矜，居常無隋容，然度量汪汪，不責人小過。與門人處，善誘曲成不遺，待子弟嚴而有禮，朝夕訓誡，靡所不至。平生不親貨殖，逮歸三十年，未嘗以私請入公門。人有冤負，則挺身爲之伸雪。與二弟終身怡怡，同居者二十餘年。二弟雖老，事之若父，公亦不知其兄也。親故貧不自立者，日夜思授以生計，汲汲與人爲善，而尤重志節。聞守節婦，樂與傳述之，積有《婦行録》一卷。又善知人。大司馬胡梅林方尹吾姚，曰：「公必爲當今名將。」勸其讀陽明公奏疏公移。乙卯，倭奴焚掠鄉居，公作《團練鄉兵議》，卒保無虞。薦門下士今都督戚繼光、總兵梁守愚於梅林，果樹大勳。梅林謝公曰：「始爲公儒者，不閑將略，今乃知善將將也。」先是，陽明公年譜三紀未就，羅念庵遺書促之，公登懷玉山，四月而譜成。自奔喪卒葬，以至出仕歸田，無一日而忘師教也。念先世功德，恐致湮没，故凡遺墓在臨安、錢塘、崇德、天台者，罔不表章恢復。又請建英烈廟于越，表忠觀于杭，立表忠世廟于勝歸山，置祭田，修祀事，每歲仲秋，大會台、杭、蘇、越族屬二十餘支，合祭表忠觀後寢，以聯族誼，具載《吴越世家》，是公無一日而忘親恩也。其他嘉言善行，不可殫述。有同志哭曰：「先生爲道而出，全道而歸，本祖而生，顧祖而死，庶幾知言者歟！」公卒于萬曆二年十月二十七日，距生弘治丙辰十二月二十二日，享年七十有九。配朱氏，有懿德，先公十六年卒。男二人：長應度，邑庠生，早卒，娶蔡氏，成都府經歷五臣女；次即應樂，舉人，娶王氏，陽明公繼子錦衣千户正憲女，繼娶趙氏。女二：長適府同知史鶲孫舉人銓，次適御史鄭寅子庠生安元。側室任氏。出孫男六人：人元，府庠生，娶任氏；人宗，邑庠生，娶丁氏；人寀，娶楊氏；人官、人寵、人寧。孫女二：長適侍郎龔輝孫庠生徹，次適知府嚴中子庠生用明。曾孫一，曾孫女二，俱幼。閏十二月初二日葬于勝歸山玉屏峰人字岡。於乎！學以致知爲先，善以及人爲樂。公早聞良知之説，既深造而自得矣。又推其所得以覺人，幾遍天下，使天下之人莫不心悦誠服。思以其道佐天下，濟斯世，與公身親爲之何異？天之生公，於世教豈小補哉！銘曰：

穆穆武王，傳世十九。篤生緒山，光前裕後。生本乎祖，無美弗彰。成我惟師，乃服其喪。蜚英甲科，司教執法。化行訟平，顧罹顛蹶。欣然解組，歸事二親。講學明道，以淑斯人。彼蒼者天，高不可問。既豐其才，大位何靳。公庭有子，王家之賓。未究厥用，待此而伸。人字之岡，佳城鬱鬱。勒詞貞珉，千禩彌吉。

録自吕本《期齋吕先生集》卷十二，明萬曆三年鄭雲鎣刻本。

錢緒山公像

張岱

錢德洪寬，山陰人。陽明講學，寬與王畿首師之。及登第，兩不廷對，卒業師門。凡有及門者，陽明使寬與畿分教之，俟志定有入，方爲請見。贊曰：

德洪龍溪，兩不廷試。卒業師門，引導諸弟。志定意堅，方與通贊。《傳習録》成，以之淑世。後忤郭勳，講學犴狴。佩服師言，終身不替。

録自張岱《三不朽圖贊》，清光緒十四年刻本，浙江人民出版社二〇一七年版，第八頁。

錢德洪傳

周汝登

錢德洪，字洪甫，初名寬，後改今名，號緒山，王文成公同邑人，弘治丙辰生。弱冠博綜朱氏之學，久之，讀《傳習録》，與所學未契，疑之。及文成平宸濠歸越，往師事焉，率諸友七十餘人，闢龍泉中天閣，請文成升座開講，首以所學請正。文成曰：「觀是何人，理非外得，知乃德性之知，是謂良知，而非知識也。良知至微而顯，故知微可與入德。唐虞授受，只是指點得一微字。《中庸》不睹不聞，以至無聲無臭，中間只是發明得一微字。」衆聞之躍然，如大夢得醒，緒山倡之也。緒山篤信其師學，父恚曰：「爾固得所師矣，如妨試事何？」對曰：「男聞教以來，心日開朗，科第逼予則有之，入試胡慮哉？」明年嘉靖壬午，舉於鄉。方文成返越，惟緒山與龍溪兩人最先及門，戴玉臺巾，服小中衣，睢睢相依，咸共訕誹，指爲異言異服，兩人毅然弗顧也。時師門來學者衆，咸集館下，文成各以資之所近分送兩人會下，使滌其舊見，迎其新機，然後歸之師，以要其成，衆中推爲教授師。丙戌，與龍溪同舉南宫，不就廷試而歸，文成迎會，笑曰：「吾設教以待四方英賢，譬之市肆，主人開行以集四方之貨，奇貨既歸，百貨將日積，主人可無乏行之嘆矣。」自是，四方來學者日益雲集，或默究，或行歌，或群居誦讀，或列坐講解，而緒山與龍溪往來參究，一提師門宗旨，歸之自得，翕然有風動之機。丁亥，與龍溪證道於天泉橋。戊子冬，方治裝北發，途聞師變，往迎喪至廣信，且馳書於父，具陳父生師教，願爲服喪。父曰：「吾貧，冀禄養，豈忍以貧故俾兒薄其師耶？」許之。後師喪歸越，權貴忌嫉文成德業之盛，有司默承風旨，媒孽其家，鄉之惡少，將不利於胤子，内訌外侮並作。緒山與龍溪相與保孤寧家，日夕不相離，且築室於場，妥綏靈爽，約同志數人，輪守文成廬室，以備不虞。暇則與四方同志往來聚會，以廣師門遺教。壬辰，與龍溪同北行，終試事。觀政吏曹，時與臺諫部院諸同志舉月會，商究舊學，動以數十。舊會以官爲序，緒山與龍溪告衆曰：「同志爲道而來，須以齒序爲宜。」衆曰：「然。」至今相會以齒，二人倡之也。未幾，以親老便養告，就蘇學教授，至則定祀典、申學規，日坐道山亭開講，吴士翕然而興，謂有東魯沂水遺風。乙未，丁内艱，歸，修復中天閣之會。服闋，補監丞，尋升刑部主事。時缺大理丞，林文選春與緒山善，欲以擢授，曰：「一見執政可得也。」緒山笑而却之。循例，升刑部員外郎。以奉法忤旨，被逮，下詔獄，身嬰三木，日與趙都督、楊御史讀書談道，又爲趙講《易》，每賡歌以發幽思。癸卯，放歸農。緒山之學，得諸生死真境中，益覺自信。獄中嘗書示龍溪曰：「上天爲我設此法象，本來真性，不容絲毫掛帶，乃知平時學問，大未得力。古人處動忍而獲增益，不知增益者何物，減削則已盡矣。」緒山生還，拜父膝下，恍若隔世，承歡良久，始宅父憂，自後益切切，以取友論學爲事，江、淛、宣、歙、楚、廣會城名區，皆有講舍書院，隨地結會，咸設臯比以待。文成年譜三紀未就，緒山實成之。年七十，作《頤閑疏》馳告四方，自是不復遠游。相期同志春秋會於天真，因爲湖上浹旬游處，共證交修。甲戌年，竟卒於湖上之表忠觀，其先祠也，年七十九。

録自周汝登《聖學宗傳》卷十四，明萬曆三十四年刻本。按：孫逢奇《理學宗傳》所録與此篇完全相同，故不録。

錢德洪傳

何喬遠

錢德洪，字洪甫，餘姚人，錢鏐之後。父希明，三歲失明，而博古能文章。守仁倡道德，德洪與王畿首師事之，推尊發明爲獨至。守仁在越七年，德洪自歸省外，無日不侍左右。王華卒，守仁使門弟子紀喪，因才任使。仙居人金克厚者，爲人謹厚，守仁使司厨。克厚語德洪曰：「吾學得司厨而大進。」嘉靖五年，德洪與畿、厚同舉進士，而德洪、畿相謂曰：「吾斯未信。」引疾歸，卒業於守仁。士及守仁之門者，守仁使德洪先引導之，俟志定有入，方與請見。八年，當殿試，方北上，聞守仁喪，遂輟試，與畿迎喪廣信，制服哭之。構天真精舍，當湖海之交，像祀守仁。收録遺言與答問語，曰《傳習録》。既殿試，乞教授蘇學，以便養，遷國子監丞。立省愆堂，教諸生以悔吉吝凶之道。遷刑部主事，轉員外郎，坐械繫郭勳忤旨下詔獄，與楊爵、趙都督白樓講學獄中。勳死，乃釋。隆慶初，薦復原職，以引年進階朝列大夫。今上即位，復詔進一階。德洪自少年至老守其師説，既早廢，周游四方，號召同志，所至，學者迎事而受業焉。

畿學雖師守仁，而在官好幹，請武進人薛應旗爲南考功郎中，黜之，應旗亦坐補外南京給事中。游震得等訟言，應旗下吏部尚書。唐龍覆言，應旗疾惡如仇，去姦若脱，宜復京秩，以勸後來。應旗得復官，畿後遇應旗，下拜而謝之。

録自何喬遠《名山藏》卷十三《儒林記》，明崇禎十三年序刻本。

明緒山先生錢德洪

劉鱗長

弱冠博綜朱氏之學，久之，讀《傳習録》，與所學未契，疑之。及文成平宸濠歸越，往師事焉，率諸友七十餘人，闢龍泉中天閣，請文成升座開講，首以所學請正。文成曰：「觀是何人，理非外得，知乃德性之知，是爲良知，而非知識也。良知至微而顯，故知微可與入德。唐虞授受，只是指點得一微字。《中庸》不睹不聞，以至無聲無臭，中間只是發明得一微字。」衆聞之躍然，如大夢得醒，緒山倡之也。緒山篤信其師學，父恚曰：「爾固得所師矣，如妨試事何？」對曰：「男聞教以來，心自開朗，科第逼予則有之，入試胡慮哉？」緒山之學，得諸生死真境中，益覺自信。獄中嘗書示龍溪曰：「上天爲我設此法象，本來真性，不容絲毫掛帶，乃知平時學問，大未得力。古人處動忍而獲增益，不知增益者何物，減削則已盡矣。」

録自劉鱗長《浙學宗傳》，明崇禎十一年刻本，收入《四庫全書存目叢書》史部第一一一册，第一〇七頁。

錢德洪傳

過庭訓

錢德洪，字洪甫，初名寬，後改今名，號緒山，王文成公同邑人，弘治丙辰生。弱冠博綜朱氏之學，久之，讀《傳習録》，與所學未契，疑之。及文成平宸濠歸越，往師事焉，率諸友七十餘人，闢龍泉中天閣，請文成升座開講，首以所學請正。文成曰：「觀是何人，理非外得，知乃德性之知，是謂良知，而非知識也。良知至微而顯，故知微可與入德。唐虞授受，只是指點得一微字。《中庸》不睹不聞，以至無聲無臭，中間只是發明得一微字。」衆聞之躍然，如大夢得醒，緒山倡之也。緒山篤信其師學,父恚曰:「爾固得所師矣,如妨試事何?」對曰:「男聞教以來,心日開朗,科第逼予則有之,人試胡慮哉?」明年嘉靖壬午,舉於鄉。方文成返越,惟緒山與龍溪兩人最先及門,戴玉臺巾,服小中衣,睢睢相依,咸共訕誹,指爲異言異服,兩人毅然弗顧也。時師門來學者衆,咸集館下,文成各以資之所近,分送兩人會下,使滌其舊見,迎其新機,然後歸之師,以要其成,衆中推爲教授師。丙戌,與龍溪同舉南宫,不就廷試而歸,文成迎會,笑曰:「吾設教以待四方英賢,譬之市肆,主人開行以集四方之貨,奇貨既歸,百貨將日積,主人可無乏行之嘆矣。」自是四方來學者日益雲集,或默究,或行歌,或群居誦讀,或列坐講解,而緒山與龍溪往來參究,一提師門宗旨,歸之自得,翕然有風動之機。丁亥,與龍溪證道於天泉橋。戊子冬,方治裝北發,途聞師變,往迎喪至廣信,且馳書於父,具陳父生師教,願爲服喪。父曰:「吾貧,冀禄養,豈忍以貧故俾兒薄其師耶?」許之。後師喪歸越,權貴忌嫉文成德業之盛,有司默承風旨,媒孽其家,鄉之惡少,將不利於胤子,内訌外侮並作。緒山與龍溪相與保孤寧家,日夕不相離,且築室於埸,妥綏靈爽,約同志數人,輪守文成廬室,以備不虞。暇則與四方同志往來聚會,以廣師門遺教。壬辰,與龍溪同北行,終試事。觀政吏曹,時與臺諫部院同志舉月會,商究舊學,動以數十。舊會以官爲序,緒山與龍溪告衆曰:「同志爲道而來,須以齒序爲宜。」衆曰:「然。」至今相會以齒,一二人倡之也。未幾以親老便養告,就蘇學教授,至則定祀典、申學規,日坐道山亭開講，吴士翕然而興，謂有東魯沂水遺風。乙未，丁内艱，歸，修復中天閣之會，服闋，補監丞，尋升刑部主事。時缺大理丞，林文選春與緒山善，欲以擢授，曰：「一見執政可得也。」緒山笑而却之，循例升刑部員外郎。以奉法忤旨，被逮，下詔獄，身嬰三木，日與趙都督、楊御史讀書談道，又爲趙講《易》，每賡歌以發幽思。癸卯，放歸農。緒山之學，得諸生死真境中，益覺自信。獄中嘗書示龍溪曰：「上天爲我設此法象，本來真性，不容絲毫掛帶，乃知平時學問，大未得力。古人處動忍而獲增益，不知增益者何物，減削則已盡矣。」

録自過庭訓《聖學嫡派》卷四，明萬曆刻本，收入《四庫全書存目叢書》史部第一〇八册，第七〇五—七〇六頁。

錢德洪傳

過庭訓

錢德洪，初名寬，德洪其字也，避先世諱，尋以字行，更字洪甫，餘姚人也。正德間，陽明先生倡道東南，德洪實首師事之。嘉靖丙戌，舉禮部，遂引疾歸，冀以卒業。戊子，北上聞師訃而返，保孤寧家，不遺餘力。至壬辰，始應廷試，又以親老乞恩便養，得教授姑蘇士。幸博一第，恨不能立致通顯，而六年寂寞，甘受冷衙，要其中必有以勝之，至以司寇郎訊郭勳一事太悚然，可異焉。夫翊國公郭勛者，固上所寵怙，即召不往，豈真欲殺之乎？巧爲逢而附輕，可也而必不敢輕，及言事諸臣，欲殺之從衆而附重，可也而必不敢重；上怒尚書以署事爲解罪，可分也而必不敢分。寧身攖三木，日與楊御史、趙都督講《易》不輟，勳死乃得釋。隆慶初，臺省交薦議召用，時年已七十矣。詔復原職，進階朝列大夫。其平生自言曰：「學貴有得，遇物而反，非真得也。」今觀其退可遺榮，進不避難，其殆有真得者歟！子應樂，舉於鄉，三爲縣令，而居業蕭然，亦克肖矣。

録自過庭訓纂集《明朝分省人物考》卷五十一，廣陵書社二〇一五年影印版，第二册，第一一一二頁。

員外錢緒山先生德洪

黄宗羲

錢德洪，字洪甫，號緒山，浙之餘姚人。王文成平濠歸越，先生與同邑范引年、管州、鄭寅、柴鳳、徐珊、吴仁數十人會於中天閣，同禀學焉。明年，舉於鄉。時四方之士來學於越者甚衆，先生與龍溪先爲疏通其大旨，而後卒業於文成，一時稱爲教授師。嘉靖五年，舉於南宫，不廷試而歸。文成征思、田，先生與龍溪居守越中書院。七年，奔文成之喪，至於貴溪，問喪服，邵竹峰曰：「昔者孔子没，子貢若喪父而無服，禮也。」先生曰：「吾夫子没於道路，無主喪者，弟子不可以無服。然某也有父母在，麻衣布絰，弗敢有加焉。」築室於場，以終心制。十一年，始赴廷試，出爲蘇學教授。丁内艱。服闋，補國子監丞，尋升刑部主事，稍遷員外郎，署陝西司事。上夜游西山，召武定侯郭勳不至，給事中高時劾之，下勳錦衣獄，轉送刑部。勳驕恣不法，舉朝恨之，皆欲坐以不軌。先生據法以違敕十罪論死，再上不報。舉朝以上之不報，因按輕也，劾先生不明律法。上以先生爲故人，故不報，遂因劾下先生於獄。蓋上之寵勳未衰，特因事稍折之，與廷臣之意故相左也。先生身嬰三木，與侍御楊斛山、都督趙白樓講《易》不輟。勳死，始得出獄。九廟成，詔復冠帶。穆宗朝，進階朝列大夫，致仕。萬曆初，復進階一級。在野三十年，無日不講學，江、浙、宣、歙、楚、廣名區奥地，皆有講舍，先生與龍溪疊捧珠盤。年七十，作《頤閑疏》告四方，始不出游。二年十月二十六日卒，年七十九。

録自黄宗羲《明儒學案》卷十一《浙中王門學案一》，清康熙三十二年賈樸紫筠齋刻本。

陽明弟子列傳・錢寬

張岱

錢寬，字德洪，山陰人。錢鏐之後。父希明，三歲失明，而博古能文章。文成倡道，寬與王畿首師之，推尊發明爲獨至。文成在越七年，寬自歸省外，無日不侍左右。文成丁父艱，使門弟子紀喪事，因才器使。仙居人金克厚者，爲人謹厚，文成使司厨。克厚語寬曰：「吾學得司厨而大進。」嘉靖五年，寬與畿、厚同舉進士，而寬、畿不廷對，歸，卒業於文成。凡士子及文成之門者，文成使寬先引導之，俟志定有入，方與請見。八年，當廷試，方北上，聞文成喪，遂輟試，與畿迎喪廣信，制服哭之。構天真精舍，當湖海之交，祀文成。收録遺言與答問語，曰《傳習録》。既殿試，乞教授蘇州以便養。遷國子監丞。立省愆堂，教諸生以悔吉吝凶之道。遷刑部主事，轉員外。坐械繫郭勳忤旨，下詔獄，與楊爵、趙都督白樓講學獄中。勳死乃釋。隆慶初，薦復原職。以引年進階朝列大夫。無何卒。學者稱爲緒山先生。

録自張岱《石匱書》卷第一百三十，故宫出版社二〇一七年版，第六册，第二〇三一頁。

錢緒山傳

邵廷采

緒山錢子，諱德洪，字洪甫，年十七讀《傳習録》，聞王子講學江右，思及其門。王子平宸濠歸，省祖塋於餘姚。錢子請親命，率侄大經、應揚及鄭寅、俞大本，因王正心通贄且請，爲會龍泉之中天閣。王子書會期於壁。嘉靖壬午，舉於鄉。丙戌，與龍溪王子並舉南宫，俱不廷對。王子喜，凡初及門者，令之引導，俟志定有入，方請見。丁亥九月，與龍溪子證道於天泉橋。十一月，王子至肇慶，寄書錢子與龍溪子曰：「紹興書院，德洪、汝中既任其責，餘姚又得應元諸友鼓舞。老夫雖出山林，每以自慰。」戊子九月，王子與錢子書：「近有人自家鄉來，聞龍山之講至今不廢，亦殊可喜。書到，益相與勉之。」十一月丁卯，王子卒於南安，時錢子與龍溪子將入京殿試，傳王子歸，迎至嚴灘，聞訃。己丑正月三日，成喪於廣信，訃告同門。是日，正憲至；六日，會於弋陽；十日，過玉山，守儉、守文，門人范引年、柴鳳等至。王子喪歸越，内訌外侮並作，錢子與龍溪子保孤寧家。庚寅，薛尚謙建天真書院，錢子與龍溪子合同志資爲之繼。壬辰，殿試，以親老告，就蘇學教授。過金陵，與黄子綰、聞人子詮等，議刻《文録》，作《購遺文疏》，搜獵於江、浙、閩、廣、直隸。乙未二月，刻於姑蘇。丁内艱，歸，修中天閣之會。服闋，補監丞，陞刑部主事，歷員外郎。癸卯，歸，丁父憂。庚戌，增刻《朱子晚年定論》二卷。時謀修王子年譜，錢子分年得王子始生至謫龍場。越十年，接續其後，得三分之一，丁丑以後五年，屬羅子洪先。癸亥四月，譜成。丙寅，刻王子《文録續編》六卷並《家乘》三卷，後爲《世德記》。甲戌卒，年七十九。

録自邵廷采《姚江書院志略》卷上《祀典》，清乾隆五十九年刻本，收入《中國歷代書院志》第九册，江蘇教育出版社一九九五年版，第二九一——二九二頁。

錢緒山先生德洪

余重耀

錢先生德洪，名寬，字德洪，後以字行，改字洪甫，餘姚人《明史》。弘治丙辰生《理學宗傳》。性好博覽，而不長於記，讀未成誦，雖千百弗措也。一日誦讀有得，晝夜忘寢食，遂搆危疾，已而悔之，銘其牖曰：「學貴精，不貴博。」自是功以序進王龍溪《行狀》。弱冠，博綜朱氏之學，久之，讀《傳習録》，與所學未契，疑之。及陽明平宸濠歸越《理學宗傳》，先生與同邑范引年、管州、鄭寅、柴鳳、徐珊、吴仁數十人，同禀學焉《明儒學案》。闢龍泉中天閣，請陽明升座開講，首以所學請正。陽明曰：「乃知德性之知，是爲良知而非知識也。良知至微而顯，故知微可與入德，唐虞授受只是指點得一『微』字，《中庸》『不睹不聞』以至『無聲無臭』，中間只是發明得一『微』字。」衆聞之，躍然如夢醒，先生倡之也。嘉靖壬午中式王龍溪《行狀》，四方士踵至，先生與龍溪先爲疏通其大旨，而後卒業於陽明《明儒學案》。丙戌，與龍溪同舉南宫，不就廷試而歸。自是四方來學者雲集，與龍溪往來參究，一提師門宗旨，歸之自得，翕然有風動之機《理學宗傳》。陽明征思、田，先生與龍溪居守越中書院《明儒學案》。戊子冬《理學宗傳》，偕龍溪赴廷試《明儒學案》，途聞師變《理學宗傳》，乃奔喪至貴溪，議喪服。先生曰：「某有親在，麻衣布絰（經），弗敢有加焉。」龍溪曰：「我無親。」遂服斬衰。喪歸，先生與龍溪築室於場，以終心喪《明史》。權貴忌陽明德業之盛，有司默承風旨，媒孽其家鄉之惡少，將不利於胤子，内訌外侮並作。先生與龍溪保孤寧家，日夕不相離，暇則與四方同志往來聚會，以廣師教。壬辰，與龍溪同北行，終試事《理學宗傳》，成進士，累官刑部郎中。郭勛下詔獄，移部定罪，先生據獄詞論死，廷臣欲坐以不軌，言先生不習刑名，而帝雅不欲勳死，因言官疏，下先生詔獄，所司上其罪，已出獄矣。帝曰：「始朕命刑官毋梏勳，德洪故違之，與勳不領敕何異？」再下獄，御史楊爵、都督趙卿亦在繫。先生與講《易》不輟，久之斥爲民《明史》。初先生觀政吏曹時，與臺諫部院諸同志舉月會，商究舊學，動以數十，未幾以親老便養，告就蘇學教授，吴士翕然而興，謂有東魯泝水風。乙未丁内艱歸，修復中天閣之會《理學宗傳》，至是增放歸農。先生之學，得諸生死真境中，益覺自信，獄中嘗寄龍溪書曰：「上天爲我設此法象，本來真性，不容絲毫掛帶。乃知平時學問，大未得力。古人處動忍而獲增益，不知增益者何物，減削則已盡矣。」《王龍溪〈行狀〉》。先生既廢，遂周游四方，講良知學。時士大夫率務講學爲名高，而先生與龍溪以陽明高第弟子，尤爲人所宗《明史》。在野三十年，無日不講學，江、浙、宣、歙、楚、廣名區奥地，皆有講舍。先生與龍溪迭捧珠槃，年七十，作《頤閒疏》告四方《明儒學案》，自是不復遠游，相期同志春秋會於天真《理學宗傳》。穆宗立，復官，進階朝列大夫致仕。神宗即位，復進一階《明史》。萬曆二年十月二十六日《明儒學案》，卒於湖上之表忠觀，其先祠也，年七十九《理學宗傳》，學者稱緒山先生《明史》。有《言行逸稿》一編，藏而未行，蓋將有待也王龍溪《行狀》。又有《語録》一卷、《會語》二十五卷、《文集》二十五卷《餘姚縣志》。子應樂，舉人，三爲縣令，而居業蕭然，無忝家學《姚江書院志略》。

黄梨洲曰：「先生與龍溪親炙陽明最久，習聞其過重之言。龍溪謂寂者心之體，寂以照爲用，守其空知而遺照，是乖其用也。先生謂未發竟從何處覓？離已發而求未發，必不可得。是兩先生之良知，俱以見在知覺而言，於聖賢凝聚處盡與掃除，在師門之旨不能無毫釐之差。龍溪從見在悟其變動不居之體，先生只於事務上實心磨煉。故先生之徹悟不如龍溪，龍溪之修持不如先生，乃龍溪竟入於禪，而先生不失儒者之矩矱。何也？龍溪懸崖撒手，非師門宗旨所可繫縛，先生則把纜放船，雖無大得亦無大失耳！」《明儒學案》

徐魯源先生用檢緒山弟子

徐先生用檢，字克賢，號魯源，金華蘭溪人，嘉靖壬戌進士，由刑部主事累遷至太常寺卿，兩載回籍。萬曆辛亥十一月卒，年八十四。先生師事緒山，然其爲學不以良知而以志學。謂：「君子以復性爲學，則必求其所以爲性，而性囿於質，難使純明，故無事不學，學焉又恐就其性之所近，故無學不證諸孔氏。」又謂：「求之於心者，所以求心之聖；求之於聖者，所以求聖之心。」

蓋其時學者執「心之精神謂之聖」一語，縱橫於氣質以爲學，先生以孔氏爲的，亦不得已之苦心。耿楚倥與先生談數日，曰：「先生今之孟子也。」久之，寓書曰：「願君執禦，無專執射。」天臺譯其意曰：「夫射必有的，禦所以載人也。子輿氏願學孔子，其立之的乎？孔子善調禦狂狷，行無轍迹，故云『執御』。吾仲氏欲門下損孟之高，爲孔之大，如斯而已。」楚倥信心之士，其學與先生不合，謂先生爲孟子，譏之也。先生嘗問學羅近溪，在都門從趙大洲講學，禮部司務李贄不肯赴會，先生以手書《金剛經》示之，曰：「此不死學問也，若亦不講乎？」贄始折節向學。嘗晨起候門，先生出，輒攝衣上馬去，不接一語者再，贄信向益堅，語人曰：「徐公鉗錘如是。」此皆先生初學時事，其後漸歸平實矣。《明儒學案》

羅匡湖先生大紘魯源弟子

羅先生大紘，字公廓，號匡湖，吉之安福人。萬曆丙戌進士《明儒學案》。授行人，八月選禮科給事中，上書切直，抗疏劾申時行内外二心，藏奸蓄禍，誤國賣友。常怒，下獄拷訊，斥爲民。先生志行高卓，鄉里以配里先達羅倫、羅洪先，號爲「三羅」。天啓中，贈光禄少卿。《明史》

黄梨洲曰：「先生學於徐魯源，林下與南皋講學。南皋謂先生敏而善入，衆人所却步躊躕四顧者，先生提刀直入；衆人經數年始入者，先生先闖其奥。然觀其所得，破除默照，以爲一念既滯，五官俱墮。於江右先正之脉，又一轉矣。野史言：『吴門殁，南皋爲之作傳。先生怒，具

揭告海内。南皋囑申氏弗刻乃止。』按吴門墓表,見刻南皋《存真集》。野史之非,可勿辯矣。」《明儒學案》

余廷甫先生珊緒山、東廓弟子

余先生珊,字廷甫,寧國歲貢,師事緒山、東廓,講良知之學。嘉靖間,歷任甯陵、汶上、武定各學官,潛心性理,士深瞻仰。致仕歸,誘進後學,講論不輟,邑人化之,卒祀鄉賢。《寧國縣志》

杜惟誠先生質緒山、龍溪弟子

杜先生質,字惟誠,太平人,從緒山、龍溪講游,多所指授。時張居正禁溪學,先生談論自如,曰:「彼禁者僞耳,吾自真也。」但易其名爲《申明鄉約》。著有《明儒經翼》《寧國府志》。

程心泉先生大賓緒山弟子

程先生大賓,字汝見,號心泉,歙人,貴州參政,受學緒山。緒山謂之曰:「古人學問,不離七情中用功,而病痛亦多由七情中作。」《明儒學案》

蕭念渠先生彦緒山弟子

蕭先生彦,字思學《明史》,號念渠,涇縣人,師事緒山《明儒學案》。隆慶五年進士,除杭州推官。萬曆三年,擢兵科給事中。自塞上多警,邊吏輒假招降倖賞,先生言宜一切報罷,從之。以工科左給事中閱視陝西四鎮邊務還,奏訓兵儲餉十事,並允行,尋進户科都給事中,擢太常少卿。以右僉都御史巡撫貴州，官至户部右侍郎，尋卒。先生從同縣查毅齋學，有志行，服官明習天下事，所在見稱，後贈右都御史，謚定肅。弟雍，廣東按察使，宦迹亞於先生而學過之，時稱「二蕭」《明史》。先生出毅齋門，垂四十年，沐教最深且久，無如先生者先生《祭查毅齋文》。

蕭拙齋先生良幹緒山、龍溪弟子

蕭先生良幹，字以寧，號拙齋《明儒學案》，涇縣人，性至孝，母病，衣不解帶者累月。隆慶辛未進士，授户部主事，榷税崇文河西，斥羨金無所取。遷紹興知府，修三江閘，築海塘，復稽山書院，與士大夫講學。歷陞陝西左布政，裁抑鑛税二瑠，所部以安。著有《天逸閣集》《安徽通志》。先生師緒山、龍溪，水西講學之盛，蕭氏之力也《明儒學案》。子思似，字若拙，以舉人累選户部員外郎。出守江西廣信，致仕歸，少師顧涇陽。其言學病黄勉齋之窮索、顔山農之放縱，而以誠明二語爲梯航。所著有《環翠樓集》《安徽通志》。

錢俊民先生應揚緒山從子，附錢先生大經

錢先生應揚，字俊民，緒山從子，以進士授長沙府推官，選河南道御史，巡視長蘆鹽課御史，出按廣東，建言降全州判官，陞欒安知縣《分省人物考》。

正德十二年九月，陽明歸餘姚省祖塋，緒山率二侄大經與先生及鄭寅、俞大本，因王正心通

贊《陽明先生年譜》。著有《尚書説意》、《後峰存真稿》〔二〕六卷先生長於説經，歸安茅坤師事之。《白華樓集》所謂後峰先生也。

録自余重耀輯《陽明弟子傳纂》卷一，收入《陽明先生傳纂》，上海中華書局民國十二年版，第三一一〇頁。

錢德洪進士録

浙江錢德洪，壬午鄉試三十七名，丙戌會試二百三十一名，廷試三甲二百二十六名。字洪甫，治《易經》。餘姚縣人。觀吏部政，授蘇州府教授，陞國子監丞，陞刑主事、員外止。號緒山。曾祖師摯。祖習。父蒙，母馬氏。兄德忠、德昭、德恕。弟德章生員、德周、德充生員。子應制、應度、應樂知縣。

録自《嘉靖十一年進士同年序齒録》，收入天一閣博物館整理《天一閣藏明代科舉録選刊》，寧波出版社二〇〇七年版，第四册，第十二頁。

明史·錢德洪傳

錢德洪，名寬，字德洪，後以字行，改字洪甫，餘姚人。王守仁自尚書歸里，德洪偕數十人共

〔二〕原文作「存稿真」，據乾隆《餘姚志》改。

學焉。四方士踵至，德洪與王畿先爲疏通其大旨，而後卒業於守仁。嘉靖五年舉會試，徑歸。七年冬，偕畿赴廷試，聞守仁訃，乃奔喪至貴溪。議喪服，德洪曰：「某有親在，麻衣布絰弗敢有加焉。」畿曰：「我無親。」遂服斬衰。喪歸，德洪與畿築室於場，以終心喪。十一年始成進士。累官刑部郎中。郭勛下詔獄，移部定罪，德洪據獄詞論死。廷臣欲坐以不軌，言德洪不習刑名。而帝雅不欲勛死，因言官疏下德洪詔獄。所司上其罪，已出獄矣。帝曰：「始朕命刑官毋梏勛，德洪故違之，與勛不領敕何異？」再下獄。御史楊爵、都督趙卿亦在系，德洪與講《易》不輟。久之，斥爲民。德洪既廢，遂周游四方，講良知學。時士大夫率務講學爲名高，而德洪、畿以守仁高第弟子，尤爲人所宗。德洪徹悟不如畿，畿持循亦不如德洪，然畿竟入於禪，而德洪猶不失儒者矩矱云。穆宗立，復官，進階朝列大夫，致仕。神宗嗣位，復進一階。卒年七十九。學者稱緒山先生。

録自張廷玉等撰《明史》卷二八三，中華書局二〇〇四年版。

餘姚縣志·錢德洪傳

錢德洪，名寬，字德洪，後以字行，改字洪甫，號緒山。《三祠傳輯》：弘治丙辰，祀竈前夕，德洪母夢祥雲款款，空中呼認太乙，而德洪生。王守仁平濠歸越，德洪與同邑范引年、管州、鄭寅、柴鳳、徐珊、吴仁數十人會于中天閣，同稟學焉。《姚江書院志略》：德洪率從子大經、應揚及俞大本，因王正心通贄。《分省人物考》：錢應揚，字俊民，以進士授長沙府推官，選河南道御史，巡視長蘆鹽課御史，出按廣東，建言降全州判官，升築安知縣。明年，舉於鄉，四方之士來學於越者甚衆，德洪與王畿先爲疏通其大旨，而後卒業於守仁，一時稱爲教授師。嘉靖五年，舉會試，徑歸。七年，偕畿赴廷試，聞守仁訃，乃奔喪至貴溪，議喪服。德洪曰：「夫子没于道路，無主喪者，弟子不可以無服，然某有親在，麻衣布絰弗敢有加焉。」畿曰：「我無親。」遂服斬衰。喪歸，築室於場，以終心喪。十一年始成進士，以母老乞恩便養，得教授蘇州，至則坐道山亭開講，學者翕然，外庠士皆僦居學旁舍以聽。丁内艱，去廠闕，補國子監丞，升刑部主事遷員外郎案：史傳作郎中。署陝西司事。上夜游西山，召武定侯郭勳，不至，給事中高時劾之，下勳錦衣獄，轉送刑部。勳驕恣不法，舉朝恨之，皆欲坐以不軌。德洪據法以違敕十罪論死，再上不報，舉朝以上之不報因按輕也，劾德洪不明律法。上以德洪爲故入，故不報，遂因劾，下德洪獄。蓋上寵勳未衰，特因事稍折之，與廷臣之意故相左也。御史楊爵、都督趙卿亦在繫，德洪與講《易》不輟。久之斥爲民。九廟成，詔復冠帶。穆宗朝，進階朝列大夫，致仕。萬曆初，復進階一級。在野三十年，無日不講學，江、浙、宣、歙、楚、廣名區奥地，皆有講舍。卒年七十九，學者稱緒山先生《明史本傳》，參《明儒學案》《景賢録》。子應樂，舉人，三爲縣令，而居業蕭然，無忝家學《三祠傳輯》。

録自《餘姚縣志》卷二十三《列傳》九，清光緒二十五年刻本。

錢德洪傳

王士緯

錢德洪，字洪甫，號緒山，浙之餘姚人。陽明平濠歸越，緒山與同邑范引年等數十人會於中天閣，同禀學焉。四方來學甚衆，緒山與龍溪疏通其大旨，而後卒業於陽明，一時稱爲教授師。《明儒學案·緒山傳》嘉靖壬辰成進士，累官刑部郎中，坐論郭勳死，下詔獄，久斥爲民。《明史》在野三十年，無日不講學。江、浙、宣、歙、楚、廣名區奥地，皆有講舍。緒山與龍溪迭捧珠槃，然緒山之徹悟不如龍溪，龍溪之修持不如緒山。乃龍溪竟入於禪，而緒山不失儒者之矩矱。《明儒學案》（王艮）先生嘗致書緒山論「良知」，謂：「良知者，真實無妄之謂也，自能辨是非。」先生仲子東厓曾游緒山門。

録自王士緯《心齋先生學譜·學侶考》，民國三十一年刊本。

序跋

獄中詩集序

楊爵

去年春予以罪下北司獄，既而緒山錢子、白樓趙子皆以負罪同繫於獄，如楚囚之相對也。二子者，嘆舊業之易荒，不以蒙難爲意，時時讀《易》。余以圜墻之中而得賞，奇析疑之樂，因與二子取六經三史、諸子百家，數相論難，情興感觸，發爲詩歌，古風近體，各有所得，歲月既久，總成一帙，録藏巾笥，意不在詩與文，而在無忘今日患難相與之心也。故吾三人每相聚語，未嘗不嘆相遇之奇而幸其相處之益也。古者大聖賢之心學，淵源相與，神交默會，故有誕先登岸，不假於困窮鬱抑而後成。然以動心忍性，熟其所存，精其所履，而優入於神化之境者，自上智而下恒多有之。吾觀錢、趙二子，景希先哲，探討幽秘，亹亹不厭，他日行所學以福斯世，而成可久可大之事業，其與涵養家塾而措諸廊廟者，何異耶？顧予庸疏多罪，劣於振拔，幸得竊其影響，補愆省咎，而僅比於折肱知醫之萬一焉。夫以多凶多懼之區，而爲進修之地者，亦在乎心之存不存何如耳！時嘉靖壬寅秋七月既望，爵書於獄中。

録自楊爵《楊忠介集》卷二，收入文淵閣《四庫全書》第一二七六册，第一一—一二頁。

緒山講院教語

鄒守益

學聖之要，以求仁責諸躬，以輔仁望諸友。能仁其身，則明物察倫，德修道凝，發育峻極，與天地同流，反是則無。無惻隱羞惡，不可列於人道。學者審於界限之嚴，故慎於獨知，顧諟明命，不敢以須臾離天則。而親師取友，離經辨志；親直諒，遠淫比；凡衣冠之不正，服飾之不衷，父子君臣之不盡分，辭受仕止之不中節，皆朋友之責也。是以相觀而善，以勸德業，以規過失；是之謂文會而輔仁。若祗以工詞説，廣聞見，析異同，是外馳以徼譽也，於輔仁懸矣。巾石呂子、緒山錢子，膺當道聘主懷玉之教事，諸生悦其教，惕然有省也。德興王生守勝嘉會良臣，程生一麟、一龍、尚仁、祝生眉壽，相與築舍於文麓之陽，以肅衆志。二師咸有訓詞。予因所習，以助切磋。

録自《饒州府志》卷二十八《藝文三·雜著》，清同治十一年刻本。

瑞雲樓遺址記

羅洪先

瑞雲樓在餘姚龍山北麓，本莫氏居，尚書海日王公微時寓焉。而夫人鄭有身，既踰期，母岑太夫人夢緋袍玉帶貴人乘五色雲，抱兒授之，驚覺，啼聲在耳，果得兒，成化壬辰九月三十日也。於是以「雲」爲名，呼其名，輒不應，亦不復言，如是者五年。一日道士入庭，指兒謂家人曰：「天機慎勿泄也。」比出門，忽不見，亟易名，兒始能言，是爲陽明先生。先生既貴，鄉人號樓曰「瑞雲」。其後錢心漁翁僦居之。弘治丙辰，緒山錢子生。錢子登進士，而莫氏以居來售，於是樓入於錢。嘉靖丙辰，錢子索予大書「瑞雲樓遺址」五字，垂之後記曰：山川出雲，有開必先，言氣幾也，吾於瑞雲何疑。雖然，雲故無體，自無出有，而變化形，雨澤降。故言天下之至變者，莫如雲，而庇萬物鍺，亦莫如雲。予未及登先生門，聞先生少時負性不羈，馳騁出没於百家衆技，靡所不入，其後刊落支離，一以良知爲主，真有以接濂、洛不傳之緒而昌大之。天下之人聞其説，如卿雲承日，光景焜郁，有目之所共見而樂就之；視其少時，不知凡幾消蝕而更易也。先生功業偉矣。乃其晚年，日益不足，以爲躬行，猶若未盡，顧昔所爲，又皆太虚之浮雲，而於人之譏訕摧折、傾軋污衊者，又如晦明交代乎！吾前倏爲白衣，倏爲蒼狗，而吾漠然，無可動心。嗚呼，此豈一時之瑞，其千載不數見者哉！錢子事先生最久，在朝之日無多，有自我西郊之象，然所至朋從，雲集霧滃，未嘗不以良知之説相傳，其瑞一時耶？千載耶？是在錢子。十餘年來，予與錢子止一再見，慨蹤迹之難並，壯衷之易逝，猶夫雲之聚散，不可得而常也。而錢子之年，又已加於先生。使先生如錢子之年，其日益不足者，當復何似？錢子不爲瑞雲，得乎？樓入錢氏，今已改築，書「遺址」，蓋紀實云。

録自羅洪先《石蓮洞羅先生文集》卷十三，明萬曆四十四年陳于廷刻本。

《吴越世家疑辯序》跋

夏浚

月川子曰：余讀緒山子《吴越世家疑辯序》，蓋信其爲千古公案，非一家之私言也。夫前有美而不知不明也，知而弗傳不仁也。若不思蓋前人之愆，而惟務掩過，是誣之也，非孝子慈孫之心也，仁且智者弗爲也。緒山子念先德之不暴於天下後世，故思從而表之，表之誠是也，不可得而私也。徵諸吴越之人心，則民到於今不忘；質諸先正之公論，則君子無弗與者，顧獨於歐陽史文不能無疑焉。然而，據其論定之説，有若《有美堂記》，其歸德云云，則亦無弗與者，謂後世之史類不能闕文傳疑者，非邪？況天道福善禍淫之常久之無弗定者。使錢氏之德，或厭於天，則其享國之久，世澤之長，天之報應如此哉！余故特徵諸天命，俾讀者以是先之。嘉靖庚申春三月，月川子夏浚書於懷玉易簡堂。

録自馬蓋臣《五代史吴越世家疑辯》卷末，明嘉靖三十九年錢德洪刻本，收入《四庫全書存目叢書》史部第一六三册，第三二七頁。

《困學録》後序

劉魁

古人之學，無時無處而不用其力焉，要在求其本心而已。本心者，道心也，孟子所謂仁義之良心也。此心既得，自無不足，其於富貴、貧賤、患難之來，處之一矣。舍此不求，而或分内外焉，而或雜聞見焉，而或執異同焉，馳騖衆説，克協於一者，鮮矣。中無所主，物交必遷，能處之而不失其正乎？諺云：不壞良心，便是好人。又古文豪傑士，往往負節義文章之名，震動一時，然不根諸心，未免動於意氣之偏，而非禮義之中正；流於技藝之末，而非經緯之自然。故結冠纓者，於道或未善；飾輪轅者，而人或未庸。是則求心之學，豈可一日而不講哉？

壬寅秋九月，予以狂妄下詔獄，從三君子後。斛山子，往年出使湖南，道經潁水，曾一邂逅至，見《使還備采民風》一疏，以爲近時絶響，每遇相知，奉使而行，必舉以告其爲傾向，不但今日然也。緒山子，二十年前同門友，學究師傳，多所自得，麗澤之益，資之者衆，吾輩咸推先焉。白樓子，則今始職面也，每與聯坐圜堦，側聞玉屑，皆本諸心，罔有隱伏，至讀發爲詩歌諸作，又皆直寫其意趣，感慨之論，不無激於衷；和平之音，終可聽於神，不徒爾也。緒山子編爲成書，題曰《困學録》，欲各存一帙，以爲後會之徵、世講之具。夫既序諸前矣，謂予不宜以不文辭於乎！

吾輩東西南北人也，前後幸相與通籍於朝，今又各以罪戾同繫於獄，仰賴皇仁如天，不甚拘禁，故得往來聚講，以究此心之微，不可謂不遇矣。然處困者，操慮既深，德慧必達；動忍既至，不能必增，此爲以困爲學而善求其本心者矣！後日於是録也，庶有徵焉，不然人將以爲空言剩語也，而可爲子孫世訓乎？噫！是則可懼也已。此親貴福澤，尤爲待人。

録自范鄗鼎彙編《廣理學備考·劉晴川先生·五經堂稿編》，清康熙二十年范鄗鼎五經堂刻本。

錢緒山先生要語序

劉宗周

予讀《天泉證道記》，知王、錢二先生並傳陽明子之教法也。子嘗有言：「無善無惡心之體，有善有惡意之動，知善知惡是良知，爲善去惡是格物。」王先生推明之，爲「四無」之説，而錢先生則謂是師門教人定本，不可易。遂舉以質陽明子。曰：「汝中所言，可接上根人；德洪所言，可接下根人。」世傳王門教法有此兩端，予嘗虛心諷詠，間果無師門定本之言，一有一無，語語執著，不免王先生駁正，固也。故子亦不覺訝然自失，至許爲顔子、明道所不敢言，錢先生當於何處作解？而予以爲，此非子之言，而王先生之言也。子所雅言，「良知」而已矣。又曰「良知即天理」，爲其有善而無惡故也。知是有善無惡之知，則物即是有善無惡之物，意即是有善無惡之意，而心之爲有善無惡，又何疑乎？古之言道者，至「至善」一語，天機發洩已盡，過此以往，所謂「人生而静以上不容説」也。即言及「無」字，已成「剩語」云，何得有上根法？吾聞乾竺氏言曰：「不思善，不思惡，時見本來面目。」王先生「四無」之説，意本諸此，此真顔子、明道所不敢言。甚矣！其敢言之也。王先生方詡詡語下，以爲與己，遂筆之於書，以艷來禩，無乃與「良知」之旨愈相謬刺乎！予故曰：「此非子之言，而王先生之言也。」即錢先生，固嘗有《論學書》數十卷，大抵不離「良知」者近是。予獨喜其言良知不作有無善惡詮解，墮學人執見，尤爲善發師蘊，乃知當日定本之言，殆亦一時之權論，而未可遽以概先生也。先生嘗謂王先生曰：「凡爲愚夫愚婦立法者，皆聖人之言也。爲聖人闡道妙、發性真者，皆賢人之言也。」此可爲天泉斷案。

先生有裔孫集生氏，頗能讀先生遺書，猶念先生之教不盡行於後世也，因出舊編，請政於予。予後進識淺，愧未窺先生萬一，而友人王金如遂取先生之書，摘其粹者若干條，爲《要語》示予。予曰：「何儉乎？」曰：「先生之書，雖不盡於是，而教法則已備是。子不云乎『德洪接下根』，殆爲吾儕而設。」予曰：「有是乎！有是乎！其下也，乃所以爲上也。故曰『下學而上達』。」夫不離愚夫愚婦而直證道真徹上下而一之者，其惟「良知」二字乎！嗚呼！此真錢先生之言而子之言也。學者欲求端於陽明子之教者，必自先生始。乃根器如金如，而獨有取於先生之言，亦可爲善學也已。

録自劉宗周《劉子全書及遺編》卷二十一，日本京都中文出版社一九八一年影印本，第三九〇—三九一頁。

《平豪記》提要

編修程晉芳家藏本，明錢德洪撰。德洪本名寬，字德洪，後以字行，改字洪甫，餘姚人，嘉靖壬辰進士，官至刑部郎中，事蹟具《明史·儒林傳》。初，王守仁之平宸濠也，其大綱具於《叙功疏》，其細目具於《年譜》。德洪受業守仁，據師友所見聞，其陰謀秘計及一切委曲彌縫之處，有疏及《年譜》所不詳者，因作此記以補之。凡黄綰所説四條，龍光所説二條，雷濟所説一條，附載德洪隨事附論者五條，又自跋一條。大旨謂寧藩之敗，由於遲留半月始發。其遲留半月，則由於守仁多設反間以疑之。守仁在日，秘不言，守仁殁後，始得其閑書閑碑之稿於龍光，而駕馭峒酉葉芳，及陰令知縣陳冕，詭漁舟以誘擒宸濠，皆當時所不盡知者云。

録自永瑢、紀昀主編《四庫全書總目》，中華書局一九六五年版，第四八二頁。

《緒山會語》提要

江蘇周厚堉家藏本，明錢德洪撰。德洪有《平豪記》，已著録。《明史·儒林傳》稱：四方士從王守仁學者，皆德洪與王畿先爲疏通其大旨，而後卒業於守仁。事守仁四十年，嘗刻《陽明文録》，故稱王氏學者以錢、王爲首；又稱德洪徹悟不及畿，畿持循亦不如德洪，然畿竟入於禪，而德洪猶不失儒者矩矱。是編爲其子應樂所刊，前四卷爲會語、講義，五、六兩卷爲詩，七卷以下爲雜文，第二十五卷則附録墓表、志銘。雖其詩文全集，而大致皆講學之語，故仍總名曰《會語》。今亦著録於儒家焉。

録自永瑢、紀昀主編《四庫全書總目》，中華書局一九六五年版，第八一二頁。

餘姚縣志·錢德洪著述

錢德洪《緒山語録》一卷。陸世儀曰：「姚江弟子吾必以緒山爲巨擘，其序《傳習録》曰：『吾師以致知之旨開示來學者，躬修默悟，不敢以知解承，而惟以實體得。今師亡未及三紀，而格言微旨日以淪晦，豈非吾黨身踐之不力而多言有以病之耶？』此蓋爲龍溪而發，救正王學末流之功甚大。緒山當日雖以天泉之會壓於龍溪，然不負陽明者緒山也，終背陽明之教者龍溪也。」

《緒山會語》二十五卷。《四庫存目提要》：《明史·儒林傳》稱四方士從王守仁學者，皆德洪與王畿先爲疏通其大旨，而後卒業於守仁。事守仁四十年，嘗刻《陽明文録》。故稱王氏學者以錢、王爲首；又稱德洪徹悟不及畿，畿持循亦不如德洪，然畿竟入於禪，而德洪猶不失儒者矩矱。是編爲其子應樂所刊，前四卷爲會語、講義，五、六兩卷爲詩，七卷以下爲雜文，第二十五卷則附録墓表、志銘。雖其詩文全集，而大致皆講學之語，故仍總名曰《會語》。

《平濠記》一卷。《四庫存目提要》：王守仁之平宸濠也，其大綱具於《叙功疏》，其細目具於《年譜》。德洪受業守仁，據師友所見聞，其陰謀秘計及一切委曲彌縫之處，有疏及《年譜》所不詳者，因作此記以補之。凡黄綰所説四條，龍光所説二條，雷濟所説一條，附載德洪隨事附論者五條，又自跋一條。大旨謂寧藩之敗，由於遲留半月始發，其遲留半月則由於守仁多設反間以疑之。守仁在日，秘不言，守仁殁後，始得其閑書閑碑之稿於龍光，而駕馭峒酉葉芳，及陰令知縣陳冕，詭漁舟以誘擒宸濠，皆當時所不盡知者云。《陽明先生年譜》三卷，《緒山文集》二十四卷。

録自《餘姚縣志》卷十七《藝文》上，清光緒二十五年刻本。

附録二：書札、詩文類

書札

與錢德洪、王汝中 丁亥

王守仁

一

家事賴廷豹糾正，而德洪、汝中又相與薰陶切劘於其間，吾可以無内顧矣。紹興書院中同志，不審近來意向如何？德洪、汝中既任其責，當能振作接引，有所興起。會議之約但得不廢，其間縱有一二懈弛，亦可因此夾持，不致遂有傾倒。餘姚又得應元諸友作興鼓舞，想益日異而月不同。老夫雖出山林，亦每以自慰。諸賢皆一日千里之足，豈俟區區有所警策？聊亦以此示鞭影耳。即日已抵肇慶，去梧不三四日可到。方入冗場，未能多及，千萬心亮！紹興書院及餘姚各會同志諸賢，不能一一列名字，幸亮！

二

地方事幸遂平息，相見漸可期矣。近來不審同志叙會如何？得無法堂前今已草深一丈否？想卧龍之會，雖不能大有所益，亦不宜遂致荒落。且存餼羊，後或興起，亦未可知。餘姚得應元諸友相與倡率，爲益不小。近有人自家鄉來，聞龍山之講至今不廢，亦殊可喜。書到，望爲寄聲，益相與勉之。九、十弟與正憲輩，不審早晚能來親近否？或彼自勉，望且誘掖接引之，諒與人爲善之心，當不俟多喋也。〔二〕魏廷豹決能不負所託，兒輩或不能率教，亦望相與夾持之。人行匆匆，百不一及。諸同志不能盡列姓字，均致此意。〔三〕

〔二〕裴景福《壯陶閣書畫録》卷十《明王陽明手札册》，在「魏廷豹決能不負所託」句前，有「汝佩、良輔蘇松之行如何？胡惟一今歲在舍弟處設帳如何」一句，另尚有數字或前後次序有異（見束景南：《王陽明佚文輯考編年》增訂本，上海古籍出版社二〇一五年版，第九九一頁）。

〔三〕裴景福《壯陶閣書畫録》卷十《明王陽明手札册》，在此書末尾有「四月一日，陽明山人致德洪、汝中二道弟文侍。餘空」一句（見束景南：《王陽明佚文輯考編年》增訂本，上海古籍出版社二〇一五年版，第九九一頁）。

三

德洪、汝中書來，見近日工夫之有進，足爲喜慰！而餘姚、紹興諸同志，又能相聚會講，切奮發興起，日勤不懈。吾道之昌，真有火然泉達之機矣。喜幸當何如哉！喜幸當何如哉！此間地方悉已平靖，只因二、三大賊巢，爲兩省盜賊之根株淵藪，積爲民患者，心亦不忍不爲一除剪，又復遲留二、三月。今亦了事矣，旬月間便當就歸途也。守儉、守文二弟，近承夾持啓迪，想亦漸有所進。正憲尤極懶惰，若不痛加鍼砭，其病未易能去。父子兄弟之間，情既迫切，責善反難，其任乃在師友之間。想平日骨肉道義之愛，當不俟於多囑也。書院規則，近聞頗加修葺，是亦可喜。寄去銀二十兩，稍助工費。墻垣之未堅完及一應合整備者，酌量爲之。餘情面話不久。

録自王守仁《王文成公全書》卷六，明隆慶六年謝廷傑刻本。

與德洪

王守仁

《大學或問》數條，非不願共學之士盡聞斯義，顧恐藉寇兵而賫盜糧，是以未欲輕出。且願諸公與海内同志口相授受，俟其有風機之動，然後刻之非晚也。此意嘗與謙之面論，當能相悉也。江、廣兩途，須至杭城始決。若從西道，又得與謙之一話於金、焦之間。冗甚，不及寫書，幸轉致其略。

録自王守仁《王文成公全書》卷二十七，明隆慶六年謝廷傑刻本。

贈掌教錢君之姑蘇序

湛若水

壬辰之秋，錢子洪甫以進士告教職，以便迎養，得蘇州教授，問教學之道於甘泉子，於是魏子、金子、沈子、柯子爲之先焉。甘泉子曰：嘻，吾嘗職斯矣。教學之道信乎斯，斯已矣。夫學，覺斯者也；夫教，效斯者也。是故明乎斯，斯之謂覺；達乎斯，斯之謂效。漆雕開曰：「吾斯之未能信。」伊尹曰：「予天民之先覺者，予將以斯道覺斯民也。」夫斯也者，斯道也。斯道也者，天之理也。天之理也者，人之心也。正人之心，體天之理，信乎斯，斯已矣。故以之成己，則模範立焉；以之成物，則士習淳焉。模範立則師道尊，士習淳則人道興。師道立、人道興，則風俗厚，賢才昌，治化理，而天下平矣。故厚風俗，昌賢才，理治化，平天下，在師儒教學之道始矣。

或曰：「錢君學於陽明子，蓋舉進士六年而不仕，以喪〔二〕於墓廬，得陽明子之道深矣。陽明子之道，良知也，足以教矣。而又求言於甘泉子者，何哉？且甘泉子之道，天理之學也，而又何取焉？」應之者曰：「子謂知有二乎哉？子謂天有二乎哉？子謂子之天理有二乎哉？天有二，則理有二。理有二，則知亦有二矣。無所安排之謂良，不由於人之謂天。故知之良者，天理也，孟氏所謂愛敬之心也。知良知之爲天理，則焉往而不體？故天體物而不遺，理體天而不二。故良知必用天理，天理莫非良知。不相用，不足以爲知天。良知必用天理，則無空知；天理莫非良知，則無外求。不空知而外求，故曰人之心也，天之理也，先覺覺後覺之斯道也，盡之矣。今錢子之往也，則將召庠士而問之曰：『子今之天與堯、舜、孔、孟之天同乎？』彼將曰：『同。』曰：『天之所生，同此人乎？』彼將曰：『同。』曰：『人之生，同此心乎？』彼將曰：『同。』曰：『心之生，同此知乎？』彼將曰：『同。』曰：『所知同此天理乎？』彼將曰：『同。』曰：『同則將求之乎？』曰：『然。』曰：『然則學問思辨篤行，則將何求矣？』曰：『焉求哉？求自得斯而已矣，求斯心而已矣，求其知而已矣，求體乎天之理而已矣，求復乎天者而已矣。』則將應之曰：『子既不能外天，又烏能外乎天之理？又烏能外心？又烏能外心之知？』則將豁然大悟，吾心與

〔二〕「喪」，明萬曆十六年《湛甘泉先生文集》三十二卷本作「潛養」。

天一，吾知與天一，而吾之理與天一，其爲物不貳，故曰配天。於是蘇之士，人人知爲師者之所以教，爲弟子者之所以學。」壬辰八月二十六日。〔二〕

録自黄明同主編，汪廷奎、劉路生整理《湛若水全集》（十六）之《湛若水文集》（一）卷一，上海古籍出版社二〇二〇年版，第二四七—二四八頁。

與錢洪甫書 二首

黄綰

一

别去豈勝馳念！陽明先生文集必如此編輯，使學者觀之，如入叢山，如探淵海，乃見元氣之生、群材衆類、異物奇品，靡所不有，庶足以盡平生學問之大全。隨其所好而擇之，皆足以啓其機而克其量。斯不爲至善至妙者乎？

〔二〕「壬辰八月二十六日」，據明嘉靖十五年高簡、沈珠、火增等編刻《甘泉先生文集》四十卷本補。

二

价來,辱教,深荷道誼至愛。所論講學一事,僕謂必於有講固非,必於不講亦非,但當隨其分量淺深,因其語默之宜,有以投之,則無不得。但恨僕學力未足及此,故見其嘵嘵也。得教,警發多矣,尚期策勵以圖後功。所命從皂事,自能留意,九峰鶴山未及會,相見能一一。价索歸速,率此不悉。

録自黄綰《石龍集》卷三十,明嘉靖十二年王廷相序刻本。

奉緒山先生書

王艮

先生倡道京師,興起多士,是故君子莫大乎與人爲善,非先生樂取諸人以爲善,其孰能與於此哉?近有學者問曰:「良知者性也,即是非之心也。一念之動,或是或非,無不知也。如一念之動,自以爲是,而人又以爲非者,將從人乎、將從己乎?」予謂:「良知者,真實無妄之謂也,自能辨是與非,此處亦好商量,不的放過。」

夫良知固無不知,然亦有蔽處,如子貢欲去告朔之餼羊,而孔子曰:「爾愛其羊,我愛其禮。」齊王欲毀明堂，而孟子曰：「王欲行王政，則勿毀之矣。」若非聖賢救正，不幾於毀先王之道乎？故正諸先覺，考諸古訓，多識前言往行而求以明之，此致良知之道也。

觀諸孔子曰「不學《詩》，無以言；不學《禮》，無以立」、「五十以學《易》，可無大過」，則可見矣。然子貢多學而識之，夫子又以爲非者，何也？説者謂子貢不達其簡易之本，而徒事其末，是以支離外求而失之也。故孔子曰：「吾道一以貫之。」一者，良知之本也，簡易之道也；貫者，良知之用也，體用一原也。使其以良知爲之主本，而多識前言往行以爲畜德，則何多識之病乎？

昔者陸子以簡易爲是，而以朱子多識窮理爲非；朱子以多識窮理爲是，而以陸子簡易爲非。嗚呼！人生其間，則孰知其是非而從之乎？孟子曰：「是非之心，人皆有之。」此簡易之道也。充其是非之心，則知不可勝用，而達諸多識前言往行以畜德矣。故曰：「博學而詳説之，將以反説約也。」嗚呼！朱、陸之辨不明於世也久矣。

昔者堯欲治水，四岳薦四凶，堯曰：「静言庸違，方命圮族。」既而用之，果至敗績。四岳不知而薦之，過也；堯知而用之，非仁乎？不能拂四岳之情，舍己之是而從人之非，非至仁者不能與於此也。是以「蕩蕩乎，民無能名焉」。岳曰：「胤子朱啓明。」堯曰：「嚚訟可乎？」是以不得舜爲己憂，不特仁乎天下，亦仁於丹朱也。舜即受堯之禪，而又避位於堯之子，使當時之人皆曰吾君之子而立之，不幾於失堯仁丹朱之心乎？不特失堯仁丹朱之心，亦失堯仁天下之心也。此是非之又難明也。舜受堯之禪是也，而又不忍逼堯之子，於宫中而避之。避之者，遜之也。是故順乎天而應乎人，皆由己之德也。孔子曰「盡美又盡美」，是非明矣。故孟子曰：「行一不義而得天下，皆不爲也。」此先師所謂致知焉盡矣。

鄙見請正高明，其裁示之。

録自王艮《明儒王心齋先生遺集》卷二，民國六年袁承業排印本。

寄錢緒山

薛侃

學無巧，慕巧反拙；理無可得，自以爲得者失。細自檢來，二十年行脚未登途，二十年論議尚未道著一句。惶悚惶悚。脚下人人有路，頭上人人有宅，孟子就中點出正路安宅，千載幾人尋見？尋見幾人居住不離，措足不差？侃爲此懼，思得證明。離索靡由，恐成枯落。吾兄久在熔範，幸爲指度。

録自薛侃《薛中離先生全集》卷十二，民國四年公昌印務局鉛印本。

書院成請錢德洪兄

薛侃

吾師致良知之説，以道言之，盡天下之道矣；以學言之，盡天下之學矣；以事物言之，盡天下之事物矣。何者？人生而性善謂良知也。良知致達之天下也，非達道乎？良知之體無不善，流而後有不善，故學者反之而已。學問、思辨、篤行，皆所以反之也。反之而復其本體善，與物爲體者也，萬物者也，體不遺者也，非盡天下之學、盡天下之事物乎？問者未察，察而未盡，此學所以未大明也。此學不明，無以推其一體之仁及與人爲善之心，吾師之死不瞑目矣。而況吾儕親承誨育，或苗而未秀，或秀而未實，或得其一而未知其二，聞其端而未究其意者，是可不復聚而講明之乎？不胥翼維以底于成乎？幸我緒山侍師日久，微言奥義具獲指授，其愛同志、憂來學之心，與師一也。天真書院成在不遠，謹會衆致請執事常居其中，凡我門同志，幼者師焉，長者友焉。如侃雖長而未有聞，亦事師友之間焉。庶幾質證有方，聚會有地。以事離去自請代，請者必端的矣。如是弗斷，斯道可一，斯學可明也。吾執事幸毋以年以事多讓。《中庸》曰：「誠者非所以成己而已，所以成物也。」今亦曰：「講學非所以成物而已，所以成己也。」謹專人惇請，惟蚤惠臨。禱萬禱萬。

録自薛侃《薛中離先生全集》卷十三，民國四年公昌印務局鉛印本。

與錢緒山書

薛侃

遠隔有疑，無從質請。吾兄嘗傳師説「間有遊念，不妨」一語，恐爲初學求之太急者而發，與濂溪「静而無静，動而無動」之言相似而實相成。吾輩正欲在静中能定，動上能應，磨煅乃有根脚。若以因人而發之言執爲定論，正可與静中紛紛有念，動上冗冗無措者作窠臼耳。醫行□去，無人轉方救解，殺人多矣。先儒謂「被一言誤了十年」，又謂「説得太早」，是處正宜究竟，不可自誤，亦恐誤人也，何如何如。

録自薛侃《薛中離先生全集》卷十二，民國四年公昌印務局鉛印本。

又與緒山書

薛侃

世途多順，名利津痛，惟有志有道類遭阻折，此神天鑄造意也。吾儕值此，從無聲無臭作起生涯，乃是承當得過。若又沾沾事物，屑屑人我，便成孤負。某被痰火迷悶，心氣粗浮餘二十年，雖常承規誨，終是自明自蔽。蔽時凡夫無異，明時還是隔窗窺日，舍形顧影，曷勝追悵。吾兄高明强毅，又與吾師同地而生，想能一了百當，先登彼岸。無若下根小知，晚而後悔也。

録自薛侃《薛中離先生全集》卷十二，民國四年公昌印務局鉛印本。

復錢緒山書

薛侃

承遠教，殊用警發。今日正自修其道之弗暇，豈敢遂以明道是圖？自尚汶汶，亦詎能昭昭於人耶？然聖人有言：「己欲立而立人，己欲達而達人。」先師亦云：「有分寸之知，即欲同此分寸之知於人；有分寸之覺，即欲同此分寸之覺於人。」此一統事，非有前後，非有彼此也。學而非此，則見修者何事，等候者何物？無亦有精粗之判、人己之隔已乎？昭天之道，察民之故，此學也，此心此時也；質鬼神，一民物，通極無外，此學也，此心此時也。了則自了，無待也；障即自障，非外也。汲汲者，此也；見其進不見其止者，此也；日精之而已，舍此無進，舍此别無所用其汲汲也矣。

録自薛侃《薛中離先生全集》卷十二，民國四年公昌印務局鉛印本。

奉錢德弘、王汝中

薛侃

公弼兄來，得讀訃告詞，惻然哽咽之中有毅然負荷之期，別後新功，於此概見。敬服敬服。師門有賴，斯道之幸也。自學不明，此道離而爲文學，畫而爲謹厚，激昂爲氣節，馳逞爲功能，皆謂自足焉止矣，奚復講學之爲？斯言出而仁之體亡，仁體亡，此人欲所以横流，禽獸所以逼人，吾師所以睽於時也。夫唐、虞之爲唐、虞，以其能使黎民敏德也；三代之爲三代，以其人人爲君子也。由今之學，無變今之俗，能使黎〔二〕民敏德否？能使人人君子否？如謂弗能，則學之不講誠可憂，與人同歸之念不可不急矣。吾師上承千聖，下開絶學，正在此念純切無替，是以斯文漸興，斯道漸明，而世之愛吾師、知有此事者，謂此爲多，不愛吾師、不知此事者，謂此爲虚，亦可哀矣。所賴此理在人心，磨劫不泯。都下信向日衆，則四方可知，後世可知。吾輩正當任其責，務以興起斯文爲己任，庶幾以一衍百，以百衍千，以千衍之萬億，則斯道之寄爲不孤矣。願審己相時，虚心體物，以會天下之同，盡此生之爲，只幹此一事足矣。若人持一見，地各一方，則此學之

〔二〕「黎」，原無此字，陳椰編校《薛侃集》（上海古籍出版社二〇一四年版）據《舊言集》補。

明不明，未可知也。不審諸兄以爲何如。

録自薛侃《薛中離先生全集》卷十二，民國四年公昌印務局鉛印本。

簡錢緒山、王龍溪

鄒守益

養病之疏，多荷維持，足見知己之愛。然延望俞旨，尚未得報，豈當事者猶有所遲疑耶？純甫、思孝兄，素號相知，相知之道，貴在知心。若必欲强其力之所不逮而自以爲愛惜之，譬諸病馬强以駕車，馬病日增，車且將仆，豈所以愛之也？盍若放之幽閒，使完其精力，徐收而鞭策之乎？談間更望贊成之。

敝邑虚糧之害，甚於焚溺，賴當道以丈量振之，庶曰有更生之望。故内重、宜克、子懋、仲瞻諸友，及同志四十餘人，共任其功，數月之間，漸已就緒矣。然以危雙江之虚己從善，諸友之協心秉公，而任事之際，尚有參差不齊。此見學問之功，真無窮已，一有意必，則病痛立見。古人所以歷試諸艱者，正爲見諸行事乃見實學。吾兄驅使仕途，諳練當日精，其何以教之？

汝重、一舒歸，備言致齋先生力任斯文，以倡雅會，聲應氣求，和者日衆，又得子仁諸同志拔茅以進，吾道其將興乎！更望諸君子互相砥礪，修之於家而行之於天子之庭，使真儒之效，式光於師訓。草野之至囑也！

録自鄒守益《鄒東廓先生遺稿》卷五，清光緒三十年刻本。

簡王龍溪、錢緒山二公

陳九川

不肖離索日久，罪惡滋深，禍延先君先妣，旁及兄弟，去春相繼棄背，人間所無之變，一時交集！孱軀崩裂，命如懸髪，敬保餘息，圖終大事，奄踰小祥，未能就緒。二三同志，痛其哀苦，或時慰臨之，因惠警策，使無顛墜，爲先人羞。乞銘甘泉，期兹歲暮，襄事夙夜，哀念如無所歸，高明萬里，其何以救恤之。

先師發明良知之學，救人心於將死。二先生久炙晚年，道誼精確，執喪築場之義，風驅海内，若傳衣法而受顧命者，同志取衷焉。甚恨阻終久，未能商略疑貳。夫逐事省克，而不灼見本體流行之自然，則雖飭身勵行，不足以言天德固矣。然遂以窒欲懲忿爲下乘，遷善改過爲妄萌，使勸學之士、驟窺影響者，皆欲言下了當，自立無過之境，乃徒安其偏質，便其故習，而自以爲率性從心，却使良知之精微，緊切知是知非，所籍以明而誠之者，反蔑視不足輕重，而遂非長過，蕩然忘返，猶驁然自是，横於胸臆，爲拒善之藩籬，則其流弊，又豈但如舊時窠臼沉淪於文章器數之末者哉？此不肖之所深憂也。夫千載晦蝕之學，方賴聖哲，初使昭明，方期大行於天下，而顧又有可憂，如前所云者，不肖輩安能逭其罪邪？非仰賴二三君子，精確指授，因人異施，預救其弊，則將安所諉予哀中？書不盡意，惟會照之下次。

録自陳九川《明水陳先生文集》卷一，收入《四庫全書存目叢書》集部第七二册，第一一頁。

寄錢緒山書

陳九川

久不奉教，馳念何如？子弼還，知候命主會。波石已徹皋比，昨得東廓書，知已補北，慰幸慰幸！僕山棲無進，遠負良朋，雖説自信此心，範圍天地，發育萬物，日用言動，與鳶飛魚躍、雲行雨施，同一化機，然氣習未融，行不掩見，惟一切應酬，不敢加意，悉任其真，雖踰矩尚多，若流恣意，然與曩時内照强制之病，輕矣！高明又何以砭救之？比來覺得戒懼兢惕工夫，即是天機不息之誠，非因此爲入道復性之功也。向聞先師有工夫即本體之説，未之深信，今始解悟，非握天機，終不可語聖功也。累行制心，可以爲賢矣。非此之悟，終落第二義，不知高明以鄙見爲何如也。夫吾心本與天地同體，而本能戒懼兢惕，吾何爲哉？順帝之則而已矣。山棲得此，真可以與鹿豕同游，而況有同志同類相與笑談論議，真不知老之將至也。龍溪聞復以舊官南，得久與南野聚樂，而東廓、荆川、少湖、念庵諸君，又比得以戛磨釘證，以合于精一，先師之道其必大明於天下矣。匡廬雲水，何時大集以畢此願。不盡。

録自陳九川《明水陳先生文集》卷一，收入《四庫全書存目叢書》集部第七二册，第一七頁。

簡錢緒山刑曹

陳九川

昔公逮詔獄，聞嚴旨，人皆危之。川竊謂斯文之未喪，知天以是熟公之仁也。僻地深棲，久不得消息，良繫遠懷，除歲董兆時歸，得奉手教，知歸侍久矣，欣慰無量。所謂慨然有得於初心，知公之增益，乃果如此。所謂習根未出，意見纏縛，其殆中川之膏肓耶！川往歲之變，亦緣驕盈意必之私，足以召災基禍。平生未嘗動心於患難，然而無進步處，正以其不知精察其過耳。乃今始得悔悟而洗濯之，豈其善根不滅，亦非天之所棄者歟？平時無洗心之功，故於不善之萌，每覺於意念流注之後，而始思正之，故犯手費力，迄無成功。始覺顔子「有不善，未嘗不知」，非本體清明不能也。然未嘗不知，即不復行不難矣。未嘗二字，太然不易，此處非但争遲早，最有欲請質者，非紙筆所能盡也。先師中年所論致知格物，正是致曲工夫，於學者極有力。於南元善書中指點本體，尤煞明白，若有直悟本體，便自清明照破。諸妄求不能起而爲祟，即自直炳幾先，便得天地之心矣。竊不自揆，以爲必從事於此，乃不失先師命脈，而皆未能也，仁者其何以輔策之？病足不能出門庭，愈當即入匡廬，爲諸君先驅，以俟終教。力疾布此，不盡欲言。

録自陳九川《明水陳先生文集》卷一，收入《四庫全書存目叢書》集部第七二册，第二四—二五頁。

答錢緒山

聶豹

承諭云：「學問得悟本旨，言語筆札不相涉，特爲學者設法入門，下手終當有實地可據。故老師誠意之旨所以終年曉曉也。」公之意，將無謂致虛守寂以養乎未發之中云云，非初學可驟語，只説誠意方有實地可據乎？注云：「言欲自修者，知爲善以去其惡，則當實用其力，而禁止其自欺，使其惡惡則如惡惡臭，好善則如好好色，皆務決去而求必得之以自快，足於已是入門下手，全在『實用其力，而禁止其自欺』十字，使好好色、惡惡臭亦須力之實用，而其中亦有欺之可禁是也。世顧有見好色而不好，而好之不真者乎？有聞惡臭而不惡，而惡之不真者乎？絶無一毫人力，動以天也。故曰：『誠者天之道也。』又曰：『誠無爲。』又曰：『誠無事。』又曰：『誠者自然而然，稍涉人爲，便是作好作惡，一有所作，便屬自欺，其去自慊遠矣。』故曰：『欲誠其意者，先致其知，蓋言誠意之功全在致知。致知云者，充滿吾虛靈本體之量，而不以一毫意欲自蔽，是謂先天之體，未發之中。故自此而發者，感而遂通，一毫人力與不得，一毫人力不與，是意而無意也。」今不養善根，而求好色之好；不拔惡根，而求惡臭之惡。好謂苟且徇外而爲人也，而可謂之誠乎？蓋意者心之發，亦心之障也。慈湖深病誠意二字，謂非孔門傳授本旨，而以不起意爲宗，是但知意爲心之障霧，而不知誠爲意之丹頭也。點鐵成金，來無所起，過而不留，惟誠者能之。蓋意者隨感出見，因應變遷，萬起萬滅，其端無窮，乃欲一一制之以人力，去其欺而反乎慊，是使初學之士終身不復見定静安慮景界，勞而無功，秖自疲以速化耳。不知當時先師之意果如文公之注乎？抑别有説耶？嘗觀平旦之好惡，孩提之愛敬，是即好好色、惡惡臭之真體，未嘗實用其力，而用無不實；未嘗禁止其自欺，而自無欺之可禁。窮其源委，間不容髮。故曰「苟得其養，無物不長」。願公有以教之。

録自聶豹《雙江聶先生文集》卷九，收入《四庫全書存目叢書》集部第七二册，第四二九—四三〇頁。

寄錢緒山

歐陽德

近得與龍溪兄聚處，盡覺舊習之非。此心未到精瑩澄徹，種種識鑒運用，總是自私用智，總是浮飾，始信静專動直，静翕動辟，心體本是如此。未能充實，必無光輝，分毫假借不得。自今勉力，儻有進步處，幸吾兄惠教之。

録自歐陽德《歐陽南野先生文集》卷二，收入《四庫全書存目叢書》集部第八〇册，第三八七頁。

答錢緒山

歐陽德

先師格物之學，真是如古人切磋琢磨，瑟僴赫喧，精粗表裏，密切周遍，然皆良知本來如此，未嘗於良知上增添得些。海内同志如兄與龍溪數公，直是如此用功。近來朋友却是看得忽易。某嘗謂：舜格事親一物，千變萬化，夔夔齋栗，以終其身，若聖人能忽易得，即是罔念作狂矣。如何如何？

未緣親就，企望教音。彼中同志會聚，幸道此，少見區區愛助之情。

録自歐陽德《歐陽南野先生文集》卷三，收入《四庫全書存目叢書》集部第八一册，第一〇〇—一〇一頁。

與緒山錢洪甫 時寓天真

孫應奎

白首相親，獲領教益，不枉四十餘年同門之義。但通格無二，則猶未能，須實地爭自濯磨，不患不融化，但年不待矣。恐溘然無及是，則可憂也。僕明發渡矣，回首門墻，徒瞻雲嶽，殊悵昨諭厠名《文成全集》，請已之。

二書

示刻《文成全書》，增入賤名，厠諸同事之末，此與進盛心，甚知感激。但披閲叙次，一未效勞，冒有事之榮，竊無功之譽，内以欺己，外以欺人，求之吾心，殊不能自安也。況口耳師傳，未能乎於有衆，衹足以爲同事之辱而已。幸勿濫入，謹辭。

録自孫應奎《燕詒録》卷五，收入《四庫全書存目叢書》集部第九〇册，第五七四—五七五頁。

復錢緒山放心説書

萬表

緒山子示我以求放心之説，既聞教矣，願有以復之。夫仁，人心也，心則仁之體也，由是而達之正路也，即元而亨也，四德本一元也。學問之道無他，求放心而已矣，而已矣者盡之也。謂求放心之外，無復有由義之功也。今子曰：「求之未放之心，使不馳於物。」無乃有以制之乎？明明德者明之也，慎獨誠意者勿欺之也，尊德性（者）尊之也，盡其心者盡之也，存其心者所以事之，只奉承而不違也。孔子曰：「出入無時，莫知其鄉，惟心之謂與。」蓋心之體本如是也，然雖曰出入，而實無出入；雖曰操存捨亡，而實無存亡也。學問之道求其放心者，蓋欲因其已放之心而求之，使得其體也。故曰求而不曰收，求則尋求義也。苟求得其體，則千緒萬端、昔之紛馳而放之者，悉皆得之，無復遺也，則無放與不放也。〔二〕不得其體，雖時存之猶放也。以心制心，是二之也。行其所是而去其所非，是取捨之心未忘，乃知識也〔三〕，非不識不知也，非感而遂通也，非乍見孺子入井一時怵惕者也，亦二之也。子謂「性不可離，又惡得而放」，則得之矣。而又云「馳乎物」者，又誰馳也？敢以是質之。

録自萬表《玩鹿亭稿》卷四，收入《四庫全書存目叢書》集部第七六册，第六五頁。

讀錢緒山叙思樂書

萬表

讀緒山子《叙思樂》之什，文則美矣，然於言樂若有未盡，敢述所疑。叙曰：「樂者心之體

〔二〕此條王畿《鹿園萬公行狀》（《龍溪王先生全集》卷二十）記爲：「苟求得其體，則千條萬緒紛然而施者，皆此體之呈現，則無放與不放也。」

〔三〕「是取捨之心未忘，乃知識也」，原文作「其取捨之心乃知識也」，據王畿《鹿園萬公行狀》改。

也,學者所以復其體也,不學則私勝欲流而戚戚然憂也。」又曰:「君子之學以全其樂也,其不容不學以遠憂也。」夫樂固心之體,而喜怒哀樂四者皆樂也。子以行歌泮堤油油然之樂爲樂,以爲復心之體也,則喜怒哀樂之時爲非心體乎?若然,則是心體爲有間斷也。喜怒憂患聖人所不能無,子謂聖人非樂乎?孔子謂顔子不遷怒非無怒也。蓋心之體即太虛也,喜怒哀樂心之用也。譬之太虛,則雷霆風雨,開合往來,無非太虛景像,子獨以晴霽者爲太虛乎?是故君子求得其體而已矣。喜怒哀樂,隨感而見,所謂左右逢源,則觸處逢渠者也,又何疑乎?惟其喜怒哀樂之一體也,故曰常樂,故於富貴,於貧賤,於夷狄患難,但據目前隨所顯見,無非一體之流行,而此體未嘗或昧,此之謂無入而自得也。然非窮理、盡性、至命,何足以知之?是以君子貴窮理也。子盍曰:二三子!今日行歌之樂於拂逆憂惱之時,其懷抱景象殊異,究竟其體,是果同乎?異乎?其中或有一負性命者,不作文字見解便能聞言,即疑寢食弗措,唯然策發,親到孔顔樂處,其爲樂也至矣。若只以行歌泮堤油油然之樂以爲真樂,不復會其本體,則樂亦是苦耳。近來狂夫之言更覺狂甚,惟吾子擇之。

録自萬表《玩鹿亭稿》卷四,收入《四庫全書存目叢書》集部第七六册,第六六頁。

答錢緒山

萬表

雲舟來領教，甚慰。弟居淮役役，所謂倚毗屬望者，全未全未。而今覺得政事，著些心不得，轉爲所累，只隨事處事，稍覺省力也。尋常心中，順逆得失，冷冷熱熱，往往來來，此理之常，亦稍識破，亦無可去取者耳。吾兄何以教之？讀尊翁《雲夜吟集》，句句皆從胸中流出，非詞章之學所能窺識。容贅數語，另當寄上；《俚説》一章，附請教。今年全運，幸俱過淮，七月半邊，當議北上矣。

録自萬表《玩鹿亭稿》卷四，收入《四庫全書存目叢書》集部第七六册，第七二頁。

與錢緒山

羅洪先

兄在南浦，一日未安，則弟不能安。松原一日，今離去大遠，此心如何？兄見《夜坐詩》中間指先天之病，非謂先天也，謂學也。記得白沙《夜坐》有云：「些兒若問天根處，亥子中間得最真。」又云：「吾儒自有中和在，誰會求之未發前？」是白沙無心於言也，信口拈來，自與道和。

白沙雖欲靳之，有不可得者也。不肖正欲反其意，而言不自達，爲之愧愧。然不敢妄言，乃尊兄終身之惠，不敢不敏。病戒多年，復此喋喋，不任惶恐。

録自羅洪先《念庵羅先生文集》卷四，收入文淵閣《四庫全書》第一二七五册，第九五—九六頁。

與錢緒山

羅洪先

別簡數百言，反復於僕之稱謂，謂僕以師陽明先生稱「後學」，不稱「門人」，與童時初志不副。稱門人於没後，有雙江公故事可據，且謬加稱許，以爲不辱先生門墻。此皆愛僕太過，特爲假借推引，在僕固有不然者。

竊意古之稱謂，皆據事實，未嘗徇其所欲，以著誠也。昔之願學孔子，莫若孟子，孟子嘗曰：「吾未得爲孔子徒也。」蓋嘆也。夫得及門，雖互鄉童子亦與其進，不得及門，雖孟子不敢自比於三千之後。惟其實，不惟其名，師法者宜如何哉？彼其嘆之云者，謂未得親炙見而知之，以庶幾於速肖焉耳。未嘗即其願學而遂自謂爲之徒也。此僕所以不敢也。雖然，僕於先生之學，患其未有得耳；如得其門，稱謂之門不門，何足輕重？是爲僕在願學，不在及門也。今之稱後學者，恒不易；易必其人有足師者，然後書之。如是則僕之稱謂者，實與名應，宜不可易。若雙江公與僕兩人，一則已獲侍坐，一則未納贄事，體自别，不得引以相例。且使僕嘗有不得及門之嘆，將日俛焉，跂而及之，亦足以爲激昂之助，未爲戚也。惟兄聽其言。

録自羅洪先《念庵羅先生文集》卷四，收入文淵閣《四庫全書》第一二七五册，第一一七頁。

與錢緒山

羅洪先

去歲聞以《年譜》事，期今春與廓翁復聚，久之無來耗。遠承書問，始知又留天真也。詳讀《會語》，受益不少，然欲請者亦不少。

執事之意，只欲主張良知常發，便於聖賢幾多疑聚處，盡與掃除解脱。夫心固常發，亦常不發，二者可倒一邊立説否？至謂「未發之中，竟從何處覓」，則立言亦大易矣。夫良知既常發，則彼謂先求未發之中者，亦必不能離發而求之，但以應事與間坐時分發與否。其言句稍别，其心固不能使其必不發也。在彼只言句不融，在此謂「未發無處覓」，却是斷絶學原矣。雖云發明師説，非執事容易立言，弟則以爲於師説亦恐未盡。以言發明，不若以身發明，似爲更切。弟往往饒舌，宜爲諸兄所棄，然卒不爲諸兄所棄，宜弟之饒舌也。

若《凝德樓會語》四首，其三段又與前説大不類，却是切實語。參出互見，豈神妙莫測耶？

「幾」字之論全是，但以「念」字爲克念之念，又似不須增一「微」字易之。言「動」却渾然，「動之微」，乃是聖人形容克念處苦心語。執事試味之，不在言説争一字也。

承唐公委記佳亭，弟何幸附名其後。近來多病，此等應酬盡求減省。料廓翁必有高作，弟雖從饒免例矣。勿罪。

録自羅洪先《石蓮洞羅先生文集》卷九，明萬曆四十四年陳于廷刻本。

贈錢緒山序

羅洪先

緒山錢子，在陽明先生之門，號稱篤實而能用其力者。自余十六七年來，凡六七見，而錢子之學，亦且數變。其始也，有見於爲善而去其惡者，以爲致良知也。已而曰：「未矣，良知者，無善無惡者也，吾安得而執以爲有而爲之，而又去之？」後十年，錢子會予於京師，曰：「吾惡夫言之者之淆也。無善而無惡者，見也，非良知也。吾惟即吾所知，以爲善者而得之，以爲惡者而去之，此吾可能爲者也。其不出於此者，非吾所爲，亦非吾之所當聞也。」今年相見於青原，則曰：「向吾之言，猶二也，非一也。蓋先生嘗有言矣，曰『至善者，心之本體，動而後有不善也。』吾不能必其無不善，吾無動焉而已。彼所謂意者動也，非是之謂動也；吾所謂動，動於動焉者也。

吾惟無動，則在我者常一；在我者常一，則吾之力易易矣。」

始吾於錢子之言，以爲是何其不一也。至於顏子之喟然而後釋然，於錢子蓋惟恐其過執，未見其數變之過矣。雖然，使錢子而無意於顏子則已，如必以卓爾爲至，又安知今之所謂無動者，不數變於□也哉？夫明敏者，以勤用其力爲難；而篤實者，以知所用力爲難。故精而一者，衆人言之，而非衆人之所能盡知也。雖然，謂之良知□，而又□有所難知也哉？「求足於知，而不取必於言之然與不然」，是吾告王子者，亦所以爲錢子也。錢子如曰：「吾昔也而言知，皆其有所因者也。今而後知吾之於知也，猶二也，非一也。」則錢子用力，庶幾竭才矣乎！

録自羅洪先《石蓮洞羅先生文集》卷十九，明萬曆四十四年陳于廷刻本。

與錢緒山論年譜

羅洪先

兄下嶺過玉之期，友人皆能道之，淹留三四月，便了數十年欠事，回思向來悠悠，誰之咎歟？可賀可喜！但區區一無所知，徒以愚直不隱，吾兄委以筆削之權，竊念知舊雕喪，日月不待，而徐生遠來，强以相迫，而前此有請，已勞俯從，柏泉公又急入梓，勢不可緩。大約先生平生可法者多，亦容易下筆，不煩裝綴。遂以暇日奉命，尚俟再訂耳。

昔象山先生學術，因朱門相軋，其《年譜》不滿人意，每見友人於門生推尊處，輒有厭心。故區區於執事鋪序處，不復留一字，只平平説去，令人自看，彼自有題評也。《年譜》大意，欲明先生學術與事業之詳，故必根究的實，不敢稍加文飾，以取罪過。蓋先生學問已明，待人自入，安能爲人汲汲促之始知哉？只描寫用工，節次不失鍼線，將來自有具眼人，此萬世事，非一人之私也。荆川有言：「萬世人眼毒，瞞得誰過？」真知言哉！

雙江公在閩聞訃，爲位哭稱門生，皆親與區區言。若此蘇州事，想是書石登刻第二次事，幸勿執。國裳非不知其曾稱門生與谷平師同。是時先生爲提督，二公皆屬下，屬下稱門生固宜。其後國裳不稱門生，自其後來實情，與谷平師同。反復《集》中，有市舶時《辭謝陽明公不赴召》一書，《代府縣學送公帳詞》三首，皆未稱師。其詩中有《送王陽明都憲之京次鄒會元韻》，題不稱師甚明。彼不欲師，而吾强之師，何也？善山友人有曰「以先生之學，何患無門生，何必國裳？」其見稍大，請思之。先生未嘗一日離門生，故前後書「門人集」一句可省。奏議大長，且有成書，故須簡截以便版帙。前後先生事實與前忘書者，今更補入；或又更詞，未曾請問，必亮不疑。初見《年譜》云「庚辰正月在贛，九月始返南昌」，非巡撫所宜，心疑之，意必有據，不敢擅動。及查開先石刻與各詩，始知正月在舡，二月至省，六月如贛，至吉安，書青原碑，遂爲改正。當時龍北山光曾約來言擒濠始末，未及踐言而卒。昨念之，入其言與不肖身所親聞者，凡六十餘條，詩十八首，以告來世。《年譜》貴傳事實，如殺九十三人，略不見奏議中，蓋行事與告君各有體段，盡從奏議，翻作誑矣。當用詞語轉幹，使人易見其情乃佳。

先生事業，莫微妙於破三浰，莫危於擒宸濠，故委曲描寫，以動人之思；其學問，莫要於致良知，故質直敘述，以俟人之悟。天泉橋上與龍溪兄分辨學術，當時在洛村兄所聞亦如此，與龍溪兄《續傳習録》所載不悖，此萬世大關鍵，故一字不敢改移。養正贛州所語，已別作敘述一段，後諸友云：莫若用不肖舊記一段，方見五十年前事實，出於無意，遂自截入，更無自嫌。

先生門人甚多，多不載名，如吉水不下十餘人。今見《録》中者必可傳，一概漫寫，似覺大濫。如裘魯江原未納拜，不必强入。再查乙亥正月《自陳疏》，本屬己亥考察，故隨例進，已不應有他言。《年譜》中所載，乃納忠於武廟者，與題既不類，比查先生文集，奏疏內絶無此疏，意者當時擬而未上歟？以無稿可據，而乙亥又自有《自陳疏》，遂盡除之。若有所遺，他日增入集中可也。

録自羅洪先《念庵羅先生文集》卷四，收入文淵閣《四庫全書》第一二七五册，第一一八—一一九頁。

致錢緒山先生

蔡汝楠

自石屋山房侍教，别忽數年，不肖罹大痛，自江藩歸，亦日屆禫除矣。抱痛忍死山中，塊然交游出處，一切事情茫茫俱如隔世，有於苦次語及海事者，亦如武陵人坐迷何代。令親偶至，道及動定。爲唐貞山致新刻《文録》，開緘讀首題數語，曠然如揭雲霧而睹朗日，豈憂中晦冥沉痼之餘，五内得混沌一番，重見天開地闢，令人踴躍至是耶？天真助邑，期在兹辰，但與祥日尚隔兩旬。戀戀荒壠，須以來月爲期，得摳衣承請爾。龍溪兄在水西否？倘得同來月之會，是至願也。

録自蔡汝楠《自知堂集》卷十八，收入《四庫全書存目叢書》集部第九七册，第六六八—六六九頁。

寄錢緒山

錢薇

别後兩得兄教，仰感道愛，正如得佳味，不忍自甘，推一臠於相知，非心期磨礪者，能若此乎？自愧不能知味，何以仰答來貺！水西、君山二序，皆因病設方，足占玄心變化。獨何吉陽一書，未能無疑，敢請質焉。始言「静坐工夫，已見得仁體矣」，後却言「原静坐中來，一涉多事，便覺紛亂」。夫聖賢言静，如静而後能定。周子曰「主静」，此静字非對動而言，故曰「無欲故静」。程子又謂「動亦定，静亦定，如此方見得仁體」，仁體合動静而俱定者也。既見仁體，動復紛亂，則是仁體猶未見也。天體惟仁，故一陽來復，自春而夏而秋冬，確然不犯紛亂。心體惟仁，故隨其所念，自静而動而始終，一以貫之，亦不犯紛亂。下學工夫，可言静坐到得力後，觸處皆仁，貫動静，無紛亂矣。千軍萬馬與暗室屋漏同，勿忘勿助與鳶飛魚躍同。不知吾兄以爲然否？弟閒居一室，每仰兄與龍溪拳拳引進同輩，誠萬物一體、休戚相關之心也。又能脱身煙霞山水之間，超然遠覽，如弟真匏瓜耳。誠者，非自成己以成物也。誠者，萬物一原，人己皆成，獨能成己，知誠之半也。知誠之半，謂之不知誠亦可。是故人己皆成，乃吾心真實之意所流通，此知兄所處者是而某不逮也。然授稟有不同。某閉户寂處，則時有開悟，稍涉世，便逐於應迹，豈能静不能動耶？然動有心動，有身動，身不動而心可動，亦或不礙於静也。幸教之。歐陽南野向南都，曾領教，不知其過西水，失於趨唁，彼邑司訓先生，往當致書爲候。

録自錢薇《承啓堂稿》卷十六，收入《四庫全書存目叢書》集部第九七册，第二三九—二四〇頁。

復錢緒山

錢薇

春正十七日抵杭，即扣尊寓，覓蹤迹，謂尚在會稽山水間，弄丸窩中，渡江未期也。乃與江櫛翁、虛巖丈冒雪訪梅，問梅從何處來，梅但嫣然而笑。乃披蓑登兩高峰，問峰混沌以前，峰凝然不動。遂借榻法相、虎跑之間，澄心默坐，然後知天地以無始爲始。彼梅者，天地中之生機；峰者，天地間之静鎮；皆一物耳。天地託此以示生生無已者也。人心生生即天地矣，故吾有愧於梅與峰，彼不答者，所以教我也。兄乃遣僧招我，不答於彼而見與於兄，甚幸甚幸！極思一面，但是月方到家，治一榻，甚幽寂；用其目於無視，用其耳於無聽，用其心於無知識；游天地中而不知天爲高，地爲下，物非物，我非我，統爲一家；天用以覆，地用以載，物用以役，是故無物無我，上天下地，往古來今，皆渾成一我矣。我方有一我之樂，而未能赴兄用我之樂，安得與兄一笑於梅花峰石之間，而談天地之真玄也？

録自錢薇《承啓堂稿》卷十六，收入《四庫全書存目叢書》集部第九七册，第二四八—二四九頁。

答錢緒山

夏浚

承示《懷玉書院疏引》，具見兹山之勝，曠奥悉備，有如從江山望九華，又如入天台、探桃源也。夫兹山之勝，得先哲表揭，人皆知其奇矣。至若藏奇不露，必俟觀者心目所到，乃自得之，所謂抱璞守拙，不輕示人。則兹山之秘，爲造物所私，不輕泄者，至是盡泄之矣。豈非兹山之顯晦有時，而此學之絶續有待耶？

夫自有書院以來，中間廢興凡幾，而恢復規模未有盛於今日者。然而，事重謀始，禮宜遵制。若更塑先師像，猶鄙心所疑。使惟立朱、陸二賢主，則比於瞽宗之義猶切。所謂其有國故，則釋奠無合者是已。高明以爲何如？吾丈與巾石先生共應當道之聘，來主教事，深爲吾黨得師之慶。會見講明此學，歸於大同，有光鵝湖之會，直溯洙泗之源，豈非天壤間一大快事哉！承召約會，第未知巾石兄早晚入山，不肖當約一二同志，撰屨以從。

又按《志》，在宋學士楊億實生於玉山，蓋億祖文逸，爲南唐玉山令。億將生，一道士袖刺來謁，自稱懷玉山人。忽失所在，俄而億生書院，則後人因而志之耳。又來教引晦翁《與東萊書》，有曰：「吾悔不得自鵝湖遂入懷玉，深山静坐數月，損約收斂。」又曰：「恐於密切處，不得如外事之易謝絶也。」以爲先儒圖會之切，自省之密，有如此者，極是懇惻。愚意晦翁此言，已覺鵝湖辯論太多，直欲近裏著己。然猶同於横渠《定性》不能不動之慮。若論大公，順應直體，無欲爲作聖要訣，則内外兩忘，動静皆定，斯澄然無事矣，尚何外誘之足慮哉？吾黨欲求此學大同，殆宜從事於此。亟欲求正有道，姑此發端。

録自朱承煦編纂《懷玉山志》卷六《藝文》，江西人民出版社二〇〇二年版，第七六四頁。

簡吕巾石、錢緒山二丈

夏浚

董生輩攜《志》稿至見示，僕何敢與此！蓋《志》以信今傳後，必得作者如公輩，以任筆削之事，斯足爲此山之重。中間事體如「祀典」一節，猶須商榷穩當，否則人將議其後矣。若「教規」類，須入周、程、朱、陸立教頭腦，及陽明、甘泉二師講學宗旨，然後附以戒約、規條。若二老會語，皆可附見。此事不厭精詳，未宜便入刻也。《侍愛漫及登山》拙作附上覽。

録自朱承煦編纂《懷玉山志》卷六《藝文》，江西人民出版社二〇〇二年版，第七七〇頁。

簡錢緒山

夏浚

懷玉之會，雖不盡所懷，然而不屑於公，鄉往日久，固有傾蓋，若平生信宿，而久要不忘者矣。白龍聯舟數語，夜分别去，真覺公從天上來，猶帶煙霞氣也。日來道體何如？初至城中，不免將迎之擾。惟慎眠食，調攝真氣，自當勿藥。《陽明先生事略録》似請教，辟之傳神。公所述《年譜》，必得其真，兹所編撰，特表其立朝與經世大節，見用真儒實學，非偶然也。惟公一覽教之，幸甚！鍾子汝材所請，冗中未及執筆，姑俟再寄耳。余惟寶愛，以棟斯文。

録自夏浚重刻《月川類草》卷十，《會稽夏氏宗譜》清活字本，據朱炯《錢德洪集》（寧波出版社二〇一九年版）移録。

簡錢緒山

夏浚

賢郎至，獲奉教札。第獎借太過，非所敢當。且承道體康豫，深慰仰懷。見示《歸越録紀事》，敷義考終，志感足備他日史氏之采，且令鄙人題引其端，而愧非其人也。然以平生私淑之志,竊願附名其間,亦因以取正有道焉耳!倘不棄菅蒯,幸特加郢正,無爲此編之累;如無可采,以覆醬瓿。昨得童生書,謂與水洲先生同載而西,亦奇事也。又聞泉師將有武夷之游,或得南浦傾蓋之晤,則公之斯行,所得益多矣。第此時閩中,方有倭患,不識得以從容臨觀否?風聞巾石兄已往俟,不肖當瞻望青牛入關,撰屨就謁也。時守巡、當路皆按郡,想亦以鄰警之故。福城受困已久,浙中援兵且至,當此危急,其患未可言也。吉陽公倘來游懷玉,宜俟秋涼,請乘間言之,何如?還棹在何時?便風附問暑中,惟倍萬寶嗇,以副吾黨之望。

録自夏浚重刻《月川類草》卷十,《會稽夏氏宗譜》清活字本,據朱炯《錢德洪集》(寧波出版社二〇一九年版)移録。

簡錢緒山

夏浚

盛價至,只領章江六月廿一日書,殊慰。第獎借過情,悚息!悚息!承道體康勝,赴會青原,良朋久要,舊學重訂,信宿未了,計反懷玉在中秋後也。聞泉翁老師有武夷之約,彼中方有兵事,想不果往。目下粵中歸師,大爲道路之患,殺掠無忌,莫敢誰何,此將來隱憂也。奈何!奈何!不肖謬辱二公不鄙,以院志相託,殊非所長,雖勉强載筆,不免代大匠斫也。慚愧!慚愧!

屬稿初成,尚俟就正,乃可入梓。「山川志」略如初稿,「沿革志」始未概具。惟是崇正堂,實當廟前，難設講席，請更名「致齋所」，亦可具服制所宜有也。「祀典志」中有商量，如初擬建宗儒、思賢二祠，今朱、陸祔食，諸賢止宜總爲崇德一祠，便名宦，取其有功於兹山者，更名「報功祠」，亦以別於常制云。「院牒志」，公移、書、疏，略微概括八編，學憲戒規附之。「院田志」，惟懷玉田賦租入原額總撒得其詳，東嶽、博山所入，惟有租數，田賦額數皆未備，蓋案牘尚未吊回故也。「經籍志」，原具見在者無幾，俟考所從來入之。「教規志」，先以濂溪、明道語，次以晦庵、象山語，又次以陽明、甘泉二師語，用示學的。二公訓規、會語請附於後。「文翰」、「凡例」，取其有關山院者若作於書院，而有關名教者附焉。統唯裁定紀載之文，《易簡堂記》承命，撰次求正；有若《明德堂記》及《興復懷玉書院記》及《院志》前、後序，當屬之二公，或請之當路，乃可成編。惟圖之董生用時輩來迓，附上志稿，萬惟賜教筆削。幸甚！

録自夏浚重刻《月川類草》卷十，《會稽夏氏宗譜》清活字本，據朱炯《錢德洪集》（寧波出版社二〇一九年版）移録。

奉錢緒山

周怡

兹來蒙聞發諄切，洞示性命源委，令人合下有承當處。平時因循放過，至此直無躲閃所在。回視前功，盡是文飾，冥行妄認，以賊爲子，亦可傷也。今雖感傷不同，却恐又是一番識見。然此中虚識虚見，真是承當不來，愈精則過錯愈多，精自不容已，師友亦自離不得。若郭翁過後，則從徽、嚴赴越，再請歸斷也。

録自周怡《周恭节公集》之《訥谿文録》卷之一，清乾隆元年增修本。

與錢緒山

周怡

某不肖，妄意聖賢之學，自修不力，大負師友。因循附會，自以爲是，原無着實克治工夫，竟無得力，臨事種種客氣發見，與俗人無二，只學得一套説話。静言思之，愧死無地。衆人平生所長，只是一味能甘貧，故於一切應酬，不敢妄有所取，於世上利害，似能不顧。揀擇前却，獨耻不爲，實見得義理分上當如是。若以好名議之，亦不甘當。然憤心戾氣，勃勃逼人，此則世俗壯士勇夫皆能之，何必知學？此反覆思之，多愧也。

有懷我翁，益切平時。今欲謝絶瑣碎雜務，專居省愆齋中。古人夙興夜寐，無忝所生之義，庶幾究竟一番。凡平生得之師友者，不至虚聽言語，少減孤負罪過，不知能否？更顧求我翁詳示大義，即今謂之初學，不敢再負。惟翁矜而教之，幸甚！

録自周怡《周恭节公集》之《訥谿文録》卷之二，清乾隆元年增修本。

答錢緒山、王龍溪論學書

葉良佩

陽明老先生下世，僕置而不忍問。非不欲問也，自傷無禄，將無由以聞大道也。往者丁亥之秋，僕與潘五山、石玉溪二兄同以考績赴京，寓居杭城。聞先生適趨兩廣召命，將道於杭，因相與謀曰：「我輩浪迹多年，盍請見先生以求歸宿之地乎？」於是相與齋其心，宿留於杭且半月，既而二兄皆獲執役其門，而僕竟以他故，先二日發舟北去。

後一年爲戊子之夏，始得遇兄於先生書院，語更僕偶有合焉，自慶辛苦數年來偶獨得於心者，將自此有所印證。復竊計先生他日或以成功告於朝，必道京口，倘得於此時伏謁旅邸，以終吾願見之心，庶幾得其門有日矣。嗟乎，詎意其有是哉！

玉溪處人來，忽辱教言，兼以先生《撫夷節略》及《居夷録》爲貺。僕讀之，慘然不能終卷。蓋先生與其不可傳者皆異世矣，而獨見其應世之迹焉，抑猶懔懔有庶幾之心。故嘗於居閑處獨之時，返觀吾心喜怒哀樂未發以前作何景象，蓋邈乎其難爲言也。絪緼晃朗，静之極也；閃歘升萌，動之初也；感而遂通天下之故，動之極也；通而不失其平，使吾心順適焉，静之初也。若乃晃朗之知，静之動也；感通之理，動之静也。循是以往，周環無窮，向者所應之迹亦漸陳矣。

陳則終歸於幻耳，而吾心自如也。推是，則知異日吾身既壞之後，必當有不壞者在，而不可知其如何也。識得此意宜乎不爲事物侵亂，而臨事之時又不覺動氣逐物，愛其屋而及其烏，怒於室而色於市，若此者時時有之。要之，合下賦得氣質不純，故一時擺脱不盡，又磨試之功未熟，體用不相渾合爾！兄藏修既久，養得心地必甚光明，計其應用之際，必甚順適而無掛滯，何時能來白下，俾生得了信宿之緣，則又先生之錫類也。

表弟符大克便，謹此承動定，東白子行，二先生不及别，具啓均乞致意。師心之談，恐不合大道，惟兄其裁教之，幸勿爲不相知者出也。不宣。

原載葉良佩《海峰堂前稿》卷十六，日本内閣文庫藏明嘉靖三十年跋刊本。據張宏敏編校《葉良佩集》（浙江大學出版社二〇一六年版，第三九二—三九三頁）移録。

與錢緒山先生

王宗沐

趙學博、金上舍至，輒拜手書，引掖拳拳，何勝瞻遡。去冬之别，一歲於兹。自敝道郊園之聚，諸生中勃勃而起者實繁而竟。以鄙人力薄，不能究結，安得道駕再紆洪都施法，雨溉此枯竭也。故鄉一脈，今惟執事是任！天真再造，豈非吾道之會，繼此振遺響以續先功。恐當爲久住之計，使後生皆識所歸，則庶幾有成績爾。東廓、念庵諸公，每會未嘗不及，雅度惟深懸。耿令弟近亦聞，計九月終可得面。《傳習録》就梓已完，譌誤未別，尚須役便。徐生特遣送陽明先生像去，謹此附問。駑身未鞭，進退寸尺，成物切勵，本公素旨，幸有以教之。

録自王宗沐《敬所王先生全集》卷九，收入《四庫全書存目叢書》集部第一一一册，第二二九—二三〇頁。

奉座師錢緒山郎中

龐嵩

董上舍復來，承手教至，再汲引甚盛。某雖不敏，不敢輒自廢棄，但於精詣默成之旨，廣大精微之懿，尚杳乎未之有得也。竊謂吾心本自廣大，本自精微，本自高明，本自中庸。自故、自新、自厚、自有禮，即德性也。致之、盡之、極之、道之、温之、知之、敦之、崇之，皆所以道問學而尊乎此者也。故君子終年終月相與考究切磋，時時刻刻不離，則致、盡、極、道、温、和、敦、崇，一盡俱盡，廣大精微，高明中庸。故、新、厚、禮，一全俱全，峻極發育，三千三百，一了俱了，何待外求也。然某自省尚不免夾雜，所詣者未必精；不免徇外，所成者未必默。視顏子之不違如愚，子思戒懼不聞不睹，相去遠甚，如之何其可庶幾也。

録自龐嵩《龐弼唐先生遺言》卷二，廣西師範大學出版社二〇一六年版，第二九七—二九九頁。

與錢緒山年丈

孔天胤

孟陬之晤甚幸，然適多人事，遂於此間未獲周悉而承指授，及既闊别，應多惆悵爾。閏月初旬起首校藝，迄今仍在品閲，因感古人「藝成而下」之説，則又怪今之學猶于下者而莫之成也。本之則無如之何，又恐務本之士不屑反求，衹於文字求之，非所以待上乘。廼顓以數日開閤，延另講學，設疑問難，至十五佰人，無一似顔子之徒發聖人之藴者。即以程子，嘗以醫家言「不知痛養爲不仁，人以不知覺、不認義理亦爲不仁」譬最近之説，屬題試論，而論者至一醫士而無之矣。學術不明，古聖人所深憂也，而今奈何？比來只理會一「仁」字，覺春意在眼前矣。但恐風雨飛花，更成剥落爾。勿忘勿助之間，真難著力也。

仲春渡江，當悉聞教。此件昨命叙《起俗》之篇，大氐兄叙已盡。然以道命不可抗，賢太守、賢大尹拳拳爲風教宣言，則不肖安得而不讚之也？是以忘其荒鄙，輒操紙筆，詞不雅馴，義不覈白，惟顓高明斵直之爾。

録自孔天胤《孔文谷集》卷十五，收入《四庫全書存目叢書》集部第九五册，第二〇九頁。

與錢緒山憲部書

薛甲

別後兩辱翰，及教愛惓惓，人去亦曾奉柬。不意聞此無妄之災，不勝驚駭。君父之命，無所逃於天地之間，使之死而死，使之生而生，但求自靖而已。爾吾兄，涵養有素，諒能不動心，此際更須委順安常，乃是得力處也。弟承乏天涯，職守有限，不能執事左右，此心如割，奈何！奈何！所冀强飯自愛，以需寬釋。

録自薛甲《畏齋薛先生藝文類稿》卷之二，明隆慶間刻本，收入《北京圖書館古籍珍本叢刊》第一一〇册。

又答錢緒山書

吴悟齋

《集》中云「離物不可以言性」，曰「心不離乎人情」，如曰「合内外、通物我而一之」。曰「物」，曰「人情非物而何」，曰「不離」；曰「合」，曰「通而一之，非格而何」，却不以此語訓「格物」。又曰「物者非外也，良知一念之微，從無聲無臭中著見出來，格物者，順其帝則之常，不使一毫私意間隔於其中也。若無私意，不待格而自無不格；若有私意，格其不正以歸於正。」則斯語又覺纏繞矣。帝則即物則，即天則，乃吾之良知因物而起，貞感貞應，不可增減之則也。以人治人，其則不遠，絜矩不踰矩，順此則而已矣。則不在物，亦不在我；亦在於物，亦在於我。何者？無物不起知，無知不應物。「在格物」云者，正不離物，不離人情之謂也。「格」之云者，正順其帝則之常，乃吾之良知一念之微，從無聲無臭中著見於事物者也。良知在我，隨物之來而順以應之，即此順應，便是天則，此之謂「格」。《集》又舍此而曰「物」，乃良知之著見。格乃格其不正之私意，則既言誠意，又言格物，頭上安頭，竊恐夫子不如是之贅詞也。則未知翁所謂「物」，所謂「人情」者，復何所指？而所謂「合」，所謂「通」者，補湊何處？程伯子曰：「聖人之喜，以物之當喜；聖人之怒，以物之當怒。」聖人豈不應於物哉？烏得以從外者爲非，而更求在内者爲是也？此數語，犯今日講學之病。

録自劉斯原《大學古今本通考》卷八，收入《中國子書名家集成》第一五册，第四二七—四二八頁。

錢緒山秋官同諸友駱君舉鄧天德郭以平黄如禮黄如道鍾體嘉來訪甘泉三日告歸予方登飛雲遂與分袂詩以送之

湛若水

四千里路攜諸友，三日甘泉共一門。歲晚獨憐歸草草，飛雲月下未同論。

録自黄明同主編，陳永正整理《湛若水全集》（二〇）之《湛若水詩集》（二）卷十二，上海古籍出版社二〇二〇年版，第五七八頁。

同錢緒山馬孟河葛新寰蔡玄谷周洞庵游玉陽山房别後漫簡

王畿

千年琪樹閉寒煙，靈迹曾從帝女傳。茂叔自多曾點興，麻姑合有蔡京緣。字寄金丹原屬馬，山分華嶽更歸錢。泉流會海終須遇，勾漏何勞葛稚川。

録自王畿《王龍溪先生全集》卷十八，清道光二十二年會稽莫晉刻本。

中秋同緒山兄彭崑佩玩月

鄒守益

曠歲懷分席,良宵對舉觴。帝衷昭宇宙,師訓儼羮墻。盤谷留禪榻,冰輪出上方。鏗然清詠發,莫是舞雩狂。

録自鄒守益《東廓鄒先生文集》卷十二,收入《四庫全書存目叢書》集部第六六册,第一九五—一九六頁。

雨夜聞緒山龍溪二君至志喜

鄒守益

翩然遺鐸續蘭亭,信報青鸞夜不扃。帶得老仙瓢内滴,唤回二十四巖青。

録自鄒守益《東廓鄒先生文集》卷十二,收入《四庫全書存目叢書》集部第六六册,第二二四頁。

入徽州界宿道湖懷緒山諸君

鄒守益

齊雲遥望擁仙騑,短棹衝寒共振衣。舟向蓮花灘上度,鳥依罨畫界中飛。靈根欲趁新陽茁，丹鼎誰憐宿火微？早晚化城尋舊訣，魯戈斜日尚堪揮。

録自鄒守益《東廓鄒先生文集》卷十二，收入《四庫全書存目叢書》集部第六六册，第二四五頁。

緒山同師泉巖泉諸生九日升連嶺四角峰頂上

鄒守益

袖得胡仙九日雲，四峰泱策玩氤氲。中天怳坐靈光殿，俯顧疑旋碧海紋。禹穴傳衣千里至，華山遺調九關聞。兩溪釀熟瀘溪酒，醉譙黄花王日曛。

録自鄒守益《東廓鄒先生文集》卷十二，收入《四庫全書存目叢書》集部第六六册，第二四九頁。

同緒山游震澤寺

陳九川

山曲藏孤寺，蒼然烟雨零。晝長無一事，閲盡《法華經》。

録自陳九川《明水陳先生文集》卷之八，收入《四庫全書存目叢書》集部第七二册，第四七頁。

沖玄樓居見月憶緒山龍溪念庵不至

陳九川

高閣函秋霽，空山斂夕霞。星垂林外半，月挂樹梢斜。獨夜聞仙籟，河津滯客槎。循闌搔白首，臨枕憶黄華。

録自陳九川《明水陳先生文集》卷之十三，收入《四庫全書存目叢書》集部第七二册，第一四九頁。

月夜同錢子小酌

陳九川

一住天真兩月賒，殘尊還共對巖花。疏螢歷歷流天照，芳樹團團弄月華。吾道百年終有寄，達人四海本爲家。故園翻是行窩在，雲滿蒼洲未種瓜。

録自陳九川《明水陳先生文集》卷之十四，收入《四庫全書存目叢書》集部第七二册，第一五二頁。

春日江行懷錢洪甫繫獄作

徐珊

春日載初陽，和風暢温柔。燁燁紫芝嶼，汎汎青蘭舟。頑雲墮重壑，嶒峨激中流。稀聞伐木唱，嚶鳴時相求。美人困羅網，羽翼摧高秋。風日豈不媚，坎壈增煩憂。川途何渺默，淒鬱乖綢繆。矢心在宿昔，亢志遵前修。永言素患難，庶以抒羈愁。遲君朱雀林，慰予蒼龍洲。

録自徐珊《卯洞集》卷四，浙江省圖書館善本部藏明嘉靖二十四胡鼇序刻本。

訪緒山許氏莊上

孔天胤

終日茫茫煙霧間，兹晨裁一訪雲山。柴門夾竹驚秋早，石室邊松處夏閑。授講每看庭鱣進，爲漁常逐海鷗還。楊朱不必悲岐路，自有先生善閉關。

録自孔天胤《孔文谷詩集》卷二《澤鳴稿》，明萬曆年間刻本。

錢緒山見訪夜坐

錢薇

長安相見日，聯騎向春風。君懷經世略，予愧濟時功。感慨聲華舊，殷勤道誼同。乾坤藉回斡，跋涉豈浮踪。

録自錢薇《承啓堂稿》卷三，收入《四庫全書存目叢書》集部第九七册，第七一頁。

贈别錢緒山

錢薇

握手誰憐千古心，芳蘭相贈碧江潯。故人能枉山陰棹，野客空懷彭澤琴。鼓篋相親期夙昔，忘言默會意何深。天真攬勝須攜屐，一笑知君慰好音。

録自錢薇《承啓堂稿》卷六，收入《四庫全書存目叢書》集部第九七册，第一〇五頁。

四丁寧贈錢員外緒山

楊爵

留心剪枝葉，枝葉更穠鮮。努力勤於末，共耕方寸田。吉人常默默，浮士好便便。覺彼高騰處，反將真意捧。昊天但覆幬，四運自周旋。孔聖無言教，真機向此傳。丁寧一告語，告以聖同天。

結交結君子，茅茹自相連。媚悦增心癖，孰能示我愆？相同即是聖，異處且爲賢。以此求斯道，恐成狹且偏。心能樂取善，善自我心全。舍己從人處，襟懷何大焉。丁寧再告語，無我自天然。

迂儒多曲語，壯士自平夷。千古周行在，胡爲向小歧。荆榛不自剪，令我此心迷。洞識虚明體，超然即在兹。性分同一理，此理最淵微。孔聖言仁處，力行不遠而。丁寧三告語，相與憶所之。

尚友希前哲，無勞辨淺深。開言動喋喋，矛戟已森森。祇覺胸懷隘，恐非畜德心。古人各有見，原本自相忱。豈若異流者，馳騁多詖淫。何苦但永矢，宜從得處尋。丁寧四告語，共嚴此心箴。

録自楊爵《楊忠介集》卷八，收入文淵閣《四庫全書》第一二七六册，第七六頁。

懷緒山 五首

楊爵

一

無限停雲思，悠悠興欲飛。仰看向南鵲，遶樹竟何依。

二

不見緒山子，年光忽四周。隨風秋夜夢，直到越江頭。

三

宇宙相同意，越江萬里深。東方欲曙色，畫角動悲音。

四

江邊尋至樂，回首覺憂思。宇宙皆吾事，心寧不在兹。

五

殘屋食不足，扁舟樂有餘。北風如解意，寄我常相思。

録自楊爵《楊忠介集》卷八，收入文淵閣《四庫全書》第一二七六册，第八一頁。

次緒山韻 五首

楊爵

閒楂一旦會消融，驟雨驚風過太空。隱顯從心無上下，險夷信步有西東。感來定擬初張弩，應罷還如未叩鍾。浩浩霄壤多少事，真機都在卷舒中。

雙鶴飛來圜樹梢，看他春到便銜巢。顯庭常若儼賓際，幽世必須藉白茅。心果合天真浩浩，狂非作聖但嘐嘐。會教身世全無我，方寸纔能免物交。

莫道幽居心可欺，格思便有鬼神知。還看處處玉吾地，敢不時時慎所爲。要走長途須健步，能除深病是真醫。誰言岸遠難先到，只在人心一轉移。

眼底紛紛變態多，誰憐世道日頽波？百年事業真難措，半隙光陰亦易過。川上月臨懸細餌，墻頭雨倒整煙蓑。樂游却恐歸豪放，渣滓須先向此磨。

此心常要擬虚舟，虚得能將萬物收。後樂不妨隨地樂，先憂豈但爲身憂？也知步履須藏用，却笑疏狂真妄投。齟齬方圓成感慨，徒懷擊楫在中流。

録自楊爵《楊忠介集》卷十，收入文淵閣《四庫全書》第一二七六册，第九三—九四頁。

次緒山韻三首

楊爵

日轉庭簷春色光，西園消息意微茫。想君每動三秋念，笑我常懷一段狂。往哲皆從修性作，世人誰是爲身忙？從今各記年前約，只恐顛危心易荒。

從來克己最爲難，克去超過人鬼關。水自流澌山自止，火何炎熱水何寒。坐看百妄渾消盡，便是一真由此還。正見胸中好景象，天光雲影半空間。

劃却紛紛俗務摔，襟懷一片自天然。行無非與纔成性，磨而不磷方是堅。霽月想他何氣象，光風忘我到衰年。洋洋滿目無停息，誰向霄壤識秘傳？

録自楊爵《楊忠介集》卷十一，收入文淵閣《四庫全書》第一二七六册，第九九—一〇〇頁。

次緒山懷友韻

楊爵

二年得與子相親，不意知爲困裏身。心在熟仁狂作聖，事求精義道通神。化成品彙千山雨，消盡寒陰一氣春。白髮從今還努力，肯辜良友教諄諄？

録自楊爵《楊忠介集》卷十一，收入文淵閣《四庫全書》第一二七六册，第一〇一頁。

聞緒山出獄

楊爵

思君不見日三秋，忽聽西圜恩詔優。承志彩衣應有分，倚門白髮可無憂。廟堂事業成虚語，聖學全功蚤自收。待我灑回閩海淚，衡南握手與同游。

録自楊爵《楊忠介集》卷十一，收入文淵閣《四庫全書》第一二七六册，第一〇二頁。

送錢緒山

楊爵

寤寐今猶懷趙子，眼看錢子又將行。同心良友匆匆去，不盡閒愁種種生。桎梏逢時風露冷，圜階送處雪霜清。憂虞二載忽分袂，而我安能已此情？

與君同難兩年分，至道常期日以新。時講盡忠兼盡孝，共成爲子與爲臣。圜中歲月杞人老，天外風塵世路湮。耿耿每懷無限思，明朝有感向誰陳？

録自楊爵《楊忠介集》卷十一，收入文淵閣《四庫全書》第一二七六册，第一〇四頁。

送人出獄

楊爵

百年身世半塵埃，四海斯文於此偕。淹淹殘息延旦暮，明明宇宙照心懷。險需嘆我幽囚客，宏濟知君匡輔才。感别自來情思切，况逢多難在天涯。

録自楊爵《楊忠介集》卷十一，收入文淵閣《四庫全書》第一二七六册，第一〇四頁。

懷緒山先生

楊爵

攜手分離不再逢，幽中嘗憶往年冬。馬牛顛沛風塵迴，童冠逍遥江渚溶。人品豈非黄叔度，氣恨應似郭林宗。相違嘆此圜墻外，更有關山千萬重。

録自楊爵《楊忠介集》卷十一，收入文淵閣《四庫全書》第一二七六册，第一〇五頁。

送緒山出獄

楊爵

每道别離今果離，是誰歡喜是誰悲？共將心事常相憶，記我丁寧四首詩。兩共幽圜霜雪寒，而今離别要相歡。願君分袂毅然去，莫向鐵門回首看。二載相逢一旦離，徘徊孰令我心悲。此時此地真難得，説與兒孫世講之。

録自楊爵《楊忠介集》卷十二，收入文淵閣《四庫全書》第一二七六册，第一一五頁。

夜懷緒山

楊爵

獨坐更初有所思，悠悠令我心如饑。誰教咫尺同千里，安得夢中一見之？

録自楊爵《楊忠介集》卷十三，收入文淵閣《四庫全書》第一二七六册，第一一七頁。

次楊斛山錢緒山論學韻 二首

劉魁

萬物備於我，然惟强恕行。水流原不息，鑒照自能明。昏塞非常性，開通盡此生。功夫能致一，本體即澄清。

又

學問無他道，惟求德性尊。豈無枝葉茂，須是本根存。内外合非合，知行分未分。聖狂惟一念，吾亦復相敦。

録自楊爵《楊忠介集附録》卷五《贈詩》，收入文淵閣《四庫全書》第一二七六册，第一七四頁。

次斛山韻别緒山

劉魁

易道如公已久明，且隨時止復時行。操持常見主翁醒，念慮渾無客感生。君子憂虞隨所寓，明時刑罰自然清。從來不信别離苦，今日方知離别情。

録自楊爵《楊忠介集附録》卷五《贈詩》，收入文淵閣《四庫全書》第一二七六册，第一七六頁。

贈及門錢德宏進士

倪宗正

文章聲價已喧傳，名姓先歸眷注前。善養且求曾子志，立朝翻愧賈生年。群觀指點千金駿，厚載遲回萬里船。駟馬不誇題柱筆，有人知是玉堂仙。

録自倪宗正《倪小野先生全集》卷七，清康熙四十九年倪繼宗清暉樓刻本。

用心漁翁韻寄乃郎緒山

倪宗正

得意春風憂轉重，連書上乞大明宫。養親即立忠君地，體國先成造士功。不論名隨官職顯，但求心與聖人同。杏花壇下斑斕舞，多壽年年祝華封。

録自倪宗正《倪小野先生全集》卷七，清康熙四十九年倪繼宗清暉樓刻本。

擬謁緒山錢先生於懷玉隨晤於洪都偕至白鷺青原會鄒東廓諸公次韻

龐嵩

江左翹瞻白下逢，青原白鷺得追從。歧分草長頻尋路，寺迥雲深但聽鐘。憂國幾回慚孟浪，入山此日快疏慵。時來指點巖前話，猶是東山老卧龍。

録自龐嵩《龐弼唐先生遺言》卷之四，廣西師範大學出版社二〇一六年版，第五一九—五二〇頁。

送錢君緒山

徐渭

南昌自古盛才賢，亦丈皋比啓妙傳。肯使異同虛白鹿，但教升散遶青氈。文成舊發千年秘，道脈今如一線懸。况有陽城方予告，好從暇日問真詮。

録自徐渭《徐文長逸稿》卷四，收入《徐渭集》，中華書局一九八三年版，第七九四頁。

行經玉山吊孫烈婦

徐渭

孫，士人家也。無子，蓄一妾，身。遇賊袁三，婦欲全妾身，佯代之隨賊。度妾去已遠，始駡賊，賊刳其五内死。錢緒山公命作。

桃花含子怯風殘，少婦捐生爲所歡。趙氏存孤較猶易，木蘭替父不爲難。鏡中玉靨迎刀碎，頭上金鈿照膽寒。此際白虹應貫日，非關易水别燕丹。

録自徐渭《徐文長逸稿》卷四，收入《徐渭集》，中華書局一九八三年版，第八一七頁。

奉懷緒山先生解職家居 三首

柴惟道

讀罷《離騷》動我愁，思君日暮獨登樓。流水無心大壑静，白雲有夢青山幽。猶聞李廣困都尉，誰識東陵是故侯？天道茫然信時命，悠悠宇宙此生浮。

會稽山水甲天下，歸興瞢騰我却知。花竹江潭相掩映，雲霞朝暮變霏微。客來北海樽常满，春入東山屐屢移。濯足振衣皆勝事，端居且勿厭棲遲。

相過吴越隔年深，金馬趨蹌竟陸沉。天際浮雲亦何意，鏡中白髮秪愁心。朝廷骨鯁須劉向，世路羊腸憶展禽。倚劍登高倍惆悵，側身天地獨沾襟。

録自柴惟道《玩梅亭集稿》卷之上，北京圖書館藏明刻本。

贈錢緒山先生

柴惟道

蚤賦山中歸去來，湖山猿鶴不相猜。丹丘自有神仙藥，白髮那驚二月催？曾爲河汾留一緒，未論若水作三臺。幽居生事知多少，到處春風長緑苔。

録自柴惟道《玩梅亭集稿》卷之上，北京圖書館藏明刻本。

附録三：世祖、錢蒙資料類

始遷餘姚龍泉山吴亞八府君傳

錢林

公諱璋，弘祖第五子。宋端平間，弘祖公守紹興。伯象祖公入相居杭，府君自台賜第隨任之越，師教授王宰相輔先生。先生，姚人也，見府君丰姿偉麗，深器之，且重王孫，以女妻之。弘祖公卒於官，遂贅王氏而家姚焉。蓋嘉熙四年也。生子三人：壽甫、壽昌、壽華。時州守素善弘祖公託州右民居爲第宅，壽昌府君分第於鄧巷，列戟華軒，建立世廟，與州前宅甲第聯芳。元時築南城，遷州前宅於龍泉山北麓，題曰「吴越世家」。鄧巷宅第中衰，至心漁翁與心古先生，始僦莫氏瑞雲樓而生緒山先生，後亦置宅於龍泉山北麓，與世家並聯甲第，重建世廟於勝歸山玉屏峰下，太保梅林胡宗憲公題曰「錢王表忠祠」，侍郎羽泉劉畿匾祠額曰「賜第分宗」。

録自錢林修《新鐫吴越錢氏續慶系譜》卷二，清康熙九年重修本。

錢氏會稽郡王像贊

王守仁、王華

有斐君子，追琢其章，爲龍爲光，何用不臧。有斐君子，繩其祖武。令儀令色，文武吉甫。有斐君子，小心翼翼。克開厥後，受天之福。陽明、王華敬贊。

録自錢文選編《錢氏家乘》卷二《像贊》，上海書店出版社一九九六年版，第五五頁。按：會稽郡王即六世祖錢景臻。據《錢氏家乘》，近祖自錢寬之子錢鏐開始，族人尊錢鏐爲吴越一世祖，宋謚武肅王；錢元瓘爲二世祖，謚文穆王；錢弘佐、弘倧、弘俶爲三世祖，分謚忠獻王、忠遜王、忠懿王；四世祖錢惟演封彭城郡公，謚文僖；五世祖錢暄封冀國公；六世祖錢景臻封會稽郡，宋理宗敕贊會稽郡王，贊文曰：「内德温純，外容莊重。爲我門楣，作我梁棟。幼學壯行，明體達用。」

心漁歌爲錢翁希明别號題

王守仁

錢翁，德洪父，三歲雙瞽，好古博學，能詩文。

有漁者歌曰：「漁不以目惟以心，心不在魚漁更深。北溟之鯨殊小小，一舉六鼇未足歆。」

「敢問何如其爲漁耶？」曰：「吾將以斯道爲綱，良知爲綱，太和爲餌，天地爲舫。絜之無意，散之無方。是謂得無所得，而忘無可忘者矣。」

録自王守仁《王文成公全集》卷二十《外集二》，明隆慶六年刻本。

錢心漁先生墓銘

湛若水

銘曰：錢塘渾渾，越王之根。峻於高旻，有其隱淪。爲心漁君，毋貳爾漁，毋貳爾心；心漁兩忘，而獨行其身。與物混混，而其志獨騂騂，直追乎古人。貧賤不戚戚，貴富不忻忻。此非緒山秋官之嚴親、表忠吴越王之後昆乎！良知誾誾，良心之真。愛敬之至，至於無垠。達之天下，通於鬼神。誰其啓之，維水有源。誰其諗之，銘之斯文。四千險途，嗣來甘泉。戊申十二月十二日。

録自湛若水《湛甘泉先生文集》卷三十一，收入《四庫全書存目叢書》集部第五七册，第二三四頁。末尾「戊申十二月十二日」句，據清康熙二十年《湛甘泉先生文集》本補。

餘姚心漁錢翁墓表

鄒守益

益嘗侍先師謁大禹廟，塵几蕭然；及歷南鎮祠，則牲肥酒旨，香火煌煌：因嘆俗態趨向之乖。先師笑曰：「古今學術，何以異於是？」于時同游，讙然有省。使心漁翁朵頤羊鼎而舍靈龜，則將督子禄士，而焉能以承文命一脈之緒乎？世之父若兄，未必貧也，即貧，未必瞽也，其於迺子以正，勢甚順也。翁能爲其逆且難克，開厥後而順且易者，或以作俑而階厲，人之氣量相懸也。奚直露鶴與角鴟耶？

録自鄒守益《東廓鄒先生文集》卷一〇，收入《四庫全書存目叢書》集部第六六册，第一五八頁。

錢心漁翁墓記

羅洪先

錢心漁翁希明蒙者，越之餘姚人也，故吴越王二十六世孫。其幼也，三年而病，喪其明；五年聞呻吟，通章句；十年喪父母，困窮矣，乃自力以進於博服。又幾年，而兼命數卜筮之理。長而旁通於聲律，善制簫，且以詩聞。既老，雅好游賞，嘗欲肆意於洪波曠野之間以自適，遂號爲心漁。

心漁者，言其有目青而無心睫也。於是，翁有子三人，而三人者，學進士且有成。長子德洪，聞陽明先生明良知之學，將從之游，翁怒曰：「吾恃以養，而棄吾耶？」德洪曰：「固所以爲養也。」翁不釋，從而入先生之庭。聽其言，躍然出曰：「幾誤矣。」放歌而歸。先生之喪，德洪輟廷試往爲服，翁且固許之。其後德洪第進士，官刑部，而仲子德周者與薦名，翁之意不侈也。已而刑部坐逮下獄，再歲奪職以歸，而薦名者亦以飛語削籍，翁之意不沮也。第謂德洪曰：「吾固待子以入土，聞施灘之上有山，屬項氏者，多人棄之，則曰：『而之葬我也必於是。』吾固樂就人所棄也。夫形家善夸嚴，禍福詭人，以濟其私。夫人不知察也，莫不以親爲貴富媒，離兄弟，墮孝慈，以須歲月而卒抵於他。故而慎哉，無以吾身中其術哉！」

翁年八十有五而卒。將葬，卜金菩山之祖塋曰：「燥以石，其化也必遲。」德洪曰：「不可。」卜之施灘之山，吉，且曰：「可使水蟻無侵膚。」德洪曰：「可矣。固先子之志也。」於是得之項氏，葬翁於施灘之山，而託余爲記。余謂德洪曰：「君不欲化者之遲也，不以翁爲達生歟？夫古之達生者，莫如莊周，周之卒也，不欲奪鳥鳶與螻蟻，而弟子者不能對。夫既無愛於其身矣，故可以爲螻蟻，亦可以爲鳥鳶，由是言之，均化矣，可以速，亦可以遲，而又何擇焉？彼形家之言固璞之爲之也，其術欲無使化者之速敗，其以禍福詭人者，於意亦曰姑以誘之，則爲之子與孫者，庶其有所愛與畏，而自盡其心，而又無忘其遠也哉。是亦厚終之道也，君之畏侵膚也，亦猶是也。如畏也，則曷以璞言？不以璞言求之，安知求者之非入於可畏也？且不欲其侵膚矣，而又慮夫化遲者之有後患，則將據若何而擇之？噫嘻，我知之矣。彼弟子之於周，固知其爲達生也。而寧奪之烏鳶與螻蟻，以烏鳶見而螻蟻者不見。取其不見者以爲安，固弟子所爲厚也。今君之於翁也，以之而就遲化，是違翁之心也；以之置於侵膚，是傷君之人心也。夫遲化與侵膚者，君之所知也，即其所知者以爲擇，固君所爲厚也。其過此以往不可得而推矣，則亦安得而知之？於其所不能知者，而不深求之形家之言，是固達生者之所爲也，而非翁又何足以堪之？」德洪戚然曰：「固先子之志也，而吾子言之，適又得余心焉。請書之碑陰，使爲子若孫者，其免於形家之惑乎！」乃記。

錄自羅洪先《石蓮洞羅先生文集》卷三，明萬曆四十四年陳于廷刻本。

明處士錢二緒君墓志銘

趙志皋

餘姚錢氏，出吴越武肅王後。武肅王三世孫忠懿王，納土居河南。其後四世孫景臻，尚宋大長公主，封會稽郡王。護駕南渡，賜第居天台。又四世孫弘祖，爲會稽太守，贅其子璋於餘姚王氏，居餘姚，爲姚始祖。元無仕者。明興，四世孫伯英爲上元縣尹，與從子廣東參政古訓偕有時譽。又四世而爲心漁公蒙，與陽明先生同時，相友善，緒山先生之父也。緒山先生從陽明先生游，爲弟子上座。陽明先生没，緒山先生盡得其傳，以倡於世。四方從游者衆，尤濟濟於衢、婺間，以故余得從諸弟子後，游緒山先生門。

又聞先生有仲弟二緒君賢。緒山先生嘗謂余曰：「學問無二，而處世有幸有不幸。觀古聖人之困於家，内貞其志，外艱其行，而能履變不失其常。余固幸而免此，余兄弟三人，余竊禄於外，季亦奔走場屋。而親年高，家故貧，寸禄不足養。仲幼習舉子業，一自受業陽明先生師門，聞良知之説，遂棄其業而學焉。謂青紫不足榮，一日之養，莫與易之，曲意順志，得親懽心。會食指繁，議當析居，仲故不欲析，力支以佐家費。而居己於勞，居兄與弟於逸，不忍割同氣之愛。余無艱貞之行，奉親治生之累，優游學問，與四方士上下議論，發明斯道，不墜師教者，仲之助居多。」

歲癸酉，余奉使還朝，過武林，謁緒山先生湖上。二緒君儼然臨之，貌莊而肅，氣温而和，言語沉默不易發，侍緒山先生伯兄甚恭。有道氣象，若出一胚範。益信先生向以語余者，匪誣也。二緒君居必正衣冠端坐，盛暑不少懈。所親昵不爲謔語，乃不以盛怒加人。人有過，反復諭以理，至頑愚不欲輕拒之，曰：「此心同也。」鄉鄰有鬭，數言剖之輒解。疾病婚姻，死喪患難，力不能支者，捐己貲量周之。族有人私託以金，其後夫婦相繼死，遺一幼女，君會所應出息輸還之。其不肯隱昧其心如此，以故鄉之人益信重化服。邑宰李重得鄉之不仕有德者，應賓禮以隆國典。鄉之士同聲薦君，君辭之不可得。時詔賜年七十以上德行者冠帶，李爲君具冠帶以往，鄉人榮之。時當路有爲新武安王廟者，廉君忠正，董其役，夜陰受武安之託焉。君益竭率作無遺力，且樂爲助，君之心鑒之神人矣。夫自良知倡教，啓悟指迷，洞揭道體，爲萬世宗。而失其傳者，竊其空言，自謂得體，而顧遺其用，爲學者滋病，致招唇吻。一緒君之篤信力行，可徵可法，誠學問赤幟也。豈其親爲及門士，家庭淵源有自哉？君素强，一夕寢疾不起，呼其子應量受遺言，屬余志其墓中之石。豈謂余有傾蓋之知哉？余方偃卧山中也，應量蒲伏號泣，賫治命以請，不可辭。按狀述緒山先生言，次第文之。

君諱德周，字周甫，初諱冕，後諱字行。生於正德甲子十月廿七日，卒於萬曆壬午八月十二日，年七十九。配朱氏，先卒。子男二：長應量，郡學生；次應順。女一，適邑庠生葉邁。孫男三：人欽，郡庠生，人仰，人法，俱應量出。孫女四：三應量出，一應順出。卜癸未十月之吉，厝于施灘祖塋之側，與朱氏合葬。銘曰：

姚江之濆兮，茗水之源。仲氏之篪兮，伯氏之塤。宰木不朽兮，原上之阡。

録自趙志皋《趙文懿公文集》卷之三，明崇禎間趙世溥刻本。

心漁小引

程文德

心漁，錢洪甫氏尊翁先生號也。嘉靖甲申，陽明先生嘗爲翁賦之，問對數言，盡心漁之義。後八年壬辰，洪甫就廷試來京師，以告甘泉先生，先生亦爲賦之。又聞諸薦紳士嘗傳之、叙之、歌之、詠之，嗣是慕翁而有述者，當日益衆矣。洪甫嘗爲予談，翁平生目雖廢視也，而性情之邁，而聞識之博，而吟詠之工，而蓍卜之神，而歌樂之諧，而步趨之恭，而論辨之超，而嗜好之奇，類非有目者所能及。磊磊乎，軒軒乎，殆非樊中人。予聞之矍然起立，悠然凝思，怳然若隨翁杖屨而與之相上下於雲門仙壑間也。然則洪甫氏之聞道，卓有自矣。於戲！吾未嘗見翁而心翁，則有翁矣；彼習見翁者而無是心，可謂之見翁乎？觀此可以知心漁矣。洪甫歸而告翁，其亦謂然乎！

録自程文德《程文恭公遺稿》卷一三，收入《四庫全書存目叢書》集部第九〇册，第二二〇頁。

四然翁贊

鄒守益

四然翁，錢姓，蒙名，希明字，浙之餘姚人。教其子寬，舉進士，未試於廷，歸，從陽明先師以學。三載，將上京師，聞先師南安之訃，遂趨廣信。所親謂翁曰：「家貧親老，不爲禄仕，將無隆師而薄親乎？盍躬往紹興促之？」寬自途上書，寬譬翁，翁意少解。諸友復交勸，翁遂移舟以歸。歸語所親曰：「兒所行者，義也，奈何欲以利沮之？」寬既返，趨翁請命，語及和靖母事，翁慨然曰：「舉世皆婦人，尹母獨爲男子。吾訃決矣！」促往紹興敦葬事。或問其故，翁答曰：「吾始而愠然，繼而强然，繼而釋然，終而樂然。」衆因稱之曰「四然翁」云。三歲失明，繼連失怙恃，寄食於星卜間。已而讀《易》龍岡，遂神於蓍。好鼓瑟，按九徽爲准，縱横上下，曲中音節。嘗自製杖簫，杖長七尺，納簫於竅，興至輒取而吹之，聲振林谷。閒居自評詩文，或放古調爲歌辭，號曰《雲夜吟》。晚慕嚴陵之操，别號心漁。馬子明衡爲之傳，其事皆奇偉可誦。某與寬同業，敬述而贊之，贊曰：

古有貞教，維德義是經。簞瓢之養，慈孝訢訢。孰是口體，棼棼以營？循墻孔顔，而朵頤公卿；如童穉而醉，孰覺其醒？猗！四然翁善成其子，形骸之外，洞視千古！我儀圖之，將孰與伍?昔有尹母，今有錢父。

録自鄒守益《東廓鄒先生遺稿》卷一〇，清光緒三十年刻本。

錢緒山尊堂像贊

錢薇

吁嗟乎！此儼然褘翟而端居者誰也？心漁翁之元配，緒山丈之慈幃。人知心漁偉丈夫，而佐之者實含其輝；人知緒山奇男子，而訓之者能慎其幾。吁嗟乎！脱簪丸膽，古豈無傳；而相贅成德，斯今之賢。歸姑蘇之禄養，峨姚水之幽阡。吁嗟乎！以哲人爲配兮，以三鳳爲傳。既生而勞兮，亦殁而安。考德者，宜徵北堂之遺化；論報者，已睹其孫枝之永綿。

録自錢薇《承啓堂稿》卷二五，收入《四庫全書存目叢書》集部第九七册，第三七九頁。

錢心漁挽詩

唐順之

心漁先生不可見，尚憶吹簫卧草堂。垂綸老作江潭客，得姓元從吴越王。貧病一生心自足，雲山千里興難忘。更聞治命真堪紀，人世空矜石槨藏。

録自馬美信、黄毅點校《唐順之集》，浙江古籍出版社二〇一四年版，上册，第一三八頁。

詩挽心漁翁兼慰緒山錢子十二絶

邵經濟

年榜情推兄共弟，而翁端合我親同。況聆謦欬承□□，生死如何不感通。

心漁東海垂綸久，躍出長鯨與巨鼇。浪滚桃花春萬里，九天龍寵薄雲高。

接翅雄飛恩似海，漫天逆浪禍如山。而翁言笑心常泰，欣戚何曾向此間。緒山以刑曹被逮，弟亦中選，以籍黜革，故云。

簫杖倚風吹月冷，琴床撥雨卧雲酣。千年師曠成心感，領得元聲手自諳。翁瞽而聽，素諳音律。

不學面墻剛自見，而翁學古且通經。胸藏千卷靈光發，愧殺雙眸炯若星。

笋輿延覽龍山勝，劍石留題向虎丘。自是胸中有溪徑，誰誇當日子長游。

乳瞽生來不解書，六書音義竟何如。羲文千古開心畫，安用支離辨魯魚？

家貧抱拙愁無計，太乙先天術已神。曾似鄉評錢一判，百年信義動簪紳。

陽明心學稽諸聖，海内宗之山斗長。學道自甘遺禄養，四然端的見非常。

百歲那慳十五年，神完何用學逃禪。一朝解脱無煩惱，笑入泉臺骨已仙。

春來數筒南坡老，爲吊心漁江上翁。底事湖頭新雨過，一簾詩草萬花中。

雨足湖南草樹深，故人相見一沾襟。挑燈坐酒看遺稿，何日重開《雲夜吟》。

録自邵經濟《西浙泉厓邵先生詩集》卷六，明嘉靖四十一年刻本。

題心漁爲錢洪甫乃尊

湛若水

有心不在漁，縱漁亦無心。所以直鈎子，心與寒潭深。無心亦無絃，吾以忘吾琴。

録自黄明同主編，郭海鷹整理《湛若水全集》（一九）之《湛若水詩集》卷一，上海古籍出版社二〇二〇年版，第一九一頁。

心漁爲錢公題

倪宗正

身居茅屋下，夢落白石灣。六物夙已具，釣鼇誠不難。出身犯世路，風波涉其端。得魚意已淺，忘魚神乃全。昔有直鈎者，游心長逝川。撫弄無弦琴，暗與風雅關。得理不假物，興滿天地間。白日老心漁，此心已悠然。

録自倪宗正《倪小野先生全集》卷三，清康熙四十九年倪繼宗清暉樓刻本。

聽錢心漁吹簫

倪宗正

白雲阿裏青桐屋，萬嶺松杉寒夜宿。紫簫老人自城來，爲奏赤壁當年曲。使我聽之神欲飛，飄飄秋霜流鐵衣。似向江頭立江月，百年誰謂知音希。遼西不見回書雁，獨倚高樓幾聲嘆。嬋娟深鎖朱門閉，隔窗道我相思意。東家少婦新孤寡，燈前嗚咽雙淚下。履霜之子無限情，還向膝前悲不平。纖風動青蘋，雛鳳鳴高岡。泛泛落花隨曲水，悠悠千里歸滄浪。

録自倪宗正《倪小野先生全集》卷四，清康熙四十九年倪繼宗清暉樓刻本。

池閣次韻答心漁公

倪宗正

舞絮飛花點綴虛，飄飄身住水雲居。桂坡竹塢翻成壑，野水江潮引入渠。拄笏有時裁秀句，下帷無復理殘書。宮袍尚憶臨流寵，把看金緋舊賜魚。

録自倪宗正《倪小野先生全集》卷七，清康熙四十九年倪繼宗清暉樓刻本。

雲夜吟序

呂柟

《雲夜吟》者，心漁先生錢君希明之所撰，而又以自名者也。心漁生三歲而喪明，既長，令人誦《詩》《書》，道正事於其側，不數遍即能心記不忘，於是作爲詩曲，皆發乎性情而不違乎禮儀，紹興人謂心漁目雖失明，而心之明固常存也。則其所以鼓瑶琴，吹杖簫，間爲蓍卜，比於嚴遵鳴蜀者，皆其緒事也。昔左丘明、張籍亦嘗盲目，其著作文詞，發揮道理，至今不没，固不以其盲而廢也，況明、籍之子且不傳乎！乃心漁之子洪甫寬，蚤習庭訓。高舉進士，方爲國子監臣，佐司成以教育天下英才，當其立身行道，思欲揚名後世，以顯心漁於數千載焉。將見斯《吟》也，行爲百代之「晴晝吟」矣。

録自米文科點校整理《呂柟集・涇野先生文集》卷之十三，上册，西北大學出版社二〇一五年版，第四六二—四六三頁。

雲夜吟集序

楊爵

余與錢子洪甫同獄中，得其父心漁翁所著有《雲夜吟集》，而相與序述發揚，顯心漁翁之心與行，而可與傳後者，多海内之名士，余讀之不能不有所感於心也。天賦人以聰明才知，豈可飽食終日無所用其心哉？心漁翁發之於詩，其過人者亦多矣。詩歌琴曲之類，且不過以此一種之樂趣，以養其悠然自得之性情，而忠孝大節，乃其平生之懷抱，今詩歌中往往見之；而循自然之理以任乾坤之句，幾於樂天知命者矣。夫有大抑鬱，必有大亨通，固理數然也。吾觀心漁翁之子孫，濟濟多英才，而長子洪甫進士，方任刑部員外郎，以學行知名於世。天其有以慰心漁翁之心乎！

録自楊爵《楊忠介集》卷二，收入文淵閣《四庫全書》第一二七六册，第一二頁。

雲夜吟序

錢薇

姚江心漁先生，予同年友錢丈德洪之尊人也。少病瞽，無所事事，長乃學筮，筮能發《易》之蘊；學籥，籥能協律之諧。間又託興於詩，按節而吟，凡所感遇，欣適拂鬱，一寄之於詩。於是德洪裒爲集，而先生自題之曰「雲夜吟」，其意以瞽者罔所見，晝恒如夜，夜即有明，瞽者不見其明，當若陰雲之蔽翳也。然先生之瞽止於目耳，心之清朗不啻天日，其明乃倍於目。予觀世有懵於爲者，行若赴坎，止若蹈冥，顛倒瞀亂，終身不睹坦途，反不如先生坦坦蕩蕩，日游康莊，又況能發之篇章，和之節奏，以舒性情而中律呂，是其孰明孰暗，孰晝孰夜，寧無能辨之者哉？今丙午季夏，予避囂西湖禪舍，錢丈在焉。因授我《雲夜吟》，索序。予覽篇中有《寄子詩》，勉以忠孝。蓋錢丈昔郎比部，勘郭翊國罪無所擾，以直道下獄，先生不以爲憂，而詩有「立志爲忠孝」語，今見集中。嗟乎！是可以觀先生之大矣，所謂能以瞽全者矣。養其目於不用，用其視於不勤，通千古而燭萬象，寧止一吟云乎哉？夫人之處世，憒憒爲喑啞，雖白日如長夜，皎皎爲光明，即暗室猶青天，是雲夜之名特據其迹焉耳！予故悲先生之遇而幸其心之達也，又喜錢丈能繼先生之志而發其所未盡也。於是，引諸篇端而歸之，錢丈以爲何如？

録自錢薇《承啓堂稿》卷一七，收入《四庫全書存目叢書》集部第九七册，第二六四—二六五頁。

圖書在版編目(CIP)數據

徐愛集；錢德洪集：重編本／ 錢明編校．—上海：
上海古籍出版社，2024．7
（陽明後學文獻叢書）
ISBN 978－7－5732－1209－2

Ⅰ．①徐…　Ⅱ．①錢…　Ⅲ．①徐愛—哲學思想—文集
②錢德洪(1496－1574)—哲學思想—文集　Ⅳ．
①B248．21－53

中國國家版本館 CIP 數據核字(2024)第 110082 號

陽明後學文獻叢書
徐愛集・錢德洪集
（重編本）
錢　明　編校
上海古籍出版社出版發行
（上海市閔行區號景路 159 弄 1－5 號 A 座 5F　郵政編碼 201101）
（1）網址：www.guji.com.cn
（2）E-mail：guji1@guji.com.cn
（3）易文網網址：www.ewen.co
上海展强印刷有限公司印刷
開本 890×1240　1/32　印張 20　插頁 8　字數 384,000
2024 年 6 月第 1 版　2024 年 6 月第 1 次印刷
印數：1—1,100
ISBN 978－7－5732－1209－2
B・1403　定價：98.00 元
如有質量問題，請與承印公司聯繫
电话：021-66366565